獻　給

獻身於中國現代化的人

——他們

忠於中國的過去，

更忠於中國的將來。

TRADITION

MODERNITY

從傳統 到現代

中國現代化與
中國現代文明的建構

金耀基——

著

中華書局

金耀基（King Yeo-Chi，Ambrose），著名社會學家，政治學家，教育家，散文家和書法家。一九三五年生，浙江天台縣人。台灣大學法學學士，台灣政治大學政治學碩士，美國匹茲堡大學哲學博士。曾任香港中文大學新亞書院院長，社會學系主任，社會學講座教授，大學副校長、校長等職。先後於英國劍橋大學、美國麻省理工學院訪問研究，美國威斯康辛大學、德國海德堡大學任訪問教授。二〇〇四年自大學退休。現為香港中文大學榮休社會學講座教授，台灣中研院院士（一九九四至今），西泠印社社員。

目錄

導言 | 8

上卷 | **從傳統到現代（一） 中國的現代化**

上卷自序（二〇二三） 22

簡體字版自序（一九九九） 24

自　序（一九六六） 29

第一篇　中國的傳統社會 36

第二篇　巨變中的中國 82

第三篇　現代與現代化 104

第四篇　中國的現代化 127

上卷附錄　再論《從傳統到現代》 166

中國現代化的動向 —— 一些觀察與反省 182

中國現代化與價值之定位 210

下卷 | 從傳統到現代（二） 中國現代文明的建構

下卷自序（二〇二三）   222

中國「現代轉向」的漫長革命   224

中國現代文明秩序的建構
—— 論中國的「現代化」與「現代性」   251

中國之「現代型國家」的發展困境   267

國家儒學體制及其轉化
—— 國家與社會之間關係的重構   292

東亞經濟發展的文化詮釋
—— 論香港的理性傳統主義   317

東亞另類現代性的興起   337

儒學、現代性與亞洲的民主   354

文化自覺、全球化與中國現代性之構建   378

中國現代政治文明的探索
—— 從民本到民主的歷史之路   393

大學與中國現代文明的建構   407

大學教育的人文價值   421

現代化與中國文明的現代轉型   431

下卷附錄   創造現代文明新秩序   450

《二十一世紀》、楊振寧、二十一世紀   454

譯名索引   464

參考文獻   468

導言

一

本書分為上下兩卷。上卷《從傳統到現代（一）中國的現代化》為一九六六年首次在台灣出版的《從傳統到現代》，該書此後在台灣與大陸有多個版本，這次與下卷《從傳統到現代（二）中國現代文明的建構》合為一書，第一次在香港中華書局同時出版。二者之所以上下合卷出版，蓋因「中國的現代化」與「中國的現代文明的建構」講的都是「從傳統到現代」的中國百七十年的大歷史故事。

二

一九六六年《從傳統到現代》出版之時，台灣的知識界、文化界還沒有完全走出年前發生的「中西文化論戰」的濃煙密霧，而中國大陸則正爆發了「無產階級文化大革命」，像所有現代的中國知識人一樣，我對中國的未來是充滿焦慮的，但多年的研究與苦思，使我有了一個強烈的信念，那就是中國未來的前途在，並且只在中國的現代化；實則，此書之所以作，實為闡明中國現代化是中國歷史的必由之路，在該書自序上我指出：

中國的出路有，而且只有一條，即就是中國的現代化。
中國的現代化，不僅是中國歷史文化在「勢」上，而且亦在「理」
上必有與當有之發展。

中國現代化運動是莊嚴神聖的運動，它不只忠於中國的過去，更忠
於中國的將來。

《從傳統到現代》出版後，令我倍感欣幸的，不盡是因此書帶
給我的虛譽，真正是因當年國民黨在台灣所開啟的現代化（特別是
工業化），使台灣到七十年代後期，已榮登「亞洲四小龍」（中國台
灣和香港，韓國、新加坡）之一，成為在世界範圍內最成功的「新
興工業國家與地區」；更令我欣然不已的是中國大陸自一九七八年
後在「文化大革命」的荒蕪廢墟上，鄧小平揭櫫改革開放之大旗，
揚棄階級鬥爭，改以經濟發展為中心，推動「四個現代化」（工業
現代化、農業現代化、國防現代化、科學技術現代化），自此中國
展開了一個歷史的新運會。拙著《從傳統到現代》也因此得以進入
中國大陸，並獲得頗大的迴響。此後近四十年，海峽兩岸的中國大
陸與台灣都在現代化的快速道上奔馳。台灣於八十年代在成功地實
現經濟現代化之後，蔣經國領導的國民黨政府於社會籲求民主之聲
勢日高之情形下，深感時代已變，潮流已變，並相信立憲民主的目
標的時機已經成熟，一九八六年十月十五日，他終於決定廢除「戒
嚴」，解開報禁、黨禁，蔣經國扭轉乾坤之一舉開啟了台灣政治現
代化之路，使台灣在中國現代政治文明踏上一個初級台階（見金耀
基〈中國現代政治文明的探索〉，收入本書下卷）。而中國大陸，
在經濟現代化的頭十年摸石頭過河，備極艱辛，先後發生了八六學
潮和八九社會運動，蘇聯共產國際體系更於一九九一年轟然崩塌。
一九九二年鄧小平第二次南巡，重振改革開放的強音，自此中國持
續地在「四個現代化」的快車道上飛奔。九十年代後期，中國已
成為「世界工廠」，二〇〇一年進入 WTO，中國更成為「世界市
場」，二十一世紀後，中國的 GDP 逐次超過了英、法、德，到了
二〇一〇年更超過日本，成為世界第二大經濟體。二〇一一年，西

方著名史學家弗格森（Niall Ferguson）在《文明：決定人類走向的六大殺手級 Apps》（*Civilization：The West and the Rest*）中說：

> 中國的工業革命是最大最快速的工業革命。
>
> 世界重心從西方轉移到東方。
>
> 我們很可能親眼目睹西方過去五百年的優勢遭到逆轉，一個文明逐漸衰弱，而另一個文明崛起強盛。[01]

誠然，中國現代化到了二十一世紀初葉，已經取得了傲世的成就，並且已經被視為一個新的工業文明的身份在亞洲升起。

三

回顧中國一百七十年的現代化歷史，清中葉的鴉片戰爭是西方殖民帝國主義對中華帝國的侵霸，而在另一個意義上，也是西方工業文明對中國農業文明的衝撞。清朝一敗再敗於西方工業化的帝國集團，中國卒淪為「次殖民地」，中國傳統的古典文明，從軍事、經濟、政治，到文化思想、價值觀念，一一受到挑戰、衝擊，甚至面臨解組、崩潰的險境。中國一百七十年的現代化歷史中，每個時代志士仁人心中鼓動着的無不是強烈的「救亡圖強」的意念。鴉片戰爭後，曾（國藩）、李（鴻章）的洋務自強運動、清末康（有為）、梁（啟超）的維新運動，孫中山的辛亥革命、五四新文化運動、國民黨的抗日救國，一直到一九七八年後中國共產黨推動的「有中國特色的社會主義現代化」，無一不是為了中華民族的「救亡

---

01 中譯本參見弗格森著，黃煜文譯：《文明：決定人類走向的六大殺手級 Apps》，台北：聯經出版書業公司，2012，頁 383，389，399。

圖強」。無疑的,「救亡圖強」是一百七十年中國現代化(自覺或不自覺)的一個目標。

今日,客觀地說,中國現代化的「救亡圖強」的目標已經達成了。在這裏,我必須指出,「救亡圖強」之外,中國現代化還有一個更積極性的目標,那就是「建構一個中國的現代文明」。這也是本書下卷《從傳統到現代(二)》的論述主題。

四

中國的現代化是清中葉展開的,必須知道,當時之清朝是秦漢之後一直維繫不變的帝國君主體制,同時,也是延續秦漢以來以儒學為本的一個雄峙東亞的「文明體」(civilization entity)。鴉片戰爭(一八四二)中,天朝上國敗給蕞爾三島的英倫,遂有李鴻章「三千年未有之變局」之驚歎;但當時朝野的精英皆以文明上國的眼光,視英國為藩邦蠻夷,有曰「英夷乃一渺小可憎之族,惟持其船堅炮利耳」[02]。曾、李之洋務自強運動,以「開鐵礦、製船砲」為第一要務,實出於「師夷之長技以制夷」(魏默深語)之工具心態,初無效法西方文明之真意,但甲午一戰(一八九五)年,大敗於東鄰日本,痛定思痛,國人認識到日本之勝中國者乃在其成功的「西化」,康、梁之維新遂有「君主立憲」之論,其後孫中山之「共和革命」皆有取法西方,建造中國現代政治文明之想像,「晚清新政」之重臣張之洞倡「中學為體,西學為用」並奏罷歷 1400 年之久的「科舉」,主張設學校,引進西學、西藝,以為國家備儲現代人才,到了五四新文化運動,標舉「科學」「民主」,則更掀起了一

02　參見基辛格著,胡利平等譯,《論中國》,中信出版社,2012,頁 42。

場思想文化上的「啟蒙運動」，把中國決定性地推向「西化」與「現代化」的道路。在此必須指出，「現代化」不等於「西化」，但在特定的歷史語境中，現代化與西化二詞的意義有一定程度的重疊性。簡單地說，西方（指西歐與美國）是世界範圍中最早現代化並最早完成的「現代性」（現代性即是現代文明之特性），故中國現代化要建構的中國的現代性（現代文明）必不可能不與西方的現代性有「共相」者，此我在本書中屢有論述。

無疑的，一九一二年中華民國的誕生，是建構中國現代文明的一個里程碑，但我們知道，滿清帝制雖被推翻，共和民主之路卻坎坷顛簸，袁世凱稱帝，張勳復辟，內有軍閥割據，外有列強覬覦，中國現代化一波三折，步履艱難，但國民黨北伐統一，定都南京後，則為中國現代化發展十年黃金時期，一九三七年，日本侵華戰爭爆發，八年抗戰，造成中國軍民犧牲之慘重罄竹難書，而中國現代化之大業更因此斷層。一九四五年日本投降，中國慘勝，而未幾全國又陷於國共內戰，最後中國國民黨敗退台灣，中國共產黨一九四九年宣告成立「中華人民共和國」。自此之後，國共二黨，隔著大海，各自走上發展之路。

五

中華人民共和國建立之初，第一個五年計劃走的是毛澤東主張的「一邊倒」政策，全面推行列（寧）斯（大林）式的社會主義現代化，在工業化（重工業）上取得一定的成績，但一九五七年（斯大林已逝世），毛澤東繼「反右」運動後，又以一種驚人的奮亢浪漫激情，發起「大躍進」（一九五八──一九六〇）。通過群眾大動員，搞大煉鋼、搞修大壩、更大搞人民公社，以跳躍的方式，跳過「社會主義階段」，直接向「共產主義」進軍，其結果是造成了

中國經濟的全面混亂，無疑是一次與現代化反其道而行的運動。一九六六不意又爆發了一場全國性的急風暴雨式的群眾運動，這就是令中國陷於「十年浩劫」的「無產階級文化大革命」，這是一個既反中國傳統文化，又反西方文明的「反文化」的「文化大革命」。十年「文革」不僅使國民經濟瀕於崩潰的邊緣，更使中國現代化進程遭到扭曲、阻滯與破壞，中國現代化歷史之路充滿折騰、顛簸，真是人間正道是滄桑。

毛澤東時代結束後，中國進入一個新的歷史進程，一九七八年中共十一屆三中全會是以鄧小平為領導的實踐派共產黨人一次決定性勝利，這是中共建國以來一次重大的歷史轉向。十一屆三中全會決定「把黨的工作重心轉移到社會主義現代化建設上」，這是中共第一次把「現代化」提到全黨工作重心的高度。

鄧小平倡導的改革開放在本質上是推動「社會主義現代化」的政策宣示，但值得注意的是，鄧小平明確表示，中國必須走自己的道路，他主張的是「有中國特色的社會主義現代化」，也即中國之富強已是現代化的首要目標，因此所推動的也不再是「蘇式社會主義的現代化」。顯然的，中國已脫離正統社會主義規制，它在國家所有制外允許市場經濟、允許私有財產；它在政治專政下，容忍一定程度的經濟與文化的自由，簡單地說，中國的改革是力圖結合社會主義與資本主義的一些元素來推動國家最大化的現代化。一九八五年美國的《時代》雜誌選鄧小平為是年的「風雲人物」，並指出：「這個改革是一場賭博，它們面對國內相當多的反對，但是如果這個改革成功，則世界不復舊觀。」誠然，鄧小平的改革雖不宜以「一場賭博」來形容，但確實需要極大的膽識與「理論勇氣」，而此後三十年，在「有中國特色的社會主義現代化」下，中國固然出現了「敢教日月換新天」的形貌，世界的格局也真是不復舊觀了。

　　我們知道，鄧小平的改革開放及推動的「有中國特色的社會主義現代化」，並非一帆風順，無風無浪的。根本上說，鄧小平一面倡導「四個現代化」，一面高舉「四個堅持」，這裏面始終存在政治上向左，經濟上向右的矛盾。並不完全出乎意料的，一九八六年出現了一次大規模的學潮，一九八九年再出現震動中外的社會運動，其所表達的最大訴求是自由與民主。深層地說，二者的原初動機都是站在「改革」的立場，他們與黨政當局的衝突也非絕無妥協與和解的可能，但事實是，最後以悲劇告終。上世紀八十年代末，在中國現代化進程中，又遭遇到一次重大挫折。

　　歷史的發展常難預料，一九九一年看似穩如磐石的蘇聯共產國際體系，轟然崩塌，美蘇兩極對峙之局轉為美國獨霸的單極世界，深一層說，美蘇冷戰競爭結果顯示的是：「蘇式現代性」決定性地敗給了「西方現代性」；中國因有一九七八年開展的改革開放，才避過了與蘇聯陪葬的命運。

　　一九九二年一月，八十七歲的老人鄧小平自北京南下深圳和珠海兩個經濟特區，展開了為期五星期的著名的「南巡」。「六四」沒有動搖他改革開放的初心，對於一九八七年在中共十三次全國代表大會通過的「沿著有中國特色的社會主義道路前進」的文獻，他表示「一字不需改」，並發出黨中央領導層如不堅持改革開放，就應下台的警語。很明顯的，鄧小平堅信「有中國特色的社會主義現代化」是中國不可不走的歷史之路。鄧小平是一個堅定的共產主義的信徒，但這沒有妨礙他更是一個中國的民族主義者，他曾說「我是中國人民的兒子」。

　　一九九二年鄧小平的「南巡」，發生了立竿見影的影響力，它鞏固、深化了一九七八年倡導的改革開放；並拓開了此後三十年的中國現代化大路，使中國百年的現代化雄健地攀登歷史的新高地。

　　從一九九三年到一九九七年（鄧小平去世之年），在江澤民、朱鎔基擔任總書記與總理任內，中國國民經濟總值（GDP）平均增長率為11%，這是令世界驚歎的高速，中國已被賦予「世界工廠」的稱號；「中國崛起論」「中國威脅論」開始成為世界媒體的熱門話語。二〇〇〇年中國進入 WTO，自此，中國經濟與世界經濟全面接軌，新世紀的第一個十年（二〇〇三—二〇一三），在胡錦濤、溫家寶為總書記與總理任內，中國經濟持續以9%的高速成長；中國現代化工程由點而線而面，在一個蓬勃生猛的「生產革命」之後，接着是一個百花綻放的「消費革命」，二〇一〇年，中國已成為世界第二大經濟體，中國不但是世界最大生產地，也是世界最大市場。大面積的城市化（成百上千的大小城市）的開展，龐大資訊交通網（特別是公路、鐵路與航空、船輪）的構建，同時，國防、金融、財政、教育、科技、學術、文化、體育、媒體等各個領域的巨大發展，中國社會的面貌與體質已經發生了根本性的變化，中國由「前現代型」文明快步向「現代型」文明轉變，從人口結構與農工業生產率的比重來看，中國已成為一個現代的新工業文明體系了。毫無疑問，中國已實現了百年追求的富強之夢，中國亦由鴉片戰爭後淪為「邊陲」地位重新進入到世界秩序的多元的「中心」地帶。中國至此真稱得上是一個現代化大國了。二〇一三年之後，國家主席習近平宣稱中國要從現代化「大國」向現代化「強國」推進，他更再次強調「中國特色的社會主義」，並把中華文化復興與現代化聯結起來。誠然，四十年來，有中國特色的現代化工程，一直在建構一個「有中國特色的現代性」。二〇〇九年，英國的雅克（Martin Jacques）出版了《當中國統治世界：中國的崛起和西方世界的衰落》（*When China Rules the World：The Rise of the Middle*

Kingdom and the End of the Western World）[03]。他認為古老的中國已創立了一個特具中國性格的「現代性」，也即是一個「中國現代文明」的新模式，並說在當今「現代性競爭」的時代中，中國的現代性模式更具優勢。

六

我對中國「現代化」的研究始於一九六六年出版的《從傳統到現代》（即本書的上卷），而我對中國「現代性」的探索，第一次正式論述是一九九四年我在北京大學「潘光旦先生講座」中發表的〈中國現代文明秩序的建構 —— 論中國的「現代化」與「現代性」〉（收入本書下卷）。在那篇論文中，我提出中國現代化之目標應在建構一個中國的「現代性」，也即一個中國的現代文明秩序。我寫這篇論文時，距我出版《從傳統到現代》已經二十八年。當年我談論最多的是現代化，但較少談「現代性」，這次我則把重點放在「現代性」的問題上，並且提出「中國現代性」的概念。在這裏，我特別要指出，上世紀六十年代以來，世界範圍內出現了各式各樣的「反現代化」「去現代化」的運動。從根源上說，這是對「現代性」（指西方的現代性）的不滿，故「去現代化」是一種「去現代性」的衝動（de-modernize impulse），而此一衝動特別強烈地表現在環保運動、神秘性宗教運動等。同時，美國的「現代化理論」（指西歐以及特別是美國完成的「現代性」，不止是「現代性」的第一個案，而且也是「現代性」的普世化的典範）到七十年代已受到普

---

03 中譯本參見雅克著，張莉、劉曲譯：《當中國統治世界：中國的崛起和西方世界的衰落》，北京：中信出版社，2010。

遍的質疑與挑戰。八十年代西歐思想界在「後現代主義」思潮衝擊下，學術界更發生了一場「現代性論辯」，對「現代性」（指西方的現代性）的制度面、文化面的根本性的病態、缺失作出深刻的反思。[04]

他山之石，可以攻錯，「西方現代性」之問題，正可以為現代化之後來者作為鑑鏡。事實上，東亞（日本等四小龍）的現代化經驗有力地顯示東亞社會建構或建構中的「現代性」與「西方現代性」有「共相」，但沒有「同一性」，這說明現代性不是一元的，而是多元的。民族文化傳統在現代性建構中必會產生作用與影響。所以，我在一九九四年論文中指出，「西方現代性」外可以有「另類現代性」（alternative modernities），並強調中國現代化最終要完成的「中國現代性」不能也不應是「西方現代性」的翻版，而建構的中國現代文明則是「現代的」，也是「中國的」。[05]

七

中國現代化，時序上說，自十九世紀歷經二十世紀到今天的二十一世紀，是跨越三個世紀的歷史進程，在這一百七十年中，中國發生了翻天覆地的歷史巨變，它是涉及政治、經濟、軍事、教育、思想文化等各個層面的社會大轉化

---

04 參見金耀基：〈現代性論辯與中國社會之定位〉，《社會學與中國研究》，香港：牛津大學出版社，2013。此文原是作者在北京大學百年校慶的社會學與人類學系列講座中發表的。

05 2001 年在德國柏林的一次國際學術會議中，我發表的 The Emergency and Alternative Modern 的演講，進一步闡析了我 1994 年論文中指出的「另類現代性」的概念與史實。中譯版參見〈東亞另類現代性的興起〉，收入本書下卷。

（societal transformations）。實際上，這也正是一次文明的轉型
（civilizational change），即從農業文明轉向工業文明。在這個文明
轉型的過程中，人的生、老、病、死，日常的衣、食、住、行都有
了變化。今天中國人的生活方式與生存形態與百年前的中國人已有
根本的轉變。誠然，生於工業文明的人，對時間、空間都有了新的
感受，甚至在人生觀、生死觀、宇宙觀都在不知不覺中改變了。我
在本書上卷中指出中國現代化促成了中國文明轉型，這個轉型涉及
到三個層次，即：

> 器物技能層次（technical level）的現代化
>
> 制度層次（institutional level）的現代化
>
> 思想行為層次（behavioral level）的現代化

中國現代化是一個有方向性的歷史發展，十多年前，我再提出
中國現代化的三個主旋律（主旋律外當然有次旋律），這是我從逾
百年現代化的歷史經驗中抽繹出來的理論性表述，中國現代化的三
個主旋律是：

> 從農業社會經濟到工業社會經濟
>
> 從帝制君主到共和民主
>
> 從經學到科學的範式之變

這裏我要說明，我說的中國現代化是指海峽兩岸的中國的大陸
與台灣。二〇一三年，我在上海人民出版社出版了名為《中國現代
化的終極願景》的自選集，我以建構「中國現代文明秩序」作為中
國現代化的最終願想。二〇一四年我應邀在台灣高雄中山大學的
「余光中人文講座」中發表了〈中國現代化與文明轉型〉的演講（收
入本書下卷），進一步闡明了「中國現代文明秩序」包括的三方面
的內涵，即：

一個有社會公義性的可持續發展的工業文明秩序

一個彰顯共和民主的政治秩序

一個具理性精神、兼有真善美三範疇的學術文化秩序

我意識到,「中國現代文明秩序」還遠未建構完成,在建構的過程中,還不免會遭遇到困難與挫折,但它是無數代中國志士仁人的歷史共業,已形成沛然莫之能禦的思想力量,我希望甚至相信在二十一世紀內,一個具有中國特色的現代文明將會修成正果。書寫至此,我不由想起明末大儒顧亭林的詩句:「遠路不須愁日暮,老年終自望河清」。

八

年前,香港中華書局趙東曉博士、侯明女士建議,在香港首次以繁體字重版一九六六年的《從傳統到現代》。同時,擴大出版《中國現代文明的建構》的論文集,亦即在「從傳統到現代」的同名下二書合卷出版。我欣然接受趙、侯二位深獲我心的建議,因為《從傳統到現代》二書都是講述百年中國從「傳統」到「現代」的大歷史故事,當全書即將出版之際,驚覺我已是八十八之年的老人,而一九六六年《從傳統到現代》第一書出版時,我正是「三十而立」的青年,歲月飛馳,真不無今昔之慨。東曉、侯明為此書催生,所付出的心力,是我深為感念的。楊安琪小姐在編輯和索引上所作的精細繁重的工作,令人感動,我在此鄭重向安琪表示謝意。

金耀基

二〇二三年三月一日

香港結束口罩令之日

從傳統到現代（一）

中國的現代化

上卷自序（二〇二三）

　　《從傳統到現代》是一九六六年首次在台灣出版的，距今日（二〇二三年）已超過半世紀了。當該書問世之時，在知識界、文化界確曾引起不小的反響（可參見我一九九九年簡體字版的自序），畢竟這是第一本以現代社會科學的知識規範書寫「中國現代化」的中文著作。

　　一九六六年是中國（大陸）「文化大革命」爆發的一年，《從傳統到現代》當然進不到大陸，但到七十年代末，中國的台灣、香港與韓國、新加坡登上「亞洲四小龍」的榮榜，也即已成為世界範圍內的新興的工業化區域了。八十年代，台灣繼經濟現代化之後走上政治現代化之路，而香港則更成為亞洲的國際大都會，中國大陸於一九七八年鄧小平倡導的改革開放的國策下，在「文化大革命」造成的荒原上掀啟「四個現代化」的歷史新局面。拙著《從傳統到現代》幾乎第一時間進入大陸，並受到頗為廣泛的回應。此後近四十年，在「有中國特色的社會主義現代化」旗幟下，中國的經濟享有驚人速度的持續發展與成長，造成了人類歷史上前所未有的最快最大的工業化。二十一世紀初，從中華民族來說，中國的大陸、台灣、港澳四地均以不同的方式，進入到現代化的高地。作為一個熱切期待中國現代化的知識人，我內心常懷一種特有的欣愉。半個世紀以來，《從傳統到現代》幾乎是與中國現代化相伴同在的。我寫《從傳統到現代》時正值我「三十而立」之年，轉瞬間，我已到八八望九的高齡，但回讀少年之作，雖不無慚歉之處，但整體言，老年之我與少年之我並無交戰，事實上，今日之我對昨日之我的中

國現代化的主張與信念絲毫未變，正因如此，我十分感激並樂意接受香港中華書局趙東曉博士、侯明女士的建議，讓《從傳統到現代》在香港再版，問世。

金耀基

二〇二三年三月一日

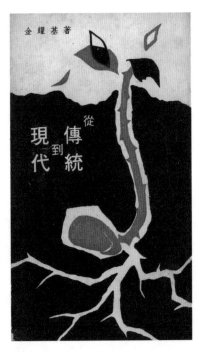

《從傳統到現代》，一九六六年

簡體字版自序（一九九九）

　　書的際遇與命運往往是獨立於作者的。《從傳統到現代》這本書的際遇與命運就不是我撰寫時所能見到的。至少，在三十三年前此書付梓的時候，我完全沒有想到它會在大陸問世，說實在的，過去三分之一個世紀中國的變化是太大了。

　　一九六六年我在台灣出版《從傳統到現代》，而就在那一年，中國大陸發生了震動世界的「文化大革命」。在《從傳統到現代》中很容易看到我出此書的用心所在與心中願景，一句話，那就是中國的現代化，而「文化大革命」則是一個反現代化運動。誠然，當時，台灣與大陸完全處於隔絕的狀況，我寫書時對正在大陸發生的「文化大革命」可以說了無所知，不過，讀者可以發現，我心中的中國是文化的中國、民族的中國，以此，台灣與大陸在我的書中是不分的，當我討論到「巨變中的中國」和「中國的現代化」時，我的論述的對象實際上是台灣，我想像中的讀者主要是與大陸同文同種的台灣人，當然也是中國人。

　　在過去三十三年中，整個中國發生了巨大的變化，台灣已相當成功地走上了現代化之路，躍進為一新興的工業體系，並已初步地踏進現代社會之林了。而大陸於一九七八年之後，亦積極推動現代化，並取得了驕人成績，至於香港在過去三十年中實際上也是在不斷現代化中。我幾乎親身目睹香港由殖民統治下的城市轉化為現代化的國際都會，簡言之，中國的三個社會（中國大陸、台灣、香港）都落在現代化的坐標上，只是有者走得早，有者走得遲，這對於一個以中國現代化為「理性宗教」的我來說，不能不說是一種鼓

舞。這三十多年來，《從傳統到現代》使我得到無數知音，但也遭到許多善意與不善意的批評，甚至不少惡毒的咒罵。

現在，《從傳統到現代》正式在大陸以簡體字版與讀者見面了。當中國人民大學出版社的編輯先生向我提出這個出版構思時，我確曾想過這樣一個問題，這本可算是我的「少作」的書在二十一世紀的前夕再在大陸出版有無意義與價值？我思量的結果是，還是讓它與大陸的讀者見面吧！這是它的命運。雖然此書出版已久，裏面有許多地方，不但寫得粗糙，而且頗有滋疑，但是它畢竟是第一本系統地用社會科學知識論述中國現代化的中文書，而且更重要的是它是「鼓吹」中國現代化的書，到此刻為止，我仍然相信我在原版自序上的話：

> 現代化運動是一莊嚴神聖的運動，它不只忠於中國的過去，更忠於
> 中國的未來，它不只在解救中國歷史文化的危亡，更在把中國的歷
> 史文化推向一更高、更成熟的境地。

我應該指出，在台灣現代化過程中，出現了這樣那樣的問題，我更應承認，我當年「鼓吹」現代化時，的確是過於樂觀的，並且對現代化理論是缺少應有的「批判性的反省」的。二十世紀七十年代以還，西方自法蘭克福學派導引而起的「現代批判」（critique of modernity）也移植到台灣，因而對台灣的現代化和對我的現代化論產生嚴厲的抨擊。不可否認，其間不少是具有嚴肅反思智慧的（杭之一九八七年的《一葦集：現代發展的反省斷片》是一例），但有許多反現代化論調則多是無根的游談，對台灣現代化的發展了無裨益。在西方，對現代性與現代化的討論在八十年代達到一個新高點，出現了所謂「現代性論辯」。這是較複雜的課題，我在他處已有所論述。簡言之，八十年代以還西方有「現代終結」的口號出現。有各色各樣批判「現代」的「後現代主義」的論調，但

是，在我看來，「現代」是否「終結」的辯論，在西方或有一些經驗的意義，而就全球而言，更有意義的顯然是「全球的多元現代性」（global modernities）的論題。至於對中國來說，在二十一世紀最大的事業還是現代化，後現代主義對「現代性」的某些批判，或正可以使中國的現代化得以避免一些「現代性」建構中的陷阱或減輕現代化過程中的錯失與傷痛。嚴格地說，中國只有經過現代化才有真正的「後現代問題」。墨西哥的諾貝爾文學獎得主、詩人帕茲（Octavio Paz）一九七一年曾說，墨西哥是「被命定地現代化」的。他充分了解現代化對墨西哥古老文明可能造成的傷害，但他說：「現代化對墨西哥而言是唯一理性的，事實上也是無可避免的道路。」我要說，中國一樣是「命定地現代化」的。凡是古老的文明如中國、墨西哥要在世界上立足，要在全球化的社會有新的生命、新的貢獻，是不能不自覺地有一個「現代轉向」的。

中國需要現代化，在今日看來，幾乎是「自明之理」，但在三十三年前，當時台灣的知識氣候（或者應說官方的知識氣候），講現代化雖非禁忌，卻是不合時宜的。現在回頭看，同時候大陸正爆發「文化大革命」，自然不可能有講現代化的聲音了。對我最大的欣慰是，《從傳統到現代》甫問世，台灣的知識界就給了它很熱切的歡迎與迴響，之後一印再印，如果銷量是一個指標的話，那麼在相當長的時期中，它確是台灣知識界有相當影響力的一本思想性讀物。關於此書在台灣思想史的定位問題，傅大為先生一九九〇年寫《由台灣思想史中的一個歷史轉折看發言權的取代與轉型：從殷海光〈中國文化展望〉過渡到金耀基〈從傳統到現代〉》一文作了一些分析。說實在的，對於《從傳統到現代》的評論雖然不少，但真正有力地觸及此書根本性的意義與問題的則是劉小楓先生一九九四年二月所發表的〈金耀基的「現代化」論及其問題意識〉一篇嚴肅的評論文字（《二十一世紀》雙月刊）。劉小楓對此書（及

其他我的相關文字）的批評很深刻，如他指出：我所建構的重點不是「現代性」而是「現代化」；又如他指出：我「給『現代化』注入價值論的判斷和個體旨意，從而出現了現代化論中內在的『實然』與『應然』，價值中立與價值訴求之間的矛盾與緊張」，他也委婉地指出我的論述並沒有恪守我自己提出的知識學原則。他更敏銳地看到我的問題「主要從文化論爭中來的」，從而「出現了知識學類型從社會學向文化學的重點轉移」而導致我的「『現代化』論的問題意識的單向性」。劉小楓對《從傳統到現代》的意義則亦有深獲我心的論斷。他非常清楚地看到了我的心志趣向，他說：

> 從漢語思想學術百年經歷來看，現代化論的學術效力是將社會學的知識學原則引入了傳統人文學的論域（哲學、史學、倫理學、文化學乃至思想史），對有效地抑制文人式的社會問題言述有至今難以估量的學術意義，金先生致力於社會科學在漢語知識界的確立和擴散，抑制文人式的浮泛之論，實際促成了漢語思想學術言路的轉向。

劉小楓又說：

> 我以為，社會學家金耀基教授的學術言述是漢語現代學的先驅性理論建構。在金先生之前，涉及現代現象的漢語學家和文人的話語不勝枚舉，但金先生的學術言述自覺地致力以社會科學之實證知識為工具來建構關於現代現象的理論，即現代化理論，雖逾二十餘年，至今仍有現實的學術意義，在現代漢語學術史上亦佔有重要位置。

我引了劉小楓先生這兩段話，恐不免有「戲台裏喝彩」的意味，但坦白地說，《從傳統到現代》出版三十三年，真正使我有瞿然以驚的評論就是劉小楓的這篇評論。讀了他的評論，我確有「知我、罪我，其唯小楓」之感。

　　中國的現代化，在根本的意義上，是要建構一個中國的現代性，或者換一種說法，即是要建構一個中國現代文明的新秩序。這是中國人二十世紀未竟之事，也是中國人二十一世紀最根本的大業。我誠懇地希望簡體字版《從傳統到現代》的新讀者能夠了解我寫此書的心志，並以批判的眼光與此書對話。

金耀基

一九九九年十月於香港

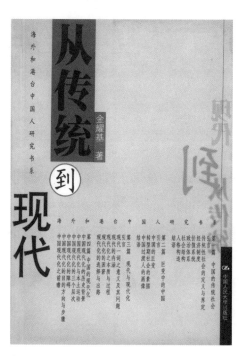

《從傳統到現代》，北京：中國人民大學出版社，
一九九九年

自序（一九六六）

一

十九世紀末葉，中華帝國的大門為來自西方的堅船利炮猛然撞開，從此，西方勢力如狂飆暴雨，一侵而入，整個中國赤裸地、無力地呈露在帝國主義的利爪之下。人為刀俎，我為魚肉，不旋踵之間，神州大陸淪為了「半殖民地」的悲境，這竟不是一場惡夢，而是活生生的事實，作為一個中國人，生長在這樣一個歷史的、極端的嚴重之秋，除非感情已麻痹，大腦已冰凍，焉能無動於衷？

百年來，古典中國在西方文明的挑戰下，如巨浸稽天，逆泳無力，整個社會的結構面對了全面的解組，整個文化的價值面對了徹底消失的威脅。華夏文明，上國衣冠，竟淪到若有若無的淒局，作為一個中國的知識分子，身臨這樣一個文化絕續三千年未有的變局，除非血已涼、心已死，又焉能作太上之忘情！

從這樣的一個歷史的文化的背景中，我們可以了解，何以自清末以還，站在第一線的中國知識分子，從郭嵩燾、嚴幾道、梁啟超、胡適之、梁漱溟諸先生以降，無不把精力心血投注到中國社會文化的研究及是自救發展之道上。而作為一自覺的中國人與中國的知識分子的我，自做一個少年的學生起，就為討論這方面的文字所吸引住了，半個年代以來，我對這方面的興趣不是日減，而是日增，甚至逐漸形成了我的生活的一部分。不論在求學或講課階段，也不論在國內或國外時期，我總沒有放棄對這個問題的思考的熱忱。有人問我，何以對這個問題孜孜不倦，一至於此，我的答覆很

簡單：因為這是百年來中國人最根本的問題。

二

中國知識分子對中國文化的關切是一致的，但各人所持的觀點則有極大幅度的差異，因此，乃邏輯地引起了全面的文化論爭。

中國文化的論爭從大學士倭仁在一八六七年給同治皇帝的奏摺算起，到現在已經有八十九年的歷史了。在這近百年的歷史中，中國知識分子在文化上的論爭，從用文言到用白話文，年復一年，不知白了多少人的頭髮，也不知耗了多少人的心血。但我們仔細檢視這方面的議論，除了極少數的文字係以理智為導引而表現出健康可敬的見解外，絕大多數則不脫情緒的牢籠。儘管從清末到五四，從五四到今日，中西文化的論爭表面上顯得非常熱鬧，但粗率地從骨子裏分析，則皆不能跳出國粹主義派、全盤西化派及折中主義派三派的範疇。許多遑遑大論或辛辣刺激、或文采風流，固然一時頗能掀動人心，贏得許多喝彩之聲，但如把他們的言論予以煮乾，則可發現只是一些文藝性、策論性的清說與玄談。清說與玄談本來就是中國文人的一個有力的傳統，所以文化問題一到了他們手中，便是做文章的大好題材，儘管沒有絲毫文化學方面的知識訓練作基底，卻仍可神馳心遊，下筆千言。他們把文化看作了一團麵粉，可以使之圓，也可以使之方；可以使之短，也可以使之長。只許讓文化來貼就自己的意見，而不去理解什麼是文化，於是此一是非，彼一是非，文化問題乃變成了最廉價的問題，此所以中西文化的論爭始終在層層迷霧中打滾，看不到清澈的方向。五四以來，中西文化的論戰，變成了個人追逐虛聲的最佳也最便捷的道路，但所提出來的見解，除極少數外，上焉者只能算是個人的「意見」，下焉者則只是「意氣」而已，但都逃不出主觀的「價值判斷」的格局。有的

可以把中國文化「理想化」為一不待外求的「自足體系」；有的可以把中國文化「醜化」為一無所是的「斷爛朝報」。其實，文化問題是極不好談的，它是一個大得複雜得足以令人卻步的題目，而像中西文化這樣的大題目更是棘手。人類學者雷德菲爾德（Robert Redfield）與辛格（Marshall Singer）就曾指出，即使像湯因比（Arnold Toynbee）、諾斯洛普（F. S. C. Northrop）二人所陳示的觀點也是不能令人滿意或接受的。誠然，社會文化是「全體系」，它的複雜的性格有「多變項的因果關係」（multi-variate causation and consequences），因此絕不能執以一概全。許多人隨便撿拾古人的一個思想或現實社會的一個事實，就拿來支持他預定的假設或判斷，殊不知該同一思想或事實，常常也可被用來推翻他的假設與判斷，除非我們了解社會各個結構間的功能關係，我們實無法作客觀的判斷。再則我們討論中國的社會文化，必須把它的「理論層」與「行為層」合起來看。從理論層說，中國文化是有「理想形象」（ideal image）的。但從行為層說，則中國社會實與中國文化的「理想形象」迥不相侔，從而，我們對中國文化的批判必須併二者而合談，否則不是涉於主觀，便易流於意氣。

我們以為當我們在談論一般性問題時，普通常識與靈感是還可以勉強充場面的。但一涉及專門問題，特別是文化問題時，就不免顯得膚淺了。要談文化問題起碼需要具備現代社會科學的知識，特別是行為科學的知識，亦即人類學、社會學、心理學的知識。到現在為止，人類的智慧還沒有能建立起一個「統一的文化科學」（a unified science of culture），所以我們不能不努力地從這三門科學中去發掘必要的知識以為討論的基底。百年來中西文化的衝突，或中國的社會文化問題，從根本上說，實是「社會變遷」的問題。要了解社會變遷的原理，我們就不能不了解人類學者所研究的文化與原初社會，社會學者所研究的社會結構以及心理學者所研究的人格

形成。基於此，哈根（E. E. Hagen）在其大著《社會變遷的原理》（*On the Theory of Social Change*）中就強調了科際整合方法的必要性。有的學者如里格斯（F. W. Riggs）者更認為我們要對變遷中的社會文化有全面的理解，除了人類學、社會學、心理學之外，還應求助於政治學、法律學、經濟學等科學，亦即運用綜合性的研究，故而不只應該用科際整合方法，還應用「泛科際整合方法」（pan-disciplinary approach），而我們運用這種方法，要在研索探求社會現象間的「功能關係」，以建立「系統分析」或「分析模型」。「分析模型」在數學與物理學中早已普遍使用，經濟學近年來亦已日趨接近，我們要研究中國的社會變遷尤應致力於此。在分析模型中，一切陳述都只是分析的、記述的，而不作任何規約的、價值主觀的評斷，也就是只講「實然」，而不講「應然」，因為必如此，我們才能就事論事，做到「是山還他一山，是水還他一水」的田地；才能擺脫情緒的鼓動，近乎斯賓諾莎（Baruch Spinoza）所說「不笑、不悲、不怨，只是理解」的境界。在本書裏，我的討論就是盡可能以上述之方法為導引的。因此，在我這本書中，讀者將不易找到形而上學的冥思，更不易找到獨斷的刺激。當然，由於我國統計資料的缺乏，我在作分析的時候，是不能完全免去主觀推斷、臆測的成分的。

三

從客觀的現象去理解，百年來中國知識分子所主張的保守主義也好，全盤西化也好，中西合璧也好，都是古典中國在西方文明挑戰下所產生的本土運動的幾個面向。從道德的動機上看，可能都是不錯的，但是從文化認知的觀點來看，就不免有令人失望的地方。不過，無論如何，中國知識分子在過去一個世紀中所作的自覺與不

自覺的努力都是「功不唐捐」的。至於像梁漱溟先生那種「認識老中國，建設新中國」的熱忱，胡適之先生那種報憂不報喜，寧做烏鴉、寧做國民公敵的大智大勇，在今天看來，都是這一代知識分子偉大的典型，我們實該感謝他們的啟示與貢獻，追蹤他們的腳步，而超到他們的前頭去。時至今日，假如我們能把眼光放遠一點，從世界的結構中來看中國問題，那麼，中西文化的論爭實在是可以偃旗息鼓了。一百年了，我們不能再為「童年的興奮」所左右，我們應該成熟些了。世界擺在我們的面前，我們已明白地看出，中國的出路不應再回到「傳統的孤立」中去；也不應無主地傾向西方（或任何一方）；更不應日日夜夜地在新、舊、中、西中打滾。中國的出路有、而且只有一條，那就是中國的現代化。其實，這也是全世界所有古老社會唯一可走並正在走的道路。中國知識分子必須在批判中去肯定傳統，必須在解除「種族中心的困局」中去認識世界。一方面，我們應加深歷史的意識；另一方面，我們應擴大心靈的疆界。中國的未來將是中國古典傳統的現代化。在中國古典傳統現代化之後，中國的歷史之流將不會中斷，並將繼續長流；中國文化的光輝將不會熄滅，並將燭照天宇。中國的現代化，不僅是中國歷史文化在「勢」上，並且亦在「理」上必有與當有的發展。

在中國現代化的大纛下，中國的知識分子應該徹底地放棄他的一偏之見（假如有的話），收拾意氣，化干戈為玉帛，共同獻身於一個現代的中國的建造。現代化是歷史的潮流，我們不能逆流而泳；現代化也是世界的趨勢，我們不能違勢而行，這是我個人在思想上一波三折、反省審悟後的所見、所信。這也是我個人多年來有系統地從學理上發揮此觀念的初衷之所在。中國現代化運動是莊嚴神聖的運動，它不只忠於中國的過去，更忠於中國的將來；它不只在解救中國歷史文化的危亡，更在把中國的歷史文化推向更成熟的境地。

四

　　我誠懇地呼籲中國的新知識分子，積極地、忠實地參與這個中國的現代化運動。中國的現代化，在心態上、精神上，應該成為中國新知識分子的理性的宗教。我對中國現代化問題的認識與探索，固然已非一朝一夕，但是，一些想法卻始終是孕育在我的腦海中流蕩著的。我一直都沒有具體打算把它們有系統地寫出來。說真的，假如不是一些師長與年輕朋友的鼓勵與催促，它們雖不至「胎死腹中」，但至少不會這麼早就「呱呱墜地」。嚴格地講，這是一早產的嬰兒，他是發育不全的，可是，他畢竟是適時而至的，我相信在學術界先進及大批具有衝創力的年輕人的撫育與呵護之下，他將很快地茁壯長大。

　　在這裏，我必須謝謝母校台灣大學同學們連續邀我演講的盛意，因為那幾次演講激起了我寫這本書的動機。當然，這麼一個大問題是不應該以這樣的一本小書來容納的。但是，就我目前的工作環境來說，我是無法寫得更長一點、更多一點的。而為了節省篇幅、時間與精力，我也的確寫得比較深了些、濃了些。這種寫法雖然贏得不少國內外我所敬重的行家的謬許，但這份欣慰之情卻為一些年輕朋友的抱怨、所引起的不安而抵消無餘。我只有希望以後有機會能把這本小書擴大，並且盡可能改寫得淺些、淡些。值得高興的是，目前已有些人用簡易、有力的文字在推衍我這本書中的觀點了。

五

　　這本小書共分四篇，第一篇「中國的傳統社會」，係以現代的行為科學剖析古典中國的價值系統、社會結構與人格形式。第二篇「巨變中的中國」，係以巨型的與微型的分析來透視中國在西方文化

衝擊後，所產生的社會與文化的變遷，亦即為中國轉型期社會作一素描。第三篇為「現代與現代化」，係從世界的架構及文化的本質上，論析現代與現代化之意義與內涵，這是我有感於時人好談現代與現代化，但卻不知現代與現代化之真意而寫的。第四篇「中國的現代化」，則在指出中國現代化運動之性格、曲折，及其回顧與前瞻，並陳展我個人對中國未來的信念。由於這四篇論述，在寫作的時序上，不是從上向下順寫，而是從下向上逆寫的，亦即不是從傳統中國寫到當代中國，而是從當代中國向上追溯，再寫到傳統中國的，因此，雖然各篇脈絡一貫，但各篇之間卻不免有重複之處，這是應該說明的。

六

在這本小書即將出版的前夕，首先，我要藉這個機會，以最深的感情，謝謝我的雙親。他們的慈愛、寬厚與公正使我永遠感到人生的豐富。從雙親的身上，我體認到中國傳統文化有其永不可磨的價值，這是我對中國傳統文化永遠懷抱虔敬與同情的態度的根由，假如我今日在品格上還有一些可取之處的話，也完全是他們之所賜。其次，我要謝謝在知識上、品德上給予我啟蒙、教育、策勉的中外師長與朋友，他們對我的獎勵、關懷，使我永遠覺得我是大社會中的一個負債者，而不是一個大社會中的債權人。最後，我當然不能忘記吾妻元禎，沒有她的持家教子，給予我心靈上無比的寧靜與快樂，我是絕不會在白天工作之後，還能寫出這本小書來的，想起許多個星月之夜，妻在整日辛勞之餘，總不忘靜靜地為我披衣送茶，我實在是感念不已。

一九六六年十月十日於台北新店

第一篇
中國的傳統社會

一、引言

中國傳統社會到底是怎樣的一個社會？這曾引起中國與西方學者廣泛的關切與興趣，西方著名的如黑格爾（G. W. F. Hegel）、馬克思（Karl Marx）、韋伯（Max Weber）、葛蘭言（Marcel Granet）、魏特夫（K. A. Wittfogel）及今日的菲茨傑拉德（Stephen Fitzgerald）、費正清（J. K. Fairbank）、芮沃壽（A. F. Wright）、狄百瑞（W. T. de Bary）、史華慈（Benjamin Schwartz）、卜德（Derk Bodde）、顧立雅（H. G. Creel）等，都有從不同的心態、不同的角度、不同的工力的探索，這些人的著作雖然多少不免有些隔閡，但亦確有不少敏銳的洞察與透視。不過，大多數的人都自覺與不自覺地抱持西方的觀點來看中國，也即是以一種「西方局限的文化觀」來衡評中國的，因此，一切客觀的論述，常陷於「主觀的武斷」而不自知，遂至以中國為「一人自由」之國（如黑格爾），且有「亞細亞生產方法」之說（如馬克思），或更以中國為「絕對專制」之邦（如魏特夫），不一而足。中國的學者中，討論此一問題者尤眾，但能夠從大規模的比較文化中建立一家言的，還以梁漱溟先生為第一人。梁先生以中國傳統社會為理性早

啟、文化早熟的「倫理本位、職業分途」的社會。⁰¹ 梁先生的研究精
神與態度是很可敬的，⁰² 但他始終以一個中國人的觀點來研究中國社
會文化，因此亦不免不自覺地陷入「中國局限的文化觀」，以致胡
適之先生批評他的文化理論為「主觀的文化哲學」⁰³。誠然，古典的
中國社會的性質是極不易一句說清楚的。而她的「形象」（image）
在一般西方人的心中亦不盡一致。自馬可‧孛羅（Marco Polo，
一二七五─一二九二年在中國）以降至利瑪竇（Matteo Ricci，
一六一〇年病死於北京），中國給予西方人的形象可說是盡善盡
美、無與倫比的。⁰⁴ 同時，也對十八世紀的西方大思想家如伏爾泰

01　參見梁漱溟：《中國文化要義》，香港：集成圖書公司，1963，第 11、12 章。

02　梁先生研究中國文化之認真與勤勞是極可佩的，他真正具有「心智真誠」與「上窮碧
落下黃泉，動手動腳找東西」的精神。我們看他的書，即知他那時候已注重於需用人
類學、社會學來討論文化。至於那時候中國沒有西方這方面新發展的知識，更不知有
行為科學，因此論見仍不免濃厚的玄想的色彩。這是環境所限，非梁先生之不力，而
他論文化態度之溫和與開朗，真令人有讀其書、想見其人之思。即如像胡適之先生那
樣溫文爾雅的人，比他來亦不免顯得「刻薄」，此是胡先生自己亦承認的。而今天時
人討論文化問題之跋扈、尖酸、劍拔弩張、殘毒周納，實令人浩歎！

03　參見胡適：〈讀梁漱溟先生的東西文化及其哲學〉，收入《胡適文存》（第 2 集），台北：
遠東圖書公司，1953。

04　馬可‧孛羅（Marco Polo）曾盛稱中國的城是最好的、最高貴的，中國人是溫文和平
的、誠實可靠的。其後 14 世紀意大利傳教士鄂多立克盛稱中國人偉大得不可思議，
仕女是舉世最美的！安德魯‧畢曉普、阿拉伯人伊本‧撥圖塔更盛舉中國舉世無比，
他說中國人有最卓越的技能與藝術的嗜好，沒有一個國家，不論是基督教的或非基督
教的，可以與中國相提並論，中國是旅人在地球上所能有的最安全的樂土。16 世紀葡
萄牙人伯來拉（Galeote Pereira）亦稱中國是世界治理最佳的國土，中國人之公正非
基督徒所能及，人人有信仰之自由，從未見有乞丐等。到了利瑪竇（Matteo Ricci）仍
極讚中國為學人治理之邦，全國上下一片和諧，古代哲人之書充滿了少有之智慧，訓
育人歸向道德，一切作為皆符合良心之光與基督之真理……參見 Derk Bodde, *China's
Cultural Tradition, What & Whither*, N. Y.: Holt, Rinehart and Winston, 1957, pp. 4-7.

（Voltaire）者以極深的良好印象。[05] 但自十九世紀以還，古典中國在西方人心中的完美形象卻整個破滅了，她在英、美基督徒的眼中變成了詐騙、不公正、沒有靈魂、殺嬰、奴隸、仇外主義、否認真理等的代名詞。[06] 這種一百八十度的轉變實在是令人驚訝的，當然，這意味著自十九世紀以來，中西方社會本身的急變以及西方人心理上的轉變等。但無論如何，中國在西方的形象是變得「不可思議」「難以捉摸」了。可是，中國還是中國，中國傳統社會亦自有她特有的偉大性格與可解之途徑。

要了解古典中國的社會，首先必須儘量擺脫文化的、種族的、時空的以及個人的成見。在可能的範圍內，應該汲取孔子「毋意、毋必、毋固、毋我」的教訓，培養斯賓諾莎「不笑、不悲、不怒、只是理解」的心態。再則，我們更應運用行為科學的方法，循著「科學發現」的知識，如實地讓資料領導我們，而不讓我們去歪曲資料，並且我們盡可能地應只作客觀的分析而不作主觀的價值判斷，一般的學者相信要研究一個社會的特性，必須藉社會學、人類學與心理學三門學問的支持，社會學所以知一個社會的結構（個人與團體之關係），人類學所以知一個社會之文化（個人與團體之所信與所知等），心理學所以知一個社會的人格（社會成員之價值、

05　伏爾泰（Voltaire）於 1764 年在他的《哲學辭典》中認為「中華帝國的組織是世上所見最好的」，見前註所引書。

06　第一個對中國作嚴厲批評的是美國基督教牧師明恩溥（Arthur Smith），他在《中國的性格》一書中說，中華帝國最顯著的事實是絕望的貧困，中國人是世上最缺乏同情心的民族，在日常談話中充滿虛偽，在中國最難獲得的是事實之真相，中國最需要的是正義。此後美國傳教士衛三畏（Samuel Williams）在《中國》一書中說，中國人的邪惡與墮落已到了驚人的程度，虛偽、不尚真理、偷竊⋯⋯好客不是中國人的特質，禮貌根本缺乏誠意，還有殺嬰⋯⋯參見 Bodde, *China's Cultural Tradition, What & Whither*, pp. 7-9.

動機、世界觀等）。同時，這三者亦需考慮到社會的「物理環境」，
實際上說，人類學、社會學與心理學是各從不同的角度研究同一
個對象。[07] 我們要為中國傳統社會畫像，就不能不從這三個角度切
入。當然，我們還應借用政治學、法律學、經濟學、歷史學、行政
學等的知識，以「泛科際整合的方法」[08] 來做全面的考察。

二、傳統性社會的定義與界定

何謂傳統性社會？這並不是一個非常容易界定的概念。依照經
濟學者羅斯托（W. W. Rostow）的簡單定義是：

> 所謂傳統性社會，是一個生產能力發展有限，基於前牛頓期的科學
> 與技術，與前牛頓期的宇宙觀的社會。[09]

羅斯托何以把牛頓（一六四二──一七二七年）作為傳統性與非
傳統性社會的界線呢？他的解釋是：「牛頓這一大科學家的名字，
在這裏是用作為歷史『分水嶺』的象徵，因為從牛頓的時代開始，
人類才逐漸了解外在世界是由少數可知的法則所支配，人類在掌
握這些知識後，能有系統地利用外在環境為本身造福。」所以，
他的經濟發展史觀的第一個階段的傳統性社會（traditional state of
society）是以一個社會能否具有牛頓的宰制自然環境的心態為條件
的，故他又說：

07　E. E. Hagen, *On the Theory of Social Change,* Homewood: Dorsey Press, 1962, p. 5.

08　F. W. Riggs, *Administration in Developing Countries,* Boston: Houghton Mifflin Co., 1964.

09　W. W. Rostow, *The Stages of Economic Growth,* Cambridge MIT Press, 1960. 中譯本為羅
斯托著，饒餘慶譯：《經濟發展史觀》，香港：今日世界出版社，1965，頁 20。本文所
引大都據此譯本。

從歷史觀點而言，「傳統性社會」這個名詞包括了全部前牛頓期的世界：君主時代的中國、中東與地中海的文化，以及中世紀的歐洲等。此外，我們還可以加上後牛頓期的某些社會（如今日非洲的部落社會），它們未受人類運用外在環境改善其經濟地位的新能力所影響。[10]

另一位經濟學者，從人類學、社會學與心理學的觀點，刻畫出傳統性社會的特徵，他說：

> 假如一個社會的行為方式代代相因，很少改變，那麼這就是一傳統性的社會。在這個社會裏，傳統主義色彩很顯明，其他的特徵也可發現。行為受習俗而非法律所支配，社會結構是有層階性的，個人在社會中的地位通常是傳襲的，而非獲得的。並且，就世界史言，在這種傳統狀態下，經濟的生產力是很低的。故簡言之，一個傳統性的社會是：「習俗支配」，層階性，身份取向性及非生產性的。[11]

他認為一個社會只要其行為模式繼續不變，則其他特徵不問存在與否，仍應稱之為傳統性的。不過，這些特徵之間仍具有因果的關係，他相信除非一個社會基本的行為模式是層階性的、身份取向性的以及習俗支配行為的，那麼這個社會很少可能繼續保持其傳統性的。不過，哈根（E. E. Hagen）特地說明，任何一個人類社會，在某些行為方面或在某一程度內，都是傳統性的、層階性的、身份

10　同上註書，頁 20、22。我們知道在科學史上，牛頓確是一位劃時代的偉人。1642 年，伽利略死，牛頓生，哲學家懷海德（A. N. Whitehead）認為這一天象徵了「現代科學」的誕生，同時，他還指出 17 世紀人類社會出現了他所謂的「第一個物理的綜合」(the first physical synthesis) 的新觀念，這一個綜合為現代的科學與技術提供了量與質的基礎。

11　Hagen, *On the Theory of Social Change,* p. 56.

取向性的,並且是受制於習俗的。但是,由於這些特徵在各個社會之間的程度與「範圍」相差之大,以致可以影響到形式之異。在哈根的分析中,傳統性社會可分為狩獵型、捕魚型、遊牧型以及農耕型。而其中以農耕型為最重要,他指出在工業革命之前的西歐,以及亞洲、地中海一帶的社會都是屬於傳統性的農耕社會。中國在長期的歷史過程中,也屬於這一形式。[12]

現在,我們在了解傳統性社會的一般性之後,讓我們開始進行對中國傳統性的農耕社會加以討論。在進行討論之前,首先,我們應該釐清兩個問題,這兩個問題關係著我們下面整個的討論。一是我們所指稱的中國傳統性農耕社會究指哪一段時間的中國?二是中國傳統性農業社會到底具有哪一些特徵?

關於第一個問題:我是指從秦漢到清末這一段兩千年的中國。我在文中所稱的「傳統中國」「古典中國」都是指此。梁漱溟先生說:

> 百年前的中國社會,如一般所公認是沿著秦漢以來,兩千年未曾大
> 變過的。我常說它是入於盤旋不進狀態,已不可能有本質上之變,
> 因此論「百年以前」差不多就等於論「兩千年以來」。[13]

梁先生這一看法是相當可以接受的。李維(Marion Levy)把中國分為傳統中國與過渡(轉型期)中國二期。傳統中國起自漢代(公元前二○六—二二○年),迄於清代(一六四四—一九一○)。

12　Ibid.

13　梁漱溟:《中國文化要義》,頁 11。錢賓四先生亦說:「中國則以一貫的民族傳統和一貫的國家傳統而綿延著,可說從周以來,四千年沒有變動。」錢穆:《中國文化史導論》,台北:正中書局,1951,頁 11。

過渡中國則指清末迄今的百年社會。[14] 卜德把中國分為前帝國期、帝國期及現代期三期。帝國期始自秦代（公元前二二一年）迄於民國肇建之日（一九一二年）。帝國期的特徵是全國為士人階級所包辦的官僚治體所統治[15]，亦應為識者所共許。

關於第二個問題，中國究為怎樣一個社會，如前所述，極不易說清，但大體說，有者以傳統中國為專制黑暗的閉鎖社會，有者以傳統中國為平面合理的開放社會，[16] 但這種說法，都自覺與不自覺地帶有價值判斷的意味，不是我們所欲爭辯的。古典中國，照卜德所說，從政治上言是儒者之國，因中國為「儒史」所統治。從社會上言又為「士紳社會」，因儒吏同時亦為地主之故。此一說法，則為分析的，故較受用。但這一說法，究嫌籠統，我們似應基於哈根的說法再進一步將古典中國的社會特徵指出，依我們的研究，應為下列幾個：

1. 傳統取向的；
2. 農業的；
3. 身份取向與層階取向的；
4. 神聖的（sacred），權威的（authoritarian）；
5. 以原級團體（primare group）為社會主要結構；
6. 特殊主義（particularism），關係取向（ascription）的；
7. 功能普化的（functionally diffuse）；
8. 準開放的二元社會（dual society）。

---

14 Marion Levy, *The Family Revolution in Modern China*, Cambridge: Harvard University Press, 1949, p. 41.

15 Bodde, *China's Cultural Tradition, What & Whither*, pp. 1-2.

16 參見錢穆：《國史大綱》，上海：商務印書館，1940，引論。

在掌握前面幾個觀念之後，我們應再從經濟制度、價值系統、社會結構、政治體系、人格構造幾個方向加以較詳盡的分析。

三、經濟制度

古典中國基本上是古樸的農業社會。它是一個自足型的經濟。它的特徵是全國 75％以上的人民都居住在農村，鄉村居民的主要職業為務農，他們自耕自食，自給自足，代代相因，而每一個生產單位是家庭，故為「小農之國」。里格斯（F. W. Riggs）在他所建立的「農業型與工業型」的論文中說：

農業型的經濟基礎的最顯著的特徵是：它的佔絕大多數的鄉村人口都生活在一個自給自足的基礎上 —— 那就是說，農夫和鄉村所生產者大都為他們本身的消費之用，而所消耗者主要地是他們自己所生產的。[17]

不過，中國的農村也不是完全自足的，農村與農村之間也有定期的交易，農村人口除了農夫之外，尚有木匠、泥水匠、小商店員、貿易商等，不過，他們常仍以農耕為主業或副業。一位研究農村社會的權威曾指出：

農村區社的文化……不是自主的，它是文明的一個面向或次元。由於農村社會是「半社會」（half-society），所以農村文化是「半文化」（half-culture）。當我們研究這樣一個文化時，我們會發現兩件事，

17　F. W. Riggs, *"Agraria and Industria: Toward a Typology of Comparative Administration"*, in W. J. Siffin ed., *Toward a Comparative Study of Public Administration*, Bloomington: Indiana University press, 1957, pp. 22-116.

這是孤立的原始社會部落所無的。第一，我們發現，為了維持它本身，農村文化需要與外在的地方區社的思想保持連續溝通……第二，農村與文明的中心不斷地交互行為。[18]

在這裏，雷德菲爾德（Robert Redfield）還討論到著名的「大傳統」與「小傳統」的問題。他認為在「文明」中，大傳統是屬於「深思的少數人」的，而小傳統則是屬於「不思的多數人」的。[19] 他把古典中國稱作「複合的農村社會」（compound peasant society），係由士人與農夫所組成，是大傳統與小傳統彼此溝通而形成的文化的社會結構。[20] 的確，「士人和農人，是構成中國社會之最重要成分」，士人的工作是非經濟性的，他們擔負起建造文化的責任，而農人的工作則是經濟性的，他們成為中國經濟結構的基石，用凡勃倫（Thorstein Veblen）的術語來說，士人屬於「逸豫階級」（leisure class），而農、工則屬於「生產階級」[21]。不過，士人與農人是相互流通的。「耕讀傳家」「半耕半讀」「朝為田舍郎，暮登天子堂」是社會的口語，亦是社會的現象。所以，梁漱溟先生說：「最平允的一句話！在中國耕與讀之兩事，士與農之兩種人，其間氣脈渾然，相通而不隔。」[22] 以是，錢賓四先生所謂「中國文化始終在自由農村的園地上滋長」[23] 一語，不是沒有道理的。

18　Robert Redfield, *Peasant Society and Culture,* Chicago: University of Chicago Press, 1959, pp. 40-41.

19　Ibid.

20　Ibid., p. 58.

21　Thorstein Veblen, *The Theory of the Leisure Class,* 1899. 轉引自 Samuel Koenig, *Sociology: An Introduction to the Science of Society,* N. Y.: Barnes & Noble, 1961, pp. 219-220.

22　梁漱溟：《中國文化要義》，頁 157。

23　錢穆：《中國文化史導論》，台北：正中書局，1951，頁 94。

四、價值系統

分析傳統中國文化的價值系統實不是一件易事，中國傳統的社會文化是極其繁複的。現在我所進行分析的只限於其影響中國社會制度、人生態度、行為模式、人格結構最深遠者的價值。

1.崇古尊老：照理斯曼（David Riesman）的說法，中國是「傳統導向」的社會[24]，亦即一切唯古是尚，「堯舜之治」被描摹為黃金時代的「理想型模」。自孔子以降，後人唯以遠古為借鏡，政治上的禪讓，經濟上的井田，皆成為後人夢寐以求的境界，最好的政治是「三代之盛，得以徐還」，最好的人是「今之古人」，從而形成了濃厚的「退化觀」[25]。佛羅倫絲‧克拉克洪（Florence Kluckhohn）在她所建立的「價值取向」的一般理論中指出，中國人的價值是強烈地趨向於「過去」的。[26]梁漱溟先生亦承認此點，但他的解釋卻說是由於古人智慧太高（理性早啟），文化上成就太多（文化早熟）之故。[27]與中國人「崇古」相關的是「尊老」思想。當然「尊老」思想與中國之為農業的倫理社會有著最深的關係。在農業的倫理社會中，老人常是青年的領航，他們是祖先所遺留的智慧與經驗的庫

---

24 參見 David Riesman, *The Lonely Crowd: A Study of the Changing American Character*, N. Y.: Doubleday, 1953.

25 卜德（Derk Bodde）說中國人認為「人類整個歷史屬於整全的宇宙過程，因此，在中國人的眼中，它是依照同樣的循環的模式運轉的。另一個觀點……則視古代為黃金時代，自那時候起，所有歷史皆呈平穩的人類退化的過程」。參見 Derk Bodde, "Harmony and Conflict in Chinese Philosophy", in A. F. Wright ed., *Studies in Chinese Thought*, Chicago: University of Chicago Press, 1953, pp. 504-505.

26 參見 F. M. Keesing, *Cultural Anthropology: The Science of Custom*, N. Y.: Holt, Rinehart and Winston, 1958, p. 180.

27 梁漱溟：《中國文化要義》，頁 325。

藏，因此權威常在老人手中 [28]，故中國成為「老人取向」的社會。

2. 內聖外王：在古代中國，一個知識分子最大的慾望是兼有內聖功夫，外王事業。內聖外王亦是儒者的「理想的自我形象」，內聖是最高的獨善的自修，外王是最高的兼善的他修，亦可說是「己立立人，己達達人」的最圓滿的光景，或「修己以安人」的理念的徹底實現。大學所示，自誠意、正心、修身，以至齊家、治國、平天下，就是內聖外王的一套由內而外、由己而人的作業，以此，作為一個儒者，他應不只以做到「君子」為滿足，而必須做「官」。史華慈就指出，君子唯有在政府中獲得一個職位，才能達到其安百姓、平和天下的目的 [29]，故宋代范仲淹的「先天下之憂而憂，後天下之樂而樂」即成為儒家文化中的「大傳統」了。以是「學而優則仕」可說是這一文化理念的自然要求，而做官成為士人的一種宗教的看法也是很正確的。[30] 循著此一思想的發展，乃造成中國社會文化特殊的現象，即「士大夫王國」與「官僚王國」的重疊。

3. 君子與通才：儒家思想的基本性格是人文精神 [31]，一切經典與價值活動可說都是根源或環繞於人文思想的，君子是人文精神的實際代表。而人文精神則是全幅的展現，而不能落於一技一藝的，故君子必然是通儒（一物之不知，儒者之恥），而不是專才，因為專才，便無足觀了。孔子所謂「君子不器」，意殆在此而不在彼。韋

28　Keesing, *Cultural Anthropology,* p. 249.

29　參見 Benjamin Schwartz,"Some polarities in Confucian Thought", in D. S. Nivison & A. F. Wright eds., *Confucianism in Action*, Stanford: Stanford University Press, 1959.

30　錢賓四先生說：「中國的讀書人，無有不樂於從政的。做官便譬如他的宗教。因為做官可以造福人群，可以發展他的抱負與理想，只有做官，最可造福人群。」見錢穆《中國文化史導論》，頁 103。

31　儒家的人文精神，參見唐君毅所著《中國文化之精神價值》等書。

伯指出中國之教育，非為訓練專才或激勵英雄性格，而在養成嫻於經典之文化人。[32] 文化人之基本性格在於：他不是一個工具，亦即他本身即是目的，而非手段，[33] 故列文森（J. R. Levenson）說儒家文化中一個最顯著的價值觀念是「反職業主義」，孔子教育乃一「反職業的經典主義」[34]，確是的論。顧立雅亦指出一個理想的儒者，必不是一專家。[35] 關於此，錢賓四先生說得好：

> 因此在中國智識界，不僅無從事專精自然科學上一事一物之理想，並亦無對人文界專門探求其一種智識與專門從事某一種事業之理想。因任何智識與事業仍不過為達到整個人文理想之一工具，一途徑。[36]

是以，中國人缺少一種「理性的專業化」心理，或缺少一種帕森斯（Talcott Parsons）所說的「工具取向」（instrumental orientation）[37]，絕對地走上了反專業化的道路上去，其結果是形成

---

32 參見 H. H. Gerth & C. W. Mills trans. & eds., *From Max Weber: Essays on Sociology,* N. Y.: Oxford University Press, 1958, pp. 226-427, passim.

33 參見 Reinhard Bendix, *Max Weber: An Intellectual Portrait*, N. Y.: Anchor Books, 1962, p. 124.

34 參見 J. R. Levenson, "Confucianism and Monarchy at the Last", in Nivison & Wright eds, *Confucianism in Action*.

35 顧立雅說：「他（指孔子）的教育的目的是實際的目的，但這並不是說狹隘的實際，雖然教育的目標是建造良好的政府，但這並不意味教育的產物應該僅僅是有效能的行政官。遠非如此，事實上，從任何一個觀點來說，他（指儒者）都應該盡可能是『理想人』。他必不可以僅僅是一個專定而已。」參見 H. G. Creel, *Confucius: The Man and the Myth,* N. Y.: John Day, 1949, p. 76.

36 錢穆：《國史新論》，香港：自印本，1953，頁68。

37 參見 Talcott Parsons, *The Social System*, N. Y.: Free Press, 1964, pp. 195-198.

一種高度的「混合」（fused）的現象，在學術上如此[38]，在政治上亦如此。嚴幾道嘗言，「中國帝王下至守宰，皆以其身兼天地君親師之眾責」[39]，用社會學的詞語來說：每個「角色」都是高度「功能普化的」（functionally-diffused）。

4. 家與孝：梁任公在《新大陸遊記》中說過：「吾國社會之組織，以家族為單位，不以個人為單位，所謂家齊而後國治也。」日本稻葉君山也說：「保護中國民族的唯一障壁，是其家族制度，這制度支持力之堅固，恐怕萬里長城也比不上。」[40]所以馮友蘭有「家族制度就是中國的社會制度」之說。[41]家在中國人的心目中即是生活的宇宙，脫離家，便是遊子，便是飄蓬，故中國人常只知有家而不知有社會。然則到底靠什麼力量使中國人的家變得如此重要而堅固呢？孝！馮友蘭說：「傳統的中國社會是建立在家族制度上的，而孝則是使家族扣緊在一起的德性。」[42]日本桑原隲藏博士就指出，「孝道」是中國的國本、國粹[43]。而中國便有被認作是「孝的文化」，以及中國自古就有「以孝治天下」之說。誠然，中國的許

38　嚴復在《法意》第 19 卷第 17 章中說：「往者湘鄉曾相國有言：古之學者，無所謂經世之術也，學禮而已（周禮一經，自體國經野以至酒漿、巫卜、蟲魚、夭鳥、各有專官、察其織悉⋯⋯吾國之禮，所混同者，不僅宗教、法典、儀文、習俗而已，實且舉今所謂科學歷史者而兼綜之矣。」語引自周振甫編：《嚴復思想述評》，台北：中華書局，1964，頁 62。

39　同上書，頁 37。

40　轉引自梁漱溟：《中國文化要義》，頁 40。

41　參見 Fung Yu-lan（馮友蘭）, *A Short History of Chinese Philosophy,* Derk Bodde ed., N. Y.: Macmillan, 1948, p. 21.

42　Fun Yu-lan（馮友蘭）, "The Philosophy As the Basis of Traditional Chinese Society", in F. S. C. Northrop eds., *Ideological Differences and World Order,* New Haven: Yale University Press, 1949, p. 23.

43　語引自徐復觀：《中國思想史論集》，台中：東海大學出版社，1959，頁 155。

多道德觀念，如三綱等，皆是由孝為中心點而展開的。中國人自出生到入死，都生活在家之下，同時，也都受到孝的文化的薰育。家與孝原本有偉大的理性意義，但由於過分地強調，終於養成一種強烈的家族意識，而阻塞了「個人主義」與「社會精神」的發展。[44]再則，由於家是建立在「特定」的「身份」上的，故形成了中國社會的「身份取向」（status orientation）、「特殊取向」（particularistic orientation）及「關係取向」（ascriptive orientation）的性格。韋伯認為在中國，儒者的倫理成為國家的信條，在西方，則基督教的教義成為社會的勢力。緣此，粗率地說，中國只有祖先崇拜，而無普遍之宗教，從而不能發展出一套「普遍取向」（universalistic orientation）的法律（禮是特殊取向的）。反之，在西方則超越「家」，而形成「會社」（association），而自然地走上普遍性的宗教與法治之路。[45]

5. 道德與學問：中國人對於學問與道德最為尊敬。所謂「尊德性、道問學」即是學者之最要工夫，普通人亦以「道德文章」來衡定一個人的價值。君子也者實即具備此二者之人。韋伯對中國觀察最深刻的，是他看出中國社會受尊重者為學問與道德。他並指出孔子特殊的貢獻是在以道德之禮代替「英雄崇拜」。[46]的確，孔子「有教無類」的思想為平民教育開闢了一條大路，而孔子理想中君子地位之取得亦不建立在「身份」上，而是建立在「成就」上，以人類學者林頓（Ralph Linton）的話來說，君子是可以憑努力與選擇而獲得的身份，而非固定及不可變更的身份。而君子身份之獲得即是

44　此說在林語堂著《吾國與吾民》一書中論之甚切。參見 Lin Yutang（林語堂），*My Country and My People,* N. Y.: John Day Revised ed., 1939, 13th Printing.

45　參見 Bendix, *Max Weber: An Intellectual Portrait,* pp. 127, 134, 138, 139, passim.

46　Ibid., p. 118.

通過對經典的理解與實踐。至於在中國最受崇拜的「儒吏」地位取得亦是靠通過建立在經典上的考試制度而來，然經典不外是道德倫理，故日人五來欣造稱中國之政治為「德治」（ethocracy），確是卓識。[47]

6. 重農輕商：中國是農業國，中國人的根即深植於大地之中，故中國文化自始即重農。四民之中，士之下即為農。社會上「民以食為天」等思想皆緣於此，據雷德菲爾德在研究一般農業社會中指出：人們對於在土地上工作視為一種德性，並以農耕是具有「尊嚴」之生活[48]。哈根則指出：在任何傳統的農業社會中，最高之身份即為依賴於土地而生之地位，土地之擁有變成深刻的情緒上的重要價值[49]。在中國許多價值觀念（如多子多孫）皆從農業性而來，而一個人在社會上地位之高低與佃田的畝數常具有正比的關係。從社會流動來看，不論是橫向的，或縱向的，農人成為「士」的可能性甚大，[50] 即農人在「治於人」的階級中頗有希望成為「治人」階級。反之，商人雖然可以形成勢力，但始終在中國沒有受到適當的尊敬。[51] 因為商人是被認為對國計民生無所貢獻的，他們既不屬於「勞心」者，又不屬於「勞力」者，實居於非常彆扭的地位。當然，這種價值觀是與中國的農業性經濟不能分開的。

47　五來欣造著，李毓田譯：《政治哲學》，上海：商務印書館，1934，頁 32。

48　Redfield, *Peasant Society & Culture*, p. 66.

49　Hagen, *On the Theory of Social Change*, pp. 77, 78.

50　錢賓四先生說：「中國社會有特殊之點三，特有士之一流，一也。士常出於農民之秀者，後世之所謂耕讀傳家，統治階級不斷自農村中來，二也。工商與士農分品，故中國傳統下治常重農，而工商資本常不能發展，三也。」參見錢穆：《政學私言》，上海：商務印書館，1946，頁 116。

51　錢賓四先生以賤視商業乃在道法二家，而儒家並無抑商之論（見上書，頁 113），此一見解有待商榷。

7. 和諧與禮：和諧之境界是中國人的最基本的哲學目標，此和諧存於自然與人之間、天人之間、人與人之間。用諾斯洛普（F. S. C. Northrop）的術語：中國人把宇宙看作「圓合地美藝的生生之流」（undifferentiated aesthetic continuum）。人與自然之關係是決之於「對美藝的質素之當下體認」（immediate apprehension with respect to the aesthetic component）。人是「美藝的自我」（aesthetic self），它是「生生流動之體」，永不能與萬物相隔，故如把人看作獨立體而與萬物無關則是大錯。[52] 在中國，從來就缺少「征服自然」的觀念。[53] 中國人從不想征服自然而只想與自然融合為一。誠然，中國哲學之第一要義便是他們想與自然契合之強烈慾望。這只需看中國人之畫與建築即可恍然。中國人的畫，常是一片廣闊的青山綠水，嵌入一二個細小的雲灑風飄的逸士；中國人的建築，總是飛簷琉瓦，竹籬茅舍，輕輕沒入蒼翠的雲影天光裏。這種人我無間、天人相連的心態，近於李約瑟（Joseph Needham）所謂之「聯想」，此種思想模態，亦構成了中國人的基本的宇宙觀：自然為大宇宙，個人則是小宇宙。中國常以「天圓地方」說宇宙，「圓顱方趾」說人類，正是此思想之表現。這種過分強調人與自然的和諧性，或是構成阻塞中國人自然科學不得發展的一因。當然，真正阻止中國科學不發達的或是因為中國人太注重人事，而對自然的觀察僅止於美藝的欣賞。

中國人重視和諧，乃邏輯地亦重視「禮」，何以說呢？因禮是為建立人間秩序與和諧而設的。禮是儒學中的核心價值，「禮」成

52　參見 F. S. C. Northrop, *The Meeting of East and West*, N. Y.: Macmillan, 1946, pp. 460-470.

53　胡適之先生指出唯荀子思想中有戡天主義的思想。參見胡適：《中國哲學史大綱》上卷，上海：商務印書館，1919，頁 310。

為孔子倫理中極重要的一個字。理雅各（James Legge）在他所譯的《禮記》的序言中曾認為禮的實現可以完成中國的理想。薄德（W. S. A. Pott）指出：「罵一個中國人無禮，實不啻說他極度的邪惡，並指認他缺少人的條件。」[54] 所以，中國人常不自覺地懷有一種「禮的意識」，而由於禮的過分繁瑣，從而，一般人都成為「強烈的合模主義者」，這恐是中國人的行為所以變得「儀式化」、形式化的原因。再者，因為禮是屬於君子的，不下庶人的，它所重視者為「人際關係」，並且只問「對誰」，而不問「對什麼」的，因此，它具有「特殊取向性」與「層階取向性」，而成為中國以家庭為基元的倫理道德的核心，這是古典中國安定的基石，但也可以是阻止社會工業化的一個有力因素。

8. 和平與王道：中國數千年來在廣袤之大地上，營農業之生活，農業生活與遊牧生活及商業生活皆不同，遊牧生活有戰鬥精神，商業生活有競爭精神，而農業生活則坦蕩平易，不必有戰鬥，亦不必競爭，只「盡人事、聽天命」而已。因不重戰鬥與競爭，中國人向來就不屑當兵，故雷海宗先生以為中國「自東漢以降為無兵的文化」[55] 非無所見。羅素（Bertrand Russell）曾對此三致其意，他說：

> 世界不屑於戰爭之民族乎？中國人是也。中國人天然態度，寬容友愛，以禮待人，亦望人以禮答之，道德上之品行，為中國人所特長……如此品性之中，余以具「心平氣和」最為可貴，所謂心平氣和者，以公理而非以武力解決而已。[56]

54　W. S. A. Pott, *Chinese Political Philosophy*, N. Y.: Alfred A. Knopf, 1925, p. 34.

55　雷海宗先生指出中國自東漢以降為無兵的文化。他認為這是中國積弱之因，語引自梁漱溟：《中國文化要義》，頁 21。

56　Bertrand Russell, *The Problem of China*, London: George Allen & Unwin Ltd., 1922. 此段譯文引自梁漱溟：《中國文化要義》，頁 292。

　　日人五來欣造博士亦有種看法，他說儒教是以世界帝國為其理想的，但與羅馬帝國不同，羅馬帝國係以力為其本質，中國則以德為本質，是以中國三千年之歷史，不過是中國文化擴張之歷史，故緣文化的征服是儒教之生命，他並以孔子「去兵」的思想指出中國人之惡戰爭而卑武力。[57] 從這裏，我們對國父中山先生所說「中國文化是王道的、西方文化是霸道的」看法，不能不承認其為卓識。的確，中國人是重和平與王道的，中國在世界諸民族中，向以詩之豐富著稱，但中國歷代詩人中鮮有對戰爭加以歌頌者，而此在西方則屢見而不一見。再者設有二人相爭，在中國其解決之方法常是請第三者評理，第三者評定後，雖吃虧，亦無後言。而在西方則常以決鬥來解決，則雖有理，但戰敗，亦無後言。所以西方有「強權即公理」之說，而中國則無之。西方人還有「知識即權力」之說，而在中國則知識只為成就道德。

　　上面我所舉的八點，當然沒有窮盡古典中國文化的價值系統，但這八點確是中國人所重的，它們都形成了中國人行為的標杆，都有塑造中國人的人格世界的作用。從這裏我們可以窺見中國文化的核心。

五、政治體系

（一）君主政治為唯一的政體

　　在中國，政治在文化因素中是最重要的，甚至可說是唯我獨專的。[58] 要了解古典中國，必須從政治入手。

57　五來欣造：《政治哲學》，頁 39-40。
58　何柄棣先生在《明清社會史論》中有此看法，此係根據許倬雲先生書介者，參見許倬雲：《心路歷程》，台北：文星書店，1964，頁 125。

兩千年中，中國所行的是君主制，但君主制並不一定就如魏特夫所言是「絕對的專制」[59]。不過，錢賓四先生所說漢以後中國是一種平面的開放的「文治政府」[60]，以及是一種以義務責任為本位的君職政治[61]，恐怕是過分美化了。我想錢先生是就理想的層面來說的。在理想層之下的現實世界中，恐怕未必每個君主都是具有「萬方有罪，罪在朕身」的道德感的。

無論如何，古典中國行的是君主制，並且從無人懷疑過君主政治之外尚有其他更好的政體，並一直認為「專制為人群唯一無二之治體」（嚴幾道），所以任何政治的變遷都只限於人事的變更，而非政治秩序的更迭。中國歷史上只有在人民忍無可忍的時候起來反抗暴君，而非反抗政治的原則。密迪樂（T. T. Meadows）把反抗暴君的稱為「叛亂」，反抗政治現行原則的稱為「革命」，他指出中國是人類歷史上最少革命而最多叛亂的民族，他認為中國歷史上只發生過一次革命。[62] 的確，中國人對於人君的限制與控制，除了「叛亂」一途外，是沒有他途可循的，勞榦先生說：

> 對於人君的限制，不是在法律上，只是在道義上，所望者只是多出
> 聖主賢君，君主能夠自己好。倘若人君不好，也只能說「革命」（密
> 迪樂稱為叛亂 ── 耀基）一件事是合於道德的，卻不能說革命一

---

59 K. A. Wittfogel, *Oriental Despotism: A Comparative Study of Total Power*, New Haven: Yale University Press, 1958. 魏特夫把東方的中國、埃及等古帝國都看作絕對的專制王國，在西人中駁其說者甚多，參見 S. N. Eisenstadt, *The Political Systems of Empires*, N. Y.: Free Press, 1959.

60 錢穆：《中國文化史導論》，頁 84。

61 錢穆：《國史新論》，頁 34。

62 T. T. Meadows, *The Chinese and Their Rebellions*, London: Smith, Elder & Co., 1856, p. 25. 此引自 Bodde, *China's Cultural Tradition, What & Whither*, p.58.

件事是合於法律的，並且革命之後，也只是從一個君主換到另外一個君主，而不是說人民有任何控制之法。迢迢三千載，政治雖有隆污之分，而其傳統精神所在，仍然是這一點。[63]

（二）民本思想之精神與所缺

中國自孔孟以迄黃梨洲、譚嗣同，一直有極強烈的民本思想貫穿著。[64] 任何一位大儒，都幾乎是民本思想的鼓吹者，「天下非一人之天下，天下人之天下」肯定了民有（of the people）的觀念；「民之所好好之，民之所惡惡之」肯定了民享（for the people）的思想；這種思想雖大奸巨猾也無人敢公然反對，故中國歷史上總沒有出現「朕即國家」的狂妄之國君，這種思想也的確使中國的政治具有較濃厚的民主氣息。但是，中國的民本思想畢竟與民主思想不同，民本思想雖有 "of the people, for the people" 的觀念，但總未走上民治（by the people）的一步。如實地說，中國人是不相信政治應由人民自己來管的，中國人一直認為政治應由賢德的人來做，如有賢德的人在位，則必以民之好為好，民之惡為惡，如此政治便不啻由民自管自理。誠然，中國傳統社會的「政治文化」，是屬於阿爾蒙德（Gabriel Almond）所說的「臣屬文化」（subject culture）的 [65]，即人民沒有「自我取向」或「投入取向」（input orientation）及「參與取向」（participant orientation），亦即人民從未考慮去過問政

63　參見勞榦：〈中國歷史中的政治問題〉，《中國的社會與文學》，台北：文星書店，1964。

64　參見金耀基：《中國民本思想之史的發展》，台北：嘉新文化基金會，1964。

65　Gabriel Almond and Sydney Verba, *The Civic Culture,* Boston: Little, Brown & Co., 1965, pp. 11-26.

治、參與政治，從未有「政治的主體」之自覺[66]。而只有「產出取向」（output orientation），即對政府措施之賢否優劣有相當的注意。古典中國，一方面因為缺少民治的觀念，缺少政治的自覺；另一方面由於在「儒吏階級」之外缺少強有力的希爾喬亞集團[67]以牽制政府，因此，在理論上，天下雖屬人民，但事實上君主才是天下的主人。兩千年來，始終是一家天下的格局，正如梁漱溟先生所說，中國之不免於專制，並非其本意，而「理想自理想，現實自現實，終古為不落實的文化」[68]。梁先生這一看法不失為巨眼。自來中西文化之論戰，都未把握住這一點，歌頌中國文化者總偏向理想說，貶抑中國文化者總偏向現實說，實則，中國文化有其理想面，亦有其現實面。

（三）家產官僚主義

中國兩千年來，即是君主制，則政治的權原總在君主，政治之主體亦在君主，亦即君主是主權之所寄。以此，中國政治的權力是「自上至下流地」。古典中國的政治形態，照韋伯來說是屬於一種「家產官僚主義」（patrimonialism）[69]。亦即政府多少是皇室的擴大，官員不啻是君主之僕役，而成為君主私人的倚靠者。而持政府

---

66 此見解，可參見牟宗三、徐復觀、張君勱、唐君毅：〈為中國文化敬告世界人士宣言〉，收入唐君毅：《中華人文與當今世界》，台北：學生書局，1975，頁 815-929。

67 卜德曾說：「儒家的錯誤在於他們相信統治團體，縱使沒有影響力的社會團體與外在力量的制衡，仍然能夠長永地忠於他的理型。在儒家的中國，那樣的制衡是很脆弱的，因為除了儒吏本身的階級之外，社會上再無那種有影響力的團體的存在。中國沒有類似西方所出現的都市希爾喬亞。」參見 Derk Bodde, "Authority and Law in Ancient China", in *Journal of the American Oriental Society*, supplement no. 17, 1954, p. 54.

68 梁漱溟：《中國文化要義》，頁 300。

69 Bendix, *Max Weber*, p. 100.

為「父權家庭」之投射者亦頗不乏人。[70] 無論如何，過去中國靠龐大的「官僚治體」（bureaucracy）所控制，則不容辯駁，而這個龐大的「官僚治體」則為一群儒吏所壟斷。至於官僚治體卻並非封閉，而是相當開放的，開放之道則在考試制度。錢賓四先生以為「政權在中國傳統政治裏早已開放了，任何人只要符合法制上的規定條件與標準，都可進入政府」[71]。錢先生這一看法就中國文化的理想上說是極正確的，但就中國政治的現實來說，則大大值得疑問。關於這，魏特夫曾有與錢先生完全相反的看法，他認為中國的政治是絕對閉鎖的。中國的考試制度非由民主力量，而係由專制君主一人而設。[72] 當然魏特夫的看法並不足取，因為他也完全忽略了中國文化的理想面，並且他的取樣也不平均。無論如何，中國的政治雖非絕對專制，但亦未真正開放，同時因考試制度而入仕，也不能就認為是政權的開放。[73] 牟宗三先生指出「中國文化精神在政治方面只有治道，而無政道。君主制，政權在皇帝，治權在士，然而對於君無政治法律的內在形態之響應，則皇帝既代表政權，亦是治權之核心」，又說「中國以前只有吏治，而無政治」，[74] 這確是很深透的

70　Lee Shu-Ching, "Administration and Bureaucracy: The Power Structure in Chinese Society", in *Transaction of the Second World Congress of Sociology*, London: International Sociology Association, 1954. 轉引自 Bodde, "Authority and Law in Ancient China", p. 57.

71　錢穆：《國史新論》，頁 58。

72　Wittfogel, *Oriental Despotism,* pp. 347-354.

73　徐復觀先生對此曾有質疑，他說：「考試制度對南北朝的門第而言，自然算是一種開放；但若因此遂以此為政權的開放，則恐係一大錯誤。現代的公司行號，亦有招考職員，這豈係公司行號股權的開放？」參見徐復觀：《學術與政治之間》甲集，台中：中央書局，1956，頁 144。

74　參見牟宗三：〈中國文化之特質〉，收入張其昀等著：《中國文化論集》（一），台北：中華文化出版事業委員會，1954，頁 215、219。牟宗三先生的話，用政治科學的術語說，即中國過去只有行政，而無政治。

觀察。中國兩千年來的政治，實是由以皇帝為中心的官僚系統所獨佔，整個官僚系統並不是與君主平立或對立的，而根本是臣屬於君主的。老百姓對政治則始終漠不關心，如韋伯所說有一種「非政治的態度」，除非在民不聊生、走投無路、鋌而「叛亂」外，別無其他制衡以君主為軸心的官僚濫權的途徑。

六、社會結構

（一）二元社會

人類學者雷德菲爾德前面已指出，農村社會不是自主獨立的，而是一「半社會」，故農村文化僅是一「半文化」。而它的社會結構是由「秀異分子」與「農民」二者所組成的，[75] 秀異分子建造文化的大傳統，農民則建造文化的小傳統。哈根說每一個傳統社會都是「雙元社會」（dual society），一方面它包括了村落；另一方面它包括市鎮及中心城市，後者為少數的秀異分子所佔據，而前者則為廣大的農民所居住。[76] 的確，古典的中國社會亦是「雙元社會」，城市與村落形成兩種不同的文化形態，知識分子的人生觀、生活格調及行為模式與農民無不大異其趣。他們之間常是治者與被治者、消費者與生產者的關係，但根本上，二者是相互倚賴的，並且在某程度內也是相通的。不過無論如何，中國傳統社會的「雙元性」是很強烈的。

75　Redfield, *Peasant Society and Culture,* pp. 38-40.

76　Hagen, *On the Theory of Social Change,* pp. 58-60.

（二）家的角色與功能

1. 家的性質

中國傳統社會的結構中最重要而特殊的是家族制度。中國的家是社會的核心。它是「緊緊結合的團體」，並且是建構化了的，整個社會價值系統都經由家的「育化」（enculturation）與「社化」（socialization）作用以傳遞給個人。中國的家正如庫利（Charles Cooley）所說是一最重要的「原級的」（primary）與「面對面」的團體：它靠一種非形式的、個人間的方法從事其活動[77]。在傳統中國，家不只是生殖的單元，並且還是社會的、經濟的、教育的、政治的乃至宗教、娛樂的單元。它是維繫整個社會凝結的基本力量，我們用阿爾蒙德的術語來說，它是「非會社」（non-associational）[78]，與西方現代社會的會社恰相對立。中國的家是高度特殊性的與「功能普化的」。李維說中國「所有主要的經濟的及其他社會的關係都是在政府（或其他組織）與家庭之間的」[79]。英國人莊士敦（R. F. Johnston）說：

> 要了解中國這奇異的安定及長久不墜的社會制度，沒有比這個事實更重要了，即社會與政治的單元是同一的，而此單元不是個人而係家庭。[80]

---

[77] 社會學者庫利在他巨著 *Social Organization: A Study of the Larger Mind*（Ill: Free Press, 1956.）中，創造了 Primary & Secondary Group 的觀念。這是對社會組織理論的一大貢獻。

[78] Gabriel Almond and James Coleman eds. *The Politics of The Developing Areas*, Princeton: Princeton University Press, 1960.

[79] Levy, *The Family Revolution in Modern China,* p. 32.

[80] R. F. Johnston, *Lion and Dragon in Northern China*, N. Y.: Dutton, 1910, p.135.

中國的家，乃不止指居同一屋頂下的成員而言，它還可橫的擴及家族、宗族而至氏族；縱的上通祖先，下及子孫，故中國的家是「展延的、多面的、巨型的家」（extended, multiple, great family），中國人的活動即在這樣的一種家庭之內，中國傳統社會由於家的過分發達，以致一方面沒有能產生如西方的「個人主義」，壓制了個體的獨立性；另一方面沒有能開出會社的組織形態。家是以血緣為基底的「身份取向」的團體，而會社則是超血緣為基底的「契約取向」的團體。在簡單的、農業的、交通不發達、全國尚停留在散落的「小社會」中，家是頗能擔負起一般的社會功能的，但等到了複雜的、工業的、生產的倚賴關係擴大之後的社會中，則一種以「形式的」、非人際間（impersonal）的方式從事活動的「次級團體」（secondary group）——「會社」就非逼出來不可了。

2. 孝與倫常

前面我們已對孝有所指陳，這裏我們還要再進一層加以論析。

「從人類學的術語上說，中國的社會是典型的父系、隨父居（patrilocal）與父權的社會」[81]，而這一形態的社會結構是建立在倫常關係上的，依許烺光先生的說法，這倫理關係是以父子關係為「主軸」而展開出去的，所有在這倫常關係中的人的行為都以父子關係為準則，李亦園先生認為，《禮記》中的「十倫」（鬼神、君臣、父子、貴賤、親疏、爵賞、夫婦、政長、長幼、上下）及孟子所列的「五倫」（父子、君臣、夫婦、長幼和朋友），實際上都是

---

[81] 參見李亦園：《文化與行為》，台北：商務印書館，1966，頁 64。

經「父子」這一倫脫胎出來的[82]，至於要維持以父子為主軸而展開的社會的關係，乃不能不有一種價值系統加以維繫，而「孝」便是儒家所提出的中心價值。我們以為，孔孟儒家整個理想的道德世界落實到社會上來，便是以孝為基礎的倫理世界。「孝」實是中國文化的「大傳統」以及「小傳統」的核心（仁的觀念相對地說，只是大傳統的核心）。我們用現代的社會學的術語來說：「五倫」即是儒家所立的角色系統（role-system），而此一角色系統是建立在「身份取向」原則上的，亦即各人的行為是以身份來決定的，特定的身份就有特定的行為，但五倫思想畢竟還有「契約取向」的色彩，即孔子所說「君君、臣臣、父父、子子」（顏淵），孟子所說「父子有親、君臣有義、夫婦有別、長幼有序、朋友有義」（滕文公上），任何一個角色都非居於絕對性的權利或義務的地位：亦即基於「對稱性」（symmetrical）的關係，可是到了漢朝以後建立在「大小」「上下」上的「三綱」（三綱是君為臣綱、父為子綱、夫為妻綱）思想出現了。從此父親對兒子、君主對臣子、丈夫對妻子便居於「合法的」絕對性的地位，這麼一來，五倫中原有的「契約取向」的色彩全褪色了，而真正形成了片面的絕對性的權義關係，亦即為非對稱性（asymmetrical）的關係。梁任公說「後世動謂儒家言三綱五倫，非也，儒家只有五倫，並無三綱，五倫全成立於相互對等關係之上」[83]，確是灼見。而「三綱」思想透過了《孝經》「夫孝始於事親，中於事君，終於立身」的說法後，即塑成後來「移孝作忠」的觀念來。這麼一移宮換羽的安排，「君」與「父」便成為不可分了，因此「君父」便可連稱，而君主的地位大大提高，這便鞏固了君主專

---

82 同上書，頁 70。

83 梁啟超：《先秦政治思想史》，台北：中華書局，1956，頁 75。

制的結構，助長了後日君主專制的氣味。徐復觀先生認為這是「儒家人倫思想的一大變化，實亦中國歷史命運的一大變局」，他強烈地指出《孝經》是後世小儒偽造的，《孝經》此一「中於事君」的說法，正提供了專制者以無限制的壓制其人臣的理論上的根據，對知識分子發生了精神麻醉的作用。「……是儒家孝道被歪曲的大標誌，是假借孝道以助長專制的總根源」[84]，這確是一個相當新鮮有力的看法。我們相信原始的孝是偉大的人生理念，但是自從《孝經》出現之後，原始的孝的理念卻逐漸消失了，而兩千年來，統治中國社會的卻不是《論語》《孟子》，而實實在在就是這部《孝經》，《孝經》實成為古典中國的「十誡」。而《孝經》通過家庭的「育化」與「社化」的過程，深深地形塑了中國人的意識形態與行為模式。其結果是，中國的女子一直居於無條件的從屬地位（三從），中國的男子不是無條件地做了「他爸爸的兒子」，便是無條件地做了「君主的奴隸」（天主聖明，臣罪當誅）。中國文化中有些思想觀念，極具正面的價值，但常常墮化為負面的價值，這就是一個例子。有人以純正面的價值抬舉中國文化，有人以純負面的價值貶抑中國文化，實則，這都只看到錢幣的一面。

（三）階層結構

1. 治者和治於人者

佔中國思想主流的儒家並沒有階級性的主張。儒家從沒有像柏拉圖那樣把人分為金、銀、銅等不同的屬性。章太炎論孔子之功有

84　參見徐復觀：〈中國孝道思想的形成、演變及其歷史中的諸問題〉，《中國思想史論集》，台中：東海大學出版社，1959。

「階級蕩平，寒素上逐」之語[85] 大致是不錯的。但儒家顯然亦承認自然的階層性，而其階層性則是建立在職責的區分上的，這一觀念由孟子表達得最清楚，他說，「無君子莫治野人，無野人莫養君子」（《孟子‧滕文公上》），「或勞心，或勞力，勞心者治人，勞力者治於人。治於人者食人，治人者食於人。天下之通義也」（同上）。勞心與勞力可說是一種職業之分，而儒家的價值觀顯然是看重勞心，而輕忽勞力的。儒家依著孟子的意識形態，把「社會組織分為兩個階層：在上的階層是君子，其職責在勞心，治人而食於人；在下的階層是野人，其職責在勞力，食人而治於人。前一階層是統治者，即君臣，後一階層是被統治者，即民」[86]。「治人與治於人」的二分法觀念是儒家的社會與政治的基本思想，依一般地說，在四民中，唯「士」為「治人」階層，其他農、工、商皆為「治於人」階層。「治人」階層依孔孟原始的理念是有德的「君子」，而「治於人」階層則是「小人」。梁任公說：「君子非表示地位之名詞，乃表示品格之名詞。」[87] 蕭公權先生說：

> 故孔子之理想君子，德成位高，非宗子之徒資貴蔭，更非權臣之僅憑實力，前者合法而未必合理，後者則兼背理法。孔子所言之君子取位雖不合於宗法，而其德性則為合理之標準，吾人如謂孔子於此欲為封建天下重新創造其統治階段，似非大誤。[88]

這一說法，甚可採信，而儒家既以道德品格為君子與小人之標

85　章太炎：〈駁建立孔教議〉，收入《太炎文錄初編》（卷2）。

86　陳啟天：《中國政治哲學概論》，台北：華國出版社，1951，頁200。

87　梁啟超：《先秦政治思想史》，頁181。

88　蕭公權：《中國政治思想史》，台北：中華文化出版事業委員會，1954，頁65。

準，則可知「治人」與「治於人」兩個階層的身份之取得是靠成就而非靠關係的。亦即任何人只要在品德上有進境，即可為君子，即可進入「治人」階層。漢代選舉賢良、孝廉，皆循此意，但至隋唐由於選舉之弊，轉為考試，自此之後，治人階層遂逐漸為由「道德之士」轉為「學問之士」所取代，而學問之士則係熟讀儒家經典之士，故韋伯說：「兩千年來，士大夫實獨佔地成為中國的統治階層。」[89] 而我們知道，要想窮通經典，非「十年寒窗」不辦，而這卻不是勞力階層的農、工、商人所能有時間去從事的，因此，事實上只有地主、官吏的子弟才能去應考，由於他們在實際上壟有了學問，於是也就壟有了古典中國的上層社會。故而，魏特夫相信中國的統治階級是「封閉的階級」，可是，這種絕對性的肯定畢竟不合事實，因為在中國「社會地位之取得是依賴寫與文學的知識。士人階層（縱或在封建時期）是非承襲的或獨佔的」[90]。李維就說，在中國「社會流動」是並非不可能的，「中國社會不是一個封閉階級的封建社會，至少已有幾個世紀之久了」[91]。

2. 儒吏為一身份團體

在傳統中國，士大夫是被高度尊敬的，但最受尊敬的角色卻還是「儒吏」，亦即「做了官的士」，這是循前述中國重視「內聖外王」的價值觀念而發展來的，用意大利社會學者帕雷托（Vilfredo Pareto）的術語，「士大夫」是「非統治的秀異分子」，而「儒吏」則為「統治的秀異分子」。稍微誇張地說，一個士人之所以受人尊

89　Max Weber, *The Religion of China*, H. H. Gerth trans., N. Y.: Free Press, 1951, p. 108.

90　Weber, *From Max Weber*, p. 417.

91　Levy, *The Family Revolution in Modern China*, p. 60.

敬，不是因為他有文學、經典上的知識，而是因為他有變為「儒吏」的潛在可能性，舉韋伯的觀察，「在中國，社會的地位主要是決之於具有做官的資格，而非財富」[92]。魏特夫認為在中國，除了做官以外，別無一條「非做官的道路」可以通向社會的顯榮。[93] 此看法極具銳見（當然歷史上也不無例外）。

我們知道，在中國，一個人的「生活格調」不決之於經濟，而是決之於政治。統治的與非統治的秀異分子，他們的生活格調與庶民或小人完全異趣。而「統治的秀異分子」（儒吏）且更享有法律上的特殊權利，這種政治上的承認使他們合法地壟斷一種高等的生活方式。以此，儒吏成為特殊的「身份團體」。儒吏自覺地有「同類意識」（consciousness of kind），並變成極度「身份取向」的心態。在一般老百姓的心目中，他們也被視為具有一種「魔術的非凡的本事」（magical-charismatic quality —— 韋伯語），並且對於社會上任何事務都有資格過問，其地位略等於西方 father confessor（聽告解的神父）與 adviser（顧問）之和。他們被賦予並壟有所有社會的價值，如拉斯韋爾（H. D. Lasswell）、卡普蘭（Abraham Kaplan）所說的學識、財富、聲威、正義等的社會價值[94]。很自然地，儒吏成為了民間崇拜的目標，而「做官」幾乎是中國每一個小孩子的「夢想」。

92　Weber, *From Max Weber,* p. 416.

93　Wittfogel, *Oriental Despotism,* p. 338.

94　H. D. Lasswell and Abraham Kaplan *Power and Society*, New Haven: Yale University Press, 1950, p. 72, Table 1.

3. 考試制度

（1）到官僚王國之路

做官既是小孩子的夢想，士大夫的宗教（見前），則我們應探究通向做官之路何在？做官固不止一途，但最主要的正道則是考試制度，密迪樂指出政府競爭的考試制度是使中國能久能長的一個制度。[95] 羅素亦以由考試而起用士人為中國傳統文化之一特點。[96] 錢賓四先生以為考試制度「使政府與社會緊密聯繫，融成一體」[97]，確有所見。不過我們以為中國傳統的統治階層，雖非絕對地封閉，但卻並不十分開放。當然，考試制度的確也為統治階層的開放提供了一個通道。同樣地，傳統的中國社會也不是開放的，它是建立在「特殊主義」和「關係」取向上的，而考試制度則是建立在「普遍主義」與「成就」取向上的，它為中國社會提供了流動的可能性，這就是帕森斯稱中國古典社會為一「特殊性的成就的模式」（particularistic-achievement pattern）的原因 [98]。不錯，在中國官場靠買官、祖上福蔭、推舉乃至鑽營貪緣、結交權貴而進入仕途者不乏其人，但天下士子總以考試為入仕之正途，而要不要參加考試可說是傳統中國每一個人，乃至他的家庭、家族的最大決定。誠然，參加考試以致仕，不止是個人的願望與雄心，並且也是他實踐家族義務——「孝」的最佳途徑（光宗耀祖），這種心理一直到今天還

95　Meadows, *The Chinese and Their Rebellions.* 轉引自 Bodde, *China's Cultural Tradition, What & Whither,* p.54.

96　羅素以文字以符號構成，不用字母拼音；以孔子倫理為準則而無宗教；治國者為由考試而起之士人，非世襲之貴族。這三者為中國文化之三大特徵。此亦為其在《中國之問題》一書中提出者。

97　參見錢穆：《國史新論》，頁 46。

98　Parsons, *The Social System,* pp. 195-198.

殘留未變。

　　考試制度因具有普遍取向性，成就取向性，故它有一種「平等的精神」，但這種平等的精神並不能保證有真正的「機會平等」。因為如前所述，要通過考試，必須要大量的金錢與時間的投資，此則不是一般農家庶民所能負承的，所以一位中國社會學者說：

> 以此，考試制度事實上並未對所有的人提供平等的機會。財富、影響力以及家庭背景對於某些特殊團體還是產生有利的條件的有力因子，但無論如何，有些沒有（上面幾種）有利條件的人，靠自己的能力與勤奮還是有些機會的，而許多人也的確因此而上達的（朝為田舍郎，暮登天子堂 ── 耀基誌）。即使考試制度是不平等的，可是一般人都把它看做具有「平等的精神」的信念，而此信念加上某些社會流動的事實，的確幫助安穩了這個社會，並維持了現狀。[99]

（2）考試制度的功能與反功能

　　中國的考試制度，最大的功能之一是把士大夫有系統地轉變為儒吏（用現代的術語是官員），使「學而優則仕」與「內聖外王」的觀念成為一個建構化的制度，也因此使士人階層壟有官僚結構，而成為錢幣之兩面。至於考試所考的則以儒家的經典或文學為內容，以此，整個中國乃掌握在以儒吏為柱石的龐大官僚治體之下，所以兩千年之中國有「儒者之國」之說（見前）。再者，因參加考試者幾乎為農村地主之子弟，蓋唯地主階層始有餘力培養子弟以從事非生產性的讀書事業，故而地主階層又復與士人階層、官僚階層成為三位一體，此三位一體又構成了中國特有的「士紳社會」。愛

99　Chang Chung-Li（張仲禮）, *The Chinese Gentry: Studies on Their Role in Nineteenth century Chinese Society,* Seattle: University of Washington Press, 1955.

伯哈德（Wolfram Eberhard）曾指出：

> 公元前第三世紀開始出現而至公元第一世紀正式建立起來的「士
> 紳社會」，其第一個典型的特徵是非貴族社會，上層的統治階級的
> 權力是建立在他們社會的經濟的地位上的……士紳階級包括了地
> 主、學者與官僚，這三者是屬於同一個階級中的。普通一個家庭中
> 總有這三種職業的代表。並且常常一個人同時是學者、官僚與地
> 主……[100]

再者，中國的考試制度的內容，主要是相應於原始儒家「君子」
的類型而設的，因此具有濃厚的人文倫理氣息，它的功能是培養並
甄選一批具有德品的通才，中國的官僚治體所要求官員的第一任務
是為庶民樹立榜樣，而經典則是育化人格最重要之工具，故中國官
僚治體具有很深的學術的性格，而此學術的性格則是以展現全幅的
人文性格為主，重在圓通之知識，而不在一技之專長。由於考試以
經典為本，整個官僚治體乃不自覺地對經典所描寫之遠古產生景
慕，並變為傳統性的、保守性的、禮儀性的及文學性的，其結果則
不自覺地對庶民之事與日常問題產生不屑之態度 [101]，並逐漸忘記原
始「內聖外王」的理想，而把研究經典本身作為目的，從而儒吏乃
都不以官銜為安身立命之所，亦即不以做官為終身之職業，而形成
玩票、客串者的心態。誠然，中國官僚治體這一性格在農業社會固
能泛應曲當，但在工業化的秩序下就無法產生需要的功能了。

---

100 Wolfram Eberhard, *Conquerors and Rulers: Social Forces in Medieval China*, Leiden: Brill, 1952, pp. 13-16.

101 F. M. Marx, *The Administrative State*, Chicago: University of Chicago Press, 1957, pp. 55-57.

再科舉考試以經典為主，理論上雖以義理取「才」，但實質上則流於以文字取「學」，而與先秦儒家之原意逐漸遠離，到了明清，更演變為以「八股」取士，越失原始開科取士之微意。顧亭林嘗謂八股之害等於焚書，龔定庵更以八股為有意斲喪人才。西人魏特夫則推而論，考試制度非所以選拔能才，而是磨耗對帝國具有威脅的野心的青年之士的精力的設計。[102] 徐復觀先生對於科舉更有極嚴厲的批評，他說：

科舉在事勢上只能著眼文字，文字與一個人的行義名節無關，這便使士大夫和中國文化的基本精神脫節，使知識分子對文化無真正的責任感；使主要以成就人之道德行為的文化精神，沉沒浮蕩而無所附麗。文字的好壞，要揣摩朝廷的好惡，與社會清議無關，這便使士大夫一面在精神上乃至在形式上可完全棄置鄉里於不顧，完全與現實的社會脫節，更使其浮游無根……科舉考試都是「投牒自進」，破壞士大夫的廉恥，使士大夫日趨於卑賤，日安於卑賤；把士與政治的關係，簡化為單純的利祿之門，把讀書的事情，簡化為單純的利祿工具……世傳太宗所說的「天下英雄盡入吾彀中」的「入彀」二字，實已刻畫出此種制度的精神與面貌。士大夫與政治的關係，成為「垂餌」與「入彀」的關係，這已不是人與人的關係，而是漁獵者與動物的關係。[103]

此批評雖有失之過激之嫌，但我們在承認考試制度的正面功能之餘，卻也不能不汲取它的不及與反功能（dysfunction）之處。

102　Wittfogel, *Oriental Despotism,* pp. 114, 115.

103　參見徐復觀：《學術與政治之間》甲集，頁 144-145。

七、人格構造

（一）文化與人格

人類學者、心理學者、社會學者，自二十世紀二十年代以來，通過科際整合的途徑，已為我們對於文化與人格之關係提供了一系統性的知識，而這門學問就是日益壯大的心理人類學。美國人類學大師鮑亞士（Franz Boas）創其緒，其及門弟子薩丕爾（Edward Sapir）、潘乃德（Ruth Benedict）、米德（Margaret Mead）、林頓（Ralph Linton）、杜波依斯（Cora Du Bois）、華萊士（Anthony Wallace）諸人巨手開闢，都做了有力的先鋒。[104] 由於他（她）們的探索，我們了解每個民族在不同的文化脈絡下，都可形塑出各別不同的人格系統，[105] 此即潘乃德所說的「文化模式」（patterns of culture），卡丁納（Abram Kardiner）所謂的「基本人格結構」（basic personality），或杜波依斯所提出的「全型人格結構」（modal personality structure）[106]，亦即一般人所謂的「民族性」。

不過，到目前為止，除了極少數的心理人類學者對中國的文化與人格作過少許系統性的研究外，這還是一片有待開闢的「處女地」。下面，我對中國的人格構造所做的素描，則大都是依據中外學者與我個人根據行為科學上的發現，懸斷及直觀而得來的看法，當然是較具嘗試性的。

---

104 參見李亦園：《文化與行為》，頁 1-31。

105 白芝浩（Walter Bagehot）在 Physics & Politics 一書中指出人類團體藉共同之習俗與行為凝結合成，而此即形成他所謂之「習俗之塊」（Cake of Custom），它使得團體之成員的行為極為相似。轉引自 Koenig, *Sociology*, p. 26.

106 "Modal Personality Structure" 李亦園先生譯為「眾趨人格結構」，筆者以為此詞含有 total-culture-modal Personality 之意，乃指整個文化系統而言，故易為今譯。

（二）中國人格的特徵

1. 一般性的觀察

辜鴻銘曾指出「深刻、廣闊與單純」是中國人的三大特性。美國人廣闊、單純，但不深刻；英國人深刻、單純，但不廣闊；德國人深刻、廣闊，但不單純。此說法很妙，但似乎有點高深莫測。前述美國傳教士明恩溥（Arthur Smith）卻認為中國人的性格是：過分怕失面子、輕信、不守時刻、不正確、輕視外人、做寄生蟲、神經滯鈍、缺乏團體意識、缺乏同情心、不誠實、缺乏忘我利他的精神、彼此不信任、過度的保守性及其他[107]。在明恩溥的眼中，我們個個都成為「醜陋的中國人」了，他在中國浮光掠影地觀察，結論自不免錯的多，對的少，他可說是第一個破壞馬可·孛羅所建立的「中國理想形象」的人。繼他之後的是衛三畏。我們以為中國人既不是最美麗的也不是最醜陋的，中國人自有中國人的優點與缺點。我們覺得林語堂先生的看法還比較細緻些，他認為中國人的特性是：對人的理解、簡樸、愛好自然、有耐性、恬靜、喜歡開玩笑、愛好小孩子、勤謹、愛好家庭、安分守己、悠然自得、具幽默感、保守、愛好享受等[108]。不過據我所接觸到的文獻來說，美國漢學家芮沃壽所舉出的中國傳統性格的十三種典範是最周延深刻的，他所舉的十三種特徵是：

（1）服從權威 —— 父母或長上

（2）服從禮法

（3）尊重過去和歷史

---

[107] 參見項退結：《中國民族性研究》，台北：商務印書館，1966，頁33。

[108] 同上註。

（4）好學，尤其好學正統的經典

（5）循例重俗

（6）君子不器

（7）主張逐漸的改革

（8）中庸之道

（9）與人無爭

（10）任重致遠

（11）自重與自尊

（12）當仁不讓，不妄自菲薄

（13）待人接物，中規中矩 [109]

芮沃壽所舉中國人的這些性格，細心的讀者一定會發現它們與我前面所討論到的中國的價值系統、社會結構有著緊密的關聯性。下面我們將進一步對某些重要的性格作較為精細的分析。

2. 特殊性的分析

（1）閉固性人格

古典中國是典型的傳統的農業社會，社會形態代代相傳、歷久不變，這形成中國人順乎自然、行乎自然的人生觀，他們把自然界與人事界的種種安排都視為天經地義，他們很少想到改變世界，借用冷納（Daniel Lerner）的術語，中國人具有一種「閉固性的人格」（constricted personality）。他們與現代工業社會的「流動性人格」（mobile personality）恰恰相反，流動性人格的特徵是具有一

---

109 A. F. Wright and Denis Twitchett eds., *Confucian Personalities*, Stanford: Stanford University Press, 1962. 此係用許倬雲先生在《思與言》發表的〈中國傳統的性格與道德規範〉一文之譯文。

種移情能力（empathetic capacity），亦即有對新環境重新調整「自我」的能力，可是，傳統的中國人的「自我」偏於循例重俗，被動閉縮，自製自足，傾向於孤立、默從與惰性，他們鮮少有主動的「參與行為」[110]，中國傳統人對政治等公共事務都較少興趣，而不予關心[111]，所謂「各人自掃門前雪，休管他人瓦上霜」正是此性格的表現，只有受過「人飢己飢」「先憂後樂」等大傳統深刻洗禮的人，才能突破這種性格。此種閉縮性的性格是傳統性民俗社會的產物，它與現代的「參與社會」當然是不能配合的。

（2）權威性人格

研究一般傳統性社會的學者指出，在傳統社會中，由於對自然之不可捉摸，常充滿焦慮，而焦慮之避免與解消則唯有兩個途徑：一是倚賴傳統，二是倚賴權威。而傳統社會則是「權威的人格」與「權威的社會結構」之相互為用，[112] 這一觀察正非常切合於中國的古典社會。如前所述，中國古典社會是以倫常關係為基底的社會，每一個個體不是獨立者，而是倫常之網中的一個「依存者」。[113] 根據人類學者許烺光先生的研究：

> 中國的社會結構是以家庭為基礎，家庭中的成員關係是以父與子的關係為「主軸」，其他種種關係也都以這一主軸為中心。父子的關

---

110 參見 Daniel Lerner, *The Passing of Traditional Society*, N. Y.: Free Press, 1958. 筆者曾撰文詳介此書，參見金耀基：《現代人的夢魘》，台北：商務印書館，1966。

111 薄德（W. S. A. Pott）曾指出中國非無個人主義，但中國的個人主義是「不關心主義」（indifferentism）。Pott, *Chinese Political Philosophy*, p. 29.

112 Hagen, *On the Theory of Social Change*, pp. 71-74.

113 許烺光先生指出中美性格之異，說美國人是個人中心，中國人是情境中心的。前者趨向於社會的心理的孤立，後者對他人產生社會的心理的倚賴。參見 Francis L. K. Hsu（許烺光），*American and Chinese: Two Ways of Life*, N. Y.: Abelard-Schuman, 1953, p. 10.

係不但發生作用於家庭之中，而且擴及於宗族，乃至於國家。中國古代的君臣關係，實是父子關係的投射。由於中國社會的背景所孕育，中國人的性格因素首先是服從權威和長上（父子關係的擴大）。[114]

庫利曾說家是人格的主要塑模者，由於中國的家是建立在父子的關係上的，因此，中國社會中，人與人的關係，常非平等的關係，而是從屬的關係。故中國社會具有階層性的結構，人們都有一種「階層性的心態」。

哈根說在傳統的階層系統中，每個人均有雙重地位，[115] 即他本身是「在上者」，亦同時是「在下者」，而隨歲月之變，「在下者」總逐漸成為「在上者」；此猶媳婦之可成為婆婆，子女之可成為父母，下僚之可成為上官。而一個中國人在社會或政府上做事，首先在腦海裏考慮的不是「什麼是什麼」的問題，而是「誰是誰」的問題。因為決定對錯是非的是階層的身份而不是事情的本身。「天下無不是之父母」的說法雖可從父母之慈愛上說明之，但亦未始不可從權威性上說明之。這種情形可見之於師生、夫婦，亦可見之於君臣、官民，在一般人的心理上，老師總是對的，君主總是不可挑戰的，官老爺總是沒錯的。在中國先秦儒家的原典中，雖然有相對主義的精神，但此只限於理論層，而在行為層上則總為絕對的片面精神所籠制。毫無疑問，這種權威性人格具有安定傳統社會的功能，但權威性人格與權威性社會結構交互影響之餘，便使社會的創造力

114　此係李亦園先生根據 Francis L. K. Hsu（許烺光）ed., *Psychological Anthropology: Approaches to Chinese and Personality,* Homewood: Dorsey Press, 1961; Francis L. K. Hsu（許烺光）, Clan, Caste and Club, Princeton: Van Nostrand, 1963. 二書之研究結果所得，參見李亦園：《文化與行為》，頁 17-18。

115　Hagen, *On the Theory of Social Change,* p. 73. 此正如梁漱溟先生所說：「中國人原來個個都是順民，同時亦個個都是皇帝。」參見梁漱溟：《中國文化要義》，頁 67。

大大地斫喪了。據著名心理學者麥克蘭德（David McClelland）的研究，凡是在「父權控制」下長大的人，均普遍地缺少「成就」動機，[116] 中國人在父權家庭下長大，在人格心理上較傾向於權力，其對成就取向的影響值得研究。

（3）特殊取向與人情味

凡是在中國待過一段時間的外國人，大都有如下的看法，即中國人富於人情味，欠缺公德心，這一看法是不錯的，但很少人能真正指出中國人這種人格形成的原因。[117] 不過我們如對以上的種種敘述有所體認的話，我們將會發現中國人這種性格是由文化價值、社會結構等因素輻輳而成的。這何以說呢？因為中國是以家族為本位的社會，用社會學的術語說，中國社會是以「原級團體」為主的。在原級團體中，人與人的關係是基於身份的，亦即是特殊取向的，這種關係與心態可一層一層地向外推，但人際之關係總是特殊的，即或無血緣或親屬關聯者，亦皆是人際間的關係，而可以親屬身份類之。如中國人之彼此稱呼，不以名字，亦不曰先生，年長於己者稱「老兄」，年高一輩者稱「伯父」等，女性則稱「大姊」「伯母」等。凡中國人活動範圍接觸所及，他都會不知不覺間以「親人」目之，因此亦以「親人」相待，而顯出殷勤與關懷，乃充滿一片人情味。可是，在一個人親屬或擬親屬關係圈之外的人即屬「外人」，外人則人際關係終斷，而不免顯出無情。此我們在公共汽車裏看得最明顯，凡是親戚朋友，便熱絡地讓位爭先，而對非親戚朋友，

---

116 參見 David McClelland, *The Achieving Society*, N. Y.: D. Van Nostrand, 1961. 此書對於動機與社會發展之間的關係，論之甚為透剔。

117 記得台灣幾年前有一位美國留華學生狄仁華（筆名）君發表一篇《公德心與人情味》的文章，曾引起社會廣大的反響，這自然是一好事，唯狄君及一些國人支持其看法的文章，皆只看到現象，而未論及此現象所以產生之原因。

則爭座恐後，毫不客氣。反之，在西方現代社會如美國者，以「會社」為社會之本位，會社則為「次級團體」，在次級團體中，人與人的關係基於契約，亦即是普遍取向的，且是「非人際的」關係，因此人比較傾向於博愛，而於特殊的人際關係則反顯得比較淡漠而少人情味。相對於儒家思想來說，基督教有濃厚的普遍取向性，故基督教在基本上是要信徒離開家的。在中國，佛、道思想活動亦不以家為單元（主張出家），而以寺廟、宗派等「會社」為單位。韋伯認為儒教之不容佛道，而斥之為異端者，在此而不在彼，因為此一傾向足以破壞中國社會的整個結構。[118] 中國社會以原級團體為基底而產生之人情味，在某一程度上，成為一種壓力，迫使脆弱的「次級團體」的角色的行為受到歪曲，此所以中國的官員常枉「法」而徇「情」也。[119]

（4）形式化與面子問題

中國人在禮教的育化與社化下，不知不覺地受了禮的支配，禮的作用在好的方面說，可以使一個人成為一道德之人；但在壞的方面，亦可以使一個人的行為變成形式化。禮是中國人所特別強調的，但是禮的強調並不能保證道德的實現，而常導致形式主義，薄德說：

> 這是奇異的矛盾：禮的原則乃是為給予生命以德性，並以防止形式
> 主義，但事實上卻反而造成了形式主義。[120]

我們知道，禮是通向道德的手段，但過分強調的結果卻產生了「儀式主義」，亦即手段變成了目的本身。由於禮是強有力的規

---

118 Bendix, *Max Weber*, p. 134.

119 C. K. Yang（楊慶堃），*"Some Characteristics of Chinese Bureaucratic Behavior"*, in Nivision & Wright eds., *Confucianism in Action*, p. 158.

120 Pott, *Chinese Political Philosophy*, p. 141.

範，無人敢於抗違，因為被人稱為「無禮」是對面子極大的懲罰。不得已只好在表面上遵行以保護「面子」。這我們但需看今日紅白喜喪中，有人到殯儀館談笑風生，如參加交遊會者然。又有人參加婚禮，在交錢如儀後即各就各位，好像他來的目的就是吃飯。中國人中固大不乏內外一致、文質彬彬者，但奉行故事，有「禮」無德者亦比比皆是。禮的儀式化是有必要的，此猶之乎宗教應有儀式者然，但儀式化而過了頭，則只有儀式而無內容。中國人在嚴格的禮教之下，因格於「非禮勿視，非禮勿動，非禮勿聽」之訓，往往把自己的情感用強力壓制下去，據阿貝格（Lily Abegg）的觀察，這樣的壓制有時會造成形式主義[121]。這種形式主義的作用實在保護「面子」，因為沒有禮是沒有面子的，沒有面子將很難保持自己的身份與地位，所以有些表面上看去雍容謙讓，「有斐君子」，但骨子裏則什麼也不是。[122]

（5）融洽自然，當下即是

中國古典文化產生於遼闊的大地上，為農業性文化，對土地有一種虔敬之情，同時亦把自然看作有情體，所謂「江山如有待，天地若有情」，如前述諾斯洛普指出中國人把宇宙看作「圓合的美藝的生生之流」；實亦是說把天與人交感為一，因此中國的畫、中國的詩皆表現出此種精神。范寬、石濤、鄭板橋，乃至今日的張大千的畫無不含有「人天渾合」的境界，而陶淵明「採菊東籬下，悠然見南山」更是把人與自然相忘於無形。中國人無真正的宗教，有之，這種天人合一的情緒即是中國的宗教。中國人對自然始於欣賞，終於相忘；西方人對自然始於觀解，終於征服。完全走上兩條

121　參見項退結：《中國民族性研究》，頁 122。

122　同上書，頁 55-56。

不同的道路。而中國文化此一特性乃塑造了中國人融洽自然，「當下即是」的人格，此一人格使中國人產生渾厚、圓滑、與物無爭的和平天性，以及欣賞生命、虔敬宇宙與直觀靜省的內心生活。[123] 中國人之人格世界在這方面確是獨樹一幟，可惜這種人格世界在工業技術改變後的宇宙的物理結構中，已經逐漸消逝。

八、結語

中國於過去兩千年中，在遠東大陸，一直處於一種獨立生長與發展的孤立狀態下，一直享有一種「光榮的孤立」，就地理而言，東南臨大海，西隔高山，北面大漠；就文化而言，四周又恰為低級的游牧民族所包圍，中國始終是文化的輸出者，絕對的文化出超者。中國過去兩千年的古典社會，幾乎與世界其他大文化完全隔絕，而近乎一種平衡、穩固及「不變的狀態」。在這一狀態下，中國人創造了世界上第一流的文化，一直到一八○○年，還有充足的證據可以證明中國在許多方面超過或至少與西方相等，舉例以言，在一七五○年，中國一地所出版的書籍量就比中國以外整個世界的總量為多，不能否認，中國古典文化在一個農業為基礎的社會中是相當圓滿具足的！在當時的「天下」結構裏，中國不知不覺形成了一種華夏第一，中國為天下之「中」的自我影像。芮沃壽對此曾有以下的描述：

> 由於中國是在相對的孤立狀態之中，中國在技術、制度、語言和觀念上都發展出一種高度的自我滿足感。在悠久的歲月裏，受過教育的中國知識分子之精萃，不知世上尚有在任何方面足以與他們自己的文明相頡頏的其他「文明」。試看陸地上東亞草原民族和野蠻民

---

[123] 張君勱等：〈為中國文化敬告世界人士宣言〉，1958。

族，或者看海岸彼處較差的海島文化，中國人有理由抱持著兩種看法。這兩種看法是中國知識分子的自我影像之基礎。第一種看法是以為中國在地理上乃文明生活之中心。第二種看法是以為中國文化在一切方面優於別的一切文化 —— 無論在儀節上和道德上，無論在國家和社會組織上，無論在技術和文學上，無論在人民性格的陶冶以及知識的啟發上，都優於其他一切文化。基於後一種看法，中國人以為他們在東亞負有一種「使人歸向文明的使命」。這種看法形之於殖民政策和對外政策，就是把中國的一切鄰國看作臣服的附庸。第一種看法則結晶為「中國」這個最常使用的名詞。第二種看法反映為另一個常用的名詞「中華」（位於正中的文化之華）。[124]

中國人這種「自我影像」是基於社會學家薩姆納（W. G. Sumner）所說的「種族中心主義」[125]而來的。用他的術語說，中國

---

124 A. F. Wright, "On the Uses of Generalization in the study of Chinese History", in *Generalization in the Writing of History*, Louis Gottschalk ed., Chicago: The University of Chicago Press, 1963. 此節譯文係採用殷海光先生者，見殷海光：《中國文化的展望》，台北：文星書店，1966，頁9。

125 薩姆納（W. G. Sumner）所謂的「種族中心主義」是指任何一個種族都把自己的團體設想為萬物之中心，而其他種族則環繞著它，此一種族且形成一種堅信，即認為自己團體的價值、生活方式、整個文化是高於別個團體的（種族中心主義且包含有雙重道德標準，一是為本族的，二是為他族的。薩姆納說任何團體，不論大或小、原始或文明、過去或現在都是種族中心的，只是以不同的方式、不同的程度表現出來而已。他說最原始的部落，十之八九，都把他們自己稱為 "only men" 或 "men of men"，此種「我群優越」的心態，古代民族皆所不免（希臘羅馬人把外族人都稱為「野蠻人」，希伯來人則把外族人稱為「異端者」「不潔者」。薩姆納更指出現代許多國家（特別為戰前的德國與日本），都為種族中心主義所氾濫，任何國家都把自己視為文化之領袖，是最好的，最自由的，也最聰明的，無不表現了一種「民族優越的態度」。種族中心主義實根源於個體對「我群」的一種原始的認同感。襲普洛維奇（Luduig Gumplowicz）稱之為 "syngenism"。吉丁斯（Giddings）稱之為 "Consciousness of Kind"。我們可以說種族中心思想是人類無可避免的，但終應盡可能地以理性加以克服，因為不如此，它足以遮掩一個民族的眼睛，而阻礙了她的進步。Koenig, *Sociology*, pp. 207-209.

民族是一個很強的「我群」，而把其他民族則認為「他群」，從而很自然地產生一種「優越意結」，把四周的種族都看作「東夷」「西戎」「南蠻」和「北狄」。中國人從未承認這些蠻、夷、戎、狄為文化之邦，也沒有承認他們是與中國平等的，中國的自我影像根本不承認中國為萬國之一國，而堅信中國是萬國之國，或中國即是天下或世界。更因為中國人對一個民族之評價不在其他，而在文化，故而「種族中心主義」乃轉而為「中國中心的文化主義」[126]。

誠然，如芮沃壽所言，中國在當時的天下結構裏，是很有理由懷抱這種中國中心的文化觀的。可是，十九世紀之後，發生於西方的科學技術改變了世界的整個物理結構，高山大海已不足以使中國繼續享有光榮的孤立，西方的大文明以科學技術為先鋒的部隊，急速地敲叩古老帝國的大門，這一新的天下結構強迫中國承認自己為萬國之一國，強迫中國放棄中國為天下之「中」的自我影像，可是，中國當時的知識分子，除了少數具有特識的先知先覺外，既沒有這種新的世界意識，也沒有這種新的心理準備，於是，中西兩大文明竟不能以禮相遇，而出之於兵戈相向。

中國兩千年的傳統社會文化就是在這樣的狀態下遭到西方文化

---

126 此一觀念在西方有菲茨傑拉德（Stephen Fitzgerald）、費正清（J. K. Fairbank）諸人提出過。其實，此一觀念亦非他們的獨有創見，中國學者亦早有此種自覺，如梁漱溟先生《中國文化要義》中就說：「『夷狄而中國，則中國之；中國而夷狄，則夷狄之』。這是中國思想正宗……它不是國家至上，不是種族至上，而是文化至上。」（頁 167）又如徐復觀先生在《文化的中與西》一文中指出：「由中西文化之分推進一步，即是東西之別，這種分別西方人在以前是不承認的，其原因……他們對於被征服要征服的對象，都認為是野蠻人，只好做他們的奴隸，哪裏會承認有文化呢？所以他們的文化，便是世界唯一的文化。等於我們以天下之中（中國）的華夏自居的時候，四圍都是夷狄，我們的文化自然也是世界唯一的文化，還有什麼中外東西之可言。」（徐復觀《學術與政治之間》甲集，頁 77。）

的「挑戰」的。誠然,中國的知識分子對這一次亙古未有的「挑戰」,也作了若干的「回應」,可是,由於我們始終沒有認知這一「挑戰」的性質與所具有的意義,以此,我們的「回應」大都是情緒的、直覺的、細枝末節的。以此,一步一步地,中國傳統的帝國坍垮了,中國傳統的社會崩潰了,而中國傳統的文化如北風中的燭光,搖搖欲息。

第二篇
巨變中的中國

一、引言

從鴉片戰爭開始，古典的中國一步一步地走向崩潰的道路。這個古老的社會一層一層地暴露了她的弱點，中國的文化在這一百年中一直在「退隱」。這一個世紀，我常把它看作「中國的悲劇的世紀」。一百年來，中國在「挑戰—回應」發展的模式中，常常在盲目與錯誤中迷失了方向，浪費了時間與精力，我們雖然也獲得報酬，但所付代價則過分巨大。整體來說，我們的「回應」是失敗的。[01] 到現在為止，還有許多人，特別是知識分子，仍沒有完全認清我們應走的道路。一項最普遍與深入人心的錯誤是：中國假如沒有西方的炮艦跟我們為難，則今日我們還可以保持「天朝的榮光」，中國人常自覺與不自覺地把百年來的失敗歸之於大刀隊之不如槍炮，小舢板之不如船艦。我們基本上沒有認清西方的帝國主義與擴張主義並不等於西方文化之一事實 [02]，也沒有認清西方之向外

01　湯因比（Arnold Toynbee）的「挑戰—回應」的模式指出有三種形態與結果。第一，當一個挑戰太微弱時，則不會掀起什麼回應。第二，當一個挑戰太強烈時，則被挑戰者將不能有成功的回應而趨於解體。第三，當一個挑戰既不強烈，也不微弱時，則會導致一富有「創造性」的回應，第二種形態正是現代中國對西方的挑戰的回應，是失敗的。第三種形態則可說明中國對印度佛學的挑戰的回應，是成功的。

02　西方的帝國主義與擴張主義是西方文化之變態的或病態可恥的面向。西方文化以帝國主義之面目在非西方世界出現是「歷史的偶合」，亦是不幸的偶合。

擴張與侵略是世界性的，中國只是許多與她遭遇的國家之一，而不是唯一的國家[03]。

西方文化與中國文化第一次大規模的會面出之於「兵戈相向」的形式，實是一件可悲的事。[04] 基於此，中國人在心理上永遠無法抹去「仇外」的陰影，它使中國人很難用理智去認識西方文化的真相。當我們討論中西文化時，我們總自覺與不自覺地訴之情緒，籠統地說，中國人百年來在思想、政治、經濟各方面的努力都是以「雪恥圖強」作為意識背景的（這是很自然的），這在某一意義上，的確是加速了我們的努力，但在根本上，它卻使我們始終無法全面地建立起一種對西方文化正面理解的心理，而這真正地阻礙了我們當有的發展。無論出之於仇外或媚外，都是一種情緒反應。無論「中體西用」「全盤西化」都不是理智的選擇。直到最近一個年代以來，中國人才有意識地開始談「現代化」，但仍然極少人了解什麼是「現代」或「現代性」。因此「現代化」也只是一混淆的觀念而已。在這裏，我無意來評斷保守主義、西化主義或折中主義，也無意來對張之洞、梁漱溟、胡適之、陳序經等先生作任何批評。我這裏所要做的工作是衡估西方文化對中國社會衝擊的結果，主要的是替我們今天這個不古不新、不中不西的轉型期社會作一個素描。

---

03 西方因工業革命而導致的殖民政策的對象是全世界的，這是西方之罪過。但根本的問題是，即使沒有帝國主義或殖民政策，西方的科學與技術的衝擊也將使非西方社會產生翻天覆地的變革。

04 參見 Barbara Ward, *The Interplay of East and West*, N. Y.: Norton & Co., 1957. 一書中對此有所論列。

二、中國的巨變

中國亙古未有的巨變，起因於西方的衝擊！

這一個巨變，是「天朝意象」的世界觀的徹底破碎；是以儒家思想為基底的「價值系統」的根本震裂；是傳統的思想與結構的大規模的解組。

一八四二年鴉片戰爭中，中國與西方的衝突只是限於軍事的層面，但繼軍事的失敗所產生的變化，則擴及經濟、政治、社會各個層面。而從自強運動、維新運動，至中國的國民革命及五四新文化運動的演變，則可看出中國這一巨變是以器物技能（technical）之變為起點再進於制度（institutional）之變，而以思想行為（behavioral）之變為最後階段的（詳後）。

西方學者如艾森斯塔特（S. N. Eisenstadt），魏特夫（K. A. Wittfogel）等指出，中國在過去兩千年中，從沒有發生過「全部的」「原級的社會的」（primary societal）及「永久性」的變遷，而只有過「適應性的」「次級的社會的」（secondary societal）及「循環的」的變遷[05]。他們認為古典的中國不需要、也不能有基本的變遷，而基本的變遷只有外來的壓力才能觸發。[06] 的確，由於中國兩千年來一直是一個靜態的農業社會，所以，一個由儒家為主的相當繁複的「價值系統」很可以滿足它「維持現狀」的需要，而事實上，古典

---

05 參見 S. N. Eisenstadt, *The Political System of Empire,* N. Y.: Free Press, 1963, p. 323; K. A. Wittfogel, *Oriental Despotism: A Comparative Study of Total Power,* New Haven: Yale University Press, 1958, p. 419.

06 梁漱溟先生指出中國過去兩千年來，已陷於盤旋不進的情境，如沒有外力進門，環境不變，它會要長此終古。參見梁漱溟：《中國文化要義》，香港：集成圖書公司，1963，頁 42。

中國已成為自足性的平衡狀態了（見第一篇）。

　　沒有疑問，一直到門戶洞開之後，西方的器物、思想才大量地湧進中國市場，才使中國人了解孔孟之外尚有柏拉圖、亞里士多德等；四書、五經之外，尚有物理、化學等；李白、杜甫、曹雪芹之外，尚有莎士比亞、歌德、小仲馬等。嚴復、孫中山、梁啟超、胡適諸先生具體地把西方的文化介紹進來，更擴大了中國的世界觀，逐漸地修正了中國的「文化取向」，在傳統的泥土上，開始播發西方的種子。一位對中國很有研究的學者李維（Marion Levy）說：

> 西方的思想，諸如政治自由、個人主義、自信自恃等都侵入到中國來，雖然這些思想已不能完全扣緊西方原有的意義，但還能保有相當的正確性，他們對於中國觀念所構成的鮮明對照是不可忽視的。[07]

　　科學與技能侵入及隨之而來的工業化、都市化、大眾傳播的發展，尤其對傳統構成了真正不流血的巨大的革命。這一革命促使中國從傳統社會走上了「轉型期」社會。

　　整個地說，中國傳統社會在過去一百年、特別是過去五十年間的變化過程是多彩多姿，像萬花筒似的。對於這樣的一個變化過程，我們是很難作一個完整的平衡的敘述。但是，我們可以用簡單的觀念型模把握這一變化，即這一變化是從「傳統」而轉向「現代」的。再進一步，我們也可以把這一變化用下列的幾個化約的雙元的觀念（dualistic concept）來表達其轉變的趨向，即這一變化是：

07　Marion Levy, *The Family Revolution in Modern China*, Cambridge: Harvard University Press, 1949, p. 285.

從身份到契約（Status-Contract）[08]

從神聖到世俗（Sacred-Secular）[09]

從區社到社會（Community-Society）[10]

從農業社會到工業社會（Agraria-Industria）

從原級團體到次級團體（Primary-Secondary group）[11]

從特殊主義到普遍主義（Particularism-Universalism）[12]

從關係到成就（Ascription-Achievement）[13]

---

08 此是梅因（H. Marine）的觀念。簡言之，社會的發展是從「身份取向」到「契約取向」的。在傳統身份取向的社會，一切看人的身份，只問「誰是誰」；反之，在現代工業社會中，人與人之交互關係越來越依賴雙方同意的基礎上，亦即必須建立在「契約」上。

09 此觀念得之貝克爾（Howard Becker）。簡言之，傳統社會是受宗教、神祇、迷信等「神聖」的符號和觀念影響的。而當社會逐漸發展，特別是受科學與理性的洗禮後，過去視為神聖不侵犯者皆受到疑問與挑戰，而出現「世俗化」的現象（參見下篇）。

10 從「區社」到「社會」是滕尼斯（Ferdinand Tonnies）著名的 Gemeinschaft und Gesellschaft 的觀念。「區社」（英譯 community）可以傳統社會農村為代表，在區社中人際關係是親密的、簡單的、有機的、有人情味的。反之，在「社會」中，則人際關係是複雜的、疏離的。照滕尼斯的看法，從「區社」到「社會」並不必是一進步，而毋寧是可歎的。

11 這是庫利（Charles Cooley）所創的觀念。「原級團體」是社群中主要的，面對的團體（如家庭），但社會日漸分化後，則「次級團體」變得越來越重要。現代社會出現的大型組織，即具有「次級團體」的性格（當然在大型組織中還可以存有「原級團體」的）。

12 此係帕森斯（Talcott Parsons）的五個「模式變項」中的一項。「特殊主義」是說人在其處事待人中，常視人之特殊身份而有別。反之，「普遍主義」是只問「事」，而不問「人」的，是一視同仁的。在傳統社會中，特殊主義濃，而社會越現代化，則普遍主義越有力。

13 「關係」與「成就」的概念亦為帕森斯所提出，此甚近「身份」與「契約」的概念。在傳統社會中，人的身份之取得常靠關係（如承襲）而來。人之對待他人亦視其與己之關係而定。在現代社會中，則人的身份之取得有賴「成就」之表現，而人之對待他人亦多視其「成就」而定（參見下篇）。

從普化到專化（Diffuseness-Specificity）[14]

此外，我們還更可以具體地從「經濟制度」「社會結構」「溝通綱」「政治符號」四個面向加以思考。

（一）經濟制度

如前所述，中國傳統社會的經濟制度，是一種以農業為本的經濟：75％以上人力都在農業上。而個人過低的收入不足以形成資本，雖有少量的手工業與對外貿易，但一種西方型的「市場經濟」則是不存在的，從而「市場律」的意義是不出現的，市場機制的觀念是陌生的。但是，過去五十多年中由於西方科學技術的輸入及人口流動所產生的工業化、商業化及都市化的結果，一切都發生了變化，西方型的市場制度出現了，農業經濟已漸向工業經濟；一向集中在地主之手的最低的消費水準以上的剩餘收入，已逐漸轉移到企業家手中；以前投資在農地上的勞力與資本已部分轉而投資到公路、鐵路、工廠、學校等事業上去。但是，農業還是經濟生活的主幹，市場結構並沒有完全取代了傳統的經濟結構，而只是部分地替換。整個社會還具有濃厚的雙元性，當然，都市與農村之間已有大幅度的橫向流動發生。粗率地說，我們今天的經濟正踏上羅斯托

14　「普化」與「專化」亦是帕森斯所提出。簡言之，在傳統社會中，社會結構是高度「功能普化的」，就家庭言，它既是生育單位，也是政治、經濟、教育……的單元。反之，現代社會則結構日漸分化，家庭的功能顯然已越來越專化，它已經不再是政治、經濟單元。在人與人之對待上，在現代社會彼此的關係也越有固定的範圍，譬如師生的角色關係，已越來越限於知識的傳與授上，過去教師的「作之師、作之君、作之父」的普化的角色關係顯然已日漸式微（參見下篇）。

（W. W. Rostow）所描寫的「起飛階段」[15]。這一經濟形態的轉換，在社會與政治及文化方面產生了極深的影響。

（二）社會結構

我們講過，中國傳統的社會結構是以家庭制度為核心的，對中國家庭制度的特質，馮芝生（友蘭）曾說：

> 在現代工業社會，家庭只是社會許多制度之一。但在傳統的中國，從廣闊的觀點看，家庭實在就是一個社會⋯⋯在工業化前期的中國，家庭制度就是社會系統。家庭制度是社構的基石。所謂國家，我們無妨稱之為聯合家庭（united families）的制度。[16]

在古典中國，家庭是社會的、經濟的及政治的單元。它是「緊緊結合的團體」，我們曾用阿爾蒙德（Gabriel Almond）的術語稱之為「非社會的」。而以帕森斯（Talcott Parsons）的「模式變項」（patterns variables）來說，則它是「高度特殊化」及高度「功能普化」的。但一百年來，由於技術的革命及日益增加的工業化的壓力，家庭制度已經受到根本上的破壞。現在，不管我們要不要傳統式的家庭，我們都已無法保住它了。此正如馮芝生所說：「爭論家庭制度（指傳統的）的優點與短處是一個不成問題的問題。」[17]誠然，在一個工業秩序下，傳統的家庭制度與傳統社會都是無法

15　參見 W. W. Rostow, *The Stages of Economic Growth,* Cambridge: MIT Press, 1960.

16　參見 Fung Yu-lan（馮友蘭）, "The Philosophy as the Basis of Traditional Chinese Society", in F. S. C. Northrop eds., *Ideological Differences and World Order,* New Haven: Yale University Press, 1949.

17　Ibid.

立足的。同時，基於技術化、機械化的需要，一種「普遍取向性」必然地要取代「特殊取向性」的，一種「身份取向性」必然要轉向「契約取向性」的（理由詳見下篇）。所以，中國家庭制度已日漸變質，隨著「社會的分化」（social differentiation）的趨向，它不僅不復是一個「功能普化」的團體，更不再是「社會」的本身，它已退居為許多社會制度之一的地位。漸漸地，因都市化、工業化及文化的複雜性的不斷增加，人與人的關係已由「人際的」轉變為「非人際的」（impersonal）。「通人」已漸沒落，「專家」已漸升起，一種麥基佛（R. M. MacIver）及培基（C. H. Page）所說的「大社會」（great association）[18]已經成立，諸如經濟學會、政治學會、工程師協會、農社、工會都已出現，這種「功能專化」（functionally specific）的組織逐漸地瓜分了傳統的「功能普化」的家庭制度的功能，「原級團體」的比重已因「次級團體」之湧現而日趨減低。

再說到「階級結構」，古典中國社會是建立在「治人」與「治於人」的觀念上的，士、農、工、商的階級結構在過去這一百年中，由於經濟技術化所造成的結構的變遷，也已隨之破裂。一九〇五年，中國的科舉制度正式廢止，是一個新階級出現的起點，隨著儒教的沒落，傳統的政治的比重已大見減低。社會上才智之士，在對西方價值的嚮慕與新的階級利益的誘惑下，已紛紛從傳統的政治窄門中走出，特別是在西方式教育制度普及之後，傳統的「內聖外王」的理念已經不再有迷人的吸引力了。現在，「士大夫」與「官僚」雖然還享有若干權益，但已不再壟有拉斯韋爾（H. D. Lasswell）與卡普蘭（Abraham Kaplan）所列的財富、威勢、學

18　轉引自 Samuel Koenig, *Sociology: An Introduction to the Science of Society*, N. Y.: Barnes & Noble, 1961, p. 210.

識等全部的「階級價值」了，而真正的傳統式的官僚或士大夫，亦隨風而去，誠如芮沃壽（A. F. Wright）所說，他們現在僅僅出現於舞台上了[19]。而社會上新的「秀異分子」卻已從各種新的階級出現。人們依著經濟技術的專業化的趨向與需要，各自選擇了性之所近的道路，現在再沒有人把一生精力消磨在毛筆字、四書五經上了。數學、邏輯、物理、工商管理、政治、建築、繪畫……成為了新時代知識分子追求的東西。而新的行業亦已一一出現，「政客」就是一行新的行業，企業家、買辦、留學生、工程師、律師、教授、醫生、作家、報人乃至電影明星、歌星也都是嶄新的職業，傳統的「三百六十行，行行出狀元」的說法已成過去，現在的職業已不止三百六十行，三千六百行，乃至三萬六千行了。隨著經濟專業化的發展，職業將越分越細，「治人」與「治於人」的思想固已隨民主思想之興起而成為明日黃花，「士、農、工、商」的分類亦已成為歷史的陳跡。

（三）溝通網

古典中國，在某一意義上，只是一個文化，而不是一個國家。這不僅是說那時人民沒有「國家」的觀念，而是說全國人民根本無法相互交通，「鑿井而飲，耕田而食，帝力於我何有哉」，充分表示了人民與政府之間的關係是鬆弛的，這不完全如有些人所說，這是古代的「無政府主義思想」或「自由主義思想」，而根本上是由於政府「鞭長莫及」，人民不能自覺到政府的存在，至少政府不是人民生活的一部分。古典中國由於交通的阻塞，往往如杜甫所說：

---

19 參見 A. F. Wright and Denis Twitchett eds., *Confucian Personalities*, Stanford: Stanford University Press, 1962, Preface.

「明白隔山嶽，世事兩茫茫」，全國因自然的隔離而形成許多不同的孤立的「小社會」。再就整個社會來說，全國人口由於語言的分殊性加上「交通系統」的斷絕，乃是「非動員的」（unmobilized），亦非「融合的」（assimilated）；亦即全國人民是「一盤散沙」而沒有「社會的凝結力」，各個「小社會」有其特殊的價值系統，全國實際上尚停留在「區社」的狀態，根本未形成全國性的社會。所謂「輿論」，根本上就沒有真實的意義，所以「天視自我民視，天聽自我民聽也者」，不過是知識分子的「民本思想」，而沒有能「社化」而成為民眾的信仰系統，更沒有能相應地發展出一套行為模式。因為，沒有靈活的溝通網，「民意」是無法形成的。同時，「民族主義」在古典中國是非常模糊的。可是，一百年來，特別是最近幾個年代以來，由於教育之日趨普遍，報紙、無線電、電視之漸次出現，大多數的老百姓已參與到「龐大的溝通網」中，通過這個溝通網，全國社會已成為「半動員的社會」，人們對政治的傳統的冷漠態度已漸減少，而不知不覺間被「政治化」了。一種「普遍參與」的現象已部分發生，每一個分子都自覺到是國家的一員，而形成「國家的認同感」，自白魯恂（Lucian Pye）所謂的「認同的危機」已相對地消失了。從而「國家」的意識出現了，「民族主義」成為一龐大的政治動力。

（四）政治符號

傳統的中國，有偉大的理性的政治思想，但人民對政治卻帶有一種半神秘、半宗教的觀念，人民相信皇帝是神聖的，他是龍種、天之子、上帝的代表，這些構成了人民的「政治的迷思」。聰明的帝王知道如何來維護這種「迷思」，使統治者「神化」，使統治者取得一「不能做錯」的地位。所以，御用的史臣總想造神話來鞏固皇帝的神威，諸如祥瑞之氣之流衍、麒麟的出現等謠言，把皇帝

與「蒼天」「上帝」連在一起；至於「二耳垂肩，雙手過膝」的描寫，也是在渲染皇帝的「神龍」（charisma）。所以，任何野心家，要想打天下、治天下，也非得運用這些神話不可。因為，傳統的人民不能接受一個事實，即「皇帝亦人」。所有赤裸的權力都靠這套「迷思」轉化為「權威」。「權力」一旦轉化為「權威」則根深蒂固，深入人心，[20] 而基本上，這種權威是來自「神聖的泉源」，而非來自「理性」或「人民」的。但在過去五十多年以來，由於西方民主自由思想的傳入，特別是經由以科學為基底的西方式的教育系統的「育化」與「社化」作用，以及科學觀念的普散，一種「世俗化」的趨向漸漸修改了「神聖」的觀念，中山先生告訴國民，五萬萬五千萬同胞今天皆是「皇帝」，皆是自己的主人，「平民主權」及「憲治主義」的理念已開始出現與形成。雖然民主政治尚未生根而「建構化」，但至少現在已很少有人相信皇帝是龍的化身了，也很少再有人不喜歡談「科學」了，雖然「科學主義」幾乎被當作一個新的神祇來膜拜。

三、轉型期社會的素描

從上面這些敘述中，也許有人會產生一種誤覺，以為我們已經從傳統社會中走出來，而轉到現代社會。這是一種必須立刻澄清的誤覺。這種誤覺的產生，主要是由於我們不自覺地掉落進一個「理論的兩極化」之陷阱去，許多人常易於用二分法來思考問題：他們認為走出傳統，便進入現代。我要鄭重地指出，這種想法非但是不

20　韋伯曾指出，權力是強迫性的服從，權威則係自願性的服從，權力一轉為權威則為人民所信從，此所以歷來篡弒都要假禪讓之名也。

合邏輯的，也是不合經驗事實的。

（一）中國轉型期社會的性質

首先，我們要記住：中國這一百年來的變遷，雖然是巨大的、根本的，但絕不是平衡的或系統化的，更不是完全的。

假如我們以為中國已經完全從「傳統」轉到「現代」，從身份轉到契約，從神聖轉到世俗，從農業轉到工業，從特殊主義轉到普遍主義，從功能普化轉到功能專化⋯⋯那麼，我們將完全無法解釋我們這個社會裏的種種現象，我們將完全迷失。

從「傳統」到「現代」是一條漫長的道路。「現代化」不是一天的工作，也不是一年或十年的工作。假如我們把萬米長跑比喻為「現代化」的工作，那麼，「起點」可視為「傳統」，而「終點」又可視之為「現代」，從賽跑者的腿脫離起點起，到他的腳踏上「終點」止，這當中一段都可視為「過渡時期」。有人把這一段過程稱之為「巨大的發展的連續體」[21]；也有人稱之為「一個動態的範疇」[22]；而一般學者都把它稱之為「轉型期」。我們要把握轉型期的意義，就必須揚棄「傳統─現代」的二分概念。誠如阿爾蒙德警告我們，我們不可視之為靜態的，而必須把它看作一個動態的「連續體」。[23]

---

21 F. W. Riggs, *Thailand: The Modernization of Bureaucratic Polity,* 1959. 筆者所引用者為作者所贈之手稿。該稿已由東西文化中心出版。

22 Daniel Lerner, *The Passing of Traditional Society.* N. Y.: Free Press, 1958, p. 14. 筆者曾撰〈傳統社會的消逝〉一文介紹此書，現收入金耀基：《現代人的夢魘》，台北：商務印書館，1966。

23 Gabriel Almond, *"Functional Approach to Comparative Politics"*, in Gabriel Almond and James Coleman eds., *The Politics of the Developing Areas,* Princeton: Princeton University Press, 1960 , pp. 6-64.

假如我們把轉型期社會看作一個巨大的發展的連續體，那麼，我們對於當代中國社會中，有些非常現代、有些非常傳統的現象，將不會感到迷惑與驚訝。李維對這現象有很清楚的描寫：

> 對於絕大多數的中國人來說：傳統的模式已不過是一些死物與過氣的東西，但是，對於不少的中國人來講，卻只發生很少的變化。無論如何，傳統模式之已注定沒落則是無可懷疑的……古老的模式已經消逝，但新的尚未堅實地建立起來。大部分古老的傳統還繼續存在，而繼續遵古之制或極少改變的人眾，卻遠過於那些完全接受西方方式的人眾的數目。絕大多數受（西方）的影響的人，都在綜合老的與新的（文化價值），各種不同程度的綜合是有目可見的……[24]

的的確確，當代的中國，有些人的觀念是有現代意識的，或是「西方」取向的；但有些人則是「傳統取向的」，或是「中國中心的」。雖然，整個傳統的社會系統是趨於「普遍取向」與「功能專化」，但特殊主義與功能普化的現象仍然存在；契約取向已經發生，但身份意識仍然很強；原級團體的比重已經相對地減輕，但卻並未完全消失，由於中國社會受西方文化之衝擊是不平衡的，缺少系統性的。因此，整個社會充滿了差距與矛盾，這種「文化脫序」所呈現出來的是一個「混合物」。一位學者說得好：

> 誠然，這種新與舊的作風的混合，現代與傳統觀念的重疊，或者正是轉型期社會的一個突出的性質呢！[25]

24　Levy, *The Family Revolutions in Modern China,* p. 289.

25　F. W. Riggs, *Administration in Developing Countries,* Boston: Houghton Mifflin Co., 1964, p. 12.

（二）中國轉型期社會的特徵

我們從上面所述，應該已經粗略地捕捉住中國轉型期社會的面目，我們認為我們還應該進一步審察中國轉型期社會的特徵。里格斯（F. W. Riggs）是一位研究轉型期社會的公共行政的傑出學者，他從泰國、菲律賓這兩個國家的實地經驗的觀察中，發現這兩個轉型期的社會都有三種現象，即「異質性」「形式主義」與「重疊性」[26]。我覺得這三種現象也正是中國轉型期社會的特徵。現在我借用他的概念來做簡單的說明。

1. 異質性

當我們從台北一直看到台東，或者僅在台北市區走一趟，我們將會發現許多極端不和諧的現象，我們將會看到摩天高樓，也會看到木板小屋；我們將會看到大水牛，也會看到噴射機；我們將會看到清華大學教授在講原子能，也會看到愚夫愚婦在龍山寺唸唸有詞；我們將會遇到毫無選擇的反傳統的反偶像主義者，也會遇到絕對的仇外與排外的保守主義者……這種心態意識與物理環境的廣大混合的現象，我們稱之為「異質性」。分而言之，在經濟上，自足的經濟制度與市場制度雜然並存；在政治上，「作之君，作之師」的觀念與「平民主權」的觀念雜然並存；在文化上，西化派與保守派雜然並存；在社會上，傳統的家庭制度與現代的會社組織雜然並存。這種現象使轉型期社會在現代化工作上無法作「面」的趨進，

26　參見 F. W. Riggs, *The Ecology of Public Administration,* London: Asia Publishing House, 1961, Chapter 2, 3. 筆者已用「再述」方式將此書譯出，參見金耀基編：《行政生態學》，台北：商務印書館，1967。

而只能作「點」的突進，而「點」的突進常融消在「面」的阻礙中。[27]

2. 形式主義

所謂形式主義是指「什麼應是什麼」與「什麼是什麼」之間的脫節而言。譬如交通規則應該是維持秩序的，但其結果並不發生維持秩序的功能，而只是一套白紙黑字，那麼，我們稱之為形式主義。

由於轉型期社會具有高度的異質性，人們沒有共同的信仰系統，也沒有一套緊緊相扣的制度。因此，任何一項措施、一個觀念、一種改革，都無法徹底貫徹，譬如就民主政治來說，倘若有了選舉制度，具備了國會，可是，由於人們沒有「參與取向」（participant orientation），對於投票認為是一種義務，而不視為表達自己政治意見的權利，因此在選舉的時候或者不聞不問，或者基於別人的慈惠而隨意地投下「神聖」的一票，這樣子，根本沒有如有阿爾蒙德所說的具備了「公民的能力」，他對政治只有「產出取向」（output orientation），而沒有投入取向（input orientation）；[28]反應之於政客身上，則他們根本不會重視民意，因為人民自己並不重視他們的意思。因此，政客之所以常常只謀私利，而不措意於公益，因為他們這樣做並不會影響到他們下屆的當選與否。反過來，這一現象又反射到人民身上，人民覺得政客之所作所為根本是為己

---

[27] 據我的觀察，大多數發展中國家的進步是「點」的進步，而一部分「準發展」國家（如日本）則是「線」的進步，至於西方發展國家則是「面」的進步。在發展中國家進步的「點」常被不健全的「面」所吞吃，因此進步極難。而在西方發展國家中，「點」的缺點常被健全的「面」所解消，故其進步順遂而快。

[28] 參見 Gabriel Almond and Sydney Verba, *The Civic Culture*, Boston: Little, Brown & Co., 1963.

而不為公，越發對選舉沒有興趣，而這一現象再反射到政客身上，則政客因人民之冷漠，越發不重視民意。這樣子便造成了一種不可救藥的「惡性循環」，而惡性循環的結果則自然地走上了形式主義的路上去。我們可以說許多轉型期社會最突出的現象，便是「惡性循環」，幾乎任何一個問題都免不了這種循環。因此任何一種制度都脫離不了若干的形式主義。政治上如此（空頭支票），行政上如此（等因奉此），學校教育上亦莫不如此（文憑主義、升學主義）。

3. 重疊性

當我們了解轉型期社會的「異質性」「形式主義」之後，將可以幫助我們了解轉型期社會的第三個特徵，即「重疊性」。要了解「重疊性」，我們首先在腦子裏應該有兩個型模，即傳統的與現代的。在傳統的型模中，社會結構與社會功能是混同的，譬如一個傳統的帝王，他的權力是「不分化的」，亦即他的功能是「普化的」，我們不能把他的所扮演「角色」區分為「政治的」「行政的」，或「教育的」「經濟的」「宗教的」。傳統帝王壟有一切，管理一切，他本身就是一切。反之，現代的型模中，社會結構與社會功能是「繞射的」（diffracted）[29]，亦即是高度「功能專化」的。譬如在一個西方的現代國家中，經濟、政治、行政、宗教等組織都是「分化的」，在某一意義下，他們都是「自主的」，他們在運作過程中，都有自己的標準：經濟受經濟的標準（如市場規律等）支配，行政受行政的標準（如為執行政治意志的中性工具）支配，政治受政治的標準（如只為政策的決定等）支配……這樣，企業家只是「經濟人」，官僚只是「行政人」，每個人都只扮演一「功能專化」的角色。但

---

29 同註 25、註 26。此為里格斯專創的術語。

是在中國的傳統社會裏，皇帝是一切權力的根源，他的功能是絕對「普化」的：他有行政權，有立法權，也有司法權。官僚亦然，只是他的權力較皇帝具體而微小而已。因為，社會「結構」本身是「不分化的」，所以，每個人所扮演的角色的「功能」也是「不專化的」。但是，在過去一百年中，社會結構已日趨於「分化」，功能已日趨於「專化」。各種組織如政黨、工會、公司、行政官署，都一齊出現了。但是深一層看，每一個組織卻並不完全是「自主」的，亦非完全「功能專化」的。政客、官僚、商人、律師、教授等雖然已取得了新的身份，但是他們並不願也不能完全扮演他們特殊的角色。由於轉型期社會具有上述的「異質性」及「形式主義」的現象，所以，任何一個組織都無法有效地完成其使命，因此，商人不能完全用市場的法則來做生意，官僚也不能完全靠「行政的原理原則」來達成其行政之目的。譬如官僚為了達成其升遷的目的，他不能僅僅「成就」，而常需要靠「關係」。他為了有效執行或推動一個良好的計劃，不僅要靠「職位」，還需靠「身份」等。比如，一個有幹才學識的年輕人，往往就因缺少「資望」而無法勝任高位。整個社會所表現出來的現象是，每種人都多多少少有「不守其分」或「不安其位」的行為，每種組織都多多少少有越界逾限的作風。所以，行政中立也好，學術獨立也好，都是不真實的，而只是一種裝飾的門面。

四、中國「過渡人」的畫像

要了解轉型期社會，我們必須了解轉型期社會的人，人是一切的根本。現在，讓我們對轉型期社會的人物做一分析。

轉型期社會的人，社會學者冷納（Daniel Lerner）稱之為「過渡人」，他在「傳統者」與「現代人」之間，設定了「過渡人」這

個概念。「過渡人」是我們了解轉型期社會的一把鎖鑰。所要說明的是,「過渡人」是指一種典型,一種概念構造,它只幫助我們了解轉型社會中人的性格,但卻不必是經驗的描述。

(一)「過渡人」的性格

過渡人是站在「傳統─現代的連續體」(traditional-modern continuum)上的人。一方面,他既不生活在傳統世界裏,也不生活在現代世界裏;另一方面,他既生活在傳統的世界裏,也生活在現代的世界裏。由於轉型期社會的「新」與「舊」的混合物,在這裏,新舊兩個「價值系統」同時存在。他一隻腳踩在新的價值世界中,另一隻腳還踩在舊的價值世界裏。他不是靜態的「傳統者」,他是「行動中的人」。冷納對「過渡人」曾有如此的描寫:

> 過渡人與傳統者的區別在於他們「傾向」與「態度」的「潛在的結構」(latent structure)之別。他的「傾向」是「移情作用」(empathy),他能「看」到別人看不到的事物,他生活在傳統者無法分享的幻想的世界裏。他的「態度」是一種「慾望」──他真正想看到他「心靈的眼睛」所看到的,真正想生活在他一直幻構著的世界裏。[30]

冷納說,假如一個社會中,有許多人都成為「過渡人」的時候,這個社會就開始由「傳統」走向「現代」了。

為了更使「過渡人」的畫像清晰一點,我們可以借用理斯曼(David Riesman)的大著《寂寞的群眾》(*The Lonely Crowd*)中的三個「動機模式」作為分析的基礎,這三個「動機模式」是人眾

---

30 Lerner, *The Passing of Traditional Society*, p. 73.

的性格與社會之間的環扣，而此一環扣則由三種心理機制所形塑：「傳統導向」（tradition direction）、「他人導向」（other direction）與「內我導向」（inner direction），理斯曼暗示社會的歷史的發展程序是從「傳統導向」到「內我導向」，再到「他人導向」的。

在理斯曼的分析中，「傳統導向」的人的行為是以「習俗」「傳統」為標準的；「他人導向」的人的行為則以他的「同儕團體」（peer groups）的規範作為標準的；而「內我導向」的人，則一方面已經從傳統的習俗中逐漸解放出來；另一方面，對於他接觸的團體的規範，他又沒有「見賢思齊」之逼迫的需要。

理斯曼所說的「內我導向」，正是「過渡人」的特性。他一眼向「過去」回顧，一眼向「未來」瞻望；一腳剛從「傳統」拔出，一腳剛踏上「現代」。由於他生活在「雙重價值系統」中，所以常會遭遇到「價值的困窘」，在心理上，積極地，他對「新」的與「舊」的有一種移情之感；消極地，他對「新」的與「舊」的也都有一種迎拒之情，這種價值困窘與情感上的衝突，造成了「過渡人」內心的沮喪與抑鬱，所以，「過渡人」是痛苦的人。有的「過渡人」則由於對新舊價值失去信仰，而成為「無所遵循」的人，因此過渡社會常出現偽君子與真小人。

（二）中國的「過渡人」之分析

中國的「過渡人」之出現是傳統解體、新思潮湧現以後的事。

中國的傳統經過西方文化猛烈的衝擊，逐漸地暴露了她的弱點與缺點，儒家的價值系統在工業化、都市化的過程中，一步步地喪失了她的吸引力。人眾對以儒家思想為本的中國傳統，由懷疑而動搖而開始絕情的揚棄。胡適之先生在一九二二年這樣寫道：

反抗的呼聲處處可聞，傳統被拋棄一旁。權威已經動搖，古老的

信仰遭到了損害⋯⋯廉價的反偶像主義與盲目的崇新主義（blind faddism）大量出現。這些都是無可避免的。[31]

李維亦有如下的觀察：

若說古老的信仰已完全地清除是不然的。但是對整個古老信仰的動搖與鬆弛則異常明顯。整個地說被搖撼了的舊信仰並沒有被任何「系統化的取向」所取代，知識分子間的一般傾向的崇拜之情雖已逐漸升高，但是並不普遍，也非深入。人們的一般趨向仍不清楚。古老的信仰，固然已鬆散，但仍看不到積極的信仰的湧現。[32]

的確，中國傳統的「信仰系統」雖被西方的文化衝垮，但西方的「信仰系統」仍沒有在中國人的心裏生根，中國人已開始欣賞西方的價值，但是古老的傳統的價值對他仍然有若干的吸引力。作為一個「過渡人」，如前面所說，會遇到「價值的困窘」；作為一個中國的「過渡人」，則這種「價值的困窘」益形複雜，何以故？因為中國「過渡人」所面臨的「價值的困窘」不只是「新」與「舊」的衝突，而且是「中」與「西」的衝突。一個人揚棄「舊」的價值而接受「新」的價值，固然需要冷納所說的「移情能力」和一種「心靈的流動」，而一個人要揚棄中國的價值而接受西方的價值，則還需要能解消一種「種族中心的困局」。

中國的「過渡人」一直在「新」「舊」「中」「西」中搖擺不停。一方面，他要揚棄傳統的價值，因為它是落伍的；另一方面，他卻又極不願接受西方的價值，因為它是外國的。他強烈地希望中國能

31　參見 Hu Shih（胡適）, *The Chinese Renaissance*, Shanghai: The Commercial Press, 1923, p. 34.

32　Levy, The *Family Revolution in Modern China,* p. 34.

成為一個像西方的現代的工業國家，同時，他又自覺地或不自覺地保護中國傳統的文化，他對「西方」與「傳統」的價值系統都有相當的「移情之感」，但同時，他對這二者卻又是矛盾猶豫、取捨不決的。這種情形，使中國的「過渡人」陷於一種「交集的壓力」下，而扮演「衝突的角色」。有的成為深思苦慮「完善的自我」的追求者；有的則成為「唯利是圖」而不受中西兩種價值約束的妄人。

誠然，中國「過渡人」所面臨的最大問題是「認同」的問題，他們的「自我形象」是不穩定的，也不清楚的；他們的「自我認同」則困交於新、舊、中、西之間，這是兩個文化發生「濡化過程」（acculturation process）中的常有現象。[33] 中國「過渡人」所感到最焦煩的是找不到「真我」，最迷惑的是尋不到「認同」的對象；他們最大的努力是追求一種「綜合」，即企圖把中國的與西方的兩個價值系統中最好的成分，融化為一種「運作的、功能的綜合」（operative, functional synthesis）。在某個意義上說，中國「過渡人」目前追求的「現代化」運動的工作就是這種心理上的要求。[34]

五、結語

從上面的分析裏，我已陳示了西方文化對中國社會衝擊的影響，也已描繪了中國轉型期社會的畫像。然而，中國的轉型期社會雖然已經過渡了一百年，可是我們仍沒有任何理由相信轉型期的現象即可過去。事實上，進步並不是一件必然的事，轉型期社會（或

---

33 參見 Lucian Pye, *Politics, Personality and Nation Building,* New Haven: Yale University Press, 1962.

34 此一觀念，可參見 Marshall Singer, *The Emerging Elites,* Cambridge: MIT Press, 1964.

過渡社會）也不必命定地可以從「傳統」過渡到「現代」。所以，
拉帕羅姆巴拉（Joseph LaPalombara）認為「過渡」或轉型期這個
詞語是有問題的，他說：

> 「過渡」一詞意指政治（或經濟社會）發展的「社會的達爾文的型
> 模」，這個詞語暗示社會變遷是不可避免的，並且這種變遷是朝著
> 可認同的時期前進的。同時，演化的後期又必然地較之前複雜，而
> 且優越。[35]

里格斯就是因為「過渡」一詞含有「目的論的意義」，故捨而
不用，而另創「棱柱」（prismatic）一詞 [36]。的確，過渡社會是可以
一直過渡下去的，轉型期的現象是可以常留永駐的。但是，我個人
仍然相信，只要工業化的速度能夠加快，「過渡人」的「移情能力」
能夠加強，而「種族中心」的迷惘能夠漸漸衝破，則中國的「過渡
人」是可以變成現代人，而創造一個現代的社會的。

我喜歡，並相信下面這句話：

> 現在是過去之幼兒，也是未來之父母。

35　參見 Joseph LaPalombara, "The Comparative Roles of Group in Political System", in
Social Science Research Council, item 15, 1961, pp. 18-21.

36　參見金耀基編：《行政生態學》，頁 152-156。
　　　這是筆者在 1966 年 4 月 7 日應台灣大學經濟學會之邀所作演講的文稿，這次回到闊別
　　　將近十年的母校演講，內心有說不出的滋味，無論如何，我珍惜母校新同學的盛情。而
　　　同學們對這個問題嚴肅的深思與深入的興趣，尤使我感動。── 耀基附記

第三篇
現代與現代化

一、引言

　　二十世紀裏一椿最偉大與莊嚴、最迷惘與挑戰的事實是全球文化與社會的變動。無論是歐洲、美洲、非洲還是亞洲都參與了這一個大變動的行列。這不是哪一個國家、哪一個社會的事，這是全世界、全人類的事，我們只有從世界的結構裏才能理解這個變動的壯闊的形象與深刻的意義。

　　這一全球性的變動，簡言之，就是一個從「傳統」到「現代」的大變動，也就是人類世界中所有傳統社會都在逐漸地消逝。如印度、泰國、埃及、土耳其、伊朗、意大利、日本、韓國、阿根廷、巴西、埃塞俄比亞、剛果……以及我們的中國，無不或多或少地、或快或慢地，或是自動地、或是被強迫地從傳統的藩籬中走了出來，儘管人們對傳統還有深摯與強烈的依戀，但沒有一個民族或國家能完全抗拒「現代化」的誘惑。在古老的社會的人們心坎裏，已激起一種「滿懷希望的革命」，這一種心理上的革命使人們對「現代」產生一種崇拜與孺慕，它不知不覺地改變了整個人類社會基本的文化取向及價值系統，寫世界史的人，如不能把握這一關鍵，他將對現代的歷史完全迷失，討論文化問題的人如不能認清這一本質，他將難免貽於井蛙之譏。

　　中國自從鴉片戰爭以還，因本土文化受到西方文化的衝擊，發生了文化的與社會的「解組」現象，乃引起何捨何從的問題，從而

激起「中西文化」的討論與辯爭。這在文化變遷的過程中，毋寧是一件當然的現象。這不僅發生在中國，也發生在埃及、剛果，這不僅發生在亞洲，也發生在非洲、美洲，所有文化上的口號，如「中學為體，西學為用」「西化」「保存國粹」等，在其他的傳統社會中都有類似與相近的現象。有趣的是，不論哪一個傳統社會，對於「西化」一詞，在近年以來，都已開始揚棄，而改用「現代化」一詞，這或者是基於政治及學術上的理由[01]，但基本上卻是為了滿足民族自尊心的需求。社會科學者告訴我們這是「種族中心主義」所導發出來的「自我防衛機制」的一種自然表現。

最令人遺憾的一件事是，許多談文化問題的人，他們可以用長篇累牘的文字與著作等身的書冊來討論、敷陳，但他們對於什麼是「現代」及什麼是「現代化」，卻大都是朦朧曖昧的。我們如要「現代」與「現代化」，而又不知「現代」與「現代化」之意義，則等於沒有羅盤的船在大海上飄蕩，實在是很尷尬與危險的事。

「現代化」可說是所有社會一致追求的目標，其實，沒有一個國家或社會能免於這項誘惑與壓力。中國目前追求現代化的熱忱也是不容否認的。基於此，我認為，我們對於什麼是「現代」，什麼是「現代化」及中國現代化的諸問題，應該有一討論。我的努力，不只是消極地希望減少不相干的文化遊談，更在積極地希望大家嚴肅思考中國的出路。

01　就政治上言，走共產主義路線的國家，大都是「反西方」的，當然不會用「西化」的字樣。就學術上言，理想的文化應不是單純地向西走，而是走向多元性的文化整合，此亦是人類學者克萊德·克拉克洪（Clyde Huckhohn）等所主張的。以此，「現代化」實較「西化」為合理。在這個意義上，「現代化」即是「世界化」。

二、「現代」一詞之意義及其問題

「現代」（Modern）或「現代性」（Modernity）不是一個絕對的詞語，而是一個相對的詞語。它是相對於「傳統」而言的。現代之於傳統，很可以一般社會學者所設的雙元觀念來表明：「世俗對神聖」「契約對身份」「社會對區社」「工業對農業」「次級團體對原級團體」，等等（見前篇）。

但是，這種二分法的區別卻有其不當處，因為，沒有一個社會是絕對現代的、世俗的、工業的或契約取向的；也沒有一個社會是絕對神聖的、民俗的、農業的或身份取向的。這種二分法的分類只有在建構「型模」（model）時，有便於分析之用，[02] 在現實的世界裏並不能找到絕對的「傳統的社會」，也找不到絕對的「現代的社會」，誠如克萊德‧克拉克洪（Clyde Kluckhohn）所說：「所有人類的社會，從最原始的到最進步的，構成連續體。」[03]

當我們說「現代」這一個詞語的時候，我們必須把它跟「當代」（contemporary）一詞分開。我們常聽到有人說「現代中國」「現代美國」或「現代剛果」等，實際上，他是說「當代中國」「當代美國」或「當代剛果」。里格斯（F. W. Riggs）說得對：

> 今天，凡是在這個世紀、這個年代的人，在年代學上，沒有人能避免是「現代的人」，但是在這個同一時刻裏，他們生活的實質卻可以完全異趣。所以，當每個人在年代學上是現代人時，在實質上卻

---

[02] 我們運用型模，主要是對問題能作系統性的思考，而不能「實化」，即把概念看作經驗之全。

[03] Clyde Kluckhohn, *Mirror For Man*, N. Y.: McGraw-Hill paperbacks, 1949, p. 266.

未必一定就是現代。[04]

從而，美國人、中國人、剛果人都活在同一時間裏，但有的過著電氣化的現代生活，有的卻仍過著素樸的、狩獵式的、農耕式的傳統生活，所以同樣在一九六六年，有的是現代社會，有的是傳統社會。但我們前面已經說過，從傳統到現代是「連續體」，傳統與現代之間無楚河漢界之分，因此，我們很難勾畫出現代社會的絕對形象。但是，撇開年代學的觀點不談，我們仍可從實質上找出現代社會的內容。不過，由於「現代」一詞的意義太含混而不確切。因此，什麼是「現代社會」，學者間亦有不同的看法，有的以都市化與工業化為要件；有的則以高度的政治多元主義為要件；有的強調經濟發展已超過「起飛」階段為標準；有的則強調一定程度的政治的「普遍參與」為標準；有的以廣泛的地理及社會的流動為著眼點；有的則以廣泛的大眾媒介的建立為著眼點；有的認為有效的公共行政制度為不可或缺；有的則認為「知識遍散」為絕不可少。

上面這些現代社會的標準與條件，大致為學者所承認。可是，「現代」或「現代性」這個詞語也已為一些深思的學者所反對，甚至整個放棄，他們反對的理由有下列數點：

第一，「現代」或「現代性」一詞含有濃厚的「價值判斷」的色彩，好像「現代」一定比傳統為好似的。[05]再則，當學者用「現代」這個觀念的時候，就自覺與不自覺地以西方社會作為一個範型，亦即把現代的型模與「英美型模」看作合二而一的東西。這是西方地

---

04 參見 F. W. Riggs, *Administration in Developing Countries,* Boston: Houghton Mifflin Co., 1964.

05 現代的高度組織化、機械化的生活是否比傳統的閒適優雅的生活為「好」，這是極堪論辯的。參見金耀基：《現代人的夢魘》，商務印書館 1966 年版。

方觀的意理，亦即是一種「西方文化局限的觀念」[06]，從而越像西方的便越「現代」，這種富有價值判斷色彩的現代的定義之產生，乃是因為世界上「最進步」的國家常被認同為北美洲及西歐諸國之故。

第二，「現代」或「現代性」一詞常暗示一個單一的、最後的事態，此則十足地表示了一種「命定的、單一的直線式的進化理論」（a deterministic, unilineal theory of evolution），它與「過渡」一詞同樣富有一種「目的論的意含」，當西方或非西方學者用「現代」一詞的時候，就不知不覺地以「英美型模」不只是「可欲的」，同時，也是任何社會發展的「一個自然的最後階段」，亦即認為任何社會發展必然地會走上現代英美的歷史道路。這種觀念顯然是一種誤覺。前面已提到，拉帕羅姆巴拉（Joseph LaPalombara）清晰地指出「現代」與「過渡」一詞一樣都意指一種「社會的達爾文的型模」，即暗示「社會變遷是不可避免的，並且這種變遷是朝著可認同的時期前進的。同時，演化的後期又必然地較之前期複雜，而且優越」[07]。所以，「合時」比「過時」總是較好的。這種富於價值色彩的「現代」觀念常與「盲目的崇新主義」結合不分。可是，經驗告訴我們新的不一定比舊的好。同時，即使新的樣樣比舊的好，新的也未必一定來臨，因為社會的發展是不必一直是向「前」演化的。社會的變遷既不必是「演化的」，也不必是「不可避免的」。再則，在發展的過程中，由於整個發展條件的差異，可以出現不同的「結構的安排」（structural arrangement），事實上，非西方的社會可以走上「英美」的道路，也可以走上「非英美」的道路。

---

[06] 此正如從前中國的「文明」觀，是以中國的文化型模為衡準的，異於中國者為蠻夷戎狄，同於中國者為文明。

[07] 參見 Joseph LaPalombara, "The Comparative Roles of Group in Political System", in *Social Science Research Council*, item 15, 1961, pp. 18-21.

　　第三，「現代」或「現代性」一詞常常被看作「經濟的現代性」的代名詞。經濟學者把「現代」一詞從社會所產生的單位資本與貨物的「量的增加」作為基礎。所以很自然的，當一些人用「現代」一詞的時候，就只從經濟的觀點著眼。從而，凡是高級「工業化」的社會就被認為是現代社會。從羅斯托（W. W. Rostow）的「經濟成長階段論」來說，凡一個社會已超過「起飛階段」（take-off），而進入「推向成熟階段」（the drive to maturity）時，即可視為臻至「現代」了。羅斯托的理論在一般新興國家之所以受到熱烈的歡迎，其理由是很多的，但是，它之所以能滿足一般當政者的私底下的「脾胃」卻是重要的原因。一些對新興國家作過深刻研究的人指出，許多新興國家的發展的目標，首要的是「經濟」，次要的是社會，最不重視的是政治。當她剛從殖民地身份取得獨立以後，便再不措意於「政治的發展」（或「政治的現代化」）了，他們以為有了經濟的發展便可躋身強國之林。的確，這是一條「富國強兵」的快捷方式，但是以「政治自由」去換取「經濟發展」，又是不是值得？所以，以「經濟人」（homo economicus）的觀念作為「現代」的前提思考是危險的、不充足的。對於這種觀念來說，只有經濟的價值才是主要的、第一的；其他任何的價值如民主、自由皆是次要的。不幸的是，地球上絕大多數的新興國家都懷抱著這種「經濟的現代性」的觀念。因此，現代日甚，離民主也日甚。這是今日「現代化」運動中的一項潛在危機。

　　第四，「現代」或「現代性」一詞，除了有上述的誤覺之外，還有一個常有的錯誤觀念，即把「現代」看作一個絕對的詞語，以為「現代」與「傳統」是絕對對立的範疇，關於這一點，前引克拉克洪之言已有所辯證。此外，阿爾蒙德（Gabriel Almond）有極深刻的觀察，他指出傳統與現代都是相對的詞語，傳統與現代並沒有一段鴻溝，而實際上，傳統與現代是一個不可分割的「連續體」，任何一個社會都是處於這個「連續體」中的，並且都是「雙元的」

或「混合的」，即任何一個社會制度都是傳統與現代的結合體。阿爾蒙德的重要貢獻是使我們對「現代」採取一種「動態的」「發展的」看法，使我們養成一種對「現代」的「雙元」的而不是「一元」（monistic）的觀點，這樣，我們將免於「傳統」與「現代」的二分法的思想模態，而不至於跌入「理論的兩極化」的陷阱而不知。他說沒有一個制度是絕對「現代」的，正如沒有一個人是絕對「成熟」的一樣，人是不斷地成長的，所有的制度也是不斷發展的。從這個觀點說，他把所有的制度都看作「過渡的系統」是不無理由的。

　　基於「現代」一詞有上述種種的「問題」，所以，有的學者便乾脆不用「現代」這個詞語，譬如里格斯就創造「繞射」（diffracted）一詞來代替「現代」[08]。

三、「現代」的內涵

　　但是，「現代」或「現代性」像「傳統」及「轉型期」一樣，也都可以找出其特有的內涵。冷納（Daniel Lerner）依據拉扎斯菲爾德（P. F. Lazarsfeld）的著名的「潛在結構分析」（latent structure analysis）[09] 的方法，依照「社會學的因素」，把「現代」與「傳統」及「轉型期」社會區別開來。他指出，「現代」或「現代性」不是一個單一的或一些不相連的社會文化的現象，而是一個「綜協的整體」；它包有「都市化」、工業化、世俗化、「媒介參與」、民主化等質素，這些質素的出現不是「偶發」的，也不是「獨立」的。現在，

08　Riggs, *Administration in Developing Countries.* 另參見金耀基編：《行政生態學》，台北：商務印書館，1967，頁 152-156。

09　拉扎斯菲爾德的「潛在結構分析」係基於弗洛伊德的理論，認為任何個人表現出來的行為都與他的態度的潛在結構有關，故而可以加以預測潛在結構亦即個人的人格。

我準備有系統地分點就下列幾個變項對「現代」的內涵作一剖析。

第一，工業化。傳統社會進入現代社會的動力是工業化。工業革命是真正對傳統結構與生產組織產生挑戰的主角。現代社會與傳統的基本區別之一是：前者的主調是工業的，後者的主調是農業的，工業化在某一意義上說即是「經濟的現代化」，我們雖不能把「經濟的現代化」看作「現代」的「充足」的條件，但卻也是「必要」的條件。以此，我們可以羅斯托的經濟成長的理論作為依據，把一個社會達到「起飛期」以後的階段，稱之為現代的「開始」。而無妨把「自足的經濟」視為「傳統社會」，把進入「起飛」階段的經濟視為「過渡社會」（或轉型期社會），而把進入「推向成熟期」後的一個工業化的經濟視為「現代社會」。

第二，都市化。在西方，都市化的腳步是緊跟著工業化而來的。的確，現代都市是工業主義的一個「函數」，而都市無疑是現代社會生活的主要形態。反之，傳統社會以村落為社會生活的主要單元（unit）。我們可以看出，由於都市化的趨勢，逐漸把許多傳統的「生活模態」摧毀了。照冷納的研究，都市化是「現代」的一個「主要變項」，他指出都市化是「現代化」的必要條件，只有當一個社會的全人口的 10% 到達都市化時（此為緊要的最低限，即 critical minimum），智識才能開始擴增；而當全人口的 25% 到達都市化時，則智識的增加與都市成長發生直接的關係。冷納相信一個社會的「世俗的演進」是以都市化為起點的，因唯有都市的存在才能促使工業經濟的發展。[10] 而一個「都市模式」才能導致「知識」

10　但據最近的研究，都市與經濟發展並無必然的關係，而只有相對的關係，促進經濟發展的都市必須具有某種的條件：如面積不可過大，以免妨害人口之接近市中心的可能性等，故像紐約等都市且有「反工業化」的傾向。此一觀念係得之於都市學教授特格爾（G. Duggar）博士者。

及「媒介系統」的成長。都市化把散佈在村落山區的人口都吸引到城市中心，此一現象引發並提供了通往「普遍參與」的「起飛」條件與「機制」。[11]

第三，普遍參與。上面我們已提到都市化導致了「知識」與「媒介系統」的成長，這一點，照冷納所說，也是現代社會的兩個重要面向，而「知識」與「媒介」二者的關係亦是相互不可分的。知識的普及發展了「媒介」（如報紙、雜誌、無線電等）；反之，媒介的普及也發展了知識。由於知識與媒介的相互刺激發展，使社會人眾投入到一個「廣大的溝通網」中，這樣就產生了一種「普遍參與」的現象，而「普遍參與」則為現代社會的重要內涵之一。冷納曾說西方的現代社會就是「參與的社會」。而此「普遍參與」實包含「媒介參與」與「政治參與」。[12] 在正常的情況裏，「普遍參與」中的人民的取向是使自己在社會中扮演「主動的角色」（activist role），他們對公眾的事務不只有「產出取向」，還有「投入取向」；亦即他們不只對政治的「產出」部分如法律、經濟措施等有意見，還對政治的「投入」部分有參與的興趣，如組黨、集社、參加競選等。我們如以阿爾蒙德的「政治文化」的類型來說，則傳統社會是「部落的政治文化」（parochial political））或「臣屬的政治文化」（subject

---

11 參見 Daniel Lerner, *The Passing of Traditional Society,* N. Y.: Free Press, 1958, p. 61.

12 阿爾蒙德說：20 世紀如有所謂政治的革命的話，則可以稱之為「參與擴炸」（participation explosion），參見 Gabriel Almond and Sydney Verba, *The Civic Culture*, Boston: Little, Brown & Co., 1963, p. 2.

political culture），而現代社會則為「參與的政治文化」。[13] 我們可以說「參與的政治文化」，即意含社會群眾能在政治的「決定做成的過程」中扮演一角色。而通過這樣的「決定做成的過程」，則沒有任何單一的個人或團體的利益可以受到絕對地壓倒性的保護，而人民的集體的利益則可以在社會的制衡中得到保障，此由「大家決定大家的事」的現象，即「政治的現代性」[14]。

第四，世俗化。傳統的社會在基本上是「聖化的社會」，所謂聖化的社會，是指社會的行為是受宗教的啟示、傳統的教條、習俗的成規以及先知、真人的「典則」所控馭的，人們自覺或不自覺地接受一種「神秘主義」的支配，他們把宇宙萬物與個體看作一種神秘的結合，海尼・格爾頓（Robert Heine-Geldern）對於東南亞地區的思想模式曾有如下的描寫：

> 我們所必須探究的主要觀念是在「大宇宙」與「小宇宙」之間，在「宇宙」與人群之間，存有一種平行對比的信仰。依據此一信仰，

13　「部落的政治文化」中，政治與宗教、經濟等不分，人民對政治既無「產出取向」，亦無「投入取向」；「臣屬的政治文化」中，則人民只有「產出取向」，而無「投入取向」；唯有在「參與的政治文化」中，人民始有「投入」及「產出」兩種取向。而目前的過渡社會，則大都是混合的政治文化，即「臣屬的參與的文化」（the Subject-Participant Culture），只有一部分的人民已有「投入取向」或「自我取向」，而絕大部分的人民則對政治僅有「產出取向」。Ibid., pp. 16-26.

14　關於這一點，有一些學者是持不同看法的，沃德（R. E. Ward）與羅斯托（D. A. Rustow）就認為政治現代化是指「從專制政治或寡頭政治趨向於大眾社會（Mass Society）的某些形象 —— 民主的或獨裁的」。他們以為政治是現代國家的主要標誌是政府功能與需要的大量增加，「公共服務」與「社會責任」的觀念才是現代性政治的要件。同時政治現代化也是與「民族主義」緊緊相關聯的，基於這些觀點，則政治現代化是不必以民主為要件的。參見 R. E. Ward & D. A. Rustow eds., *Political Modernization in Japan And Turkey*, Princeton: Princeton University Press, 1964, pp. 3-13.

人類是永續不斷地受到來自星球的力量的影響的。[15]

這種「宇宙觀」使人們相信，要想獲致「和諧」的境地，必須對天地鬼神、日月星球懷抱一種敬畏的心理，上自帝王，下至凡夫，都承認一些不容懷疑的「先驗的事實」。而現代的社會，則剛剛相反，人們對自然、人事都有「世俗的態度」，他們受實證科學的洗禮，人們的行為思想都建立在「理性」的基礎上，以一種實效的觀點作為衡評萬物的標準。他們所相信的是「知識的權力」，所作為的有「戡天主義」的色彩。對於傳統、習俗、典則都認為是可改的，他們不認為祈禱可以解決問題，他們相信「進化的觀念」與「未來主義」，肯定人能夠通過科學的方法以改造世界、主宰命運。簡單地說，世俗化即是一種「實證的」及「理性的」態度與行為。

第五，高度的結構分殊性（highly structural differentiation）。這就是里格斯所說的「高度的繞射化」（highly diffracted），里格斯把帕森斯（Talcott Parsons）的五組「模式變項」（pattern variable）中的一組：普化（diffuse）與專化（specific）加以推演，而創立了「融合的—棱柱的—繞射的型模」（fused-prismatic-diffracted model），他這個型模接近於冷納的「傳統的—過渡的—現代的型模」，而沒有一種「目的論的意含」。他把「融合的社會」設定為所有結構都是「高度功能普化的」，而把「繞射的社會」設定為所有結構都是「高度功能專化的」（highly functionally specific）；他指出「融合的社會」接近於「傳統社會」，而「繞射的社會」則接近於「現代社會」。[16]

15　Robert Heine-Geldern, "Conceptions of State & Kinship in Southeast Asia", Ithaca: Cornell University, Southeast Asia Program Data Paper No. 18, 1956, p. 1.

16　Riggs, *Administration in Developing Countries.* 另參見金耀基編：《行政生態學》，頁 152-156。

　　高度的「結構特殊性」是由於工業化、技術革命、專業化或精密的分工所造成的。在傳統社會裏，家庭幾乎擔負起宗教、政治、經濟、教育的所有「功能」，亦即它的功能是「高度普化」的。但在經濟發展、技術發展的逼促下，社會的結構自然而然地趨向分殊，教會、政黨、工會、學校、學術團體都應運而生，每一種「結構」都扮演其特殊的角色，擔負其特殊的功能。士、農、工、商的區分在現代社會中完全失去了意義，三十六行的說法也顯得落伍，因為在現代社會中，職業的分殊豈止士、農、工、商？在「士」的範疇內有學者、有作家、有教師、有記者，在「學者」的範疇內，又可分為社會學者、政治學者、心理學者、邏輯學者、物理學者……在物理學者的範疇內，再可分為普通物理學者、核子物理學者……因此，我們可以說，現代社會的結構與傳統社會的結構在「分殊性」上說，是有絕大程度之別的。

　　第六，高度的「普遍的成就取向」（universalistic-achievement orientation）。傳統社會是簡單的農業社會，一切技術都是樸素的，人們用不到特殊的知識與技術，「半部論語治天下」的想法並不是絕對荒唐的。知識在某一意義上即是經驗，因此，經驗越富者知識亦越高，所以老人總受尊敬，因為「年歲與智慧以俱增」，老農可以觀天色而知雨晴，老吏可以憑閱歷而斷獄。而在一個不需要特殊知識與技術的社會中，人們之用人取才基於「特殊的─關係取向」（particularistic-ascriptive orientation）乃自然不過的事。我的家人與親友可以與陌生人做得同樣的好，我當然用親人。但是，由於工業化、技術化的結果，許多工作已非憑經驗與直覺可得而為，而需要相當的專門知識與技術，於是乎，乃不能不逼出一種「普遍的成就取向」，關於這一點，李維（Marion Levy）有很好的說明：

　　現代工業是不問誰是誰的，現代工業所問的僅是「他」（她）是

否具有專門的技術功能與特殊的技巧⋯⋯操作機械的結果必係如此，因為對於一輛大卡車或鑽孔機，其操作者之為罪犯或聖人，為國王或凡夫，均無絲毫區別⋯⋯這不像在手工藝社會，新的工作者常是與一家之主生活在一起的。而機械則無若此之需要⋯⋯當手工業之經營像現代工業一樣，建立在「普遍性」的基礎上時，雖然是不大可能的，但亦不足為異。但是，一個現代工業如不建立在普遍性的基礎上，則是不可思議的。[17]

所以，在現代社會中，「身份取向」之為「契約取向」所取代乃必然的事。一個規模龐大的現代企業必不能靠家屬來包辦，而必須網羅具有企業才具的人來經營，歐美許多大公司老闆不請自己的小舅子來管理，倒不是無愛於小舅子，而是小舅子未必具有管理的知識與才具耳。

我上面所舉六點，當然不必已窮盡「現代」之內涵，而有一些「現代社會」也往往不能完全具有這些內涵，在歐美的現代社會則比較多些，我承認我這「分析的型模」中還具有「價值判斷」的成分在內。實質上，「現代」一詞本身就有價值色彩；同時，「現代」應具有無窮的「創新」意味，因此，它的內涵是可以不斷擴充或變更的。這也就是「現代化」一詞較「西化」一詞更為有意義之所在。

四、「現代化」之本質與過程

「現代化」一詞之意義，常因「現代」一詞的意義之歧義而有不同的內容。有時，「現代化」是被視作是「開發」的同義字，以是，

---

17 Marion Levy, *The Family Revolution in Modern China*, Cambridge: Harvard University Press, 1949, p. 281.

乃很自然地把「傳統社會」視作是「未開發」或「低度開發」的社
會，把「過渡社會」視作是「開發中」的社會，而把「現代社會」
視作是「已開發」社會。假如，如前所述，懷抱一種西方中心的眼
光來看，則「未開發」或「低度開發」的社會為「非西方社會」，
而「已開發」社會為「西方社會」。從而，「現代化」乃被解釋為一
種「日漸近似西方社會的變遷過程」，也即凡是近似「英美的制度」
者都被看作是「現代」或「已開發」的社會。可是，正如我們前面
所指出的，「現代」或「現代性」如被解釋為「工業化」「都市化」「世
俗化」等時，則「現代化」或「已開發」只是一個「中立」的觀念。

　二位對「非西方社會」現代化極有研究的學者沃德（R. E.
Ward）與羅斯托（D. A. Rustow）認為：

> 「現代化」一詞，像任何描述一廣闊的歷史現象的詞語，如「封建
> 主義」「啟蒙運動」「工業革命」或「民族主義」一樣，它必須調協
> 觀念的邏輯的（conceptual logic）確切性與記錄人類經驗的混合性。

又說：

> 在邏輯與語源學上說，現代化指涉一長期的文化與社會的變遷，而
> 這種變遷為該轉變中的社會的成員所接受，而觀之為有益的，不可
> 避免的或可欲的。[18]

　不錯，「現代化」這個詞語無可避免地含有一種「價值」的意
味，冷納指出「現代化」實是一種「個人的選擇」的過程，如馬克·
吐溫（Mark Twain）所暗示，這是關係個人的、深刻的事，實則，
「現代化」乃是對一種「挑戰」的「回應」。所以，里格斯把「現代

---

[18]　Ward & Rustow, *Political Modernization in Japan and Turkey*, pp. 3-13.

化」看作是「較高開發」的社會對「較低開發」的社會的衝擊所生的種種變遷的過程。[19] 他承認「開發」一詞也帶有價值色彩，但現代化之所以發生，正因為是由於一種「主觀的衡值」。譬如中國人在十九世紀初葉以前，把西方人的文化看作是野蠻人的文化，那樣，就不會有現代的現象發生之可能，因為中國人不會對它作一種「選擇」。但當中國人對於西方的科學、技術（船堅炮利）發生一種敬畏之意，而承認中國之「技器」不如西方時，於是現代化的過程就開始了，因為中國人已決定「擇其所長」而模仿之了。我們知道中國人前之視西方文化為野蠻文化，與後之視西方技器之優於中國，都帶有一種「主觀的衡值」色彩在內。從而里格斯進一步說明：

> 現代化並不指一種特殊的變遷，如工業化、西化或希臘化，而是指一種「歷史的相對性」的現象，指一個社會或國家，自願或不自願地所發生的一種「形變之鏈」的過程，而這種形變乃在減少他自己與其他他認為更進步、更強大或更有聲威的社會之間的文化的、宗教的、軍事的或技術的差距者。[20]

這一種現代化的形變過程分析起來，就是「文化的與社會的變遷」。而這種文化與社會的變遷，則起因於兩種或兩種以上的文化的接觸，此即所謂濡化（acculturation）。在濡化過程中，傳統的價值必受到洗練沖刷，並一定會對外來文化產生抗拒與適應。人類學者告訴我們，沒有一個社會會不經抗拒而放棄傳統的文化，而

19　F. W. Riggs, *Thailand: The Modernization of A Bureaucratic Polity, 1959* 筆者所引用者為作者所贈之手稿。該稿已由東西文化中心出版。

20　Ibid.

傳統文化在新來文化的衝擊下，亦必經過一種急劇的變化。[21] 而在一個社會的「現代化過程」中，一些傳統文化中的「物質性」的東西（如技術）總比「非物質性」的東西（如價值）淘汰得快；一些「較少聖化」、較少情緒性的東西（如器物制度）總比「較多聖化」、較多情緒性的東西（如家屬關係、宗教信仰、聲威系統）放棄得快；一些「非符號性」的質素（如生產方式）總比「符號性」的質素（如政治迷思）轉變得快。[22] 拉斯韋爾（H. D. Lasswell）與卡普蘭（Abraham Kaplan）把價值、規範、社會秩序等東西稱之為 techniques，而把手段、工具性的東西稱之為 technics，他們把 technicalization 意指為 techniques 與 technics 的形變，[23] 而現代化則包含著 technicalization 的意義，在其轉變過程中，technics 的轉變速度較 techniques 為高。關於這一點，湯因比（Arnold Toynbee）於觀察非西方文化與西方文化的會戰後指出，西方國家原想把「西方整套生活方式」傳播給非西方社會的，所謂「西方整套生活方式」主要是指西方的技術及基督教。但結果西方的技術受到歡迎，而西方的基督教等價值卻遭到拒斥，何以故？因為技術只及於人們生活的表層，而基督教等價值則觸及人們思想行為的內心深處。只及於生活的表層則不致動搖傳統的生活方式，故阻力較小。而觸及思想行為之內心深處則必將傾圮全部的傳統的價值系統，故阻力極大。湯因比為此而發明了他的「文化的放射律」（law of cultural radiation），他的文化放射律是：

---

21 Bernard Berelson and Gary Steiner, *Human Behavior,* N. Y.: Harcourt Brace & World, 1964, pp. 615, 616.

22 Ibid.

23 H. D. Lasswell and Abraham Kaplan, *Power and Society,* New Haven: Yale University Press, 1950, p. 51.

當一移動的「文化光」因被它所衝擊的一個外國社會體抗拒而反射
為多種的光線——技術的、宗教的、政治的、藝術的，等等——
時，它的「技術的光線」（technological strand）常較宗教的光線穿越
得較快及較深。而此定律還可以用更適用的詞語加以構造。我們可
以說文化反射的光線的「穿越力量」通常是與此光線的文化價值成
反比例的。一個無關緊要的光線受到其所衝擊的「社會體」的阻力
較之一個「重要的光線」為輕，因為前者不至於威脅到被衝擊的社
會體的傳統的生活方式，而引起急烈痛楚的干擾。[24]

因此我們可以了解，社會與文化的變遷或現代化過程是非平衡
的、非系統化的，而其結果乃出現「非平衡」的成長或發展，此
即社會學者烏格朋（W. F. Ogburn）所說的「文化脫序」（cultural
lag）[25]。這種「文化脫序」遂成為正在進行現代化運動的過渡社會
的一個普遍現象。

五、「現代化」的困窘

我們前面談到二十世紀初葉以來，全球的所有傳統社會在「現
代化」的誘惑下已激起一種「滿懷希望的革命」，傳統的社會結構
與文化價值都在逐一的解組與消失中。可是，到今天為止，雖然有
些國家已順遂地獲得了「現代化」的果實，躋身於現代國家之林，
但是大多數的國家對現代的境界卻一直是可望而不可即，猶如鏡中
花、水中月，始終摸不著、撈不到，傷苦到了極地，傳統的社會是

---

24 Arnold Toynbee, *The World and the West,* N. Y.: The World Publishing Co., 1964, pp. 278, 279.

25 W. F. Ogburn, *Social Change*, N. Y.: Viking Press, 1927.

消逝了，但「現代社會」卻渺無蹤影，大多數國家長期地停留在轉型期社會中掙扎，而不得進入「現代」之境。其結果是舊的已去，新的未來，「滿懷希望的革命」變成了「滿懷挫傷的革命」，「現代化」遠比一般人所想像的要來得艱巨。

冷納教授指出，現代化的困難的根源有二：第一種是「技術性的困難」，這是從經濟技術的觀點說的，也是指一個增加國民所得的問題，基本上是要使這些社會能達到自我成長的目標，以打破落後地區貧窮的惡性循環，關於這一點，羅斯托的理論頗受落後地區的歡迎，因為羅斯托的理論是主張經濟先進國家對經濟落後國家提供經援以形成資本，而促成經濟的起飛。美國對國外的經濟與技術的援助都是從這一觀點出發的，可是，經過了長時期的經驗，終於發現單純的經濟發展是不濟事的，於是近年來又有談「社區發展」「行政發展」「教育發展」等。但是，這一切的努力，大都不能計日程功。因此，引起了學者們的深思與檢討，由於人類學、心理學與社會學的知識的啟示，終於使我們找到了失敗的答案，這基本上是由於冷納所說的第二種現代化的困難，亦即「人的問題」。冷納認為「現代」究其實不過是一種特殊的「行為系統」，「現代化」所需要的是有系統化的「生活方式的轉變」，要達到現代化的目的，必須使傳統人的「自我系統」在新的環境下作「重新的安排」，他把個人的「人格」的轉變作為社會變遷的基調，[26] 冷納這一觀察是相當正確的，白魯恂（Lucian Pye）也指出：

> 轉型期社會的許多問題是明顯而普遍的，資本的短少，訓練人員的
> 缺乏，教育設備的不足，人口多於土地，沒有完好的方法以動員人

26　Lerner, *The Passing of Traditional Society,* Chapter 2.

力與物質的資源。但是，在這明顯的層次之下，更潛伏有關於態度與情緒的心理上的問題，它們構成了同等或更嚴重的困難。[27]

另一位研究轉型期社會的經濟發展的著名學者哈根（E. E. Hagen），在緬甸工作兩年之後，反覆深思，總覺得單純的經濟理論無法解釋不同的經濟成長的現象，因而批判羅斯托的經濟成長論忽略了社會的與文化的因素，而建立了他的「社會變遷之原理」，他說：

> 為何有些社會的人們能比別人更快而有效地達到技術的進步？因為在我看來，其彼此的分別對於經濟的障礙（缺少資料，或缺少訓練）實在是微乎其微的，我於是把我的注意力轉向其他可能的人類行為或不同的原因 —— 人格的不同上去。[28]

於是，哈根的注意力乃集注於「人格形成」上，他說：「經濟理論對於經濟成長是不能提供什麼解釋的，廣闊的社會與心理的考慮才是貼切的」，又說，「當傳統的生活方式未變時，高度的技術是無法生根的。追求技能的進步需要有生活方式的轉變，有時只是某些方面的，有時則是廣泛的」。[29] 今天，已經很少有人不同意經濟的發展、技術的發展都是現代化的一面，都是與價值系統的轉變有關的，而一旦涉及價值系統的轉變時，即無可避免地會遭遇到「價值的困窘」，因為當人們走向現代化之際，必將面臨一些選擇與揚棄，而當一個人必須放棄一些文化的行為或質素時，實不是一樁輕

27　Lucian Pye, *Politics, Personality and Nation Building*, New Haven: Yale University Press, 1968, paperback ed., Preface.

28　E. E. Hagen, *On the Theory of Social Change*, Homewood: Dorsey Press, 1962.

29　Ibid., pp. 8, 18.

鬆容易的事。人類學者告訴我們，人對文化都帶有深厚的「情緒」
的成分，很少有人可以對文化抱定一種「感情的中立」[30]，特別是一
些由傳統而來或孩童時期「內化」的行為是最具抗斥性的。所以，
一種行為「模式」的轉換是十分困難的。而在現代化的「人的問題」
中，最不易克服的是「種族中心的困局」。而「種族中心的困局」
則是所有新興國家的人民所犯的通病，它真正構成了現代化的巨大
障礙，冷納在觀察中東的社會變遷中指出：

> 他們要照他們自己方法來做。中東現代化的困窘就是他的「種族中
> 心主義」──表現之於政治上是極端的民族主義，表現之於心理上
> 的是狂熱的排外情緒。反殖民的仇恨表現為拒斥每一樣具有外國所
> 有的形式。他們所要的是現代的制度，但不要現代的思想；所要的
> 是現代的權力，但不要現代的目的；所要的是現代的財富，但不要
> 現代的智慧……[31]

尤有甚者，上述「種族中心的困局」更由於人們之不能理解「現
代化」與「西化」的出現是「歷史的偶合」而越為複雜，冷納說：「西
方型模只有在歷史的意義上說是西方的，但在社會學的意義上說，
則是全球性的。」[32] 我們知道，就內涵來說，「現代」或「現代性」
包括了工業化、都市化、世俗化、普遍參與等現象；就歷史來說，
這些現象實在就是西方現代社會的內涵，所以，「現代型模」與「西
方型模」在社會學的意義上說「幾乎是」重合的。因此，有些人眾

30　A. L. Kroeber and Clyde Kluckhohn, *Culture: A Critical Review of Concepts and Definitions,* Cambridge: Peabody Museum Press 1952, p. 157.

31　Lerner, *The Passing of Traditional Society*, p. 47.

32　同上書，參見普及本前言。

（大多數新興國家的人眾）一方面想「現代化」，另一方面又「反西化」。這樣，儘管可以滿足一些民族的虛榮感，但實際上是永遠不能「現代化」的，因為他們所要的正是他們所反對的。

六、「現代化」的選擇與出路

真正想走向現代化，從上面的分析，我們知道必須解消「種族中心的困窘」。解消「種族中心的困窘」，雖不必等於現代化的來到，但卻是走向現代化所必要的一個條件。日本自明治維新以還，能很快地躋身於現代工業社會之林，雖然有其他的條件的配合，但日本民族能心悅誠服地接受西方文化，從器物、制度到價值系統的有系統地接受，其所顯現出來的變革的勇氣與誠意則毋寧是她現代化的主要動力。冷納說：「現代主要的是心靈的狀態 —— 進步的期望、成長的傾向以及把自我適應於變遷的準備。」[33]哈根也強調社會的轉變需要一種「創造的人格」。米德（Margaret Mead）更指出社會變遷的順遂與否端看人們之是否有思變之慾望，思變之慾望強者，則所付之代價輕而收穫大；反之，無思變之慾望者，則所付之代價重而不能有所收穫。[34]此即冷納所說，要走向現代化，必須在「人格系統」上有所調整，也即必須要具有一種「心靈的流動」及「移情能力」。中東諸國，因為多數知識分子都為傳統的榮光所迷醉，對遠古都具有濃厚的多愁，而對現代主義感到厭惡與羞辱，因而想恢復中東古老文明的光輝，他們甚至如格魯內鮑姆（Gustave von Grunebaum）教授所說：「想在虛構的傳統的基礎上去建立一

33　Lerner, *The Passing of Traditional Society*, p. 47.

34　Margaret Mead, *New Lives for Old*, N. Y.: Morrow Co., 1956.

幢現代的房屋。」以此，這些國家的「現代化」的腳步常是一腳向前、一腳向後。所以，「現代化」了幾個年代，還是停留在「現代」的門外，而處於一種過渡或轉型期的尷尬狀態中。

任何一個社會的現代化都不脫「創造」與「適應」兩個形態，前者來自社會的內部，是一種「內發的力量」（endogenous forces）所促成的；後者則來自社會的外部，是一種「外發的壓力」（exogenous pressures）逼成的。西方社會的現代化大都屬於「創造」形態，係由「內發的力量」促成。非西方社會的現代化則大都屬於「適應」形態，係由「外發的壓力」所逼成。當然，任何一個社會的現代化都含有「創造」與「適應」二者之質素。其實，任何一個社會的進展都或多或少的需要「借取」其他社會的「文化特質」，而任何接受外來「文化特質」的行為都可說是一種「創造」，哈根認為在文化的發展中，根本無「消極地摹仿」這回事。[35] 而在「借取」外來文化的過程中，最主要的是一種「選擇」的功能。經驗告訴我們，「文化的普散」從沒有說是完全的或未受抗拒的，而文化的形成則永遠是「選擇的」，相對地說，美國是一大熔爐，美國的文化就是外來文化的一種選擇性的結合。譬如到現在為止，儘管美國人是那樣迷醉於刺激性的運動，但她卻拒絕接受鄰國墨西哥的「鬥牛」，因為美國的「文化」拒絕對生物的不必要的殘酷。[36] 而日本雖然傾心於「西化」，但日本也只在「技術」方面熱切地西化，而其他文化的特質，則仍然保有相當多的日本的或東方的色彩。

「非西方社會」的「西化」或「現代化」運動起源於西方的衝

35　Hagen, *On the Theory of Social Change*, p. 34.

36　Ronald Freedman et al., *Principles of Sociology, A Text With Readings,* N. Y.: Holt, Rinehart and Winston, 1956, p. 114.

擊，而在「非西方」文化與西方文化相遇後，進入「非西方社會」的也只是「某些」西方的文化的特質，而非「全部」的西方文化的特質，也即是零零碎碎的，而不是整體的。所以，非西方社會所面臨的不是「全盤的」西方文化，而是「零零碎碎」的西方文化，從而要想「全盤接受」西方文化也是不可得的，所謂「全盤西化」的說法，實際上不只在理論上是可爭論的，而且在經驗上是絕不可能的。據我們的觀察，傳統社會的「現代化」過程乃是一種「選擇的變遷」，在經驗上，所有主張現代化的人自覺或不自覺地都是綜合主義者，亦即旨在將傳統的文化特質與西方的文化特質變成「運作的、功能的綜合」（見前篇），這種過程即是「新傳統化過程」，由於「新傳統化過程」不只在「西化」，並且在使已喪失的傳統價值得以回歸到實際來，所以它不是單純的「復古」，而是在對傳統的「重估」，因此，新傳統化過程必須看作現代化過程的一部分。自然，當傳統文化的特質能與西方文化的特質順利地產生「運作的功能的綜合」固然很好，並且這也意含著一個「世界文化」的創造過程。問題是，當傳統文化的特質無法與西方文化的特質合成為「運作的、功能的綜合」時，將產生如何的反應？經驗的顯示，其反應不外二途：一種是出於種族中心主義的作祟，感情地拒絕西方的價值，退歸到「傳統的孤立」中去；另一種是擺脫種族中心主義的羈勒，理性地、痛苦地放棄部分腐蝕了的傳統的價值。前一種的反應妨害了現代化的發展，其結果是自外於世界的潮流，而可能為傳統所埋葬；後一種的反應則加速了現代化的發展，參與到世界的潮流中，其結果是走向現代社會之林。這就是全世界傳統社會所面臨的兩個選擇，兩條道路——落伍對進步，衰落對新生。

第四篇
中國的現代化

一、中國現代化的歷史背景

　　中國「現代化」的歷史背景必須追溯到百年前的鴉片戰爭。因為中國的「現代化」不是起因於一種「內發的力量」，而是源於一種「外發的壓力」，我們用布萊克（C. E. Black）的術語來說，中國的現代化是一種「防衛的現代化」[01]。前面說過，中國在過去兩千年中從沒有發生過「全部的」「永久性」的變遷，而只有「適應性的」「循環的」變遷，這是因為中國的文化在一個靜態性的農業社會中，富有一種「自足的系統」，而在世界秩序中，享有一種自覺與不自覺的「光榮的孤立」。湯因比（Arnold Toynbee）稱中國為「隱士王國」[02]。但此一「自足的系統」與「隱士王國」在西方文化的挑戰下，卻被一層層地打破了。中國這次所遭遇到的對手是「前史所未載，亙古所未通」的西方國家，是中國文化前所未有的勁敵，

01　布萊克所用「防衛的現代化」一詞，意指一些非西方國家的現代化之主要動機，並非發自社會之內部，而是發自社會之外部的。因他們感覺到為了保衛自己，免於西方優勢的政治經濟的侵襲，非求得國家的安定與力量不可，而西方的侵襲可能是實際的，也可能是假想的，此觀念可參見 C. E. Black, *The Dynamics of Modernization: A Study in Comparative History,* N. Y.: Harper & Row, 1966. 轉引自 R. E. Ward & D. A. Rustow eds., *Political Modernization in Japan and Turkey,* Princeton: Princeton University Press, 1964. 而此觀念筆者自己亦早已有之。

02　Arnold Toynbee, *The World and the West,* Meridian Books, The World Publishing Co., 1964, p. 268.

與從前所遇到的「蠻夷」在文化的「力量」上不只有「程度」之別，亦且有「性質」之異。所以同光年間洞識時務、目光犀利的郭嵩燾指出，西洋人之入中國是天地的一大變。李鴻章、嚴復也說這是三千年來中國的大變局，是秦以來所未有過的世變。[03]

　　西方對中國的挑戰，在形式上是軍事的、經濟的、政治的侵略。實際上，則是西方價值對中國價值的挑戰、西方文化對中國文化的挑戰。的確，這不只是一國族興亡的問題，也是一文化絕續的問題。所以，面對這種巨變與挑戰，當時掌有民族命脈與文化機運的知識分子（以官僚集團與士大夫集團為主）乃不能不有所「回應」，他們的回應的「幅度」與「深度」是頗不一致的。但在基本上則已自願或不自願地承認中國文化之「不足」，以及西方文化之有「勝於」中國者，基於這一種心態的轉變，「現代化」的工作就不知不覺地開始了。我們曾經說過，現代化是指一種「形變之鏈的過程」，而此形變乃在減少兩個文化之間的文化的、宗教的、軍事的或技術的差距。[04] 中國知識分子的心態向來是具有「華夏第一」的「種族中心主義」色彩的[05]；也即一切是「中國中心」的，凡是「中國」的都必然勝於「非中國」的，所以，中國是天地之「中」，而環繞於「中土」的皆蠻夷戎狄。中國這種「中」（以中國為中）的觀念之形成，主要是由於中國在「地理上」處於與世界高級文化不相往來的「孤立」狀態，而在「歷史上」中國又恰巧為低度的文化

03　參見郭廷以：〈中國近代化的延誤〉，收入《大陸雜誌》，第 1 卷，第 3 期。

04　中國在歷史上雖曾數度為外族所亡，但都是亡於赤裸的武力與本身的腐蝕，而非亡於文化之不如人。此事實構成了中國人的歷史影像。也因此在這次西方的入侵史實中，中國人非常自然地重新凸顯出這一歷史影像。認為中國之敗於西方，是武力，不是文化，故而中國人所應做的不是別的，而是武力的「西化」，亦即模仿西方的堅船利炮。

05　根據創此觀念的薩姆納（W. G. Sumner）的看法，任何民族都難免於此。參前。

所包圍。在兩千年中，中國始終是「文化的輸出」者，或「文化的出超」者（歷史上只有一度發生印度佛教大規模地輸入）。那時，中國的確是有理由唯我獨尊的，也確擁有「萬國衣冠拜冕琉」的「天朝榮光」，於是而形成一種華夏至上、中國中心的文化主義。[06]但是，在西方文化的衝擊下，中國的「中」的世界觀遭到了挑戰。從前促使中國享有「光榮孤立」的「地理的」條件已因科學技術的發展而消失；從前所環繞於中國的「低度的文化」所形成的「中國中心的文化主義」的「歷史的」條件也已不復存在。所以，中國的「變」是遲早的事，是無可避免的事。最基本的是，西方的「科學技術」已使整個世界的物理結構產生了根本的變化。中國數千年來所有的「天下」觀念已成為一種幻構。

但不幸的是，中國的「變」是在西方的炮艦的威脅與轟擊下被逼出來的。曾、左、李、胡的洋務運動，康、梁的維新運動就是完全在「口服心不服」的精神狀態下發動與進行的。而自強運動、維新運動一連串的「反應」雖然代表了中國知識分子的覺醒，但也暴露了中國知識分子的無識與短視，當然，一個傳統文化所孕育出來的中國知識分子是不容易了解西方文化的。中西這兩個文化的「取向」是如此的不同，二者見面之不易「以心會心」實毋寧是必然之事，更何況中國第一次大規模所遭遇到的是西方文化中的一個變態或病態的面向（西方的帝國主義與殖民主義非西方文化的常識或全面。參前），所以中國知識分子始終無法從正面去了解或欣賞西方文化。但是，鴉片戰爭後一連串軍事、政治、經濟上的失敗，逼得中國非繼續地「變」不可，特別是中日甲午一戰後，有眼光與卓見的知識分子更驚覺到中國文化本身的大缺陷，更深一層地知道非以

06　參見第一篇註 126。

西方致強之道以拯救、改造中國不可，於是，在政治上、軍事上乃有孫中山先生的國民革命，而在文化思想上乃有胡適之等諸先生所領導的五四新文化運動。這是中國現代化的歷史背景，但是，中國近百年的文化動理現象卻是異常複雜的，這需要從文化人類學上的本土運動的觀念加以說明。

二、中國現代化與本土運動

百年來，中國的變是多方面的、多面目的，是步調不一致的、思想不協調的。

要了解中國這個世紀以來的文化動理現象，最好從人類學者所提出的本土運動的觀念加以說明。所謂本土運動，依創造這個觀念的人類學者林頓（Ralph Linton）所下的定義，是指兩個文化接觸之時，某一文化的部分成員（因感於外來文化的壓力）企圖保存或恢復其傳統文化的若干形象之有意的及有組織的行動。總而言之，本土運動即是一個主位文化因客位文化的衝擊下而引起之重整反應。重整反應的本土運動，依其性質可分為兩種：一種是巫術的，另一種是理性的。所謂巫術性的本土運動，是受到客位文化壓力的主位文化企圖利用巫術或其他超自然的手段以重整其傳統文化；所謂理性的本土運動，則是主位文化以理性的觀點吸收客位文化的因素以重整傳統文化。而這兩種本土運動，由於皆有兩種不同的取向：有的只是企圖保存現有的傳統文化，也就是存續的；有的則是盡力想恢復過去的，也就是復古的。準此，林頓又把本土運動分為下述四種：1. 巫術性的復古（revivalistic-magical）；2. 理性的復古（revivalistic-rational）；3. 巫術性的存續（perpetuative-magical）；4. 理性的存續（perpetuative-rational）。林頓的本土運動的觀念與分類，無疑給予我們研究文化動理現象一個極好的分析架構。不

過，林頓的分類後來又經賓州大學的華萊士（Anthony Wallace）
擴大與補足，他以本土運動中不同的認同對象，而使本土運動這一
概念可以包括更多的相關現象。他認為本土運動認同對象的種類可
分為三種，即傳統文化、外來文化以及「烏托邦」式的理想文化。
這就是說在本土運動中，有的社會重整反應的目標是過去的傳統文
化，這一種可包括林頓所說的存續和復古兩項；有的則取某一外來
文化為重整的方向；有的既不以傳統文化為目標也不取某一外來文
化，而是以一種理想的「烏托邦」文化為重整目標。李亦園先生以
為將華萊士的三種認同類別，配上前述林頓巫術的與理性的兩種標
準，則又可建立另一種本土運動的類型如下：

1. 以傳統文化為重整目標

（1）巫術的：鬼舞（ghost dance），如義和團運動屬之。

（2）理性的：康有為的保皇運動屬之。

2. 以外來文化為重整方向

（1）巫術的：新幾內亞的「船貨運動」（Cargo Cult）屬之。因所謂
　　　cargo是白人的船貨，新幾內亞土人企圖以巫術的方式獲得白人
　　　的cargo。太平天國運動在本質上也應屬於此類。

（2）理性的：日本的明治維新、中國的五四運動均屬此類。

3. 以烏托邦為目標

（1）巫術的：如古埃及恩克納頓神教（Akhenaten Monotheistic Cult）
　　　運動屬之。

（2）理性的：暫難舉出適當例子。[07]

07　我所引用關於本土運動的文字是從李亦園先生的〈東南亞華僑的本土運
　　動〉一文中轉移過來的。此文現收入李亦園：《文化與行為》，台北：商務印書館，1966，頁118-121。

　　我以為，這六個類型很能幫助我們了解這一百年來中國文化在西方文化衝擊下所做的重整反應的現象。它使我們了解義和團運動、康有為的保皇運動以及五四運動的性質與況位。同時，也多多少少可以讓我們明白中國在現代化道路上的動力和阻力。不過，在實際上，李亦園先生的分析（或者說林頓與華萊士的分析）似乎還不夠周延，它還不能充分說明中國百年來的文化動理現象，現在我願意再進一步加以說明。

　　首先，我認為林頓把重整反應的本土運動只分為巫術的與理性的兩種是不夠的，因為在巫術的與理性之間，至少還可以有一種既非巫術的亦非理性的，無以名之，或可稱之為情緒的（emotional）。我所謂巫術的是指藉超自然力為基礎的，既不講「應不應」，也不問「能不能」。而所謂「情緒」的，是指形上的、意願的，只講「應不應」，而不問「能不能」。至於所謂「理性的」，是指科學的、經驗的，不只講「應不應」，也問「能不能」。

　　其次，我覺得華萊士以本土運動中不同的「認同對象」分析，而將本土運動分為：1. 以傳統文化為重整目標；2. 以外來文化為重整方向；3. 以烏托邦為目標三種，亦嫌不足以解析過渡時期的中國的文化動理現象。據我個人的觀察。以大量現象來看，中國現代文化分子的本土運動的重整目標除傳統文化、外來文化、烏托邦之外，至少還應增加「世界文化」一種，因為，現在的確有一些人，他們在追求一種高於傳統文化與外來文化的層次的綜合。此與烏托邦有基本的不同，這也是純正的現代化運動的主題。準此，我們可建立起一個中國的本土運動的類型如下：

1. 以傳統文化為重整目標

（1）巫術的：如義和團運動屬之。

（2）情緒的：張之洞的「中體西用」及今日的國粹的保守運動等屬之。

（3）理性的：沒有太適當的例子。

2. 以外來文化為重整目標

（1）巫術的：沒有太適當的例子。

（2）情緒的：全盤西化論屬之。[08]

（3）理性的：五四運動的主流屬之。

3. 以烏托邦為重整目標

（1）巫術的：民間的軒轅教運動屬之。

（2）情緒的：一切企圖綜合中外文化所有之「精華」者屬之（此為經驗之不可能）。

（3）理性的：沒有太適當的例子。

4. 以世界文化為重整目標

（1）巫術的：沒有太適當的例子。

（2）情緒的：沒有太適當的例子。

（3）理性的：一切企圖將中外文化整攝為「一種運作的、功能的綜合」者屬之（以經驗的可能性為基礎）。孫中山先生、胡適先生等的努力皆屬此範疇。

　　如果我們前面的分類不算大錯，則我們再進一步可從中國現代化的動力與阻力的角度加以分析，以將它們分別納入現代化、非現代化與反現代化三個範疇中。

　　第一，反現代化的：以性質言，凡是巫術的均屬之；以認同之

08　勞榦先生似乎是主張「全盤西化論」的。但他之所謂「全盤西化」是指「學術方向、生產方式、政治形態的西化」「指以科學為主的西洋文化來作為立國的一切基礎和治學的一切基礎」。他並無一味排斥孔佛之心，因此實接近「現代化」，是理智的，非情緒的。參見勞榦：〈追悼胡適之先生並論「全盤西化」問題〉，《中國的社會與文學》，台北：文星書店，1964。

對象言，凡是以傳統文化（此指毫無選擇地、一塌括之地迷古）為重整目標者屬之。

第二，非現代化的：以性質言，凡是情緒的均屬之；以認同之對象言，凡是以烏托邦為重整目標者均屬之。

第三，現代化的：以性質而言，凡理性的均屬之；以認同之對象言，凡是以世界文化或中西文化之綜合為重整目標者屬之。

從上面這三個範疇中，我們可以獲得如下的結論，即百年來，反現代化運動的勢力在中國本土運動中佔有極大比重，而一些看來是為現代化努力的運動，實際上是「非現代化運動」，則與中國的現代化雖不見得有大害，但至少是不相干的。至於真正現代化的力量則是十分單薄的。由此，我們也不難了解何以中國的現代化嚷得這麼響、這麼久，但實際的成績卻是可憐得很。

三、中國現代化的三個層次

現在，我們開始分析中國百年來的現代化的實際上的動態。

中國現代化運動，本質上是一文化的與社會的變遷，也可以說是中國文化與西方文化「會面」後中國文化的一種「形變之鏈」的過程。

中國文化的「形變之鏈」的過程是契合於湯因比所創的「文化的反射律」的說法的 [09]。我依其說法，加以推衍，中國的現代化大致說來是循著下面三個層次而變的：[10]

---

09 Toynbee, *The World and the West,* pp. 278-279.

10 關於這一點，殷海光先生從其獨立的研究中，亦獲得同樣的看法，殷海光：《中國文化的展望》，台北：文星書店，1966，頁 459-477。

第一，器物技能層次（technical level）的現代化；

第二，制度層次（institutional level）的現代化；

第三，思想行為層次（behavioral level）的現代化。

茲就此三層次之變作一簡單的分析。

（一）器物技能層次的現代化

中國文化與西方文化接觸後，立刻就形成一全面的抗阻的陣線，而第一道被西方文化衝破的便是最外層的器物技術的一道防線。這即是張之洞所說的西學為「用」的「用」，其最明顯的就是曾、左洋務運動提倡學習西方的「炮利船堅」。因為，這在當時文化意識上，中國知識分子認為西方文化之高於中國者在此而不在彼。在政治情勢的緊迫上，是中國政治人物認為唯一可免於亡國的道路（魏默深所謂「師夷之長以制夷」），湯因比在《世界與西方》（*The World and the West*）一書觀察中日二國對西方的反應中說：

> 當十九世紀之際，遠東的政治家似認為採取顯著優越的西方技術是一合理的冒險與迫切的需要。此足以表示，為何他們從西方選擇一些他們並不感到有何興趣的事物。因為，這比之被西方人征服及臣屬，無論如何是「較少的罪惡」。[11]

所以曾、左、李、胡的洋務運動，便以「開鐵礦、製船炮」為第一要務。其實，這是任何「非西方」社會對西方挑戰的第一層反應。我曾從人類學與社會學所提供的知識中指出，文化中物質因素

11　Toynbee, *The World and the West*, p. 271.

之轉變較非物質因素為快[12]，在這裏也得到證明。至於湯因比的「文化的反射律」中所指出者於此尤可印證，因為器物技術是西方文化中的「文化光線」的一支。因為它並不侵害到中國人生活方式的內部價值。從而所受的阻力最小，所以它對中國文化社會的「穿透力」遠較西方的宗教、民主等為大，是以，它是突破中國文化價值防線為西方文化開路的先鋒。的確，在中西文化的接觸過程中，器物技術的轉變是最先的，這不只是洋槍取代了中國的大刀，洋船取代了中國的舢板，在中國都市與鄉村，我們更可發現電燈取代了油燈，汽車取代了人力車，機器取代了大水牛……在某個意義上，經濟發展代表的是器物技術的轉變，所以經濟的現代化總是比政治與思想的現代化為早而順利的。

（二）制度層次的現代化

制度層次的現代化較之器物技能層次的現代化又深了一層，也難了一層。這道理是不難說明的。因為制度較之器物之影響人的內部價值者為大，故所遇的阻力也越大。因為，它已不是西學之「用」，而是西學之「體」。一旦西學之「體」與中學之「體」碰頭時，麻煩就發生了，因為「用」只觸及文化的表層，「體」卻觸及文化之內層。所以，在中國現代化的行程中，制度的現代化是較器物技能的現代化落後一步的。曾、左、李、胡這一輩知識分子，雖然是時代的先覺者，但他們的識見也只能限於器物技能的現代化上，蔣廷黻先生說：

> 他們對於西洋的機械是十分佩服的，十分努力要接受的，他們對於

12　Toynbee, *The World and the West*, p. 268.

西洋的科學也相當尊重，並且知道科學的基礎。但是他們毫無科學機械的常識，此處更不必說了。他們覺得中國的政治制度及立國精神是至善至美，無須學西洋的。事實上他們的建設事業就遭了舊的制度和舊的精神的阻礙。[13]

中國制度上的現代化到了康、梁的維新運動才算開始，而真正大規模地改革則等到孫中山先生領導的國民革命才得以展開。維新運動「變法」的努力在於英國式的君主立憲制度的建立及政府組織制度的革新。光緒皇帝和以康、梁師生為中心的維新集團所推動的事務雖是中國現代化的一個有希望的知識分子運動，他們所主張的廢八股、設學校、開辦銀行、鼓勵創辦報紙等，確比曾、左、李、胡所做的更「切中要害」，更能推動中國的現代化。可是，這一層改革卻觸及了中國傳統生活的裏層，所以自然地遭遇到了文化上的抵抗，而這種「文化上」的抵抗，更密切地與以慈禧太后為中心的舊派勢力的「利害上」的抵抗相結合，因為這一改革必將使舊派人物丟飯碗、掉官帽，從而，新舊的對抗形成了榮辱生死之爭，結果，六君子遇難了，光緒被囚禁了，康、梁也飄然遠走，這一幕維新運動終以悲劇收場。但是康、梁的失敗，卻造成了一個有利於革命運動的歷史條件。孫中山先生革命可說是承繼了康、梁的現代化精神而向前跨進了一步的。中華民國的成立，是中國亙古以來制度上最徹底的變革，這一制度把整個傳統結構都顛倒過來了。中山先生說：四萬萬五千萬的老百姓都是「皇帝」，而從前的皇帝，大官兒卻成了「公僕」。

13 　蔣廷黻：《中國近代史》，上海：商務印書館，1939，頁 63。

（三）思想行為層次的現代化

　　思想行為層次的現代化是最難的，因為它牽涉一個文化的信仰系統、價值系統、社會習俗等最內層的質素，這是整個生活方式的基料，是拉斯韋爾所說的 technique。這一層的轉變是最關於個人的，也是最深刻的，因此也是最不容易、最緩慢的。在中西文化接觸時，以湯因比的「文化的反射律」的術語來說，西方文化中這些「文化光線」遭到中國社會文化的抗拒最強烈，因而其穿越的力量也最弱。以此，我們可以發現，西方的器物技術已經被中國普遍採用而相當現代化了，西方制度已經被中國陸續模仿而部分現代化了，但是西方的思想行為卻很少為中國所接受，這就形成了中國文化的「脫序」（或失調）的現象。它一方面形成了器物技術與思想行為的「脫序」，坐最新式汽車的人，不肯遵守交通規則；穿最時髦西服的人，滿腦子是「三家村」思想。另一方面形成了制度與思想行為的脫序，憲法政府成立了，但「作之君，作之師」的觀念還根深蒂固；最新的學術制度設立了，但講的還是金、木、水、火、土、內聖外王那一套，整個社會所顯現的特徵是「形式主義」「異質性」及「重疊性」[14]。

　　我們都知道，中國的思想行為的現代化是由胡適之等先生所領導的五四運動所全面推動的，但是，半個世紀過去了，中國人的思想行為始終是一隻腳向前、一隻腳向後，科學、民主的口號是人人都會叫了，但科學、民主的精神始終是模糊的。五四運動在「破」的方面確實是相當深入的，但在「立」的方面顯然貢獻無多。中國傳統的價值系統已經被推倒，但西方新的思想卻沒有能有系統地在

14　參見本書上卷第二篇。

中國生根，中國市場所充斥的只是浮光掠影的標語、口號與未能建構化的觀念。而最令人遺憾的是五四所引起的波瀾，不是導引中國文化的更新，而是激起中國思想界的「內戰」，有的依戀於古代之榮光，不自覺地退回到中國傳統的孤立中去；有的愛慕西方之富強，高唱「全盤西化」之論。他們的主觀的情緒多於客觀的理性，個人的利害勝過公是公非。整個思想行為層次的現代化工作一直交困於「新」「舊」「中」「西」之間，搖擺不停。直到最近一個年代以來，中國知識分子提出了「現代化」這個口號，才開始逐漸從情緒的旋渦中抽拔出來，不過在「現代化」的旗幟下的人，有的只是騖新好奇，為了滿足種族的自尊，他們以為提倡「現代化」就是反對「西化」，而於現代化之意義並無認識；有的則開始懷抱「世界文化」的意念，而主張從中西文化價值的整合中使中國的文化得以進新，並為世界文化貢獻其一部分的成素。

我們所應理解的是，上面所述中國現代化進程的三個層次，它們是中國對西方衝擊的實際反應程序，也是一般文化變遷的共有現象，但是，這三個層次在事實上是不能清楚地劃開來的。器物技能、制度與思想行為常是不能分的，也是彼此影響的。思想行為層次是一個文化的基本價值之所在，因此它的現代化最難，也最必需，唯有這一層次的現代化才能促進中國全面的現代化，但是，這並不意涵著前面兩個層次的現代化是不重要的。不然，絕對不然，制度的現代化也可以促逼思想行為的現代化，譬如立法機關制定了一夫一妻制的法律，這雖然不能立刻使所有的「姨太太」消失，但它卻使大多數的人接受此一事實。而器物技術的現代化雖然是屬於第一層次的，但它的影響力卻是巨大深刻的。譬如器物技術的現代化，可以促進某程度的工業化，而此則逐漸可以影響傳統的社會結構、經濟制度的基本轉變。嚴格地說，中國之由傳統社會轉變到今日的「轉型社會」，在基本上，是由於工業化、大眾傳播等靜靜

的、不流血的器物技術的巨大革命而來的，也基於這個認識，我個
人認為中國的現代化是有希望的。

四、中國現代化的障礙

中國的「現代化」已經經過了一個世紀之久，可是，中國的現
代化成績還是很難令人滿意的。至少比起日本，中國的腳步是太遲
緩了。問題是，為何中國的現代化成績是這樣的不理想？當然，我
們可以從戰爭、政治、貧窮等原因加以說明。但是，這些原因不是
根本的，真正的原因還是文化問題。更具體地說，是為我們前面所
指出的，乃由於中國的本土運動中具有反現代化與非現代化的兩股
勢力。這兩股勢力削弱、抵消了現代化的力量。現在，我們應該深
一層檢討的是中國的本土運動何以會產生反現代化與非現代化的兩
股勢力。據我的觀察，最主要的是由於下面四個原因：一是民族的
崇古心理；二是知識分子不健全的心態；三是普遍認知的不足；四
是舊勢力的反抗。這四個因素，有時是獨立的，但大多的時候是相
結互倚的。為了清晰起見，我們有加以分述的必要。

（一）民族的崇古心理

任何一個在農業性文化中成長的民族，都是比較保守、比較安
於現狀、比較崇古的。而中國民族的保守性與崇古心理尤濃。遠自
孔子標舉上古的理想文化之後，堯舜之世即成為中國的「黃金時
期」，堯舜之治即成為中國的「理想的型模」，在儒家、道家的思
想模態下，傳統不只被懷慕，並且被聖化了，影響所及，一般人的
心目中，上古是完美無缺的，他們所應努力的不在創新，而在遵循
傳統、維護傳統與恢復傳統。中國人的心態，借用理斯曼（David

Riesman）的術語，都是「傳統導向」的 [15]。中國人始終沒有發展出一套「變的理念」或「歷史的進化觀」。王安石之失敗在於他的「祖宗不足法」的反抗傳統的措施，大儒顧亭林讀到黃梨洲的《明夷待訪錄》，大為歎服，但他最大的恭維話是「百王之敝，可以復起，而三代之盛，可以徐還也」[16]。可見「三代的古典型模」已成為文人士子的夢寐以求的境界，狄百瑞（W. T. de Bary）舉出新儒家的三大特徵：基本主義（fundamentalism）、復古主義（restorationism）與歷史心態（historical mindness）實是中國民族共有之特徵。尼維遜（D. S. Nivision）就指出中國的儒者，無不把眼睛往古看，企圖在上古的道德遺訓中獲得規範現代行為制度的準繩，並且回歸到經典所陳述的上古的世界去。[17] 中國人，不折不扣的是一個尊古、尚古的民族。用培根的話說，中國人是完完全全受 "knowledge of antiquity and the antiquity of knowledge"（古知識及知識之古者）所支配的。他們對一切新的事物都缺少嘗試的心意，至於對一切違反傳統的事物更是抱持懷疑與拒斥的衝動。羅素（Bertrand Russell）指出，西方人的思變之切與中國人的耽於現狀是中國與英語世界間最強烈的對照 [18]，實是極深刻的觀察。關於這一點，嚴復是看得最透徹的。他在《原強》中說：

---

15 參見 David Riesman, *The Lonely Crowd: A Study of the Changing American Character,* N. Y.: Doubleday, 1953, Chapter 1.

16 狄百瑞所舉新儒家的特徵有五，除基本主義、復古主義、歷史心態外，尚有人文主義、理性主義。參見 W. T. de Bary, "Some Common Tendencies in Neo-Confucianism", in D. S. Nivison & A. F. Wright eds., *Confucianism in Action,* Stanford : Stanford University Press, 1960.

17 參見 Nivison & Wright eds., *Confucianism in Action,* Introduction.

18 Bertrand Russell, *The Problem of China,* London: George Allen & Unwin Ltd., 1922, p. 42.

嘗謂中西事理其最不同而斷乎不可合者，莫大於中之人好古而忽今。西之人力今以勝古，中之人以一治一亂、一盛一衰為天行人事之自然；西之人以日追無疆，既盛不可復衰，既治不可復亂為學術政治之極則。

從上面這些敘述中，我們不難了解中國現代化的工作是必然會遭到阻力的，因為現代化工作在基本上需要一種創新改革、「未來時間取向」的心態與行為，而這些正是中國民族崇古心理之反面。著名的心理學者麥克蘭德（David McClelland）曾說現代化意涵一種變遷，亦即與傳統的宗教、社會習俗、政治制度的分道揚鑣。他在對土耳其與伊朗兩國現代化的研究中指出，要快速的經濟發展與現代化，必須有一種「他人導向」的心態，此則適為「傳統導向」的心態之對。[19] 中國人難以走出傳統，那麼，中國的現代化是不能計日程功的。

（二）知識分子不健全的心態

中國的現代化害於兩種心理：一種是民族的「優越意結」與「中國中心的困局」所造成的自衛反抗；另一種是「自卑意結」與「盲目的崇新主義」所造成的虛無感。前者表現出來的是對西方文化有意識與潛意識的抗斥；後者表現出來的是對中國文化有意識與潛意識的排拒。茲事體大，特為申述。

---

19 David McClelland, "National Character and Economic Growth in Turkey and Iran", in Lucian Pye ed., *Communications and Political Development,* Princeton: Princeton University Press, 1963, pp. 152-181.

1. 中國知識分子的優越意結

中國之現代化，如前面所說，是被迫出來的，因此，一開始，中國知識分子心理上就不很正常，中國之現代化完全是為了避免亡國滅種之禍，而欲「師夷之技以制夷」的，「師夷之技」是中國現代化的手段，「以制夷」才是中國現代化的目的。

中國知識分子在內心的深處有一種「不得不」的痛苦，他們最初接觸的西方文化只是洋槍與船艦，從而，他們很自然地把「洋槍與船艦」看作西方文化。所以，對西方文化（指洋槍與船艦）始終是認為「必須學」但「不值得學」的。「必須學」是為了保種全族，「不值得學」是因為它的價值是低於中國文化的。中國人一直沒有認清楚，中國之「中」的世界觀以及「天朝」的文化觀完全是由於特殊的地理條件與歷史條件所形成的。前面我已指出，兩千多年來，中國有「萬國衣冠拜冕旒」的盛況，享受了「天朝的榮光」，由於環繞於「天朝」的都是蠻、夷、戎、狄，他們都仰賴中國文化的滋潤，從而，很自然地、也極有理由地，中國知識分子產生了一種「優越意結」及中國中心的文化主義，[20]並且不知不覺地凝結了一種如列文森（J. R. Levenson）所指出的「我的，所以必是真的」（Mine and True）的思想模態[21]。但是，這種思想模態在中國現代化的過程中就變成了障礙，因為有了這種心理與觀念就不能正面地去理解西方文化，也就因此而不能吸收西方的文化。我們都知道懷抱

---

20 關於此，錢穆先生有一段很好的說明：「在古代觀念上，四夷與諸夏實在一個分別的標準，這個標準，不是血統，而是文化，所謂諸侯用夷禮則夷之，夷狄進中國則中國之，此即是以文化為華夷分別之明證。」參見錢穆：《中國文化史導論》，台北：正中書局，1951，頁 35。

21 J. R. Levenson, "History and Value: The Tensions of Intellectual Choice in Modern China", in A. F. Wright ed., *Studies in Chinese Thought*, Chicago: University of Chicago Press, 1953.

「白種人的責任」的思想是阻止西方了解東方的絆腳石，而這就是一種白種人的「優越意結」與「西方中心的文化主義」的表現。可是，我們卻很少了解中國人的「優越意結」與「中國中心的文化主義」也同樣會造成對中國現代化的障礙。

當中國文化與西方文化接觸後，這種「優越意結」與「中國中心的文化主義」就變成了一種「中國中心的困局」，面對洶湧而入的西方文化，總帶著半分輕蔑與半分欽佩，任何西方的新思想、新學說都不免遭到「欲迎還拒」的待遇。這是中國知識分子自覺與不自覺的一種「自衛機制」的反抗，明明是無價值的東西，雖然心裏不一定喜歡，但因為它是中國的，總要找出可能的理由加以擁抱；明明是有價值的東西，雖然心理上很喜歡，但因為它是外國的，總要找出可能的理由加以拒斥。我們特別應指出的是，不管是前者的擁抱與後者的拒斥，都不必是有意識的行為，也不必是絕對性的行為，同時更不必是任何個人的偏失，而是中國文化特殊條件下所塑造的心態。

我們今天常抨擊張之洞的「中學為體，西學為用」的觀念，但是，我們必須了解，張之洞當時能公開承認西學在「用」方面有其價值，實在是很了不得的了，至少他已經相當程度地擺脫了「中國中心的困局」，要知道當時的大臣陋儒還有「一聞修造鐵路電報，痛心疾首，群起阻難，至有以見洋機器為公憤者」（郭嵩燾語）。張之洞之可憾在於認知之不足，在於對「文化」之不得真解，但這在當時實是無可奈何之事。可是，自張之洞以後，一百年來，中國許多知識分子，非但在「認知」方面沒有突破張之洞的「中體西用」觀，而且在心態方面越發走上褊狹之路。也即是「中國中心的困局」越來越濃，其中有一些人看到或風聞西方文化本身暴露了弱點，即欣欣於色，以為這便是中國文化的希望，這種心理實是鴉片戰爭以還對西方「欲迎還拒」心理的反射，完全是一種情緒反應，

而非理性的思考。還有一種人，至今仍是不知今世為何世、今日為何日，他們看問題不從世界結構來觀察中國，而從中國結構來觀察世界，因此，他們只在「自設」的天地裏過活，而不知不覺地回到「傳統的孤立」中去，形成了中國反現代化運動的主流。

2. 中國知識分子的自卑意結

由於中國對外的節節失敗、步步淪陷，幾乎使中國的政治思想、經濟組織、社會結構無一不發生徹底的形變。在中國文化全面失落的形勢之下，孔廟已盡失昔日的光輝，中國人一面倒地匍匐在「西方之神」的腳下。從而，民族的「思想模態」如列文森所說，由「我的，所以必是真的」，變成了「西方的，所以必是真的」（West and True）[22]。這是一個一百八十度的轉變，這是整個「價值取向」的徹底改變，所謂「外國月亮比中國圓」的觀念就是在這種價值取向轉變下產生的。社會學者希爾斯（Edward Shils）在研究一般「非西方」國家的知識分子時指出，那些知識分子都希望模仿西方的型模，對自己的文化都感到無趣，從而一般地都缺少「心智上的自信」和「心智上的自尊」[23]，這一現象在中國尤其明顯。半個多世紀以來，一些知識分子在西方的船炮的威脅下失魂落魄，而看到現實政治社會的腐敗黑暗，遂產生一種偏激的情緒反應，以為中國的政治絕對專制，中國的社會絕對黑暗，中國的文化一無價值。這一心態最後終於演變而走向「反聖像主義」、反傳統主義、反民

22　J. R. Levenson, "History and Value: The Tensions of Intellectual Choice in Modern China", in A. F. Wright ed., *Studies in Chinese Thought*, Chicago: University of Chicago Press, 1953.

23　Edward Shils, "The Intellectual Between Tradition and Modernity", Vera Dean and H. D. Harootunian eds., *West and Non-West,* N. Y.: Holt Rinehart and Winston, 1963, p. 332.

族化的道路。亦即開始對中國的歷史全盤否認。只要是舊的、中國的，則不問是合理的或不合理的，一概加以「反對」，一概加以「打倒」；反之，對西方文化則想全盤地加以擁抱，亦即只要是西方的，則不問是合理的或不合理的，一概加以接受，一概加以歌頌。一九二一年英國的大哲學家羅素到中國北京講學，他在中國待了一年的光景，一九二二年寫了一本名為《中國之問題》（ *The Problem of China* ）的書。在書中他曾批評中國文化的一些壞傳統（如孝的觀念的過分強調、缺少公眾精神等），但他也毫不保留地讚揚中國文化（如中國的和平性格等），他甚至說，倘若有人說中國沒有文化，那麼足以暴露他對文化為何物之無識，而他對於中國一些知識分子之不加選擇地反對傳統頗不以為然。至於中國知識分子對西方所持的奴態，他深表遺憾。[24] 的確，這一百年來，有一部分中國知識分子的心態，已由傳統的「優越意結」轉變為「自卑意結」。在一種「自卑意結」的心態下所構成的全面反逆傳統的行為雖不必一定是反中國現代化工作的，但至少是無助於中國現代化的。中國的現代化，基本上是中國傳統的新陳代謝，是中國傳統在合理的保守下的更新。中國的現代化工作絕不能建立在虛無上，而必須建立在一個被批判過的傳統上，現代與傳統之間根本無一楚河漢界，傳統與現代實是一個「連續體」，是不應、也不能完全剷除傳統的。德貝吾（ J. G. De Beus ）說：「自然，反逆傳統並非全是壞事。有時，反逆舊日的事物，往往是生命健康的記號，而且，要產生藝術上新的派別或形式，反逆傳統是不能避免的事。可是，我們不能因此說，反逆傳統即是真理。現代有許多人以為，否認一切傳統，不承認任何事物，即等於創造新事物。這類想法是錯誤的，大家這樣想，就

24　Russell, *The Problem of China*, p. 42.

會走上虛無主義之路。」[25] 一向對傳統抱持批判態度的殷海光先生對這個問題也有極深刻的見解，他說，「近半個世紀以來，中國有許多『新青年』厭惡舊的。有條件的厭舊是可以的，無條件的厭舊則不可，對於舊的事物保持一個合理的保守的態度，可以構成進步求新的動力」（批評舊的價值和道德倫範是可以的，但是批評這些東西，並不必等於一概不要，一概不要則歸於無何有，完全無何有則生命飄蕩，而啟導性的批評可能導致價值世界的進新。」[26] 中國的現代化之所以沒有理想的成績，與中國知識分子基於「優越意結」的擁抱傳統及基於「自卑意結」的反逆傳統的不健全的心態是有重要關係的。

（三）普遍認知的不足

中國現代化工作之所以遭到曲折挫傷，與中國領導階級、特別是知識分子的「認知的不足」是有根本的關係的，關於這一層，主要可分為三點說明：

1. 對中西文化本質的認知之不足

鴉片戰爭以還，中國在西方文化的挑戰之下，中國社會不知不覺間發生了「解組」的趨勢，中國文化不知不覺間發生了「失落」的現象，於是乎自然而然地引起了本土文化的自我檢討，以及本土文化與外來文化之爭的活動。這乃是社會文化中很自然的現象，這一情形在漢代佛學輸入中國時也曾發生過。只是，當時佛學對儒學的衝擊的深度較淺、幅度較狹，而基本上則由於佛學與儒學的「文

25　德貝吾著，殷海光譯：《西方之未來》，台北：華國出版社，1955，頁 91-92。

26　殷海光：《中國文化的展望》，頁 280，73。

化取向」在差異性上較之西方文化與中國文化的差異為小，所以，當時知識界的辯論並不曾產生太大的波瀾。可是，這一次西方文化對中國文化的衝擊，由於「文化取向」基本上的差別，而在深度與幅度上都是驚天動地的，幾乎無人可以自外於這一運動所激起的波瀾。因此，中國的知識分子都自覺或不自覺地跳進了中西文化大辯論的旋渦中。不論是基於一種保種或衛護本土文化的心意，還是基於一種探索中西文化本質的心智要求，紛紛提出個人的見解，而主要的則環繞在中西文化的特質之差異、中西文化的優劣以及中國文化發展的方向等題目上做文章。在這裏，中國的知識分子充分地發揮了做「文章」的長才，可是，在學術的認知方面卻顯得十分貧瘠。中國的知識分子最普遍而有影響力的看法是：中國文化的特質是精神的，西方文化的特質是物質的，這一種看法是「中學為體，西學為用」的衍續，而二者又最易拍合，相互為用。一百年來，這種「體、用」「精神、物質」的二分法的思想模態無形中支配了絕大多數中國的知識分子。而在這種二分法的思想模態的基礎上，又很自然地發展出種種廉價的折中主義、一廂情願的調和主義與無所不可的「和事佬」主義。我們須知，把中西文化看作「體、用」「精神、物質」的對立固然是對文化特質的無識，而隨心所欲地把中西文化的優點揉捏為「理想的文化」則更是文字的遊戲與觀念的魔術，這一派思想中，有的只是「做文章」，可以不論，但有的卻是有心智之真誠的，他們真正希望並且認為下面的算術公式是真的：

中國文化之長處＋西方文化之優點＝理想的文化

這一種想法是可欲的，但卻是不合經驗地，在根本上，抱持這一觀點的人，在性質上是情緒的，因此所發的言論常真誠感人；在認同的對象上，可能自覺地是理想文化或世界文化，但不自覺地卻是「烏托邦文化」。他們的最大錯誤是把文化的繁複性與有機性否定了，通過個人的形而上的思考，不自覺地將一切理想的文化質素

都納入到一個自設的「公式」中去。他們從不去思考其「公式」是不是可以運作的，或是不是可以產生功能的。他們的努力，雖不必是反現代化的，但至少是非現代化的。

2. 對社會發展的階段的認知之不足

中國知識分子這幾十年來對於中西文化的論辯，十之八九是離譜的，其基本的原因之一是，沒有認識中國百年來的社會的變遷的本質。中國這一百年來社會之形變，在基調上是從農業社會轉向工業社會。兩千年來，中國的傳統社會是建立在農業上的，中國的經濟在根本上是「自足的系統」，而相緣於此「自足系統」的則是非經濟性的文化，不論儒、道、釋的哲理以及依之型構的社會（家庭）制度倫理道德與風俗習慣，都是與農業性不能分開的。不能否認：中國傳統文化的價值系統在一個農業性的社會結構裏是夠繁複、夠具廣含性，並且確是相當優越的，它不只可以成功地適應於中國的社會裏，還可以同樣成功地適應中國當時的「天下」結構裏，因為當時的中國的「天下」結構也是以農業為基調的。從這裏，我們就不會驚訝何以許多傳統的中國的價值，能為中國的「藩邦」所心悅誠服地接受，而顯出了它「放之四海而皆準」的優越性。這一套價值包括了對自然的美藝的欣賞、對神祇的祈福、對貧窮的安足，多子多孫、大家庭、敬老孝親、崇古、保守……從一個農業社會的觀點來看，我們實在看不出它有什麼不好的，至少是沒有什麼大弊病的，而根本上，這一套價值系統在傳統的農業社會裏是可以運作的，可以產生預定功能的。[27] 可是，自從西方文化進入

27　錢穆先生說：「中國文化一向建基植根在農業上，因此只有農業社會裏才有辦法，像蒙古、西藏、南洋這些地方，只要他們不是農業社會，我們的文化力量就難運使。」錢穆：《國史新論》，香港：自印本，1953，頁 137。

中國社會以後，整個的情勢發生變化了。在這裏，我必須再強調，改變中國社會的基本力量並不是西方的槍炮兵船，而是西方的工業技能。侵入中國的西方文化（近代的與現代的）在基調上是工業的，這個工業性的西方文化逼使中國的社會結構、文化價值解組與崩潰。

中國社會自從滿清末年即開始進入社會形變的過程中，亦即中國已一步步地從傳統社會走出，而趨向於一個以工業為基底的現代社會。這種變遷的動機與原因，有經濟性的，也有非經濟性的，可能是為了救亡圖存、雪恥圖強；也可能是為了增加人類生活的價值與國家的尊嚴。不管如何，中國現在的經濟結構已經不再全是一個「自足的系統」了，都市化開始了，市場化形成了，農村逐漸崩解了，借用羅斯托（W. W. Rostow）的術語，中國已由一個「傳統社會」，通過經濟「起飛的前期」而進入「起飛」階段，並向「推向成熟」時期前進[28]。中國目前雖不能算是工業化社會，但絕不再是農業社會了，並且永遠也不可能再回到農業社會中去了。這是一個大關鍵，中西文化的一切論辯必須把握住這一關鍵，否則都將不免於隔靴搔癢之譏。

我們知道，西方文化的價值系統（本文中所指的是工業革命以後的西方文化）原是契合於工業社會的性格的，那是一套相關的意識、態度、行為系統、倫理道德、風俗習慣：如對自然的征服、對貧窮的反抗、競爭、崇新、世俗化、核子家庭……我們沒有充足的理由可以說這一套價值系統一定較之中國傳統的價值系統為優、為高（反之亦然），但是，有一點卻是可以確定的，在任何一個工業性的社會結構裏，所需要的、所能運作的或產生功能的則必不是

28　W. W. Rostow, *The Stages of Economic Growth*, Cambridge: MIT Press, 1960, p. 27.

傳統社會那一套價值系統。因此,今天我們如再斷斷於爭論中西文化的優劣高下,實在是不相干的。遺憾的是,許多人到今天還在為中西社會價值之孰高孰低而辯論,他們忘了這不是「好不好」的問題,而是「能不能」的問題。中國的現代化工作,必須從認知中國社會變遷的階段開始。

3. 對「現代」與「現代化」的認知之不足

中國的現代化運動,在本質上是一種理性運動,而理性的第一步即是對「現代」與「現代化」之理解。不幸的是,一直到今天為止,絕大多數的人(包括討論中國現代化問題者)還不知「現代」與「現代化」為何物。因此,這一理性運動在起步上就有了困難,我們實在很難想像一艘遠航的船,如果目標朦朧、目的地沒有弄清,就能夠完成任務的。

「現代」與「現代化」有其特殊的意義與內涵。[29] 中國人有意識地用「現代化」一詞是不太久前的事。五四新文化運動的時候,知識分子所用的是「西化」而不是「現代化」。從「西化」一詞之揚棄到「現代化」一詞的採用,其間頗有深刻的文化意義。這主要的可以兩點加以說明。第一,由於「西化」一詞本身含義之分歧與所指之不足,乃不得不加以揚棄。何以說呢?因為「西化」也著意指同化於西方文化之謂,可是,西方文化是一種泛稱,到底是指所有的西方文化抑或是哪一支特殊的西方文化?同時,從時間的觀點看,也頗滋歧義,西方文化指古典的、中古的抑或近代以後的西方文化?再者,到底哪一些要素才算是西方文化的內涵?這些都是可以產生重大爭論的,而另一個更基本的問題是,西方文化本身仍在

29　參見本書上卷第三篇。

創新變易的過程中，也即在「現代化」的過程中；那麼，縱使「西化」一詞不是沒有意義的，至少也是不足的。中國文化的未來絕不是、也不應定於西方文化的某一形態，而應該、也必是一個以世界文化為鵠的、無窮無息的創新。因此，我們所追求的是中國的現代化，而不是中國的西化。這一種自「西化」轉為「現代化」運動絕不是字面的玩弄，而是具有嚴肅的實質意義的。現在少數清明的中國知識分子已有這樣的認識與努力，他們構成了中國現代化運動的主流。第二，還有一部分知識分子，他們之所以揚棄「西化」而採用「現代化」，則並不像前一種人那樣的基於理性與認知的要求，而是基於一種情緒的心理反應。他們之所以反對「西化」，主要有兩種原因：一種是歷史性的；另一種是種族性的。就歷史性的原因說，中國這一百年來，可謂一直吃盡西方人的大虧，中國的「光榮的孤立」是被西方人用槍炮擊碎的，中國的「天朝的意象」是被西方人的兵艦打破的，中國這一個世紀誠如羅斯托所說是「屈辱的世紀」[30]。基於這一深久的歷史背景，中國人從心底厭恨西方，而反對「西化」毋寧是極自然的事。再就種族性的原因說，人類學者告訴我們，任何一個民族，都多多少少具有「種族中心主義」的色彩，這種色彩像日耳曼民族、大和民族、盎格魯─薩克遜民族都非常濃厚，而中國民族也一樣不能全免，嚴格說來，「中國種族中心主義」的色彩還不及「中國文化中心主義」的色彩濃。許多新興的國家，近一二十年以來，基於種族中心主義所產生的「自衛機制」的反射，已開始公開反對、揚棄「西化」，而改採「現代化」。而中國近年來透過中國種族中心與文化中心主義所產生的自衛機制，下意識與潛意識地更是不能容忍「西化」，而如獲得救似的抓起了

30　Rostow, *The Stages of Economic Growth*, p. 27.

「現代化」這個招牌。當他們坐汽車、住洋樓的時候，再不為被譏於「西化」而不安，而可以理直氣壯地為「現代化」而自豪。我們似乎可以說：中國人基於歷史性與種族性的原因而反對「西化」，贊成「現代化」，雖然是情緒的反應，但卻不是可詛咒的。其實這種情緒又豈是你我所能全免呢？問題是，這一類型的思想，卻自覺與不自覺地阻卻了中國現代化的前進，何以說呢？因為「現代化」是以工業化、都市化、世俗化、普遍參與等為內涵的，而這些卻又恰恰是近代與現代的西方文化的特質，「現代型模」固不等於「西方型模」，但二者是非常近似，而幾乎重合的（參前）。因此，反對「西化」，其實質意義「幾乎」是反對「現代化」。我們一方面要想向「現代化」進軍，另一方面又反對「西化」，這就不啻要你所不要的，贊成你所反對的，其情形之尷尬是不難想像的，這就無怪乎中國像許多新興的國家一樣，因擁抱「現代化」所產生的「滿懷希望的革命」，而變為因反對「西化」所產生的「滿懷挫傷的革命」。這種因中國知識分子對「現代」與「現代化」認知之不足所引起的反中國現代化的逆流，實在不是可恨，而是十分可悲的。

（四）舊勢力的反抗

中國現代化運動，在基本上，是一批判傳統、改革現狀、創造新文化的運動。這樣的一種運動，幾乎注定就是要遭到舊勢力的反抗的。何以說呢？因為這樣的運動，撇開上述的民族崇古心理、知識分子不健全心態以及普遍認知之不足等原因不談外，它必然地會對舊的勢力構成挑戰，更具體地說，它必然地會使某些權力、財富、聲威等階級價值的現有既得者遭到被否定、冷落、剝奪的命運。因此，他們基於本身利害的關係，一定會結合在某種虛偽的口號或權力人物之下，構成一股或明或暗的反現代化的力量。滿清末

年，康、梁維新運動之所以流產，主要原因是舊黨的反撲。因為康、梁的改革運動，如廢除八股，即會使成千成萬的儒生從根本上遭到打擊，他們的「十年寒窗苦」將要白受，他們存在的價值將要大打折扣，以此，他們乃自然地投奔到慈禧的腳下，而慈禧也必加以障護，因為慈禧與他們的利害關係是一致的。當享有流行的階級價值的滿清知識分子，獲得權力皇室的支援時，則現代化運動的推動者所面臨的已不是一場思想的論戰，而是十足的實力的角力。那麼，失敗的命運（至少暫時的），幾乎是很難避免的。而最後終逼出孫中山先生的國民革命，得以掃蕩舊勢力，而使中國的現代化推進一大步。所以，中國現代化運動之所以未能順利展開，推究起來，也著實是由於一批社會上政治的、經濟的、文化的既得權益者的把持與反抗。他們懼怕改革，因為他們怕失去所有；他們反對創新，因為他們擔心自己沒有在新時代生活的資本。有人口口聲聲維護傳統文化，實則不過是維護本身的權益。這種人你要他接受現代化的觀念，並非絕不可能，但你要他放棄現有的權益，則萬不可能。所以，有許多爭論中西文化問題的人，表面上是爭學術之是非，實際上是爭身家之利害，這樣的人物，他們自覺與不自覺地成為阻礙中國現代化腳步向前的絆腳石。這種人，說穿了是一種「匱乏心理」的作祟，在一個機會貧乏的社會裏，他們慣於把守既得權益，可是他們沒有想到，在一個現代化的中國社會裏，最令人嚮往的便是機會有無窮擴充之希望與可能。

五、中國現代化的目的方向與步驟

中國現代化的目的簡單地說有二：一是使中國能躋身於世界之林，使古典的中國能夠成功地參與到現代世界社會中；二是使中國古典文化徹底更新，使中國古典文化能在未來的世界文化中扮演一

個重要的角色。所以在本質上，中國現代化運動是承繼了康、梁維新，孫中山先生的國民革命以及五四運動的正面精神而向前推進的。中國的出路有且只有一條，就是中國的現代化。現代化是世界的潮流，中國不能違逆這個潮流，而一廂情願地回歸到「傳統的孤立」中去，在這一點上說，我們沒有選擇，只有順著潮流走。在一個全新的物理的「天下」結構裏，我們應該培養一個全新的中國形象。在古典的物理的「天下」結構裏，中國就是天下，天下就是中國，因此，我們自然地形成了「中國中心」的文化觀；而今日，中國只是中國，中國不復就是天下，因此，我們應該有一「世界中心的」文化觀（嚴格地說，是「地球中心的」文化觀）。只有在「世界中心的」文化觀上，我們才能成功地、妥當地推進中國的現代化運動。

以「世界中心」的文化觀作為觀念基底，中國現代化的工作應從兩方面著手：一方面，充量地、理性地、選擇地「借取」「吸收」西方文化的質素。我們前面已經指出，「現代型模」是以「西方型模」為主要基料的，因此，我們必須充分地、一心一意地接受西方文化，凡是有益於中國現代化的，我們都應予以借取。人類學者告訴我們，文化借取是任何一個文化豐富、發展它自己的必要途徑。三十六年前胡適之先生說過這樣的話：「無論什麼文化，凡可以使我們起死回生、返老還童的，都可以充分採用，都應該充分收受，我們救國建國，正如大匠建屋，只求材料可以應用，不管他來自何方呢！」[31] 另一方面，中國的現代化工作就是使中國業已墮失或衰微的傳統，經過理性的批判重整的過程，重新產生的文化動力。中國古典文化在上一個世紀一直在「退卻」中，現在應該使之「重

31　參見本書上卷第三篇。

來」，這一「重來」的過程就是「新傳統化過程」。新傳統化過程，
主要在使已經喪失的傳統價值得以回歸到實際來，但這一工作在性
質上是「創新」，亦即它必須要符合中國現代化所需求的，否則是
「復古」，而不是「創新」，亦不能視之為「現代化過程的一部分」。
譬如，多子多孫是中國古典文化所重視的價值觀念，但這種價值觀
念與中國經濟的現代化卻是衝突的，因此，我們應加以揚棄。反
之，「民為貴，社稷次之，君為輕」的民本思想，原是中國古典的
文化理念。而此一理念與民主雖有基本之異，但二者是卻亦有共同
相通之處。無疑地，掘發古典的民本思想是有助於中國政治的現代
化的，那麼，我們應該使之回歸。再則，中國新傳統化過程的工
作，在方法上，必須運用並藉助現代的自然科學、社會科學，特別
是行為科學，對古典文化作系統的整理和發揮，中國文化是否能在
世界文化中佔一席地位，是否能對中國的現代化有所補益與貢獻，
與它之研究態度與方法都具有第一重要的關係。

　　中國現代化運動，更具體一點說，應該系統地、持續地從下列
三個步驟去做。

　　第一，在思想教育上，應該積極推進科學思想教育，現代化是
與科學化不能分開的。中國文化的基本性格是倫理的、美藝的。諾
斯洛普（F. S. C. Northrop）在比較中西文化之性格後指出：中國（東
方）文化的特性是建立在「美藝的質素」（aesthetic component）
上，而西方化的特性則建立在「觀解的質素」（theoretical
component）上[32]。這一看法大致已為比較文化學者所同意。因此，
我們必須普遍深入地展開科學的、經驗的、精神為主的教育，唯如

---

[32]　F. S. C. Northop, *The Meeting of East and West*, N. Y.: Macmillan, 1946. 作者在此書中對
　　此一觀點曾作詳盡之分析。

此，才能轉向科學化，才能逐漸走上「理性化」的道路。並且應該
更具體地調適中國傳統文化的基本取向與價值系統，培養一種「職
業取向」以及「專業取向」的心態，以迎接一個工業秩序的社會系
統。而在根本上，如羅斯托所說的，「必須推廣一個理性的概念，
一個對自然力與宇宙世界的理性概念，即自然環境並不是一種天賦
的不能更改的因素，而是一個有秩序的宇宙，它是可以被人類利
用而謀求福利與進步的」。而這項理性的推廣，則有賴於學校的老
師、社會的報紙、雜誌、無線電與電視等大眾傳播工作者的努力，
唯有從事觀念工作者的自覺性的努力，現代化的精神才能從根本而
普遍地產生出來。[33]

　　第二，在經濟上，應該積極地推進工業化運動，這不只是中國
文化發展的當有要求，並且是中國解決社會生存問題必不可缺之途
徑。中國文化根本上是「非經濟性」的文化[34]，也即是自足的農業
文化。中國之所以不能適應新社會，顯出貧窮、落後等現象，主要
在於經濟結構之落伍。中國之現代化在某個意義上說，實不外是中
國之工業化，中國唯有工業化，才能為中產階級穩住基礎[35]。中國之
傳統文化活動，嚴格說來，是限於社會中少數的「士」的階級的，
絕大多數的非士階級（特別是農人）幾乎都被拒絕於純文化圈子之

33　大眾傳播對於現代化的重要性是極其根本的，學者們指出傳統社會的傾覆是由於大眾傳
　　播的壓力。傳播體系是人類社會的網脈，它是人類溝通的基本工具，新價值的輸將，必
　　賴於傳播工作。此可參見 Pye ed., *Communication & Political Development.*

34　參見唐元欣：〈落後國家的共同特徵〉，收入《出版月刊》，第 15 期。

35　勞榦先生曾指出中國歷史的發展成為不幸的局面，是文化階級雖已經相當的高，但中
　　產階級的勢力卻被壓制不能形成。參見勞榦：〈中國歷史中的政治問題〉，《中國的社會
　　與文學》，台北：文星書店，1964。此外，筆者以為薛爾斯所指出，在開發國家中，
　　新的秀異分子，如經理、工程師等亦應使其成為知識分子階級以促成政治的民主化一
　　節，極具深意，參見 Pye ed., *Communications & Political Development.*

外，雷德菲爾德（Robert Redfield）所說的文化的「大傳統」是由「士」人壟斷、傳替的，而「士」的階級卻是不事生產，完全自外於經濟行為的。要想推進工業化，必須改變「士」的結構與價值取向。主要的努力有二：應積極地破除傳統重農輕商的心理以及制慾（望）貶利（潤）的觀念 [36]；應積極地鼓勵一種「企業精神」與「成就動機」[37]，以造成韋伯所稱的「經濟的心態」[38]。而在具體的做法上，則是把過去投資在農業上的絕對比重（75%）轉移到工業、交通、貿易與業務方面上 [39]。在這個轉移的過程中，必須對建立在農業制度上的社會結構、價值觀念等加以重組。我們相信，中國只有工業化，才能充實社會的力量，使社會從政治中獨立出來，造成更多足以對抗政治的「自治體」，而知識分子也可從政治的窄門走出，而尋找自我立足的機會，唯如此，才能形成「制衡」政治的多種力量，這是中國由工業化走向民主化的契機。[40]

第三，在政治上，應該積極地推進民主化運動。中國士大夫在文化理念上都有從事政治的衝動。基於「兼善天下」的偉大志趣，中國知識分子的理想不只在「內聖」工夫，還在「外王」事業。但政治自始至終卻是士人獨佔的權利與義務，絕大部分的社會群眾對

---

36 參見唐慶增：《中國經濟思想史》上卷，上海：商務印書館，1936，頁 16、17。

37 此心理學者麥克蘭德在 The Achieving Society（Van Nostrand）一書中第三章有精彩的論析。他指出成就慾傾向高者經濟成長率快，低者成長率慢。他以土耳其代表前者，伊朗代表後者。參見 McClelland, "National Character and Economic Growth in Turkey and Iran".

38 Reinhard Bendix, *Max Weber: An Intellectual Portrait*, N. Y.: Anchor Books, 1962, pp. 135-141.

39 Rostow, *The Stages of Economic Growth,* p. 18.

40 關於此種觀念，徐復觀先生曾非常敏銳地觸及過，惜未能深論，參見徐復觀：《中國思想史論集》，台中：東海大學出版社，1959，頁 199。

政治是陌生的、冷漠的,因此,韋伯說中國人有一種濃厚的「非政
治」的態度[41],他們實際上是「非政治動物」。他們對政治不僅無「投
入取向」,抑且無強烈的「產出取向」,幾乎處於一種不聞不問的
狀態下。中國有民本思想,但在民本思想下,人民只是被動地被承
認其價值(是政治客體),而不能自覺地感到自己之價值(成為政
治之主體),民本思想在最好的情形裏,只在聖君賢相的格局下,
達到「開明專制」的境地[42],無論如何,人民總缺少一個「機制」使
他們在政治的「投入產出的過程」中扮演一種角色。而民主社會,
則是一個「普遍參與」的社會。但半個多世紀以來,在意識形態
上,雖然眾人具有強烈的政治「產出取向」,但尚沒有塑成正確的
「投入取向」,因此,還沒有發展出一套相應於民主制度的行為模
式,政治還被認為是「在朝者」的事,而不知道在民主的參與社會
中,根本無傳統的「在朝」「在野」之分。雖遠在邊陬海隅,如能
妥善地運用神聖一票,則身雖在江湖,實不啻居於廟堂也。實在地
說,「政治結構」與「政治意識與行為」的現代化,在一個過渡性
之社會中,確是最重要的。一個有系統的、繼續的、大規模的現代
化工作,必須靠政治的秀異分子來策劃與推動。尤其在中國這個社
會中,政治向來是一切的重心。思想、經濟之現代化沒有政治上秀
異分子的支持,是難期有功的,羅斯托說:「一個社會的全面的現
代化的工作,在基本上是政治領導者的責任。」[43] 這是頗有見地的。

上述三個現代化步驟,實是主要的,而不是全部的,譬如學術

---

41 關於此一看法,薄德(W. S. A. Pott)有進一步的說法,他認為中國人並非沒有「個
人主義」,但中國人的「個人主義」是一種不關心主義。參見 W. S. A. Pott, *Chinese
Political Philosophy*, N. Y.: Afred A. Knope, 1925, p. 29.

42 關係此一問題,近人牟宗三、唐君毅、徐復觀諸先生論之頗切。

43 Rostow, *The Stages of Economic Growth,* p. 30.

的現代化、行政的現代化、企業的現代化，都是中國現代化運動中重要的工作。嚴格地說，現代化運動是「多面向」的工作，它牽涉整個文化社會的內在問題，因此必須透過所有科學的通力合作。中國現代化運動長則一百年、短則一個年代以來，認真地說，並沒有達到該有的成績，而更不幸的是中國現代化工作常常陷入了大小的「惡性循環」的命運。此何以說呢？往往一個單一的因素害於其他所有的因素，譬如政治的不能進步，往往是害於經濟、思想、學術等的不發達；而經濟的不能進步，又往往是因為政治、思想、學術等的不夠健全，任何一個單一因素的進步之果實與努力，都可能為其他因素之輻輳而被吞沒，這就是我所說的「點」的進步為「面」的落後所吞吃 [44]。所以唯有全面地、有系統地推動思想、學術、政治、經濟、行政等的現代化工作，以打破各種大小的惡性循環，而後現代工作才能產生「自力支持的成長」[45]，而進入一個現代化的「起飛」階段。

六、中國現代化之前瞻

中國不僅必須現代化，不僅無法抗拒現代化的誘惑，並且已經自願或不自願、自覺或不自覺地在現代化的道路上了。工業化的型模已經開始造塑，都市化的趨勢已經無可阻止，世俗化的觀念已經漸漸擴大，透過大眾傳播媒介系統，一個「參與的社會」正在形成⋯⋯從器物到制度，從制度到行為模式，現代化的範疇一日日

---

[44] 參見本書上卷第二篇。

[45] 此種觀念係借自「經濟學」者，即一旦各種條件具備，經濟即可自我成長，無須再有外力的支助。

在擴大，現代化的力量一日日在加深。在整個現代化的過程中，中
國的傳統文化的強度與適存性受到了最嚴厲的考驗。的確，中國
的傳統文化在這次最嚴厲的考驗中，發生了大規模的解體，遭受
了傷亡的打擊，遇到了文化的「解裂」與雷德菲爾德所說「反濡
化」（deculturation）的命運[46]，有的似乎是值得欣慰的，譬如法庭
上的體刑、婦女的纏足惡俗、考試中的八股文、家天下的世襲皇
帝……但有的似乎是值得哀歎的，譬如士人風範的遺落、孝道的
淪喪、家庭制度的破裂……對於這許多傳統的傷亡與解體，沒有
人能完全免於感情上的落寞與懷慕，這是文化的自然淘汰，一百個
韓愈、一千個朱熹、一萬個張之洞都是無法挽狂瀾於既倒的。死
守傳統、盲目的復古是徒然無功的，其結果將不只解救不了傳統的
淪亡，反將為傳統所埋葬。其實，只要了解文化的濡化與變遷的性
質，我們不必恐懼，只要對中國的文化懷抱歷史的、長期的觀點，
我們更不必悲觀。胡適之先生晚年在一篇最足以代表他的思想的文
字〈中華傳統及其將來〉中，一點也不哀傷，反而充滿樂觀地說：
「對這些文化方面的傷亡，我們不必難過，它們的廢除或解體，應
該視為中國從它孤立的文明枷鎖中得到解放」，「新文化成分的接
受，正可以使舊文化內容豐饒，增加活力，我永遠不畏懼中國文明
於大量廢棄本身事物及大量接受外國事物後，會發生變體或趨於消
滅的危險」。[47]

的確，中國現代化運動，將不可避免地大量地廢棄中國的事
物，以及大量地接受外國事物，但是，中國現代化運動決不是斬絕

---

[46] 參見 Robert Redfield, *Peasant Society and Culture*, Chicago: University of Chicago Press, 1963, p. 46.“deculturation” 一詞有除移一個文化的「大傳統」之意。

[47] 胡適先生此文發表於 1950 年 7 月 11 日在西雅圖舉行的中美學術合作會議中。

中華傳統的反古運動，也絕不是全盤地同化於西方的運動，中國現代化運動絕不是中國文化的死亡，而是中國文化的「再造」。

中國現代化運動的「文化再造」工作，將是一項理性的「抉擇」，亦即通過文化分子個體與團體的「創新」「批判」的過程，而達成成功的「選擇性的變遷」。此項「選擇性的變遷」在某種可能的自由範圍內 [48] 將有四種主要的抉擇：

1. 接受某些新的文化質素；
2. 拒斥某些新的文化質素；
3. 保留某些傳統的文化質素；
4. 揚棄某些傳統的文化質素。

質言之，中國現代化運動的「文化再造」工作，乃是要在新、舊、中、西的四個次元中，抉擇其可能（而不僅是應當）抉擇的文化質素，以創造「運作的、功能的綜合」。此「運作的、功能的綜合」，亦即一種世界文化之理想，多多少少與諾斯洛普、索羅金（Pitirim Sorokin）、華德（Barbara Ward）等之理念相合，美國大哲學家杜威（John Dewey）一九二〇年在北京大學演講即指出，「中國一向多理會人事，西洋一向多理會自然，今後當謀其融合溝通。」[49] 羅素在〈中國的問題〉一書中也曾如此帶有信心地說：

---

48 加州大學的福斯特（G. M. Foster）指出，一個新興國家在文化上沒有「自決的全部自由」，亦即沒有一個文化可以隨心所慾「選擇」它「所要」的東西，至於「選擇」的幅度到底有多大，則尚是社會學者、人類學者所企圖答覆而未能肯定者。參見 G. M. Foster, *Traditional Cultures and the Impact of Technological Change*, N. Y.: Harper & Row, 1962, p. 265.

49 此引自梁漱溟：《中國文化要義》，頁 190。

我相信，假如中國人對於西方文明能夠自由地吸收其優點，而揚棄
其缺點的話，他們一定能從他們自己的傳統中獲得生機的成長，一
定能產生一種糅合中西文明之長的輝煌之業績。[50]

而這一項偉大的文化業績，才是真正的中國文化的「再造」與
「重來」。當然，中國文化的「再造」與「重來」，並不是說她將回
到孤立的中國中心的文化主義的路上去，而是走向世界中心的文化
主義的路上去。我們千萬要記住，中國的現代化運動，不是否定傳
統，而是批判傳統；不是死守傳統，而是再造傳統。從事中國現代
化的理性的工作者，絕不應只忠於中國的「過去」，更應忠於中國
的「未來」；絕不應只滿足於中國文化的重來，更應以豐富世界文
化為最終的目標。

我們應該學習並習慣於把眼睛向前看，而不是向後看。更重要
的是，我們必須了解中國現代化的工作，不是你我，或某一個個人
或團體的事，而是社會每一個成員的事。因此，每一個忠於中國的
傳統與將來的人都應該參與到中國現代化的偉大行列中來。

最後，我們還應認清並重複地說：中國現代化是中國唯一的出
路，並且它也逐漸匯成一個日益壯大的潮流，我們不能迴避它，必
須應接它。對於中國的現代化運動，我們沒有權利做一個旁觀者，
我們必須以良心、智慧與熱忱加以擁抱。

50 Russell, *The Problem of China*, p. 42.

從傳統到現代

金耀基 ● 著

《從傳統到現代》，台北：時報文化，一九九〇年

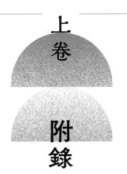

上卷

附錄

再論《從傳統到現代》[*]

　　十二年前（一九六六年），我出版了《從傳統到現代》這本小書。這是我從一個知識分子的立場，以社會科學上的知識為基底，對中國社會文化問題及其前途所提出的一些分析、一些看法。這本書裏所收入的文字則有十五年前寫的，而書裏面的一些思想的醞釀則還要早些。事實上，當我在台灣大學做學生時就被這個問題「迷」住了。當然，任何思考的人，總會因他的知識與經驗之增多或轉變而或多或少地修正他的看法。我對中國社會文化問題的探索，也可說是經過一波三折之後才慢慢形成一些比較系統性之理解的。我對自清末特別是五四以來的中西文化論戰，總覺得一直在死巷子裏糾纏，不會有什麼出路。我認為中國社會文化問題在根本上是一個「社會變遷」的問題。只有從社會變遷之動理中去了解，才能掌握問題的核心。而要走出思想上的死巷子，則只有從復古與西化的兩極間超過去，理智地向「中國現代化」的道路前進。

一

　　《從傳統到現代》出版後，引起了不少反響。假如銷路也算是一個指標的話，那麼這本小書可說是頗為成功的。因為它連續出了

---

[*]　編者註：此文為作者對 70 年代一些對《從傳統到現代》一書的質疑與批評的回應與自我檢視。原載於金耀基：《從傳統到現代》，台北：時報文化，1979。已刪減與原序重複內容。

三版，都快售罄了。這對我自然是很大的鼓舞，但令我最高興的還是這些年來看到知識界、文化界對中國現代化問題的討論不斷加多，不只觀念上日漸普遍清澈，而且政治社會各領導層更通過各種計劃與行動，將現代化觀念見諸實際。至於在《從傳統到現代》一書外，我還陸續寫了不少文字，後來大都收集在《中國現代化與知識分子》一書中出版。《從傳統到現代》與《中國現代化與知識分子》兩本書可以說是我為尋解中國社會文化問題心智上所做的一些努力，也是我為推助中國現代化運動精神上所盡的一點奉獻。不必諱言，這兩本書都是我心智歷程中所留下的一些鴻爪，裏面有些論點必定不夠周延、不夠深刻，並大有不能令人滿意的地方。也因此，《從傳統到現代》三版售罄後，一直沒有重版。多年來，有不少識與不識的讀者，在口頭上或書信上催我重版，我也確實認真考慮過，並且計劃作修訂。但繼而發現，修訂是不可能的，因為一開始修訂，則必須大動手術，這樣就不啻寫一本新書，此則實非時間精力所允許的。於是，重版的計劃就擱置下來了。一擱就擱了七八年，並且很少再去想它了。

到了一九七四年，勁草文化事業公司計劃出版《中國現代化的動向》的論文集，邀我寫序文，我即一口答應下來，寫了一篇三萬字的〈中國現代化的動向〉的長文以代該書之序。這是我自一九六七年離台七年後重返台灣，見到台灣現代化之現象後的檢討性的文字。我覺得台灣現代化速度之快速遠超過大家的預想，也遠遠地把許多現代化的理論與看法拋在經驗事實的後面。我的長文中，直接、間接地在補充或修正我《從傳統到現代》一書中不及的地方，也可說此長文最能代表我目前對中國現代化的看法。

二

今年七月間，我為王岫盧師九十大壽又有返台一行。在台北的兩個星期中，見到不少新識的年輕朋友，他們都很關心地問我是否考慮重版《從傳統到現代》，有幾位且表示是否可授權他們代我出版。我好奇地問他們對此書的看法。一個看過此書而頗有代表性的答覆是：「這仍是國內一本討論現代化很有用的書，我贊成其中不少的見解，但也不同意其中有些看法。」我對這樣善意而具有批判眼光的讀者是最感到安慰的，也是我所歡迎的。這樣的反映又一次使我產生要不要重版的想頭。但最後促使我決定重版此書的還是基於一個更嚴肅的動機。

在我最近這次台北之行中，我又聽到也看到不少廣義的或邊際性的文化性的論爭，其中出現不少討論、批判，但亦有中傷、誣衊「現代化」的論調。這些言論，有些是耳熟能詳的老調，有些則是有見解的新論點，有的純是情緒式的發洩，有的則很有講理的風度。對廉價的文化論爭，我向來就無興趣的。對感情用事，甚至潑婦式的罵街或師爺式的深文周納，我覺得是對語言或文字的最大侮辱，我更不願置喙一詞。但對於現代化運動認真提出疑問，特別是對中國現代化的事象與趨向嚴肅地提出批評，我覺得不但是知識分子合理的甚至是應有的態度。知識分子對於關乎整個社會、人生大問題的現代化自有責任，也有權利（不多也不少於其他人士）加以辯析與討論；自有責任，也有權利提出他的看法。由於我個人相信中國現代化是一條中國歷史文化在「勢」上，也是「理」上當有的發展。因此，我願意再度把我十二年前的見解呈現在國人之前。這是我決定重版《從傳統到現代》的根本動機。我前面已說過，這小書裏的見解是粗疏的，也不能完全代表我現在的心態與知識水平，但此書仍是我所喜歡的，裏面的主要見解仍是我繼續所相信的。是

以，我決定對原書不作更動，只改正一些錯字和增刪少數文句，並把一些可以節省的英文刪去（十二年前，書中的一些詞片，原先是較生疏的、隱晦的「術語」，故加上英文，而現在這些術語則大都已經成為知識界普遍了解、應用的詞片了）。同時，我特加上一篇文字。這是上面提及的一九七四年所寫的〈中國現代化的動向〉，此文可視為《從傳統到現代》的補充。由於此文原為一書之序，故我作了一些技術性的調整，使其成為一篇獨立之文。

三

乘《從傳統到現代》重版之機，我覺得我應該對台灣的現代化事象作一些分析。特別是，我想對中國社會從傳統到現代過程中發生的一些問題，提出進一步的看法，以補原書之不及或不足處。因為我知道有人對台灣的現代化、特別是對其經濟現代化—工業化有極深的不滿與憎恨。這些不滿與憎恨可能是源於道德上的感受，可能是源於文化價值上的反應，也可能基於其他的原因，但不論其動機為何，這總牽涉認知的問題，也即涉及對台灣現代化本質與性格的理解的問題。人不可能完全免於主觀的判斷，而現代化過程本身就涉及價值選擇的問題，但在理解的過程中，我們總希望能儘量摒棄主觀性的偏執與情緒性的蔽障。

在我看來，台灣二十餘年來，其基本的文化動向，一言以蔽之，是從傳統到現代的過程，是中國的現代化。就現代化各個面向來說，其中經濟現代化的表現無疑最突出，也最出色。台灣的經濟現代化已為學者公認是第二次世界大戰以來眾多社會在現代化運動中少數成功的例子之一。台灣的經濟現代化，在極短的時間中把台灣的經濟體系從一個「低開發」的社會轉向「開發中」的社會，並迅速地通過「準開發」社會的階段，推向「已開發」的工業社會。

　　最重要的，不只是其速度之快，還是它所展現的性格。在台灣的工業化過程中，顯然沒有出現英國初期那種驚人的工業化誕生的陣痛。當然，在現代化發展中，台灣傳統農業社會結構的轉變，並不是沒有代價的。同時，在台灣新工業結構形成的過程中，也並非一味順遂暢快的。這個從農業轉向工業的結構形變的過程，在歐洲常需一二個世紀的時間來調適，但在台灣卻濃縮在幾乎只有一個年代之中，因此或多或少產生了社會解組、倫理失序、價值混亂，以及人口壓力、都市擠迫、環境污染等現象。這些現象都會帶給人們惶惑、不安、失落，也確值得認真地反省與批判。我們應該把握其發展的主線與根幹，特別是要了解其發展與轉變的趨向，了解哪些是本質、哪些只是表象與副作用。簡言之，我們在面臨這些現代化的問題乃至病態的時候，一定同時要平心靜氣思考一下，現代化帶給人們的是否也有或更多正面的、健康的果實？

　　從某一個層次或角度講，人們之不滿或憎恨現代化是可以理解的。一個嚮往「晨興理荒穢，戴月荷鋤歸」或者憧憬「採菊東籬下，悠然見南山」的境界的人，很少能容忍工商業社會那種「心為形役」的生活，而工業化所帶來的痛楚與病象更必然會觸引人們的反感。但是，比起英國工業化早期的「大陣痛」來，台灣的工業化幾乎是一種「無痛的生產」；比起當年科貝特（William Cobbett）及年輕馬克思（Karl Marx）對英國工業化之批評來，台灣的一些人士對工業化的批評可說是點水蜻蜓，淺而不深。從社會發展的歷史現象看，「反工業主義」可說是任何社會在工業化早期過程中必有的現象，它幾乎是一切保守派與激烈派所共有的反應。這種對工業化病象（誤以為是資本主義之特產）採無保留的批判態度者，可以馬克思為象徵性的代表。烏拉姆（Adam Ulam）把這現象（工業化早期中出現的「反工業主義」）稱為「馬克思情境」（Marxist Situation）。「反工業主義者」的共同特徵是專看工業化的病痛與黑

暗面，而固執地拒絕承認社會與經濟的進步面與光明面。的確，「往日有多美好」的極端化像「未來有多美好」的極端化一樣，常是對「現在」根本否定的情緒的根源。我們以為猛讚現代化與猛抨現代化都只見到「半個現代化」。現代化常是一痛苦的社會形變的過程，它不但在初期有陣痛，恐怕在不受節制的情形下，還會走上更可憂可悲的境地。我個人對現代化就不是一個無保留的樂觀主義者。我雖然極力贊成現代化，但在十二年前《從傳統到現代》出版的當時，我就寫過《現代人的夢魘》一文。我從來不敢把現代化看作一片沒有斑點的玫瑰紅。不過，看到台灣今天的現代化情形，我毋寧是比較樂觀的了。總體來講，台灣出現的居民總產量值的穩健而快速之成長（今天台灣一地即是世界第二十二位最高的貿易單位），人民生活水準是年以繼年的提高與改善（在台灣每人每天消耗 2800 熱量，是亞洲之冠），社會文化的格調也日漸在量變中轉向質變（此大致可從出版界看出來）。一點不誇大，台灣的現代化、特別是經濟現代化，是台灣生命力的根核。它雖然出現不少病象，但基本上是健實而富於活力的。經濟現代化不但帶來了活躍的工業化，而農業上生產力亦不斷提高。城市與鄉村之發展並未產生巨大的相剋相傷之局，其距離且日趨拉近。其中最可稱道的是：台灣不但在社會總財富上大增，而且有日漸走上「均富」的現象。誠然，台灣有大資本家，財富之積累甚為劇巨，但此畢竟屬於少數之少數，而這些人在就業機會之創造上、工業技術之推展上，都不能說對社會無重要功能。從社會財富之全面結構看，貧富之差距是不斷在縮短。一九五二年，台灣平均收入最高的 20% 的人口是 15 倍於平均收入最低的 20% 的人口，到了一九七五年，其差距已縮小到 4.37 倍（此根據一九七七年八月二十二日《時代週刊》之報道）。中國的經濟，一向的問題是患於「寡」，而在經濟現代化過程中，最堪憂慮的問題則是「患不均」，按照一般社會經濟發展的

經驗看，則常不免出現「不均」之現象。許多經濟學者且以為經濟發展與社會公正是無法並存的，關於這一點，我個人傾向於默達爾（Gunnar Myrdal）的看法，即社會公正的改革並不必妨害經濟的成長（見本書附錄：〈中國現代化的動向〉）。最近看到費景漢先生的《均富觀念的檢討》大文（刊於《聯合報》一九七七年八月十四日）更增加了我的信念，費先生說：

> 以台灣經濟發展的經驗來說，我們不但沒有發現所得更不平均的現象，而且自一九五九年以後，所得分配逐漸平均。這個經驗告訴我們，即令是在經濟發展的早期，魚與熊掌也可以兼得。這正是台灣在過去經濟發展過程中，最突出、最引起世界注意的原因。

我們以為這應該是衡估、判斷台灣經濟現代化之認知的基線。我們對台灣的經濟現代化不能只看其黑暗面，不能只挖掘其病象，而應該也看其光明面，也彰顯其健實之象，更主要的還是掌握其主幹，掘發其發展的大趨向。從全球的社會發展看，從中國歷史的發展看，台灣的現代化的大方向是走對了路，它從摸索地走，到了自覺地走。

四

中國現代化當然不止限於「經濟的現代化」，它應該包括文化社會的各個面向，諸如政治、教育、思想等；它所冀求的價值，除物質的富足外，尚有民主、自由、公正和滋潤心靈、豐富生命的藝術、音樂等。這些價值與經濟性的價值有關，但卻無必然的關係。這些價值在社會發展的各種階段中，與經濟現代化的邏輯（如效率化、市場化等）或和諧結合，或相拒相斥。當發生不和諧與衝突時，自不能免於「選擇」的問題。選擇就需要把我們所冀欲的價

值加以通盤與慎重的衡量，以做出取捨。亦即在出現魚與熊掌不能兼得的時候，就要在二者之間作一選擇。這種選擇往往是情非得已或十分痛苦的，而這種選擇當然要以社會本身之情況為衡準。譬如美國在經濟成長與保護生態環境之間作選擇時，或應該放棄經濟成長，以保護生態環境。但在開發中社會則不應或不能如此選擇。今日的台灣，為了促進刺激經濟發展，有時在政策與制度上常不能不在「某程度上」容忍平等與公正等價值之相對地犧牲。當然，這也只能限於某一程度，如果完全犧牲了平等與公正（如斯大林為了增加生產力，竟指責平等觀念是資產階級的價值觀，而加以徹底否認），則絕不是一個真正現代社會所應「容忍」的。反之，如果過分形而上地、不顧實際地鼓吹絕對的平等與公正，則必然阻礙經濟的發展，欲如此而達到現代化社會則不啻是鏡花水月。

台灣在經濟現代化早期，如費景漢先生所指出，就能把生產力與分配公正達到魚與熊掌兼得的現象，當然最值得欣慰。不過，在很多情形下，我們常不能魚與熊掌兼得。譬如古典文學所透露的那種悠閒自得的生活方式，常是人們所嚮往的價值境界，但是我們要工業化，就不能不、至少很難不犧牲了。何以故？因為那種悠閒自得的生活方式，畢竟在傳統社會也是少數人的福氣，多數人的胼手胝足，也不過得一溫飽，而農人所有的「悠閒自得」也恐怕很少能賦予太多的浪漫情調。寫到這裏，我想起李普曼（Walter Lippmann）說過一句很有意義的話。他說：「我想我會喜歡十八世紀，假如我也是屬於那些有權利享受它的人。」「有權利享受」的人，無論在哪個時代都是舒服的，也許在傳統社會尤其舒服。但我們不能只顧到「有權利享受」的人，而現代化的最大理由，就在於它可以使最大多數（假如不是全部）的人都可以享受一個時代的產物。當然，在現代化過程中所需做的選擇，有些是較易的，也不必厚今薄古，不必對傳統歷史的事物或價值作不必要的犧牲。譬如，

我們建造一條公路，適巧有一幢具有歷史價值的古屋橫梗其間。這時，我們是否就可不分青紅皂白，以現代化之名而剷除那幢古屋呢？我想不是。我們應該在保護歷史古物與利便交通這兩種價值中作一選擇。假如保存古屋，除了不利便交通外，並不影響更高的價值（如對民生有害），那麼我們應該保護那個歷史性的古物。保護歷史性的古物是不是一定會有害現代化呢？我想絕不是。我們曾一再強調，現代與傳統非對立體。現代與傳統間有無數種結合、搭配的可能性。如實地說，在現代化過程中，許多傳統事物與價值都有安頓的可能，我甚至要說，越是現代的社會，越有保護傳統事物的可能性。總之，現代化是一個不斷地「選擇的過程」。這牽涉每個個體與團體層次的選擇。選擇永遠是一種有意識的自覺行為，也永遠是一種創造的活動。只有在思想上最懶惰，或者在觀念上只有傳統與現代的兩極觀的個體或團體，才會狂熱崇新，或狂熱地迷古。

五

我們上面講中國現代化是以經濟現代化為中心的。的確，我們是以經濟現代化或工業化為現代化之主要組成的。工業化是現代化的「必要」條件（以農業為主的現代社會，其農業也必須達到高程度的科技化），但非現代的「充足」條件。我相信任何一個真正的現代社會，必須在經濟上有穩固的基礎。孫中山先生之重視民生主義是他的高瞻遠矚。人之生物性的需慾是最基本的，生活是每個人的基本慾求。唯有在滿足人之生物性的需慾或在人有一定的「生活」保障之後，才更有資格談精神文明，講求「人生」。儒家外王事業之重養民，特別是孟子所謂「民無恆產，因無恆心」，以及管子所謂「倉廩實則知禮節，衣食足則知榮辱」的道理即在此。當我們有充分活躍的經濟基礎時，我們的文化建設無論在量上與質上都有逐漸

普及和提高的可能。但是，我們絕不接受經濟決定論。庸俗的和機械的馬克思主義者以物質和經濟決定一切文化、政治、思想和文學的看法，早已在學理上和經驗上受到批判和修正。事實上，文化思想、特別是政治（所謂上層建築）對經濟發展（所謂下層建築）都有重大的影響，此不只見之於西歐、美國的資本主義發展之歷史（通過了政治之干預，西方早已無純型的資本主義了），庸俗的和機械的馬克思主義者把民主法治看作是資本主義之產物，實為大錯。須知，民主法治可以與資本主義結合，也可以與社會主義結合。唯資本主義與民主法治結合，才可有修正資本主義之病象的可能；唯社會主義與民主法治結合，才有完善社會主義之可能。從此來看，我們亦益覺孫中山先生把民權主義與民生主義並論之卓越深意。這也是我們相信中國現代化必須包括政治的現代化——以民主法治為基底的政治體系的原因。沒有一個現代化的政治，便不能羈約、規範「泛經濟主義」之氾濫，更不能駕馭、控制「泛政治主義」之橫決。這樣，社會公正固無由達到，而社會中的個體與團體之自由創造的潛力，亦必受重大的窒息與斲傷。在這種情形下，要想臻於現代之國家實無異於緣木求魚，而所得到的最多也是「殘缺的現代化」。

六

中國現代化，在世界各國現代化的模型中，屬於主要是由外力促逼而生的一型，亦即「外發型」的一種。中國原來是一個相當圓滿具足的社會文化體系，但自清末以還，迭受帝國主義之侵凌，國將不國，乃有各種基於雪恥之心理而展開圖強的現代化活動。中國現代化不止屬於「外發型」，而且相對於西方工業先進國來說，也屬於「後來者型」。凡屬於「外發型」與「後來者型」者都有一個重要的共同特徵，即其現代化之主要動源來自政治層（「內發型」或「先行者型」

之發展動源主要來自民間，且特別脫離或獨立於政治層之外）。此一形態之現代化的成敗，主要看政治層之反應是否正確與明智。就台灣之經濟現代化而言，由政治層之發動、策劃與執行之經濟政策、財政政策可說是今日工業化成功之主要動力。其所以成功，基本上乃是因政治層對經濟發展的大方向的把握是不錯的。其中最可說的是，政治層對經濟發展規制（通過某程度計劃性地規制）了大方向，而在這個大方向下，民間的智慧與潛力都有很大自由發揮的餘地，成千成萬的中小型企業家就是這樣誕生了（台灣《經濟日報》出版的講述中小型企業經營實例與發達故事等的叢書，很值得參考）。

「外發型」與「後來者型」的現代化，其初期總以向先進國家借取經驗為主。亦即會出現大量之文化「借取」現象。中國現代化之加深與擴大，最後必然主要地靠本身的自我創造。我之所以如此說，是因為作為現代化主要組成的工業化之根本在於科學與技術的發展。科學與技術不能生根，不能緣本身之努力自我創造，則工業化必不能擺脫對外的重大依賴性。當然，自我創造不是指與外界不交流，或停止向其他國家「借取」先進之經驗與技術。假如這樣，則必將永遠落在世界水平的後面，甚至難逃枯萎的命運。中國現代化之自我創造，包括科學之研究與發現、技術之創新與突破，但卻不限於此。在文化發展的意義上說，自我創造是指我們在現代化的過程中，不斷自覺地反省：中國現代化之目的是什麼？我們究竟要懷抱哪些價值？哪些是實現中國現代化目的與價值的最佳手段？這些問題涉及現代化各個層次的「認知」問題，也涉及各個個體與團體的「選擇」的決定，認知與選擇屬於知識與價值的領域，關乎「什麼是可能」「什麼是可欲」的範疇。對於現代化，我們不能沒有理性的規劃，但我們不能企盼有一個絕對的嚴峻的全面計劃。這不但是「能不能」（我們無法預知現代化最終的結局，知識的潛在發展固不可測，社會未來發展的軌道更有不可確定的性格），而

且是「好不好」（全面計劃性將會排除目前未能見及之潛力）的問題。但有一點似乎是可以肯定的：證之於世界各國發展的歷史，我們了解自我創造的過程，最根本的是要使全社會的個體有充分合理的自由，特別是在法律保障下的自由，以發揮整個社會的潛力。世界上大多數現代化的社會都幾乎是屬於具有合理的社會秩序與合理的個體自由的社會。這不是歷史的「偶然」，而毋寧是社會結構上的「必然」。只有在合理的社會秩序與合理的個體自由的社會，才能造就生機盎然的自我創造的大局面。不錯，在這種社會條件下，也許不能完全免於惡花毒草的滋生，但是唯如此，我們才能看到好花香草，一片片、一叢叢，綻開怒放。現代化社會不會是十全十美的，但它可以有不斷改良、不斷求全求美的可能性。吉拉斯（Milovan Djilas）《不完美社會》（*The Unperfect Society*）一書，千言萬語，只在說明，任何烏托邦主義，無論是宗教性的、政治性的或道德性的，如果與權力結合，便成為狂熱的教條，便極易於以其理想主義來使人類受苦。波蘭哲學家柯拉柯夫斯基（Leszek Kolakowski）是一位社會主義者，他在顛沛困頓中，大力讚美「不一致性」（inconsistency），亦無非要世人放棄「全部的一致性」（total consistency），以免走上狂熱主義之路，而在理未易明的謙謹容忍心態下，永遠相信可能的錯誤，不斷尋求出路。民主、法治與自由是現代追求的目的，但同時更是追求其他價值的手段。它們毋寧是一種社會發展的架構，在這個架構中，允許「不完美」的現象，容忍「不一致」的情態，這也就是合理秩序下的自由境界。

七

中國現代化不是、也不能是擺脫歷史的運動。中國的現代化是在中國的歷史中進行的。一切現代化的社會，無論是西方的還是東

方的，都有一些共同的特徵，如工業化、都市化、世俗化，但同樣的，任何現代化的社會也必然具有其特殊的性格。英、美、德、法都是現代化的社會，但就我所知所見，他們都有各自的風格與面貌，即使東方今日現代化的日本，也復如此。各現代化社會之所以同中有異，不只是因他們有各別的人種、語言使然，也是他們的歷史文化使然。各國的文化傳統在其現代化過程中扮演了重大的角色。此所以在這些現代化社會中，無論在政治、教育、學術、文學、繪畫、音樂、建築等都出現一些共同的素質，同時也顯示有許多特殊的素質。中國的現代化也必然是或多或少在文化傳統的導引、干預和影響下發展的。總之，中國現代化必然是傳統與現代的掛鉤接筍的歷史運動。

從目前台灣的發展形態來說，我們以為經濟現代化應該繼續加深、擴大。它在繼續向外國借取先進經驗之際，必須同時從本土生根上著力，也即從科學技術的研究、廣泛的學術、教育的發展上著力。在台灣經濟力達到相當水準的今日，學術、教育、特別是科學與技術的研究發展才更有落實的可能。因為科學技術的研究不但需要龐大的經濟的支持，其研究的成果也更可以直接地應用到工業及其他經濟領域上去。我們以為政府與民間（特別是企業界）必須在這方面作更多、更長遠的投資，這是知識的投資，是現代化的自我創造，也是社會內部源源滋長的動力。

中國現代化應走上「自我創造」的道路，這是大家可同意的，也是可了解的。而使科技在中國生根更是大家認為迫切而需要的。對於科技的生根，我並不悲觀。只要有一個充分安定、合理的政治結構，特別是有一個堅厚的經濟基礎時，科技的生根是可以樂觀地期待的。自五四喊出「賽先生」口號以來，科學之未得穩健的發展，主要乃是政治經濟的條件之不足。除了科技之外，中國現代的文化必須在其他學術、文學、音樂、舞蹈、建築，乃至於室內設

計、時裝設計等各方面作自我創造。中國現代化應大量追求科學文化，但卻必須揚棄科學主義或科學為萬物之尺度的觀念。我們說中國現代化應重視借取外國的經驗與緣盡於本土的自我創造，這實是指「文化的新綜合」而言。文化的新綜合既是「中」與「外」（不止「中」與「西」）的掛鈎，也是傳統與現代的接筍。它一方面使中國文化世界化（任何民族文化之現代化都有世界化之潛能），另一方面又使外國文化中國化。在現代交通、傳播高度發達的今日，文化出口與進口的現象是時時刻刻在進行的。就今日而言，我們的文化還是入超，但在現代化日漸加厚、加深後，文化出口的力量也必定加強。

講文化的新綜合，其最重要的一個關鍵是技術的消化、吸收與駕馭。我前面說過，現代化以工業化為基底，而工業化復以科技為核心。科學使我們了解世界，而技術則改變了世界。科學技術是今日文明的主題。它們是人類解決或消滅問題（如疾病、貧愚）和增加福祉〔如增加生產力、增進人之地位，乃至制天（氣）馭地（震）〕的重要手段，但我們也帶來了巨大的、潛在的災難（如環境之生態危機，具有毀滅生靈力量之氫彈核彈之威脅）。科技的飛躍發展，已把人文遠遠地拋在後面了。人類已可以把人送上月球，但我們還無法好好治理地球上一個國家、一個城市。科技以及相緣而衍生之工業化所造成的生產關係、人際關係，乃至社會結構、文化價值的轉變與破壞，已經有目共睹。但從人類的立場，我們不能不要科技，從中國人的立場，我們更不能無科技。從某個角度看，各個社會已自覺與不自覺地進入科技競爭、現代化競賽的「陷阱」中，也即各個社會沒有太多的奢侈與自由可以不走科技與現代化的道路。今日在已開發社會中，對科技已產生反動，技術理性的膨脹更是社會思想家所擔憂與批判之對象（德國法蘭克福學派以此著名）。社會學者貝爾（**Daniel**

Bell）指出工業化後期或新資本主義的美國，更出現了與工業社會原則相斥的反理性、反知識主義，以致回歸到本能反應的文化形態，亦即所謂「抗制文化」（counterculture）。時人中看到西方文化出問題，認為只有東方、特別是中國文化可以來解救。我對這種看法是有肯定也有保留的。至若西方有些人之好禪、好東方神秘等，是事實，但此只是對技術文化之逃避，根本未接觸到今日文化問題之根源。事實上，就在我們自己的大門中，我們也面臨技術主義的威脅與挑戰。在台灣南北逗留過的人，都不會不感到我們所見到的是一片蓬勃的氣象。唯在蓬勃的氣象之外，便也不會不感到一種機械性，一種與中國歷史文化缺少感通相契的疏離感。中國是歷史古國、文化古國，但我們的建設好像是從一塊草莽大地、而非歷史的土地上矗立起來的。歷史與文化只有在故宮博物館中才金光四射地閃耀著，而館內與館外，好像是兩個世界。走出了博物館，我們就好似與歷史文化脫了線。

中國的現代化，特別是生猛淋漓的工業化與都市化，似乎很少自覺地透過中國人文價值爬梳、導引，以致展現出來的顯得那樣平面，那樣缺少歷史的立體感，那樣缺乏中國情調。這一方面，我認為是目前現代化對中國人的一大挑戰。事實上，如前所述，這也是人類文化所面臨的共同挑戰。要回應這個挑戰，我們的態度不是詛咒科學技術，而是理解它，利用它，並馴服它。若此指科學在中國之生根，則自然極是；但若指建立中國性的科學，則變成不可解。蓋科學是有普遍性與超國界之性格的。物理學在中國、日本、法國或在美國應該無異，我們無法有中國的物理學、中國的化學等。不過，對於技術則不同。技術是可以「中國化」的，並且也是應該的。相對而言，技術不像科學，科學之思考研究應盡量擺脫人之情意、人之主觀判斷。但技術則應該與人之情意、文化價值結合。不止乎此，它還應該把人置放到中心的位置。英國生物學者艾雪培

（Eric Ashby）認為技術與人文主義不能分，而提出「技術人文主義」的主張。[51] 我們造一座橋，建一幢屋，開闢一條公路，無一不與人、與社會文化有最直接的關係。為人群增禍或造福，為社會增美或加醜，都與技術之決定不能分開。科學獨立於人文世界之外，技術則是接駁科學與人文世界的筍頭。中國現代之文化的新綜合的挑戰，可以說是「技術中國化」（指如何通過技術把科學與中國的人文價值結合起來）的挑戰，也即在大量運用技術的時候，應該儘量把中國人文價值、歷史傳統放到技術設計的中心地位。這在造一座樓宇，建一個公園，開闢一個新市鎮，無一不應如此。要達到技術的中國化，或技術與中國人文價值的契配，我們的技術設計應該對中國傳統文化有所了解與欣賞，而在一切技術建構的過程中，人文學者、社會科學者固然應該提供意見，以兼顧中國人的需要，反映中國的人文價值；文學家、藝術家也應使技術在其表達上，賦予中國人的精神、情調與色彩。唯有如此，技術的邏輯才能與中國文化的邏輯相合相應。我相信這是一條可行的「文化綜合」之路。我也相信中國現代化通過「技術中國化」，將使中國出現一個新的、但更具有歷史傳統之立體感的現代社會。她是現代的，卻不是西方的；她看來是一個有普遍性格的現代社會，但仍然是具有特殊性格的中國的歷史社會。

一九七七年十一月完稿

一九七八年三月校定

51　參見金耀基：《劍橋語絲》，台北：商務印書館，1978，頁 156-190。

中國現代化的動向
—— 一些觀察與反省 *

一

　　傳統的、古典的中國，近百年來遭遇到亙古未有的挑戰，產生了巨大深刻的形變。對中國來說，這是一個屈辱的世紀，也是一個尋求富強光榮的世紀；這是一個失落的世紀，也是一個民族自覺最強烈的世紀。從悠遠的歷史的觀點與廣闊的比較的角度來看，這是中國傳統解組的世紀，也是中國現代化的世紀。

　　中國在過去近百年的現代化道路上，有歡笑，有淚靨，有滑稽突梯，有肅穆莊嚴……這一齣民族的歷史劇現在還未落幕。相反地，它正在生動壯闊地展現著。究實地說，我們並不能確切地知道這幕歷史劇的結局。但我們相信這幕歷史劇不會機械地循著任何先驗的歷史規律發展，它必然會或多或少地因這幕劇本中每一個演員的自覺的程度與努力的方向，而走上不同的結局。

　　談中國現代化，我們必須了解一個事實，即中國現代化的歷史雖然已近百年，但人們自覺地掌握這個歷史社會的現象，並有意識地加以象徵化與理論化，則是相當晚近的事。事實上，中國現代化的經驗現象的發展，遠快過中國現代化的概念與理論的討論與

---

* 本文原載於《中華文化復興月刊》，1975 年 2 月，8：2，頁 5-16。

* 本文原載於《中華文化復興月刊》，1975 年 2 月，8：2，頁 5-16。

建構。在一定程度上，中國現代化的概念與理論上的建構將有助於中國現代化經驗的發展。但是，現代化是一種極複雜的多層次、多面向的現象。雖然目前社會科學對現代化的研究已有相當可觀的成績，但嚴格地說，一般現代化的理論建構還沒有成熟，中國現代化的理論尤其尚在雛形的階段。一個不容否認的現象是，今日我們甚至還沒有一個對「現代化」的共同界說，當然更談不上有一個權威的關於現代化的「範典」（paradigm）了[01]。值得欣慰的是，台灣最近十年來，學術文化界對一般的現代化問題、特別是中國現代化問題不但開始注意，而且作有系統與嚴肅的討論。更有甚者，政府與社會上的領導層在思想上也自覺地熱切地接受現代化的觀念，並積極推動各種現代化的計劃。值得一提的是，一般的社會民眾也已開始參與到現代化運動的行列中去。我們以為台灣二十幾年來、特別是最近十年來，其社會文化的基本動向，是中國現代化在廣度與深度上的拓展。

台灣這二十幾年來的發展的故事，無疑在中國現代化歷史中佔有很重要的一頁，而它未來的發展，當更為中國人以及研究現代化的人所關注。這個現代化的故事的全面評述將必須等諸來日。但在這個故事尚在發展的過程中，我們希望能見到較系統的論述，特別是具有批判與反省的聲音。

01　「範典」一詞之意義參見 Thomas Kuhn, *The Scientific Revolution,* Chicago: University of Chicago Press, 1962. 庫恩所謂「範典」可解釋為一種「概念的架構」。當概念發生革命情勢變化時，則新的範典出現。範典決定規約什麼是重要的問題，範典提供研究重要問題之理論與方法性之矩模。範典也具有意識形態的組成。一般言之，自然科學較社會科學、歷史學容易達到一普遍承認的範典。這或可說自然科學是較「成熟」的科學。研究現代化可以說有許多範典，但卻並沒有一個普遍為學者接受的範典。

二

　　我此文的目的，在希望對有關中國現代化的論述或理論，以及對中國過往四分之一世紀的現代化現象提出一些觀察與反省。

　　討論「現代化」之意義，雖多歧殊，但有一點是人們所肯定的，即「現代化」不同於「西化」，大家都已從五四以來的文化論爭的迷霧中走出來了。另外，大家也很清楚地了解到「現代」與否不是一時間的觀念，而是指一實質內涵的觀念。段玉裁曾說：

> 古今者，不定之名也。三代為古，則漢為今；漢魏晉為古，則唐宋
> 以下為今。(《廣雅疏證‧序》)

　　這便是從時間的觀點來說的。在這個意義下，「現代」便等於「當代」了，這當然不是「現代」或「現代化」的事實。但說到現代化或現代化的實質，則由於涉及價值判斷，因此便不易有共同的界說。譬如說，政治現代化是否一定包括民主化？這便是言人人殊的。在這裏，我不想逐一地檢討基於不同價值的現代或現代化的定義。我在此只提出一個簡單的看法。我認為現代化的最根本的內涵是工業化。現代化，不等於工業化，但現代化如不包括工業化，是無從談起的。現代社會之基調即是工業社會。我同意法國社會學者阿隆（Raymond Aron）的說法，「工業社會」是一主要的歷史概念，是我們了解這些時代特質的重要的鎖鑰。

　　我前面指出現代化必須以工業化為基調，這是因為我相信十七世紀以來建立在牛頓以後導現的科技革命的工業化，是人類進入現代社會的里程碑。科學成為了解世界的基本法門，技術成為改變世界之重要工具。工業化無他，即是基於科技所導出的經濟變遷。[02]

02　參見金耀基：《中國現代化與知識分子》，台北：言心出版社，1977，頁 12-45。

工業化可以提高一個國家的聲威與力量，這還是次要的。基本的是，它是掌握自然、提高生產力、解決貧窮、增加社會財富與福利的必要途徑。總括一句，工業化是改革「生活質素」之必需（即使非充分）條件，是打倒胡適之先生所說的「五鬼」[03] 的重要法門。不通過工業化，「匱乏的經濟」是無法擺脫的，那樣的話，「精神生活」恐怕只有少數物質上豐裕的人才能享有，而與絕大多數的人是無緣的。甘地（Mohandas Gandhi）是一個反工業化的人，但他最忠實的信徒尼赫魯（Jawaharlal Nehru）卻要人民以鋼鐵工廠，而不是寺廟，作為新的朝聖地。[04] 我相信就印度的情狀來說，尼赫魯是對的。

寫到這裏，我希望讀者注意，我說現代化必須以工業化為內涵，並不絲毫意味我是一個「唯工業化主義」者。中國現代化絕不是主張中國應該盲目地、不計一切地推動工業化。我個人熱愛自由，人權遠高於工廠、高速公路。我近來聽到有建設「文化大國」的論調，但我相信「文化大國」必須要有一個健康的經濟結構作基礎。在這裏，我又要鄭重地指出，最近幾年來，西方發生一個大思潮，亦即維護生態及環境的運動。這個思潮指出西方，特別是美國，科技與工業的過度發展，羅掘地球的資源，產生各種污染，已危害到人類的生存，[05] 因此有主張不要再發展經濟，提出「零度成長」（Zero Growth）的概念者，更有主張要美國等「倒開發」（de-

03 胡適：〈我們走哪條路？〉，收入《胡適文存》（第四集），台北：遠東圖書公司，1953，頁 429-443。

04 V. K. R. V. Rao, "Some Problems Confronting Traditional Societies in the Process of Development", in *Social Development*, Symposium conducted by Raymond Aron and Bert Hoselitz, Paris: UNESCO, 1965, pp. 199-221.

05 Barry Commoner, *Science and Survival*, N. Y.: Viking Press, 1967; D. H. Meadows et al., *The Limits to Growth*, Cambridge: MIT Press, 1972.

develop），要開發中社會「次開發」（semi-develop）者。[06] 我個人認為這是過度工業化國家或工業化後期社會所應有的反省。而這個生態及環境的思潮很快地傳播到亞洲各地區，從而引起了懷疑工業化、懷疑現代化的波瀾，並提出對現代化的新檢討。[07] 我認為嚴肅的檢討與反省是好的，但若一味懷疑，重唱回歸傳統的老調，則是亞洲等開發中社會的悲劇。

我認為西方發生的生態及環境的思潮，給我們提供了一個很好的教訓，即作為現代化基調的工業化，除了上面提到的方法的合理性及其與其他「非經濟性」價值之兼容性外，必須尚有一個「程度」的觀念。而決定工業化的「程度」除了資源的考慮外，正需以其他非經濟性的價值為衡量標準。有些工業化的過度發展顯然浪費了地球的資源，並使經濟價值傷害到其他非經濟性的價值了。在某個程度上，工業化的確會形塑和影響社會、政治、思想、文學等各個面向。我們同意韋伯的分析，經濟與政治、思想等因素是互相影響的。「經濟的命定主義」是社會變遷或現代化理論中的過時貨。在我們看來，工業化是造成許多非經濟之現象的「因」，同時，它也是許多非經濟因素所造成的「果」。

我相信要推動中國的現代化，我們還需要進一步加速工業化。那麼我們如何進一步加速工業化呢？在這裏，我們先把工業化看作是非經濟因素所成的「果」。工業化或經濟發展（廣義的工業化）過去是經濟學者的獨佔領域。但現在已清楚地了解經濟

06　Paul Ehrlich and Anne Ehrlich, *Population, Resources, Environment,* San Francisco: W. H. Freeman, 1970.

07　在 1972 年 10 月 the Third International Conference on the Modernization of Asia 中，Lim Teck Ghee 博士的演說很表現了這種心態。

學者不能單獨負起這項使命，而必須有賴其他社會科學的知識。今年（一九七四年）諾貝爾經濟學獎得主瑞典的默達爾（Gunnar Myrdal）即是最顯著的例子。他的《亞洲的戲劇》（*Asian Drama*）一書即是放棄了純經濟學的方法，而採用以多科際為基礎的「制度的方法」。下面我將選擇兩個重要的非經濟的因子來討論它們與台灣工業化的關係。

首先，我們要談的是政治因素。社會學家帕森斯（Talcott Parsons）指出西方原初的工業化的動源來自私人之資本家。但從事工業化的後來者，則必須以政治權威作為必要的動源。[08] 他的學生貝拉（Robert Bellah）通過對日本的研究，更強力地辯稱現代化之動機不必來自經濟的因素，而毋寧是來自政治的因素。他相信政治是推動日本工業化的主力。[09] 默達爾對蘇聯的工業化更毫不含糊地指出，共產黨人掌握政權後，並沒有出現馬克思（Karl Marx）的以「自由王國」取代「必然王國」的夢想，國家不但沒有萎去，反而更以政府控制經濟作為工業化之方法。[10] 總之，從工業化的類型來說，可分兩類：第一類，西方原初形態的工業化。這類工業化的動力來自經濟領域，「管理愈少，政府愈好」，這主要是使資本家可以有極大的發展自由，這是以個人為出發點的。第二類，後來的工業化形態。這類工業化則是一集體意識的活動。工業化成為社會共同的目的，而政府則比較地說是最具有代表社會整體的機構。因此，無論是信仰什麼意識形態的國家，政府鮮有不採取某種程度

08　Talcott Parsons, *Structure and Process in Modem Societies*, N. Y.: Free Press, 1960, pp. 98-131.

09　Robert Bellah, *Tokugawa Religion*, Glencoe: Free Press, 1957, p. 185.

10　Gunnar Myrdal, *Asian Drama*, Vol. Ⅲ, N. Y.: Pantheon, 1968, pp. 1905-1908.

的計劃經濟措施的。今日開發中的社會大都屬於第二類。在台灣的工業化過程中，毫無問題，當局扮演了極重要的角色。在最早的台灣土地改革中，當局就居於策劃與推動的地位，而土地改革的成功可說奠定了以後工業化的基礎。它不但在一定程度中增加了農民的生產力，還一方面導引地主階層走了工業建設的道路，另一方面使部分農民轉換為工廠的生力軍。台灣當局在土地改革之同時及以後，一直在工業發展中站在主導與先鋒的戰略性位置上。現在，台灣無論從生產、人口及貿易等結構與組成來看，都已是相當快速地從農業社會轉向工業社會。台灣整個的現代化必須從這個角度來把握它的主線。我們以為台灣現代化中最活躍與生猛的面向即為其工業化。而「政治」在經濟現代化的過程中顯然是最具決定性的。我們相信政治佔如此重要的地位，與中國古典社會中以政治為中心結構的傳統現象是有關的。我們以為通過台灣工業化的特殊之實例的研究中，將豐富一般工業化以及現代化理論的發展。但在這一方面，我們的工作顯然還沒有能擺脫西方的概念範疇，我覺得在這方面還需要更多的研究與想像力。就台灣的經濟發展而言，很多經驗的現象是值得在理論上加以探討的。譬如，在政治的決策與執行過程中，哪一類的人扮演了決定性的角色？意識形態到底發生多少作用？政治的安定性與經濟發展的關係又如何？當然，我們對台灣工業化之研究的興趣不純是學理性的，我們更關心其二十多年來發展的動向。我們在理解政治在台灣工業化過程中扮演重要角色之餘，必須更檢討哪些政治和行政現象是真正促成工業化的動力或助力？哪些是造成工業化的阻力？遺憾的是我們對這類問題的研究與探討較少。我個人很粗略地認為，在動力或助力方面，就其犖犖大者來說，政治的安定性是極重要的。沒有政治的安定，台灣一切經濟計劃或個人經濟（包括外人之投資）的活動皆無由實現，或依時循序地進行。許多第三世界社會的經濟之不得發展，主要的致命傷即

在政治的動亂。其次，我以為台灣經濟現代化之得以大力推進，是由於在決策層中有一批對經濟現代化擁有決心與知識的人士。更重要的是他們的經濟性的觀點，獲得了不受意識形態實質地干擾的保障，亦即當局的決策層長期以來容忍並鼓勵經濟的或技術的理性，有一種高度的自主地位（從另一角度看，這也可說是「政治的理性」（political rationality）的一種表現）。最後，台灣的經濟現代化主要地具有「一條鞭」式的制度與組織之搭配。制度方面如獎勵投資之創立，組織方面如先後有農復會、經合會等之設立，而與一般行政機構分離。這些制度與組織使經濟的理性或政策得以具體落實。至於對經濟現代化構成阻力的政治與行政現象，則論者已多。籠統言之，如政治觀念之落伍（如對控制人口的問題即會激起長時期的意識形態的辯爭，在這些辯論中，許多顯示了缺乏對人口問題的最基本認識），行政機構陳舊與官僚化（這存在於各個階層，唯程度不同而已）等。一般地說，政治與行政之結構與行為還帶有濃厚的傳統習性，而不能與經濟發展密切掛鉤。不過，從發展的基線看，我個人以為最近幾年來台灣工業化之急速發展，經濟動力的質變已經突破政治行政方面的阻力。經濟因素已逐漸擺脫政治行政的從屬地位，而取得本身的自主性，並且已日漸成為形塑、影響政治的性格與發展的因素。也就是說，經濟已日漸形成本身的運動規律，出現本身的理性原則，而這種運動規律與理性原則，則日漸凌駕於政治行政的運動的規律與習性之上。這表現了經濟的成熟性格的湧現，但也同時產生了經濟因素侵奪、橫虐其他非經濟因素之現象。所以，我們研究台灣的工業化必須注意其發展的階段，注意其與非經濟因素的錯綜的互動關係。我以為當工業化發展到某一緊要的程度（「量」的問題，如羅斯托的「起飛」階段的觀念）時，則其與非經濟因素的關係會發生「質」的變化。在這種情形下，我們在討論全面的現代化的動向時，必須把握住經濟價值是否會傷到非經濟價值的問題。

三

此外，我特別要提出來討論的是文化因素。中國傳統社會之未能發展出資本主義，照韋伯的分析，最根本的是由於儒家思想與基督教倫理的分別。他說：

> 儒家的理性主義是對世界的合理的適應；基督教的理性主義則是合理的宰制世界。[11]

由於儒家之著重與自然和諧，講天人合一，講修己順天，故不能引出對社會經濟秩序的激烈變革的心態。韋伯以儒家思想把人安放在一個與自然調和的位置的說法是不錯的。荀子講「大天而思之，孰與物畜而制裁之」（《天論》）的「戡天主義」畢竟未成儒家思想之主流。我們有理由相信儒家這種修己順天的心態與控制自然、改變自然的經濟發展的要求是不相符的。近年來的研究雖有力顯示中國自宋以來，即已出現資本主義的萌芽，[12] 但此畢竟多半歸於商人階層，而操中國命運之士大夫則確是對自然的學問興趣少，而偏重於「人事主義」或人事學問。誠然，中國過去的秀異分子的功能是偏向文化性與政治性，而與經濟生產是「隔離」的。[13]這一現象自五四以來已有極大的轉變，今日中國的青年已大量投入科技與生產性的活動中去，而決策層中也盡多經濟的技術專家（technocrat）。今年夏天我返台省親，一別七年，面目大新，而給

11　Max Weber, *The Religion of China,* N. Y.: Free Press, paperback ed., 1958, p. 248.

12　E. A. Kracke Jr., "Sung Society: Change within Tradition", *Far Eastern Quarterly,* 14, 1955, pp. 479-489; Etienne Balazs, *Chinese Civilization and Bureaucracy,* New Haven: Yale University Press, H. M. Wright trans., 1964, pp. 34-100.

13　此幾乎是所有傳統社會中秀異分子的通象。參見金耀基：《中國現代化與知識分子》。

我最深刻的印象，則是一種新型的「文化英雄」的出現。他們當然不是士大夫（早已逐漸消失），也不是官員，甚至也不是科學家，而是經濟上成功的企業家、工業家。大學中極熱門的一系是工商管理，經濟的價值已漸漸成為社會的中心的價值。毫無疑問，這是一個工業社會的具體反映。在這方面，我認為中國現代化的研究恐怕是相當不夠的。事實的發展已把許多理論拋落在後面了。

我懷疑一百年來、特別是五四以來，社會與文化的變遷已經造成了今日經濟發展的基礎。我覺得通過台灣現代化之經驗的研究，我們將會更清楚傳統中哪些價值已變更、失落，哪些價值構成工業化的阻力，哪些則仍然有力地存在並對工業化發生了積極的功能，這方面需要很精緻的分析。譬如我們常以為傳統輕商的價值觀有害經濟發展，但實際上，明清以後商人子弟可以參加考試，其社會地位已高（當然要分清商人中巨商與小販之別，過去所謂士農工商只是一種職業的範疇的名稱，而在士農工商各個範疇中則有不同的階層。梁漱溟先生似忽略於此）。而民國以還，商人更已不受歧視。今日則在政府系統性的鼓勵下更不必說了。這個例子只是說明輕商的觀念早已淡薄，而更重要的是，一種不利的社會態度或價值不一定妨害經濟發展，必須在其晶化為政府的行動（如法律）時才可能變為阻力。[14] 我們也可以說，一種有利經濟發展的社會態度或價值不一定會促進工業化，但若經政府具體加以獎勵則一定會成為助力（如政府以法律獎勵從事工業投資）。從台灣的實例中，我亦懷疑一些認為由於個人受家族之牽連太廣而減少儲蓄動機的說法是否為安

14　Alexander Gerschenkron, *Economic Backwardness in Historical Perspective*, Cambridge: Harvard University Press, 1962, p. 71.

樂椅上人類學者的幻想。[15] 長期以來中國人對土地有情，視土地為唯一經濟價值象徵（賽珍珠的《大地》有生動的描寫）的態度，顯然在台灣的工業化過程中也逐漸消失了。土地在農業社會是身份地位的象徵，是經濟的來源，但今日則工廠已取代了土地，農人中已有無所惋惜地出賣土地而向工業投資的轉向。[16] 再者，工業之推動有賴特殊的人才、特殊的性格系統，具體地說，即需要熊彼特（Joseph Schumpeter）所論的企業家。麥克蘭德（D. C. McClelland）認為這種企業家必須具有「成就慾望」。這種說法雖有意義，但卻不能解釋中國過去不能出現經濟發展，是由於中國人缺乏此種性格系統。中國人向來就有高度的「成就慾望」，問題在於過去社會系統對「成就」之內涵之規定不同。過去衡量成就的標準是對經典之拿握，具有「成就慾望」的人都一窩蜂地向政府的窄門擠擁。而中國人在香港、南洋一帶，在經濟上都扮演了企業家的創業精神，也間接說明了性格系統對經濟發展之重要性不若社會系統為大。[17] 我個人相信台灣之工業化的成功原因之一，即是社會系統的內涵已變。而在台灣，當局更創造了刺激經濟活動的制度環境，從而誘掖出成千上萬的大小企業家。當然，這裏面大不乏企業的投機家或冒險家。

15　Manning Nash, "Some Social and Cultural Aspects of Economic Development", in *Political Development and Social Change,* Jason Finkle and Richard Gable eds., N. Y.: Wiley, 1966, pp. 193-203.

16　Bernard Gallin, "Chinese Peasant Values Toward the Land", in *Peasant Society: A Reader*, J. Potter, M. Diaz & G. Foster eds., Boston: Little Brown & Co., 1967, pp. 367-377.

17　George Foster, "Peasant Society and the Image of Limited Good", in *Peasant Society*, pp. 300-323; Clifford Geertz, *Peddlers and Princes, Chicago:* University of Chicago Press, 1963; Bert Hoselitz, *Sociological Aspects of Economic Growth,* Glencoe Free Press, 1960, Chapter 6.

今後台灣工業持續的下一階段的發展則不能再依賴企業上冒險的品性，而必須更依靠具有理性化的組織與現代的管理人才。在這裏，台灣的教育實在有積極培養組織與技術專才的必要。不過，這也不一定說台灣未來的工廠或其他機構的組織形態與管理方式必須走上英美的道路。假如中根千枝（Chie Nakane）、多爾（Ronald Dore）等人的研究有相當的可信度，那麼在日本的工業化過程中，日本的組織形態並未改變，而日本的管理方式顯然是具有其民族特性而十分有效的。[18] 但我們對中國的管理與組織則顯然還沒有足夠系統性的分析。我可以說，中國清末在「官督商辦」的原則下的辦廠（如漢冶萍公司），則組織鬆弛，管理無方，用人則但求門面，一派「衙門」氣味，當然非失敗不可。[19] 一般言之，台灣的公私組織與管理距離現代企業之要求甚遠，此處不擬詳論。但值得一提的是，台灣學術界、企業界目前似已開始重視西方對組織與管理的理論，不過對台灣本身的實際情形則鮮少注意，從而理論與實際發生脫節。據我個人對香港小型工業（五十人以下）的研究，則發現「家庭化」的氣味並不很重，而管理之方式亦日漸受到技術之要求而趨向理性化。[20] 所應指出的是，在小型工廠、特別在早期的工業化階段，「家庭化」的組織與管理亦扮演了相當積極的角色。但當工廠的規模擴大到相當規模時，則傳統式「家庭化」的組織與管理將必然不易負

18 Chie Nakane, *Japanese Society,* Harmondsworth: Penguin Book, 1973; Ronald Dore, *British Factory-Japanese Factory,* Berkeley: University of California Press, 1973.

19 參見全漢昇：《漢冶萍公司史略》，香港：香港中文大學出版社，1972。

20 Ambrose Y. C. King（金耀基）and Davy Leung, "The Chinese Touch in Small Industrial Organization, Research Monography", Hong Kong: Social Research Centre, The Chinese University of Hong Kong, 1975; Barbara Ward, "A Small Factory in Hong Kong: Some Aspects of Its Internal Organization", in *Economic Organization in Chinese Society,* W. E. Willmott ed., Stanford: Stanford University Press, 1972, pp. 353-385.

起發展的使命。我以為台灣經濟現代化是否會繼續成長而成熟，這是一個關鍵性的問題。

中國傳統價值或態度在經濟現代化過程中的角色的經驗性的研究，應該是文化研究中最大的挑戰。我雖相信大家庭對經濟發展不一定構成阻力，[21] 但「多子多孫」的價值則至少會有助於人口的膨脹，而間接地會吞食經濟的成果。所幸這種價值觀已經發生變化，但我相信這多半更是由於台灣工業化在相當成功後，對傳統價值的影響（此在城市遠高過農村）。而在工業化的初期，則在教育（包括大眾傳播）上一直未能勇敢地加以改革。這顯示了一個事實，即政府與社會雖很早接受了工業化為必要的想法，但過去都傾向於把它看作一個純經濟的問題，而對於有害工業化的傳統價值或未能及早掌握或不肯面對。即使在今日，我們一方面固然聽到現代化的聲音，但另一方面在「文化復興」之交響曲中也出現「反現代化」的雜音。我個人相信現代化與文化復興是不必衝突的，亦即有些傳統的文化因素並非必然有害，更且甚或可以有助現代化的，而有些則與現代化是中立不相干的。[22] 但我們談文化復興必須有個分際，有個警惕。我們絕不能把傳統不加分辨地意理化或浪漫化為一種理想。

四

我贊成文化復興。但只有在它不妨害現代化發展的前提下贊成，只有在它可以豐富與端正現代化內涵的前提下贊成。在這裏，我們應面對一個中國現代化的動向的重要問題。亦即在目前的局面

21　Geertz, *Peddlers and Princes.*
22　參見金耀基：《中國現代化與知識分子》，頁 99-116。

下，我們應該進一步反省，現代化的全面內涵應是什麼？這也就是說，我們希冀創造怎樣的一種社會形態與生活方式？這無疑是一個價值判斷的問題。但同時，我們應考慮相關的問題，即我們用什麼方式進行工業化，以推動一個健康的現代化。須知，不是我們所希冀的各種價值都是協調與配合的。因此，這涉及選擇的問題。經濟發展是手段，也是價值或目的之本身。不過，它只是整個現代化中許多價值與目的之一而已。我上面指出，工業化是現代化的基線，但卻不等於現代化。當工業化與其他非經濟價值發生衝突時，我們就必須做出抉擇。在我個人看，非經濟性價值之抉擇與執著不但會影響工業化之速度，同時會影響工業化的形態，甚至整個現代化的內涵。換一種說法，現在我們應把工業化看作造成非經濟之現象的「因」來處理。因此，我們就要問中國的工業化是否已經或將會傷害、犧牲其他我們所珍愛的非經濟性價值？如果答案是正的話，則我們就要考慮如何防止這種現象的發生或深化。這種考慮在理論上有時甚至會要我們作痛苦的抉擇，即緩慢工化的腳步。上面所說工業化與非經濟性價值之判斷與抉擇，即是一個經濟現代化與整個現代化的應有之關係與搭配的問題。這不只是一個現代化上純理論的問題，而且是台灣現代化實際面臨的問題。我們知道，許多高度現代化的社會已經出現了很大的危機，出現了許多令人傷感的現象。因此，我們不能不認真地汲取前人的經驗，以端正我們的方向。中國的工業化程度仍不高，其對社會各面向所生正面與反面的作用亦尚未深。因此，我們此時來檢討是一個適當的時機。

我們的檢討，究極地說，就是我們希望有一個怎樣形態的中國現代社會？當然，我們沒有絕對的自由來選擇一個包括一切希冀的價值之社會。我們必須認清哪些是限制，我們也必須把握時空的特性，才能做出最理性的抉擇。在理論上，我們需通過一個政治的過程，以肯定一份必須護衛的中國現代社會的「價值清單」，亦即肯

定哪些是我們在「現代化」中不可放棄的價值。在此，我無意也沒有能力提供出一份完整的「價值清單」。不過，未來中國的現代社會必然既是現代的（普遍的），又是中國的（特殊的）。我們應追求怎樣的價值這個問題，一方面可從傳統遺產中得到啟示，另一方面也可從現代先進社會之經驗中獲得訊息。這些價值確定後，我們應使之成為中國現代化的「綱領性系統」，以作為啟導、決定現代化動向的原則。不錯，這種構思無異說明了我們應該有社會的與文化的設計。這種社會與文化的設計，應該一方面避免急功近利的機會主義，另一方面避免水中捕月的烏托邦主義。它應該具有可行性的理想主義的色彩，亦應該具有對悠遠的過去與較久的未來的智慧。當然，我並不以為這種「設計」是容易繪構的，我也不以為、更反對它應該成為一種硬性的教條。而這個社會與文化的設計的繪構，則必須依賴學術文化界的認真研究，政府與社會各界的廣泛對話來完成。

台灣最近有「十大建設」的提出與推動，這是經濟現代化的新里程碑。相信在這十大工程建設先後完成後，台灣的經濟結構將有質的重大變化，亦即將進入「開發的工業社會」之行列，這無疑是中國經濟現代化深化與強化的大關節。但我們在歡迎這個十大建設的當口，必須了解到它對社會與文化的可能含義與影響。最明顯的，台灣的工業結構將會進一步成為主宰社會形態的主要結構，經濟價值將會進一步成為形塑社會價值系統的主要價值。我們以為在這個經濟之質變的關鍵性時刻，為了維護其他非經濟性的價值，為了建立一個更合理、更全面、更活躍的現代的社會結構，我們更值得對上面所講的「社會與文化設計」加以思考。一個思考的中心主題即是：如何在推向成熟的工業社會之同時，能使我們所熱愛的非經濟性的價值得到最大限度的實現。

五

我們在下面不再提出一個「社會與文化的設計」的藍圖，也無意提出一份「價值清單」，我只想提出一些在經濟發展的過程中原則性的思考，一些經濟與非經濟性價值優先次序與搭配的思考。

（一）經濟發展與社會公正

經濟發展的量的指針是國家生產力的增長、國民所得的增加。毫無疑問，經濟發展必須在生產力上著眼。我們承認要突破「匱乏經濟」的局面必須以增加生產力為主要課題。老實說，在一個絕對意義下的匱乏經濟的社會根本不易，甚至沒有可能談其他的精神價值。所幸者，當局早已擺脫了匱乏經濟的桎梏。但是，在繼續經濟發展的時刻，我們要注意的不只是總生產力的增長，還應注意社會財富的分配問題。經濟現代化是社會整個發展的一面，它必然涉及有人多得益，有人少得益，甚至有人受害的情形。台灣的經濟發展的最動人與最有成就的一幕是其和平的土地改革。在這具有歷史性意義的土地改革中，沒有流血，沒有鬥爭，但廣大的農村卻獲得了基本性的社會公正。可是這十多年來，大地主是在台灣的原野上消失了，但大資本家（工業與商業巨子）則在工廠與公司中冒出。因此，我們面臨了新的經濟問題。我們以為刺激工業發展，對工商企業界給予特殊的制度性支持（如免稅假期等），都是必要並具有實際的智慧的。但是，在突出經濟（特別是工商業）的情勢下，財富有逐漸集中在少數人手裏而產生社會不公正的趨勢。孔子「不患寡而患不均」的說法，在工業經濟下遠比在傳統的「匱乏經濟」下更有警戒性的意義。我們以為如果「政治現代化」必須包括「政治民主」，則「經濟現代化」更必須包括「社會公正」。實際上，經濟

現代化之必須包括社會公正，不只是人道問題，也是政治問題，更是經濟本身的問題。我說這是人道問題是很容易了解的，因為社會的財富是整個社會共同努力的產物，當然有的貢獻較多，有的貢獻較少，因此在酬報上亦宜有所區別。把社會財富的增加說成只是資本家或所謂無產階級的貢獻，都是早期資本主義與共產主義的意理的白熱化的結論，而與社會的經驗不符。我們以為社會財富由全民來共享，使財富有較大的公平的分配，是人道社會的建立的基點，也是中國現代化的目標之一。我說這也是「政治」問題，這裏包含有較複雜的理由。現在，我只提出一個面向來說。在工業化的過程中，社會人眾必越來越進入到政治的範疇中去，他們必越來越多要求。嚴格地說，政治的安定性只有在工業化發生以後才受到最大的考驗。而急速的經濟發展常導致政治的不穩定。[23] 要維護安定與有生命力的政治體系，條件很多，但一個具有相當公平的經濟結構似乎是很根本的。我說「經濟現代化必須包括社會公正」更是「經濟」本身的問題，實是說，通過一個包括社會公正之質素的經濟政策，或更可以有較快的發展。長期以來，經濟學者幾乎都相信社會公正與經濟發展是兩個不能並存的概念。他們相信為了社會公正（指財富的較大平等性之分配）將必須付出緩慢或降低經濟發展的代價。在這點上，我同意默達爾的看法，社會公正的改革並不能證明會妨害經濟的成長。反之，通過較大公正與平等的設計，經濟更能有較快與穩定的成長。[24] 基於上面的討論，我們以為今後在如何給予工業家、企業家合理的利潤外，應儘量考慮如何達到財富較大公平的

23　John Kautsky ed., *Political Change in Underdeveloped Countries,* N. Y.: Wiley, 1962.

24　參見 Gunnar Myrdal, "Human Values in the Economic Equation", in *Against the Stream,* Cambridge: Cambridge University Press, 1972.

分配。當然，這是與孫中山先生的民生主義的精神完全相契的。台灣今日的經濟在個人平均所得上將達到七百美元，這是中國有史以來最高的水平，也唯有在這種強大的經濟力上才更配及更應談社會的公正與「均富」。最近當局決定以巨大農業貸款計劃對台灣農村作土地改革以來第二次的農業改革，向下作深廣的扎根，使廣大的農民獲得更多的福利，這是極適時而進步的措施。但我們以為在台灣工業社會的性格日漸深化之時，如何提高勞工人口及其他職業人士的利益，如何減低富商巨賈的過高利潤，乃是重要而迫切的事。台灣過去有過舉世著名而成為其他社會型模之和平的土地改革。我們應該有同樣的精神，以和平理性的方式推動一個「工業改革」。「工業改革」應通過各種的社會與經濟的立法，在不傷害工商企業家創造合理財富的原則下，使其過高的利潤所得嘉惠於整個社會人眾（特別是社會上最低層的人眾），以及從事於社會文化多面的發展。我們以為台灣過去的土地改革強化了農業的生產力，安定並合理化了農村的社會結構。而通過「工業改革」，台灣的工業生產力亦可獲得進一步的提高，並可使其在穩定而合理化的工業結構下持續成長。台灣的「工業改革」將像「土地改革」一樣，需要高度的政治智慧與想像力，而它的成功亦必像土地改革一樣，成為其他開發中工業社會的模型。

（二）經濟發展與民主自由

「民主自由」的風華煥發的時代似已過去，它不但在開發中社會的工業化過程中遭到巨大的風暴與普遍的挫折，即使過去信奉民主自由的西方人士亦已把它看作開發中社會的奢侈品，更有甚者，有的竟以民主自由是所謂小資產階級的知識分子的專有物，有的更以經濟發展來支持或合法化摧殘民主自由的政治措施。

　　講經濟發展與民主自由的關係，亦即講經濟現代化與政治現代化的關係，有些研究政治現代化的人士只偏重政治的過程與政治體系的適應能力（如政治動員、政治滲透力及政治參與），但我們以為政治現代化必須包括其所能增加與產生的價值，如民主、自由、安定、福利等。[25] 我們以為一個政治過程，如不能增加民主與自由的價值總量，是不足以稱政治現代化的。但在討論經濟發展與民主自由之關係的時候，我們的確遭遇到重要的理論與經驗的問題。因為，大量的歷史事實顯示，一個民主自由的社會常是經濟發展的結果，也就是說，工業化的發展常是導致民主自由的原因。而目前的開發中社會面臨的首要問題，則是如何快速工業化，如何推動經濟發展。這裏的關鍵性選擇是：究竟以民主自由的方式推動工業化呢？抑或是用獨裁強制的方式推動工業化呢？印度是一個少數自覺地採取自由與和平的方式來工業化的國家之一。[26] 但印度卻往往很不公平地被選作為一個民主自由無法帶動工業化的例子。某些發展中社會為快速推動經濟發展，具有走向獨裁專制的強烈動向。誠然，發展中社會都是一種過渡社會，而過渡社會之其中一個特徵則是貧窮，它已成為社會心理上（慾望增加）與政治上（安定性之考慮）不再能容忍的事物。從而，一個政權之「合法性」常建立在如何排除貧窮，而非在保證民主自由的諾言上。一個比較切實的看法是，民主本質上是一種解決問題的架構，一套客觀的規則，這種架構或規則用來解決一般次要的問題則較有效，但以之來解決社會所面臨

25　Roland Pennock, "Political Development, Political Systems and Political Goods", in *Word Politics*, 17, No. 1, April 1964, pp. 415-434.

26　P. Ehrlich & A. Ehrlich, *Population, Resources, Environment*.

的基本問題則往往成為疑問。[27] 當然，發展中社會之不易有真正的民主自由，根本上是由於它並不具有堅實的民主之條件。因此，基本的問題是如何通過民主自由的方式來工業化？以及如何使工業化來增強民主自由？我們以為絕對個人主義的自由式的經濟活動是不可能，也不可欲的，但政府通過立法程序，在一定的法律的架構下，使人民享有充分的經濟自由的活動則是做得到的。我們實不必對民主自由失去信心。事實上，絕大多數經濟上的先進社會，幾乎都是具有較高度的民主自由。[28]

傳統的中國，其最大的特性是「政治強過社會」。社會民間的力量或與政治相隔（天高皇帝遠），或被政治壓倒，而始終形成獨立於政治之外的自主力量，這是中國始終開不出民主的社會結構上的原因。我們有理由相信，未來的中國的現代化動向將是：社會的力量會因工業化之深化而加強，人眾在政治之外將找到更廣闊的天地與立足地。民間將成長出政府以外的支撐一個複雜的工業社會體的主幹。我們認為這種動向在基調上將加強民主自由的幅度，並會使民主自由口號意理建構化為社會制度。但在這裏，我們不妨提醒大家，為了使工業化能正面地強化民主自由的價值，我們必須了解一個事實，即西方民主自由社會之獲得實現，基本上不靠古典的民主理論所強調的大眾意志的表達，甚至也不靠憲法上權力制衡的設

27 Earnest Gellner, "Democracy and Industrialization", in *Readings in Social Evolution and Development*, S. N. Eisenstadt ed., N. Y.: Pergamon Press, 1970, pp. 247-276.

28 James Coleman, "The Political Systems of the Developing Areas", in *The Politics of the Developing Areas*, Gabriel Almond and James Coleman eds., Princeton: Princeton University Press, 1960, pp. 532-576.

計，而實際上是靠社會上多元力量的互相牽制。[29] 大眾意志可以為任何獨裁者僭越操縱，憲法上的權力制衡設計也可以成為一紙具文，唯有從社會中生長出來的多元力量之互相牽制才是民主自由的保證。但社會的多元力量之出現，必須有經濟權力的多元性基礎。我們以為中國為了要建構健康而穩定的政治民主化社會，必須注意防止經濟權力的過分集中。這不只是指要防止少數人控制太大的經濟權，並且指要防止同類的人對不同經濟領域（如工廠、農場、證券市場等）的控制。我們所希望看到的不只是經濟權力由不同的領袖群分有，並且是一切社會權力（如報紙、電視、教育等）由不同的領袖群分有。唯有如此，才不會出現壟斷，才會促成彼此之制衡，才能促使領袖群對社會大眾負責。我們相信，今後政府的角色將不會減弱，並可能更具戰略性。它應扮演一個不同團體間之仲裁者，一個為社會全民爭福祉的機構。為了增加政治上實質上的民主性，政府應該繼續擴大政權的開放，使不同階層的參政人士更具有廣深的社會基礎。中國不必也不能照抄西方的民主型模，只要切實地依照憲政的軌道，使憲法的精神內涵一一轉化為實際，民主自由是絕不可與法治須臾分離的。

（三）經濟發展與文化傳統

在上面我們討論到中國文化傳統對經濟發展產生的阻力和助力，那是就如何改變文化傳統來推進工業化的角度來說的。這裏，我們還要從另一個角度來看二者之關係。我們要檢討哪些傳統文

---

29   Robert Dahl, *A Preface to Democratic Theory*, Chicago: University of Chicago Press, 1956; Emmette Redford, *Democracy in the Administrative State*, N. Y.: Oxford University Press, 1969.

化價值必須保留，特別是在經濟發展過程中守住哪些傳統文化價值的基線。我們上面指出，經濟發展一旦達到某一程度，則將取得其極高的自主性，形成本身依經濟的理性原則而運作之運動規律。這時，經濟發展在某一意義上將出現「反叛性」，亦即產生一些我們並不希冀的現象。所謂經濟的理性原則是指經濟行為係循照其本身的「效率邏輯」而動，而不受其他社會文化的價值規範支配者，而其「效率邏輯」在基本上是決之於「市場機制」的。西方資本主義國家，即是以這種經濟的理性原則為主導思想的。它一方面被證明是創造生產力最活躍的方式，另一方面亦出現這個經濟的理性原則凌駕滲透到非經濟領域的現象。這我們只需看西方社會中「政治市場」「文化市場」「學術市場」等術語的流行，便可得到消息。許多反資本主義，乃至反工業文明的思想，多半是自覺與不自覺地在反對這種基於經濟的原則所產生的運動規律，因為這種運動規律已傷害、破壞其他人類價值領域的自主性，經濟邏輯已改變或扭曲了「政治邏輯」「文化邏輯」。不過，我們也要了解，經濟邏輯之主導性雖然會改變傳統的「政治邏輯」或「文化邏輯」，但這種改變卻並非一定是不可欲，而常毋寧是可欲的。譬如中國的工業化的「經濟邏輯」顯然已改變了「勞心者役人，勞力者役於人」的政治邏輯，亦已改變了「安貧順天」的文化邏輯，而這種改變顯然未必是不好的。

我們說過中國現代化社會之內涵必是「現代的」與「中國的」，這是從社會變遷之本質發展上說（因文化傳統不可能全消失），也是從我們所希冀的目的上說（因我們絕不希望完全失去中國之文化傳統）。一個客觀的事實是，在台灣工業化的過程中，中國的文化傳統確是在更深地解組。價值的衡量標準已日漸由權力、聲威、身份轉向財富，社群行為的倫理已日漸由特殊主義（重親疏尊卑之差序）轉向普遍主義（對事不對人）。而最深刻的變化則是儒家性格

最強烈的家的組織結構的解組，家庭與家族的結構已日漸鬆弛甚至
瓦解，家庭之主軸則由父子轉為夫妻，而維繫家之凝固性的孝之規
範與祖先祭祀，則已式微或日漸淡薄。至於其他傳統的觀念思想與
傳統的物質性文化，則更日漸為西方與現代的思想物質所取代。當
然，我們上面所說的只指文化的「變遷面」，而就文化的「承續面」
看，則中國的文化傳統仍然大量地存在，如人情、面子、國畫、書
法……我們打開任何一個電視台，翻閱任何一日報紙，走過任何
一條街頭，都會感覺到東方的與西方的、傳統的與現代的質素融洽
地或生硬地交湊在一起。不過，我們從歷史的整體的觀點來看，
中國的文化之具體的傳統「圖形」是已經消失或模糊了。當然，使
這傳統圖形變化的基本力量是工業化，但工業化卻不是唯一的力
量，其他如都市化，西方及現代的價值都發生了重大的作用。在這
裏，我要特別指出，不少人都警告或感歎中國的文化圖形已將失去
中國的特殊性格，且已越來越成為西方、特別是美國文化的一個副
系統。我個人以為這種感覺是有相當經驗的基礎的，但卻也是誇大
的。台灣文化之日漸美國化，本質上是快速工業化的結果，因為不
能否認美國是最高度的工業化社會。工業化的規律與性格是「世界
性」的，任何一個工業化的社會都不能不在某種程度上像美國。實
際上，美國之為今日之美國，即是因為她是受到工業化洗禮最深的
國家。可是，如何保護中國文化之自主性卻是一個值得深思的問
題。「文化之自主性」與「經濟之自主性」是同樣重要的。問題之
重點是如何在經濟與文化的必要之「互賴性」中保持「自主性」。
這當然是極複雜的問題，亦非我這短論所能言盡。[30] 但簡言之，在經

---

30 有學者把發展中社會之落伍或不得發展歸因於他們對發達的資本主義之倚賴性，參
見 A. G. Frank, *Capitalism and Underdevelopment in Latin America,* Harmondsworth:
Penguin Book, 1971.

濟上總須加強本身的結構之主動性，凡是具有經濟上決定性的工業設備，務應操在己手，同時應通過多邊的貿易關係，不論在資源之入口與工業成品之出口上，都不能對某一地區有太高之依存程度，俾能掌握較高的操縱的自由度。至於文化自主性之建立，則亦在加強多邊的文化交流網，增加我們選擇借取外來文化的概率，但最重要的則是如何凸顯文化的中國性。在這個意義上，文化復興運動是有其莊嚴的意義的。如何復興中國文化，實際上必然是中國現代化的一個部分。中國文化傳統，千門萬戶，具有高度的異質性、多樣性，我們沒有一個傳統，而有許多傳統。[31] 我們在這裏有向傳統遺產選擇與借取許多質素的可能性。我們認為有許多文化質素（或次傳統）與工業化是沒有必然的有機關係的，如文學、藝術、建築等，這些則大可在形式上或內涵上透過創造的心靈及政府與民間財富之投資，使之成為滋養、敷設中國工業社會的精神與面貌。但我們以為最足以影響、形塑台灣工業社會之中國性的則是「人和人」的規範關係。在一個輕狹窄之意義下，工業化涉及「人和機器」與「人和人」的二重關係。「人和機器」（「機器」此處指廣泛之技術言）的關係，無可避免地會受到機器的特性的影響（在自動化的設計下，機器固受人操縱，但人亦是受機器的運作所支配的），它常是不受任何特殊的文化所指揮的。這在西方如此，在東方亦如此。但「人和人」的關係則不必與科技有必然關係。雖然我們有理由相信韋伯的看法，即工業化所需之人群結合的有效之組織方式是「科層組織」（Bureaucracy，此詞常被譯為官僚政治，但卻非韋伯所意指者）。所謂「科層組織」，最簡單地說，是指一種依功能分「科」，照權威分「層」的組織方式。事實上，這種組織方式已成為任何

---

31 Pennock, "Political Development, Political Systems and Political Goods".

意識形態下高度工業化社會的主要的組織方式。這種組織方式不只在經濟領域如此（如工廠、公司），在政治、軍事領域如此（如官署、軍隊、政黨），在文化領域亦如此（如學校、教育）。這就是韋伯所指現代化必然意含社會結構之「科層化」（bureaucration）之理由。我們可以說，傳統中國的社會之基本單位是「家」，而在現代化中國的社會基本單位將是「科層組織」。我們今天可以聽到對「科層組織」的詛咒與歌頌的兩種聲音。對於「科層組織」之問題，我在他處已有論列。在此，我要指出的是韋伯「科層組織」之「理型」與中國儒家之價值規範（如五倫）是不盡契合的。[32] 我相信「科層組織」將無可避免地會日漸得勢，但它的「理型」亦無可避免地會受到中國文化的修正。而最不易受「科層化」的力量滲透者則是「家庭」，此在西方然，在中國猶然。我們以為中國文化傳統之落根處在家，中國文化復興之著力處亦必在家。特別是自五四以來，傳統的家（實是家族，而不只是今日所了解的家庭）受到最大的批判與攻擊，家幾乎成為國落後的罪源，在一片「家庭革命」的浪潮中，中國傳統之家的問題確是一一被暴露出來。但傳統之家的「文化邏輯」卻不曾得到深刻與公平的思考。而今日中國在工業化的影響下，傳統的家之結構與功能更發生了巨大的質變。今天我們不必再為傳統的「大家庭」的優劣來辯論了，因為它自古就不是中國普遍性的家之形式，而今日在工業社會中更不能存在了。我們要討論的是怎樣才是一個理想的家庭組成與內涵？家庭計劃會只關心

---

32 John Pelzel, "Notes on the Chinese Bureaucracy", in *Proceedings of the 1958 Annual Spring Meeting of the American Ethnological Society,* pp. 50-57; C. K. Yang（楊慶堃）, "Some Characteristics of Chinese Bureaucratic Behavior", in *Confucianism in Action,* A. F. Wright ed., Stanford: Stanford University Press, 1961, pp. 131-164.

家庭的「量」之問題，我們要關心的更是家庭的「質」之問題。要解答這個問題，我們的眼睛不能往西方看。假如西方有所謂文化之危機的話，我以為西方家庭制度可能是危機的根源之一。這我們多少可從代溝的嚴重、離婚率之高、老年人之落寞等現象看出。我想在這方面，我們可以從文化傳統中汲取智慧。中國文化對於家化凝結性上有極富人性的文化設計，愚妄的「孝的宗教」固嫌野蠻，溫柔敦厚的尚文的精神則十分文明；活在祖先的陰影下固然不好，對先人之「慎終追遠」則又何不妥？婦女之「三從四德」雖不公平，但夫婦「相敬如賓」則豈不十分藝術？「父為子綱」固然有害子女之獨立性，但「父慈子孝」、相濡相潤，則豈不可以減少代溝之衝突？父母與所有已婚子女在一個屋頂下生活雖然是結構上之錯誤安排，但父母選擇依序與已婚子或女生活，則老有所歸、幼（孫輩）有所養，豈不是一合理之設計？當然，我上面所說只是希望激起大家對中國現代化家庭理想型模之思考與研究。中國現代化的中國性之能否彰顯，中國現代化之是否能減少工業化及都市化等所帶來之社會解組之痛苦，都與這個問題之能否獲得合理之解決有關。這種家庭型模之落實，則不只需依賴學校教育及其他社會化之方法培養新的家庭倫理，並需通過社會經濟性的法律來支持這種新的家庭倫理（如凡是侍養退休後之父母者可以獲減稅或補助等設計）。當然，中國現代化不只在建立新的和諧的「家庭倫理」，亦必在創造新的和諧的「社會倫理」。在一個流動與複雜的工業社會中，傳統的「五倫」具有濃厚的「家庭性」色彩，並是特殊取向的，自不足以涵攝或因應「非家庭性」之人際的多面關係，但傳統的「仁」「義」「信」等德性則極具普遍取向性，且是超越家庭範疇的。我們看不出這些德性與工業化的社會結構有何衝突。我相信中國重和諧的價

值體系[33]，將會對具有衝突之潛發性的工業社會，產生消解與調理的功能。中國現代社會的「社會倫理」之設計將需要文化上高度的智慧與想像力，但我不以為這是超越向來就嫻精於「人事學問」的中國人的能力之外的。

六

本文對於中國現代化的動向提供了一些觀察與反省，毫無疑問，對中國現代化這樣一個複雜與多面向的問題，我的觀察與反省，偏重工業化而未論及現代化之其他層面的互動性，當不免有所偏蔽與主觀性的。我所要強調的是，中國這些年來的現代化的發展，從歷史的與比較的觀點來看，是相當生猛與急劇的。這證明中國人不只是尊重傳統也是勇敢創新的民族，這也證明中國人有在一個和平的方式下建立社會新秩序的智慧。我以為文化學術界應該用更多的時間與精神從事中國現代化研究的努力。這不只在學術心智上可獲得更大的滿足，因為通過這種研究，我們將會在西方的現代化理論之外，發展出更有用且或更具有普遍性的理論。同時，這將會對中國的現代化提出實際貢獻。本文以為現代化的發展是以工業化為基調的。我們認為現代化基本上可以看作是環繞在工業化的主軸上所產生經濟的與非經濟因素的互動過程。事實上，經濟發展即是依賴於非經濟因素，特別是政治權威的推動的。而最近幾年以來，則顯然經濟領域的力量已日漸取得自主性，而影響非經濟領域，且成為社會主導性的結構。我們以為一個現代化的中國社會必

33　中國文化傳統之重調和、協合，錢穆、唐君毅等先生皆有論列，在西方學者中，如芮沃壽（A. F. Wright）、貝拉（Robert Bella）亦多有持和諧為中國傳統之中心價值者。

須通過經濟發展而增加生產力，提高社會的財富。只有在一個有力的經濟結構上，才更有資格談精神價值以及其他的發展。但我們指出，中國的現代化絕不只是工業化，絕不只是限於經濟的層面。這裏，我們提出了整體與全面現代化的看法。我們所希冀的是一個公正合理而富足的社會，是具有現代性與中國性的社會。這些現代化「內涵」的肯定則是「價值判斷與選擇」的問題，而要達到我們冀欲的價值，則不能不考慮如何規約經濟發展的路向與方式。我們的工作不只限於客觀地分析中國的現代化「實然」的動向，更在提出其「應然」的動向。我們以為在今日中國經濟領域日漸成為形塑、主宰社會全面價值與性格的時刻，提出一個「社會與文化設計」的觀念是值得考慮的。經濟發展之需要計劃已成為一種常識，但為了達到一個具有多樣性的價值（如社會公正、民主自由、社會倫理）的現代中國社會，則我們以為經濟計劃必須配合以一個更全面的「社會與文化設計」。中國現代化的動向之主調是健實有力的，它的下一步的動向，將要看一方面如何繼續強化工業化的根幹並與農村掛鈎結合，另一方面如何使經濟性因素與非經濟性因素取得精緻、平衡的搭配。有一點是肯定的，中國現代化的生動發展將是中國從傳統到現代的偉大歷史劇中一個重要的組成。

一九七四年十二月三十一日夜於香港

中國現代化與
價值之定位

二十世紀的今天，無論哪一個國家或社會，莫不自覺或不自覺地進入到現代化的行列中。誠然，有些社會在現代化的發展中，已遠著先鞭，躋身高度開發社會之林，不少學者且以為它們已越過了工業社會的界限，已進入「後工業社會」（post-industrial society）或進入「後現代社會」（post-modern society）；而在另一極端，許多亞洲、非洲和拉丁美洲的社會，則於現代化行列中仍停留在起步維艱的階段。至於大多數的社會則正在現代化途中掙扎、奮鬥或起飛。

不論如何，現代化是一世界性的現象。中國的現代化運動至少可以追溯到清末的維新，但現代化真正獲得重大突破的則是在中國的台灣。在過去三十年，特別是最近十數年中，台灣在社會經濟現代化中的成就是舉世少數社會之一，它與韓國、新加坡及中國香港被譽為「四小龍」。「四小龍」再加上已隱然為世界工業大國的日本，構成了「東亞的現代化」。社會學者伯格（Peter Berger）認為「東亞的現代化」出現了與西方現代化不同的性格。蒂爾雅凱安（E. A. Tiryakian）且指出東亞在轉變為世界的「現代化中心」。至於東亞的中國大陸「文化大革命」的十幾年，是徹底的反現代化的運動，「四人幫」倒台之後，中國大陸已標舉「四個現代化」，並提出「中國式的社會主義現代化」的口號。不論是實事求是，還是按照客觀規律辦事等的觀念之提出，都可看作「意理工程」（ideological engineering）的重建工作，亦即在價值意識上為現代化鋪平道路。誠然，儘管現代化可以有多種途徑或模型，但現代化之成功必不能

沒有一些特殊的制度結構及一種契合現代化的價值意識結構。無論一個社會採取哪一種社會體系，在現代化發展中，都必須有一套理性化的技術生產的制度和理性化的科層組織形式 [01]，也必須有一套為社會人眾所具有的理性化的「意識結構」。毫無疑問，上面所說的制度組織與意識結構是交光互影的。意識結構絕非技術生產制度或組織的反映或附屬品，也非純然是個別主觀的存在，而是一有客觀性的結構。

衡之各國的經驗，在現代化之始，制度的轉變（如籌建工廠、修改法律等）和意識的結構的轉變（價值的新取向，如時間觀念），或先或後或同時，因此會出現頗為不同的過程，但當現代化達到某一階段時，則制度與價值意識自會出現某程度的相應之現象。譬如一個已達到高度工業化的社會，絕難想像社會大多數的成年人眾的價值意識仍然停留在傳統農業社會的情景（如多子多孫的觀念），此可以英、美社會為例。至於一個經濟上相當傳統性的社會中，也難想像社會一般人眾會具有普遍的現代的價值意識，比如在亞、非洲許多農村社會即如此。只有一個仍然在急速轉變的社會，我們才會發現制度與價值意識產生衝突、脫節的不相應現象；此在今日的台灣、香港以及中國內地都不難看到。

逐漸擴張的科技價值意識

現代化是以工業化為基幹的，工業化則是以科技為主的一種生產方式。在科技為主的生產過程中，一種「科學的世界觀」普遍地

01　此為德國社會學家韋伯（Max Weber）的重要觀念，參見 H. H. Gerth & C. W. Mills trans. & eds., *From Max Weber: Essays on Sociology*, N. Y.: Oxford University press, 1946, pp. 196-244.

變成社會人眾的意識，而技術的適用則不斷地改變自然以為人用。誠如英哲羅素（Bertrand Russell）所說，科學使我們了解自然，技術使我們改變自然。科技的發展使「人為萬物之靈」的意識不自覺地膨脹。在科技生產的過程中，不只是對「物」的控制與處理，它也影響到人的「自我形象」與位序、影響到人的社群關係。在科技意識擴張中，個人的行動與複雜的機器操作變成不可分；在某個程度上，人之行動常成為機器運作的延伸；在極端的情形下，人成為一個個可以換置的螺絲釘，人變成抽象化的單位。在社會經濟生活中，有所謂「人際工程」（human engineering），此無他，正是一種人的社群關係的技術管理，也即盡量抽掉一個個圓顱方趾的具體的人的特性，以使機械性的劃一運作不會因此受到干擾。誠然，這種依技術性格的運作是技術生產本然的理性規律，它是最有效率、最適宜於大量生產也是現代化過程中出現的主要性格，但是人之整全性卻受到了扭曲與壓制，事實上，這種抽掉人性、人情，而以技術理性為主導的原則，不只限於經濟生產的過程，也擴及現代社會各個層面，這就是韋伯所講的「意識的理性化」與群體生活的「科層化」（bureaucratization）。我們可以發現，現代社會的分工越來越細，任何一個行業所需要的是專家與技士，這是講究效率的命題下所衍發出來的。不能否認，現代化所表現出來的是技術理性的膨脹與勝利，它也的確帶給人類無數的便利與福祉。在工業開發的社會中，人類今天所享有的物質的豐裕是史無前例的。說來是具有諷刺性的，科技的發展是人類可以驕傲的精神的活動，確是人類精神文明的組成，但就是這種高度精神的活動，其所創造的卻是無法使人類精神獲得安頓的理性世界。今天，就趨勢觀察，這個以科技為主要價值意識的現代化力量正逐漸擴張，駸駸然已成為一世界的文化大力量。我們要知道，這種文化大力量之所以產生，不只因為科技有本身的巨大理性力量，更重要的是科技在解決人類亙古以來的

種種問題上，如疾病、知識、貧弱等，有巨大的能力與貢獻。更現
實地講，它在國家追求財富與權力中幾乎成為不二法門。因此，沒
有一個社會可以不躋身於科技的追求與發展，而表現得最清楚的則
是工業化的推動與逐次升級，此表現在文化意識上的則是對科技的
崇拜，形成一種羅素所說的「螺絲釘理論」。他說在任何一個健康
的社會體系中，每個人在最大可能的程度上，應該同時為一英雄、
一普通人、一個螺絲釘，而科技之過分膨脹則使人之生命中的螺絲
釘成分的比重大增，以致危害到人之為英雄與普通人之潛能。[02] 羅素
的說法是有意義的，事實上，在現代複雜分化的社會結構中，個人
在生活上，從一個結構（如經濟）轉移到另一個結構（如政治），
而其存在亦由一個「角色」轉到另一個「角色」。人始終是一個移
動的「分裂的」存在，而不是一個「整全的」存在。同時，在不斷
的社會轉移過程中，更產生無根可著之感，社會學者伯格等稱之為
「飄蕩的心靈」（homeless mind）實是很深透的觀察。伯格等認為
現代化，儘管產生一種自由的解放感，它使人從家庭、親屬、部落
或小社區中解放出來，但是，它也有巨大的代價，那就是一種無所
依屬的「飄蕩」與「疏離」，也即人再難於安身立命。[03]

　　二十世紀六十年代以來，在工業先進國家中，已出現一股新的
文化意識運動，反對科技理性的壟斷，反對器物文化的無限擴張，
在當代思想界中，對科技理性或工具性理性批判最有力的是德國法
蘭克學派。此派今日的代言人哈貝馬斯（Jurgen Habermas）更指
出科技理性的橫決，已造成「生命世界的殖民化」，導致了「現代
化的病態」。哈貝馬斯等人的聲音，引起了思想界相當大的迴響，

02　Bertrand Russell, *The Impact of Sciences on Society,* N. Y.: Simon & Schuster, 1953.

03　P. Berger, B. Berger & H. Kellner, *The Homeless Mind,* London: Penguin Book, 1974.

並普及為一般性的文化運動。它特別表現之於「青年文化」與「抗制文化」（counterculture），他們對現代化的成就予以嚴厲的批判，舉凡主張經濟的「零度成長」（Zero Growth），環境生態之保護，以及越來越強的反核能發展等，是其中最顯著的例子。儘管有些批判並不能提供有力的答案，但這些運動卻也有深刻的文化反思的意義。基本上，這種文化運動可以說是在作尋回人之整全性、尋找人之心靈安頓的努力。

現代化過程的根源課題

上面，我們談到現代化的世界趨向及其根本的科技理性的精神，同時，也簡單地談到現代化的影響及一種對現代化所產生的普遍性的文化意識的反動。在這裏，我想提出一些很值得思考的資料。一九八〇年十月我應邀出席聯合國大學與日本國立筑波大學等所聯合舉辦的「國際人類價值會議」，這個會議準備了一份有關價值觀的調查報告，這個報告是以在英、法、聯邦德國、意、加、美、澳、日、印、韓國、新加坡、菲律賓、巴西十三個國家所做的龐大的調查為根據的。在這個報告中，有些資料特別有趣，我只選其中一些與本文特別相應的加以討論。有一組資料顯示：在所有上述工業先進國家中，60% 到 80% 的人對於目前的收入感到滿意，他們對於衣、食、住及其他消費品顯示很小的慾求；反之，對於教育、文化及娛樂則希望增加。同時，法、英、美、加、澳的多數人民認為那些象徵身份的物品 —— 如皮革、珠寶、別墅、第二輛車 —— 是不重要的。此顯示經濟先進國家的人民已普遍地對物質生活的追求慾望減退，而日漸趨向一個「後物質主義」（postmaterialism）的情境；反之，不足為奇的是，所有經濟開發中的國家，則至少有 40% 的人希望比目前的收入多兩倍或以上，至於在

經濟先進國家中，仍然有這種強烈物質主義的，則是日本和聯邦德國。更有意思的是，在先進國家中，那些物質慾低的人比之物質慾高的人更易感到快樂與滿足。不過，英、美、加、澳的人儘管感到快樂，但卻有很大的空虛感。

上面這些資料或者不無瑕疵，對有些精神心態的量度也不無爭論，但一般說，不能不使我們感到在貧窮及正在現代化的國家中，物質主義的追求，顯然很熱切、也很難避免，此在台灣、香港如此，在今日中國內地也毫不例外。但物質主義畢竟不能滿足人之全部或精神的需要，至於像日本這樣已經富裕而仍追求不已的，則真是「超級的經濟動物」，日本有識之士已經對此有所隱憂與反省了。

上面我們說到現代化的科技理性的膨脹、「飄蕩的心靈」，以及一種尋找人之心靈的安頓的反現代的文化意識。誠然，上述的調查中顯示一個現象，即在十三個國家中，80% 以上的被調查者表示「信仰上帝」，50% 則相信「再生」及「靈體的分離」。此種信念在日本與韓國都是如此，縱使這兩個國家中被調查者 40% 的人並無宗教的歸屬。這是一非常複雜的社會文化現象，由於手頭資料的不足，無法對許多人具有「宗教感」而同時又無宗教歸屬的現象作一合理的詮釋。但有一點似乎是可以肯定的，即現代化運動所帶來的巨大變革，並不能解決人類所有的問題，事實上剛好相反，許多問題常因現代化所引發，特別是科技理性所帶來對人類心靈的桎梏。因此，我們必須了解，以科技理性為主導的現代化運動雖然是一切社會所不能不走的道路，但它卻不是人類擺脫所有困境或登上理想世界的天梯。我們當然不能放棄現代化之追求，更不能因噎廢食，甚至像內地「文化大革命」那樣走上狂熱地反現代化的方向，但我們必須更深切地思考我們要追求什麼樣的「現代化」？最緊要的，我們應該問我們需要什麼樣的「目標性價值」（goal value）？譬如，

平等、公正、正義、美藝這些價值在現代化中應有什麼樣的位序？
這些目標性價值的定位，是現代化過程中根源性的課題。

對中國傳統文化的省思

　　現代化有其基本的制度與價值意識的結構，這是現代化的普
遍性格，亦可說現代化有其一定的規律，但是，這並不表示現代
化的道路只有一條，更不表示人在現代化過程中沒有主動性的作
用。絕非如此，每個社會，就「過去」而言，都有其特殊的歷史傳
統；就「未來」而言，也都可有其各別的理想境域。因此，現代化
的普遍性格之外，將必然有其民族文化的色彩。現代化是一個從
「傳統」到「現代」的發展過程，在理論上或經驗上，現代化可以
有不同的「歷史形式」。社會科學中有一種「匯合論」（Theory of
Convergence）認為各國現代化之後會趨向於「同一性」的現代社
會。但這個理論是很難立足的。[04] 歐美一些現代化社會，雖然有某
程度上的同質性，但稍深入觀察，即發現仍有個別的精神面貌。從
今日的「東亞現代化」，特別是日本出現的頗為成熟的現代化社會
中，更可看到是與歐美的現代化社會相當不同的。

　　我們特別要注意的是，從「傳統」到「現代」的巨大社會變遷
中，有一個千狀百態的「過渡期」。哈佛大學的史華慈（Benjamin
Schwartz）稱之為「歷史之具體的特殊相」（concrete specification

04　社會科學中，經濟學者、社會學者，講「匯合論」者頗多，匯合論者或多或少有科技
　　命定主義的色彩，引起的爭論甚多，參見 Bertram Wolfe, "The Convergence Theory
　　in Historical Perspective", in *An Ideology in Power*, London: George Allen & Unwin,
　　1969, pp. 376-394.

of history）[05]，這個「歷史之具體的特殊相」反映了特定的時空中民族文化及社會體制的性格。毫無疑問，文化傳統對於現代化會有其束縛性與阻礙性，但同樣地，文化傳統中也可以有發展現代化的寶貴資源。五四以來，中國文化思想界的主流是批判傳統，只看到傳統中壞的或極壞的因素，因此認為非打倒傳統不足以開啟現代化，五四新文化運動之批判精神是應該肯定的，在當時真有勇猛創新的氣象。但它對中國文化的評估是片面性的，以此並未能提供一條中國現代化的路向，蓋在五四主流的思維架構下，導出「全盤西化」的結論是有必然性的。時至今日，我們知道「全盤西化」在理論與經驗上都是站不住腳的。而今天的東亞社會，特別是台灣現代化之出色表現，更使我們要對中國的文化傳統進一步地省思。台灣以及整個東亞社會都受中國文化影響，東亞社會的人民在不同程度上都有儒家之價值意識。假如以儒家為主的中國文化完全有害於現代化，那麼今天東亞生猛的現代化現象將是一個「文化之謎」了。面對東亞現代化的現象，我們可以有兩種可能的解釋：一種稱為「積極的解釋」，即中國的文化傳統是有助於現代化的；另一種稱為「消極的解釋」，即中國的文化傳統無害於現代化。不過，到現在為止，我們還不夠經驗性的研究來支持或否決哪一種解釋。無論如何，關心中國文化與中國現代化者，這將是一個極有意義的研究領域。

特別應該指出的是，中國現代化的性格不但會受文化傳統的影響，同時也會因我們所選擇的「目標性價值」而有異。講到「目標

05　Benjamin Schwartz, "The Limits of Tradition Versus Modernity as Categories of Explanation: The Case of the Chinese Intellectuals", in *Daedalus*, vol. 101, no. 2, 1972, pp. 71-88.

性價值」的選擇這個問題，近百年來的人物中，國父孫中山先生是非常突出的。他的「三民主義」等著作，是通過批判的眼光，擷取中國和西方文化中的優美因素和資源，以為建造一個現代的中國之用。他不是孤芳自賞的保守主義者，也不是盲目崇洋的「全盤西化」論者，他的識見超越了「中學為體，西學為用」的思想模態，同時也不是「西學為體，中學為用」[06]的觀念形態所能涵蓋。在他的心目中，中西文化沒有體用之分，但二者卻有結合的可能；傳統與現代之間有違異之處，但二者卻有連續的性格。我們在追求中國現代化之際，中山先生的思想進路是很值得細心體味的。誠然，我們不以為「中」與「西」、「傳統」與「現代」之間的文化質素可以隨意調和，但是，我們同樣不以為「中」與「西」、「傳統」與「現代」之間的文化質素沒有結合的可能。事實上，在「中」與「西」、「傳統」與「現代」的多樣性文化質素之間有無數種所謂「智性的議價」（cognitive bargaining）的可能。這種「智性的議價」是現代化過程中人的主動性與創造性的智性活動，一個成功的現代化社會，是通過無數人所做的「智性的議價」所匯聚累積起來的。

波瀾壯闊的歷史運會

今天，中國人正在不同的地方，以不同的方式進行現代化運動，這是一個新的波瀾壯闊的歷史運會。但我們應知道，現代化是

---

06 內地有些學者曾提出「西學為體，中學為用」的說法。實則目前在許多非西方社會所出現的現代化，即有此強烈的傾向，亦即以西方之價值為現代化之「目標價值」，本土的文化則只是手段性的資料。此「西學為體，中學為用」的現象值得我們認真地研究與反省。

一個有「破」有「立」的過程，一個「解構」與「重構」的過程。我們如何在「破」中找「立」，在「解構」中找「重構」的立足點？這就需要我們自覺地為現代化的「目標性價值」定位，自覺地作「智性的議價」。現代化運動畢竟是人的行動，人的願望、人的意志、人的選擇與決定正是現代化過程中無可分割的組成。

一九八六年十一月，原載《海華》第二十二期

下卷

從傳統到現代（二）

中國現代文明的建構

下卷自序（二〇二三）

　　研究中國現代化與中國現代性是我的學術志業，一九六六年出版的《從傳統到現代》是我第一本研究中國現代化的著作，此後的半個世紀，我的書寫轉向中國現代性的探索。簡單的說，中國現代化是一場跨越三個世紀的社會大轉化，從個人的思想行為到社群的生存形態，都發生了巨大變化。本質上說，中國現代化也是一次文明的大轉型，傳統中國的帝國體制同時是一個以儒學為本的「文明體」（civilizational entity），中國現代化講到底是一個農業文明轉向工業文明的歷史過程。之所以我多年來不斷指出，中國現代化之目標在「救亡圖強」之外，更在建構一個中國的「現代性」，也即中國的「現代文明」。

　　從上世紀七十年代以來，環繞「建構中國現代文明」的主題，直接、間接，中文、英文，我先後發表的論文至少五十萬言。二〇一六年我出版了《中國文明的現代轉型》（廣東人民出版社）一書；二〇二〇年又出版《百年中國學術與文化之變》（香港中華書局）的論文集。這一次，在本書的下卷《從傳統到現代（二）中國現代文明的建構》，我選收了十四篇論文（其中有六篇是從簡體字版《中國文明的現代轉型》抽出的），應是最能代表我對「建構中國現代文明」的見解。這十四篇論文，書寫的時間跨度近三十年，論述的對象是中國三地，即中國大陸、台灣與香港。三地呈現的「現代性」各有面貌，可視為中國現代性三型。論述的內容涉及政治、經濟、學術文化與教育各個面向。誠然，這本論文集所展現的並非「中國現代文明」構建大工程的全景，讀者諸君若能與上述

二論文集一起閱讀，當更能知我「建構中國現代文明」之願想與用心所在，幸甚。

金耀基

二○二三年三月一日

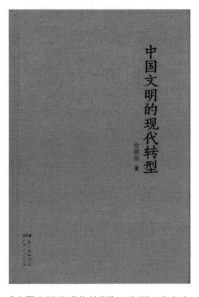

《中國文明的現代轉型》，廣州：廣東人民出版社，二○一六年

《百年中國學術與文化之變》，香港：中華書局，二○二○年

中國「現代轉向」的漫長革命 [*]

前言

　　站在二十世紀與二十一世紀交接點上，或更把歷史的焦距拉遠，站在第二個千紀年與第三個千紀年的轉換點上，我們無法不問，中國在哪？中國會到哪裏去？我們更會問，上一個千紀年是怎樣的？新的千紀年人類又會是怎樣的？一九九九年十二月三十一日出版的英國的《經濟學人》的社論把第二個千紀年界定為「西方的千紀年」，它說：

> 這是西方的千紀年：首先在歐洲，之後也在它的衍生地，最主要的是在北美的巨人（美國）。它向全世紀輸出它的士兵、傳教士、帝國建造者，它的宗教及它的觀念，它的藝術及它的科學，它的貨物及它的技術，它的政治與商業體系，甚至它的主要貨幣。不論你喜不喜歡（大部分的世界常是不喜歡的），就此刻而言，西方已勝利了。

　　誠然，不論我們喜不喜歡，《經濟學人》把第二個千紀年說成是「西方的千紀年」很難說是誇大的。西方確是勝利了。事實上，「世紀」也好，「千紀年」也好，根本就是西方的說法。當第三個千

---

* 　此文原刊於台灣逢甲大學廖英鳴文教基金會編：《展望二十一世紀論文集》，2000 年。收入金耀基：《中國的現代轉向》增訂版，香港：牛津大学出版社，2013。

紀年來到的時刻，電子媒體第一時間報道了澳洲、非洲、美洲、歐洲、亞洲各地的歡慶場面，是的，地球上的人類似乎都在為新千紀年的來臨而歡慶！

在第二個千紀年中，一直到十六世紀前夕，中國可能是世界上最偉大的文明，但十六世紀之後，西方的歐洲的文明經過了文藝復興、啟蒙運動、工業革命而急速地興起了，中國則在鎖國政策下沐浴在一種天下唯我獨尊的榮光中，不知不覺。在此後四百年，我們知道是歐洲不斷地擴展，是西方文明支配其他文明的世界格局。當歐洲帝國在資本主義的要求下，向世界各地拓展時，帝國主義變成了一種有意識的政策。十六世紀葡萄牙人從中國手中取得在澳門的居留權時，中國還沒有感受到歐洲帝國主義的威脅，但在一八四〇年至一八四二年鴉片戰爭中，中國則真正在西方帝國主義手中嚐到了屈辱的滋味，香港島就是在《南京條約》中割讓給英國的，而一八六〇年英法聯軍攻打北京，火燒圓明園，才使中國朝野驚覺到古老的中華文明的秩序被推倒了。由今日看當時的世界局勢，大清帝國與歐洲帝國主義相撞碰，其勝敗榮辱幾乎是完全可以預見的。自十九世紀起始，英帝國已經取得了全球的支配性地位，在一七六〇至一八三〇年之間，英國的工業生產幾佔歐洲的三分之二；當英軍火燒圓明園之當年（一八六〇年），英帝國生產的鐵與煤各佔世界產量的 53% 與 50%。據估計，它的工業能量幾等於世界的 40%~45% 及歐洲的 55%~60%。[01] 不能忘記，當時清政府面對的不只是英帝國，而且是歐洲的帝國主義（及之後的日本軍國主義）。歐洲自十九世紀起直到第一次世界大戰時，顯然是居於霸權

---

01 Francois Crouzet, *The Victorian Economy*, London: Methuen, 1982. 轉引自 Paul Kennedy, *The Rise and Fall of the Great Powers*, N. Y.: Vintage Books, 1987, p. 151.

地位的，在一八〇〇年，歐洲控制了地球表面上 35% 的土地，到一八七八年，則增至 67%，到一九一四年，更增至 84% 了。[02]

在這樣的一個世界格局下，我們可以理解到為什麼當歐洲帝國主義以武力叩關時，晚清大臣如李鴻章之輩等驚呼這是中國「三千年未有之變局」了。一點不誇張，中國雄踞東亞，數千年來從來沒有遇到過這樣的強敵；更重要的是，這個強敵，不只在「力」上勝過中國，而且可能是一個比中國文明更「先進」的文明。古老的中國面對這個前未之有的挑戰，面對民族的存亡絕續，曾有過種種的回應，但自願與不自願的，自覺與不自覺的，終於出現了一個巨大的「現代轉向」，亦即走上了中國現代化的道路。中國的現代轉向是從十九世紀末葉開始的，儘管有種種的曲折，整個二十世紀中國就是在走現代化，特別是制度現代化之路。中國的現代化迄今還是未竟之事，我相信它將是中國人二十一世紀根本的大業。中國的現代轉向是跨越三個世紀的現代化道路，它是中國傳統的文明秩序轉向中國現代的文明秩序的「漫長革命」[03]。

中國文化傳統之性格

儒家的政治文化設計：理想與現實

中國之所以發生「現代轉向」，主要是受到西方帝國主義的侵略性的挑戰而起的。在西方叩關之前，中國是一個自成一天下格局的帝國文明體。德國哲學家耶斯培（Karl Jaspers）把中國與印度、

02　David Fieldhouse, *Economics and Empire,* 1830-1914, London: Weidenfeld & Nicolson, 1973.

03　「漫長革命」一詞借用 Raymond Wiliams 的書名。本文所用「革命」二字是指根本性的社會文化之變遷。Raymond Williams, *The Long Revolution,* London: Pelican Books, 1965.

希臘、近東列為世紀前的世界上的幾個「軸心期文明」[04]，中國這個「軸心期文明」即自孔子（公元前五五一－前四七九）算起，亦已有二千五百年的歷史了。

中國的傳統文明，有極繁富豐厚的文化，不論在所謂的物質或精神領域都有偉大的成就，如書畫、文學、音樂、印刷、建築，乃至日常所用的器皿等，都是戛戛獨造、精彩曼妙的文化產物；至於在思想上，也有千門萬戶的景觀，先秦的諸子爭鳴，璀璨瑰麗，足可與世界任何文化媲美。應指出者，本文特別要說的中國文化，是指塑造中國社會秩序的價值系統與制度設計。而要講塑造中國社會的價值系統與制度設計則不能不講儒家，因為以孔子為中心的儒家之主要關懷是現世社會，其目的則是在人間建立和諧的秩序。

中國自秦漢以降，才形成一廣土眾民的大帝國，擁有一個統一的政治體系及一個統一的文字傳統。自此，我們可以說傳統中國是一文化、一社會，這個文化以儒家價值系統為主導，這個社會以儒家的制度設計為基調。

秦統一六國，創建了帝國體系，君權凌駕一切，天子稱皇帝，皇帝不只為國家元首，且是國家之化身。這種基於法家思想的君主制，漢代承而繼之，唯漢武帝接受董仲舒之議，「推明孔氏，抑黜百家」，把儒家推到國家意理之地位。自此儒法並存或外儒內法，此漢宣帝之所以自謂「漢家自有制度，本以霸王道雜之」（《漢書‧元帝紀》）。自漢之後，帝國的制度結構與儒家的思想結合。儒家的一套規範理論不僅關係到帝國的君主制的「正當性」，並且滲透到國家與社會各個制度領域，所以，自漢代之後，在帝國體系下的

04　Benjamin Schwartz, *The World of Thought in Ancient China,* Cambridge: Harvard University Press, 1985, pp.2-3.

儒家，我稱之為「制度化儒学」（institutional Confucianism），因為中國的制度是依儒家文化精神而建立的，而傳統中國可稱之為「國家儒學體制」（state Confucianism），這是因為儒家成為帝國的意識形態了。在一定的意義上，儒家是有一套建構「社會 — 政治」秩序的方案的，我們不妨稱之為「儒家的文化設計」（Confucian project）。

史華慈（Benjamin Schwartz）認為，中國文化中所共有的文化取向是一個普遍的「社會 — 政治」的秩序觀。在這個秩序觀中，顯化了秩序在「神聖界」與「俗世界」中的優位性與整體性。他說：「那種關於普遍的、無所不包的社會政治秩序觀乃是一種基於宇宙論的普遍王權為中心的。」同時，「普遍王權或他所佔據的權位是一種在人的社會與宇宙的統治力量之間構成主要聯繫的制度」。[05] 普遍王權通過「天命論」而形體化於代表國家的天子身上，天子乃被賦予了形塑與轉化人間的社會政治秩序的使命。韋伯（Max Weber）看到中國的君主就如同一位教皇，中國的皇帝是運用真正意義上的奇里斯瑪型的權威（charisimatic authority）進行統治的。[06] 宇內唯一的君王在其人格中體現著凌駕於神聖的和世俗的社會政治領域之上的至高權威，這一點充分體現在「普天之下，莫非王土；率土之濱，莫非王臣」的說法中。在這裏，我要指出，在傳統中國，政治是居於極重要的地位的，儒家的「內聖外王」的理想就是要通過政治來實現的。「內聖」屬於道德倫理範疇，「外王」屬

05　Benjamin Schwartz, "The Primacy of Political Order in East Asian Societies: Some Preliminary Generalizations", in S. R. Schram ed., *Foundations and Limits of State Power in China,* Hong Kong: The Chinese University of Hong Kong Press, 1987, p. 2.

06　Max Weber, *The Religion of China,* H. H. Gerth trans., N. Y.: Free Press, 1964, p. 31.

於政治範疇，而在儒家思維中，這二者是不可分的，由於君主居於國家社會的中樞位置，故期望他是一有德的君主，也即「聖王」，然後可以「作之君，作之師」，故而，儒家的文化設計是政治與道德合一的，是「政教合一」的。這裏講的「教」不是西方的教會，而是指中國儒家的教化系統。中國最理想的政治是「仁政」，即是一種高境界的德政，儒家對政治社會的秩序的建構，其著眼點是義務，是責任，而不是權利，錢穆認為中國是以義務責任為本位的君職政治[07]。其實，即使在「天命」說中，亦是要天子去盡天子之責。天子如不盡君職，則人民就可以起來加以放逐、易位。所謂「君不君」則民亦可不民。孔子說：「湯武革命，順乎天而應乎人」；孟子更說：「聞誅一夫，未聞弒君也。」荀子雖然尊君，但亦謂「臣或弒其君，下或殺其上……無他故焉，人主自取之」。這顯示儒家承認人民對暴君有合法的「叛亂權」，亦是正當的「革命權」。究其實，這是儒家的「正名」主義的中心思想，所謂「君君、父父、臣臣、子子」就是規範政治與社會的角色系統。

不過，整體宏觀來看，儒家的道德政治在中國並沒有能真正落實，也即儒家為政治提出的「文化設計」並未變成事實。宋代大儒朱熹曾說：「千五百年之間，正坐為此，所以只是架漏牽補過了時日，其間雖不無小康，而堯舜三王周公孔子所傳之道未嘗一日得以行於天地之間也。」實際上，「普遍王權」理論，通過君主及有儒家經典訓練的士大夫為主體的「官僚結構」，發展了一個龐大的行政導向的帝國，而王權成為絕對的權力。在現實世界，「聖王」少見，而「王聖」則多有，王權之外根本排除了社會上其他獨立勢力發展之可能性。徐復觀指出，秦漢以來中國的政治現實上是一專制

07　錢穆：《國史新論》，香港：自印本，1953，頁34。

制度，他說：「無任何力量可對皇帝的意志加以強制。這才是我國所謂專制的真實內容。」又說：「最主要的一點是，任何社會勢力，一旦直接使專制政治的專制者及其周圍的權貴感到威脅時，將立即受到政治的毀滅性地打擊，沒有任何社會勢力，可以與專制的政治勢力，作合理地、正面地抗衡乃至抗爭。」[08] 中國的城市，都是王權延伸的「行政」結構，是王權的堡壘，沒有像西方城市那樣，有「自治特權」，故中國在很大程度上是一「官僚統治的社會」，沒有出現過「市民社會」。儒学，如韋伯所指出，是「食祿者的身份倫理」（status ethics），而中國的法令是「法典化的倫理規範，而非法律規範」。[09] 瞿同祖認為傳統中國的法律是「儒学化」了的，亦即是儒家倫理融入了中國的法律。[10]

儒家的禮治與家庭倫理

如果說，儒家的文化設計的理想在中國的政治上並沒有得到真正實行，但它在中國的社會卻在很大程度上把理論變為生活的實踐了。傳統中國廣大的鄉土社會，誠如費孝通所說的，是一個「沒有政治的，有的只有教化」的社會，這個教化是依儒家長幼之序建立的「長老統治」，也是依儒家傳統建立的「禮治秩序」。這個「禮治秩序」並不是指文質彬彬，像《鏡花緣》裏所描寫的「君子國」一般的社會，而是指人之行為合於儒家禮教的倫理規範的社會。[11]

08　徐復觀：《兩漢思想史》，台北：學生書局，1978，頁 134-152。

09　Weber, *The Religion of China,* p.102.

10　Tung-Tsu Chu（瞿同祖），*Law and Society in Traditional China,* The Hague, Netherlands: Mouton, 1961.

11　費孝通：《鄉土中國》，台北：綠洲出版社，1967。見其中〈禮治秩序〉與〈長老政治〉篇。

儒家的文化設計，真正在傳統中國形成制度，並發生巨大深遠影響的是中國的家庭，或更確切地說，是中國的家族制度。梁任公說：「吾國社會之組織以家族為單位，不以個人為單位，所謂家齊而後國治也。」馮友蘭則更認為「家族制度就是中國的社會制度」[12]。誠然，中國人常只知有家而不知有社會，在中國，一般人的心理上，國家之外就是家，因此常以「家國」並稱。而中國人在「家」裏，是生活在種種的倫理關係中，他可以是父、是子、是兄、是弟，但如梁漱溟所言，他就「沒有個人的觀念」[13]，也即不是他自己。就此而言，儒家文化理念中沒有西方的個人主義的思想。

儒家為社會群體設計的最重要的行為規範是「五倫」。社會中任何人都被納入進這個五倫的層系組織中。五倫是指「父子、君臣、夫婦、兄弟、朋友」。我們可以看到五倫中有三倫是關於家庭中人的，於此可見家之重要性。這五倫又是以「父子」一倫為主軸，儒家對於這個主軸關係以「孝」的觀念加以維繫。在影響無比深遠的《孝經》一書中，「孝」的概念被推到了中國倫理系統中的中央位置上。儒家整個理想落實到社會上來，便是一以「孝」為基礎的倫理世界。值得指出者，漢代之後出現的「三綱」說（即君為臣綱，父為子綱，夫為妻綱），近人雖有指出此非先秦原始儒家所有，[14] 但「三綱」「五倫」卻是「制度化儒家」的核心價值系統，二千年來成為規範傳統中國政治與社會制度的「名教綱常」。清代儒學名臣曾國藩給他兒子的家訓中說：

12　Fung Yu-lan（馮友蘭）, *A Short History of Chinese Philosophy*, Derk Bodde ed., New York: Macmillan, 1948, p. 21.

13　梁漱溟：《中國文化要義》，香港：集成圖書公司，1963，頁91。

14　徐復觀：〈中國孝道思想的形成、演變及其歷史中的諸問題〉，《中國思想史論集》，台中：東海大學，1959。

羅婿性情可慮，然此亦無可如何之事。爾當諄囑三妹，柔順恭謹，不可有片言違忤三綱之道。君為臣綱，父為子綱，夫為妻綱，是地維之所賴以立，天柱之所賴以尊……君雖不仁，臣不可以不忠；父雖不慈，子不可以不孝；夫雖不賢，妻不可以不順……。[15]

從這裏，可見「名教綱常」之深入人心，三綱五倫是真正「制度化」了。史學家陳寅恪在《王觀堂先生輓詞序》上說：「吾中國文化之定義，具於《白虎通》三綱六紀之說，其意義為抽象理想最高之境，猶希臘柏拉圖所謂 idea 者。」他又敏銳地指出：「夫綱紀本理想抽象之物，然不能不有所依託，以為具體表現之用；其所依託以表現者，實為有形之社會制度。」

陳寅恪把《白虎通》的「三綱六紀」說成是中國文化之「定義」，顯然是他極重視中國的制度，或制度化了的文化理念。我們也可說，只有制度化了的文化理念才是真正文化的核心。

在此，應一提者，《白虎通》中的「六紀」與「五倫」一樣，都是規範人與人之關係者。[16] 我所要指出者，「五倫」「六紀」中之人與人之權義關係是對稱性的，而「三綱」則是片面的絕對性的權義關係。[17] 以是，君臣一綱強化了中國的專制性格，而父子一綱助長了中國的父權主義，而夫妻一綱則鞏固了「男尊女卑」之局。

15　此段文字轉引自李慎之《獨立之精神，自由之思想 —— 論作為思想家的陳寅恪》的一篇尚未發表的文稿。

16　所謂六紀，是「謂諸父、兄弟、族人、諸舅、師長、朋友也」。《禮・樂記》正義引《禮緯含文嘉》曰「六紀，謂諸父有善，諸舅有義，族人有敘，昆弟有親，師長有尊，朋友有舊」。

17　梁任公說：「後世動謂儒家言三綱五倫，非也。儒家只有五倫，並無三綱，五倫全成立於相互對等關係之上。」見梁啟超：《先秦政治思想史》，台北：中華書局，1956，頁75。

簡約言之，傳統中國，一方面有一強大的帝國結構，它包括坐落皇權的皇室（ 朝）和龐大的全國性的官僚機構，另一方面則是一個處於縣級之下無數「邊陲」的社會單元（以鄉村為形態），而維繫中華帝國之統協性並形成一獨特的「政治—社會」之文明秩序者則是「制度化的儒學」。

「制度化儒家」之解體

中國文化，這裏是指與中國政治與社會的制度相緖結的價值系統而言，亦即是我所稱的「制度化儒家」，自十九世紀末葉，特別是西方勢力入侵之後，開始一步步動搖，乃至解體。

「制度化儒學」之動搖與解體與西方勢力之入侵是有極大關係的。余英時說：「西方勢力的入侵不僅在中國中下層邊緣分子的心靈中造成巨大的激蕩，而且也立即使士大夫對儒家發生深切的懷疑。」[18] 他把大規模的反儒教現象推溯到十九世紀中葉洪秀全的太平天國運動。太平天國運動代表了中國人第一次利用西方的觀念對自己的文化傳統施以激烈的攻擊，而當時的儒生如汪士鐸，在反思之餘，認為儒家是「無用之學」，必須以法家、兵家來「輔孔子之道」。值得注意的是，曾國藩雖為漢人，卻效忠清朝，剿剷太平軍。他的《討粵匪檄》以「名教之奇變」為號召，這顯示出在曾國藩心目中，「中國之為中國」者是其文化，而不在種族，而中國文化之根核在其「名教綱常」。

到了同治年間，曾國藩、李鴻章與張之洞等人為了回應西方之

18　余英時：〈中國現代價值觀念的變遷〉，《現代中國的歷程》，台北：華視文化公司，1992，頁 154。

挑戰，發起洋務運動，實際上只以「開鐵礦、製船炮」為中國自強與現代化之要務，也即只肯承認西方之優勝於中國者在技器，用張之洞的「体用」觀來說，則只肯以西方的為「用」，而必須以中國的為「體」。到了清末，由於「洋務」之不足，乃有康有為、梁啟超等領導的戊戌維新運動。他們已知「體用」之說之非，已知西方之長不止在技器，更在「政教」，於是要變法改制，這就觸及到「制度層次」的現代化了，也即觸及到「制度化儒學」的內涵了。清末的變法改制，最有象徵意義的是一九〇五年的「廢科舉，設學校」了。這是中國儒家教育制度之結束，西方教育制度的開始，也是中國「士大夫」階層的結束，新知識階層的開始。誠然「制度化儒學」之解體而有翻天覆地影響的是其政治體制。孫中山先生領導的共和革命，在一九一一年推翻了清王朝，它不只結束了君主專制的帝國體系，同時也創建了亞洲第一個共和國。從這個角度看，「國家儒學體制」已崩解，中國傳統的政治宇宙都變了，四萬萬人都是「皇帝」了。從此，中國走上尋求新的國家體制、新的政治秩序的不歸路。[19]

在康、梁維新運動中，衝擊「制度化儒學」最凌厲的是死難的「六君子」之一的譚嗣同，他受到西方的宗教和倫理的影響，看到了三綱五倫的壓制性。他在《仁學》中對「名教綱常」提出了激烈的批判，譚嗣同論人倫關係，首標自由與平等兩原則，而「總括其義，曰不失自主之權而已矣」。余英時說他「這個提法，自然是從個體本位出發的，其中『不失自主之權』一語確實抓住了現代人的

19　關於傳統帝國體系崩潰後，中國走上尋求新的國家體制的不歸路。參見金耀基：〈中國之「現代型國家」的發展困境〉，《中國政治與文化》，香港：牛津大学出版社，2011，2013。

本質」[20]。梁啟超的《新民說》則更藉西方現代倫理來宣揚建立中國的新倫理,強調權利思想,強調自由、自治、自尊、進步、合群等新價值觀。

不錯,對中國文化產生全面抨擊、重估、批判的則是一九一九年前後的五四新文化運動。[21] 新文化運動之所謂「新」,是因為它提出了一系列的新觀念、新價值,而以「科學」與「民主」為總括性的「目標性價值」(goal value),但新文化運動最撼動人心的還是在抨擊中國的文化傳統。新文化運動大將陳獨秀對三綱五倫的批判又較譚嗣同更進一層,他的中心思想是「尊重個人獨立自主之人格,勿為他人之附屬品」。在他眼中,「率天下之男女為臣、為子、為妻,而不見有一獨立自主之人者,三綱之說為之也」[22]。他認為,「西洋民族以個人為本位,東洋民族以家族為本位」,而「東洋民族社會種種卑劣不法、慘酷衰微之象」,皆由於家族主義故,從而他說「欲轉善因,是在以個人本位主義易家族本位主義」[23]。新文化運動時期的支配性的文化取向,是要推倒以儒學為基礎的社會制度,尤其是其家族制度,其中更特別抨擊「男尊女卑」,倡導婦女解放。胡適要「重新估定一切價值」,魯迅以名教綱常不外「禮教

20 余英時:〈中國現代價值觀念的變遷〉,《現代中國的歷程》,台北:華視文化公司,1992,頁 154。

21 五四新文化運動應該區分為五四運動與新文化運動,這是兩個性質不同的運動。前者是政治性的,後者是文化性的。見金耀基:〈五四與中國的現代化〉,收入《新亞生活》,1999 年 6 月 15 日。

22 陳獨秀:〈一九一六年〉,收入《青年雜誌》,第 1 卷,第 5 號,1916 年正月號,頁 3。

23 陳獨秀:〈東西民族根本思想之差異〉,收入《青年雜誌》,第 1 卷,第 4 號,1915 年 12 月 15 日,頁 1-2。

吃人」[24]，傅斯年則把傳統家庭稱之為「萬惡之原」[25]。當然，這些看法是過分簡單化的，有強烈的激進主義的傾向，在那個歷史時段，反傳統是一個大氣候。總之，傳統中國社會最重要的家族制度在思想價值層次上，自清末以來，已受到根本性的批判，而到了二十世紀初，更由於社會經濟結構的變化，遂引發了普遍的「家庭革命」。整體來講，由於帝國的君主政制與傳統的家庭制度的崩解，「制度化的儒學」不啻是壽終正寢了。

中國制度的現代化

「制度化儒學」的壽終正寢，並不表示中國文化的消亡，甚至也不表示儒學的消亡。一百年來，中國文化中的文學、藝術、音樂，有的雖然已式微，但有的在汲取西方的滋養中卻獲得新的發展。儒家固然已被「去中心化」，已失去過去「獨尊」地位，但儒學因與國家分離，反而恢復了先秦原始儒學精神，並在西方文化激蕩下，經反思而有再顯生命之機遇。事實上，儒家文化一方面在學術上發展為「知識性的儒學」，「新儒學」即是其中一個突出的表現；另一方面，在日常生活上，則積澱為「社會性的儒學」的價值規範。但宏觀地看，整個二十世紀，我們看到的是中國社會的巨大變遷，一個傳統性的中國社會確是一步步走出了中國歷史的舞台，

24　魯迅在《狂人日記》中寫道：「我翻開歷史一查，這歷史沒有年代，歪歪斜斜的每頁上都寫著『仁義道德』，幾個字。我橫豎睡不著，仔細看了半夜，才從字縫裏看出字來，滿本都寫著兩個字是『吃人』！」參見魯迅：《魯迅全集》卷一，北京：人民文學出版社，1981，頁 281。

25　傅斯年：〈萬惡之原〉，收入《新潮》創刊號，後收入傅孟真先生遺著編輯委員會編：《傅孟真先生集》，台北：台灣大學，1952，第一冊，丙「社會問題」，頁 5。

但同時，一個新的中國社會卻在現代化的長路上一步步走來。誠然，中國自十九世紀末葉起，已自覺與不自覺地走上現代化的道路。中國的「現代轉向」，用墨西哥詩人、諾貝爾文學獎得主帕茲（Octavio Paz）的說法，是「被命定地現代化」，但它也是中國人的選擇，此一選擇涉及對傳統文化的批判與重估，也涉及新文化的創造。在過去一百年中，中國人在新文化的創造過程中，所面臨的最大的問題是建立中國的新制度，是建構中國的新文明秩序。

中國社會百年的變遷，在基調上是從一農業社會轉向工業社會。而中國人要建立工業文明的新秩序，則必須要建立工業文明的種種制度。這包括政治制度、經濟制度、法律制度、教育制度、宗教制度等等。新制度的建立是中國新文明秩序的基礎，這些制度不僅是舊社會制度的替代，更有些是舊社會所沒有、而為新社會所必需的。中國在新制度建立的過程中是相當艱辛與曲折的。在政治制度與法治的建立上尤其一波三折，困境叢現。但在大方向上，則是向民主政治與法治轉變，就兩岸三地言，台灣在民主政治的實踐上走得最快，香港則在法治上最有基礎。應指出者，中國二十世紀所建立的新制度，許多或大部分都是從現代西方借取過來的（馬克思主義也是西方的）。這些「西方」的制度，幾乎全是十八世紀歐洲啟蒙運動之後的「新」的或「現代」的產物。不僅是中國，其實，所有非歐美的社會在現代化過程中，都有這種大量「文化借取」（制度與文化是不能完全分開的，制度背後是有文化價值的支援的）的現象。在這個意義上，中國的「制度現代化」不能不說有濃厚的「西化」性格。

不過，我要指出，在中國從事現代新制度的建制過程中，固然大量地「借取」了西方的制度，但在「借取」的同時，實際上也是「中國化」的開始。我所謂的「中國化」是指這些制度經轉化而變成中國新社會文化的構成部分。中國新制度的建構實際上必然會涉及兩個交叉同在的「轉化」，一個是西方的轉化為中國的，一個

是傳統的轉化為現代的（現代中國的「大學制度」就是經此轉化而來的）。我相信，再過百年後，回頭看二十世紀的中國，將會是一個西方制度「中國化」的世紀，也是中國制度「現代化」的世紀。這比起漢之後出現的「佛教中國化」規模更龐大，意義更深遠。[26] 有二位社會科學學者從大量的經驗研究中發現：中國傳統文化已經瀕於解體，五倫已變，人際之關係的行為原則已從「義務」本位轉向「權利」本位。他們是把「長城」喻為中國傳統文化的，寫了一本著作叫《毀壞了的長城》。[27] 但我覺得，我們應該換一個角度來看這個現象，中國的現代化，講到底，必然也應該看到的是「個人主體性」的覺醒。今天，最能代表「個人主體性」覺醒的，在政治上是個人之權利觀的肯定，在社會上是婦女之自主性的肯定[28]，這正象徵地說明了中國的新文化、新社會的來臨。

西化與現代化

中國自十九世紀末，帝國體系崩解之後，所展開的「現代轉向」，自覺或不自覺地都圍繞著「西化」與「現代化」兩個概念。「西化」有學習、摹仿、擁抱西方，並以西方為優越，以西方為模型的意思；「現代化」這個概念則可以沒有這些情緒上的糾纏，而毋寧指一種更富於自我更新、自我轉化精神的社會變遷。「西化」

---

26 關於「佛教中國化」，可參葛兆光：〈七世紀前中國的知識、思想與信仰世界〉，《中國思想史》第一卷，上海：復旦大學出版社，1998，頁507-594。

27 Godwin Chu and Yanan Ju, *The Great Wall in Ruins*, N. Y.: State University of New York Press, 1993.

28 關於中國婦女自主性覺醒的歷史發展，參見黃嫣梨：《妝台與妝台以外：中國婦女史研究論集》，香港：牛津大學出版社，1999。

與「現代化」這兩個概念是不同的，但在實際經驗上，有很大的重疊性。這需要從西歐的「現代化轉向」的啟蒙運動說起。

十七、十八世紀西歐的啟蒙運動，源於康德的「敢於有勇氣用你自己的理性」的精神，敢於以理性擺脫倚賴的精神。西歐的現代化是源於本土的轉化，西歐社會當時發展出來的現代性必然是「第一個」現代性。之後，西歐這個現代性方案擴展到了美國，也可以說是美國的「歐化」。西歐與美國都屬於同一個文明體系，因此自然地被統稱為「西方的現代性」（western modernity）。在近四個世紀非西方社會與西方現代性的會遇的經驗中，非西方都處於弱勢，中國在十九世紀末，就成為西方帝國主義任意欺宰的對象。中國及其他非西方社會在失敗的過程中，都有過多種的自救自強運動，這些自救自強運動都常自覺與不自覺地被定性為現代化運動，但基本上都還是走上西化的道路。在很大程度上，這也是世界性的西化現象。勞厄（Von Laue）在《西化的世界革命》一書中指出，西方之進入非西方世界所產生的急速的社會變遷，對於非西方社會有創傷性的結果。非西方人一方面對西方社會的許多東西產生慾望，一方面又深刻厭恨西方所造成的對傳統秩序的破壞。他認為非西方社會所從事的往往是一種「反西方的西化」（anti-western westernization）[29]，這種「反西方的西化」現象其實正說明了現代化與西化二者之複雜關係。因為如前所說，西方構建了第一個現代性，其實，迄今為止，西方的現代性仍是目前世界唯一已建構的現代文明的典範，因此，非西方社會的現代化就很難避免地不西化。今天已相當現代化的香港與台灣，事實上，在很大程度上是西

29　Theodore Von Laue, *The World Revolution of Westernization*, N. Y.: Oxford University Press, 1987, pp. 815-816.

化的。值得注意的是，近年來，由於「全球現代化」的趨勢，當非西方社會越來越在現代化上取得成功時，非西方社會出現了一種強烈的文化認同的追求，這一文化認同的追求，可以說是一種「另類現代性」（alternative modernities）的追求。對於這一現象，不能再以「反西方的西化」來表達，更正確地說，它是「現代性的本土化」的要求。關於「現代性」問題，需要有一個全球的視野，八十年代以來，「現代性」辯論成為知識界的主要課題。弔詭的是，對現代性的熱烈興趣是，至少部分是由於「後現代主義」（postmodernism）的興起，特別是由於後現代主義「現代之終結」的宣稱所激起的。後現代主義者認為：「現代的視域已經關閉，它的精力已經耗盡。——即是說，現代性已經過時，後現代主義的社會思想對於十八世紀啟蒙以來現代主義者所遺留給我們的一切對道德與社會的進步，對個人自由與公眾幸福的集體希望大加咒笑。」[30]

後現代主義者的代表人物利奧塔（Jean-Francois Lyotard）拒絕一切全能性（totalizing）的社會理論，認為一切大敘述（grand narrative），不論是臆測的論述，或解放的論述（啟蒙論述），已無可信性。[31] 簡言之，後現代主義反對啟蒙的理性觀，批判現代性方案造成的現代的文明典範。現代主義講同質性、一元論，後現代主義則講異質性、多元文化。後現代主義極為複雜，其本身亦犯了理論之「全能性」之誤[32]，不過，後現代主義所提供的一個闡明「差異

30 Marshall Berman, *All That Is Solid Melts into Air,* N. Y.: Penguin Books, 1988, p. 35.

31 Jean-Francois Lyotard, *The Postmodern Condition: A Report on Knowledge,* G. Bennington & B. Massumi trans., Manchester: Manchester University Press, 1979, p. 37.

32 Thomas McCarthy, "Introduction", in Jürgen Habermas, *The Philosophical Discourse of Modernity*, Frederick Lawrence trans., Cambridge: MIT Press, 1987, p. xv.

性」的理論框架 [33]，則確是對啟蒙的普遍主義的有力抗制 [34]。今天，
非西方，特別是包括中國的東亞社會，無疑已進入到全球現代化過
程中，但正因為越來越強的全球化過程，所出現的不是一個越來越
有同質性的世界，反而是對文化「差異性」更加敏感了。經驗的現
象顯示，在全球現代化過程中，非西方社會因現代化之增加，反而
對本土文化的認同更增強了。亨廷頓（S. P. Huntington）對此有很
深入的觀察：

> 在開始，西化與現代化是緊連在一起的，非西方社會吸收大量的西
> 方文化，逐步地走上現代化。但當現代化步伐增大後，西化的比重
> 減少了，而本土文化再度復甦。再進一步的現代化則改變了西方與
> 非西方社會之間權力的平衡，並增強了對本土文化的承諾。[35]

亨廷頓所說在非西方社會變遷之早期，西化促進現代化，在變遷
之後期，則現代化推動「去西化」，並增強本土文化的再起，很能掌
握今日非西方社會的文化動態。以中國的歷史經驗來說，當西方力
量入侵中國後，中國思想界即陷於文化認同的危機中。余英時說：

> 二十世紀上半葉中國思想的主流實在是環繞著文化認同的問題而發
> 展的。以各種方式出現的中西文化的長期爭論，歸結到最後，只是
> 下面這個問題：在西方文化強烈的衝擊下，現代中國人究竟能不能

---

33 Immanuel Wallerstein et al., *Open the Social Sciences: Report of the Gulbenkian Commission on the Restructuring of the Social Sciences,* Stanford: Stanford University Press, 1996. 中譯本：沃勒斯坦等著，劉鋒譯：《開放社會科學：重建社會科學報告書》，香港：牛津大學出版社，1996，頁 56-57。

34 Joel Kahn, *Culture, Multiculture, Postculture,* London: Sage Publications, 1995, p. 125.

35 S. P. Huntington, *The Clash of Civilization and the Remaking of World Order,* N. Y.: Simon & Schuster, 1996, pp. 75-76.

繼續保持原有的文化認同呢？還是必須向西方文化認同呢？不可否認，以思想界的大趨勢說，向西方文化認同在二十世紀的中國終於取得了主導的地位。[36]

我想指出，在二十世紀的末葉，中國在現代化的過程中與其他非西方社會一樣，普遍地出現了文化認同的聲音。這個聲音在亞洲現代化的國家最為突出，尼斯勃（John Naisbitt）在《亞洲大趨勢》（*Megatrends Asia*）中指出，亞洲在現代化中的成功，增強了亞洲人對亞洲的自信，他說：「這個亞洲的信念，這個相信它自己可以發展自己的模式，即亞洲方式的信念，現在是許多人所共有的。」[37]儘管在一九九七年發生的亞洲經濟金融風暴挫傷了亞洲人的「銳氣」，但這不能停止亞洲人的文化認同的追求，不能停止亞洲人對「另類現代性」的追求。誠然，這種追求「另類現代性」的聲音遠不止限於東亞。在這裏，我想指出，今日的反西化，在精神上，已與前述早期的「反西方的西化」有所不同，今日的反西化，特別是反美化，毋寧是反對西方的，特別是反對代表了西方的美國式的現代性。[38]

---

36 余英時：《錢穆與中國文化》，上海：遠東出版社，1994，頁 3。

37 John Naisbitt, *Megatrends Asia,* London: Nicholas Brealey, 1995, pp. 93-94.

38 保羅・荷蘭德 (Paul Hollander) 在研究大量的反美情緒的現象後指出，美國文化引發的仇恨是事實，但人們所反對的不是美國的資本主義或大眾文化，而是美國所代表的現代性。Paul Hollander, *Anti-Americanism: Critiques at Home and Abroad, 1965-1990*, N. Y.: Oxford University Press, 1992，轉引自 Peter Wagner, *A Sociology of Modernity: Liberty and Discipline,* London: Routledge, 1994, p. 180.

全球化與多元現代性

值得注意的是，中國與其他非西方社會追求「另類現代性」的自信與自覺，是與西方本身對「現代性之終結」的論辯幾乎平行發生的。西方學術界對現代性之論辯，主要環繞在「現代之終結」（如利奧塔後現代主義之主張）與「現代性乃未完成之方案」[以哈貝馬斯（Jurgen Habermas）最為代表] 的課題上。[39] 不過，就中國及其他非西方社會來看，這些論辯固然有深刻的意義與影響，但所論辯之對象實際上是「西方的」現代性。西方現代性誠然可看作已進入到現代性的後期，[40] 但從世界的視野觀察，則「全球現代化」還只是二十世紀下半葉的事。費瑟斯通（Mike Featherstone）說：

> 其實，現代性之終結只宜用來指西方現代性的終結。或者，比較平和地說，西方現代性之終結已經可見，西方隨著疲憊之意已抵達現代性之高峰。但是在東亞及世界其他區域則完全沒有疲憊之態，他們正在追求他們自己的民族的、文明的現代性。因此，也許更恰當地應該說是多元現代性，而不是單元的現代性。[41]

誠然，如瑞典社會學者瑟伯恩（Göran Therborn）指出，「全球化必須不能設想有任何全球的偉大的統一者（greater unifier of

---

39　對啟蒙精神當代最重要的辯護者是哈貝馬斯（Jurgen Habermas），他主要的用心所在即在為現代性方案求實現的出路。其最主論點見 Jurgen Habermas, *The Theory of Communicative Action,* Thomas McCarthy trans., Boston: Beacon Press, 1981.

40　吉登斯（Anthony Giddens）不認為我們已進入「後現代性」（post-modernity），他認為西方現代已進入到一個情況，現代性結果已變得激烈化或比以前更普遍了。見 Anthony Giddens, *The Consequences of Modernity* Stanford: Stanford University Press, 1990, p.3.

41　Mike Featherstone, *Undoing Culture: Globalization, Post-Modernism and Identity,* London: Sage Publications, 1995, pp.83–84.

the globe）。」[42] 儘管西方現代性在世界上有無遠弗屆的影響力，但正如布羅代爾（Fernand Braudel）所說，把單一文明的勝利看作其他文明的消亡是幼稚的[43]。全球的現代化的結果，並沒有出現「單一的」現代文明秩序，恰恰相反，全球現代化經驗顯示的是文化的多元性及多元的現代性。即使今天的飲食消費文化中，我們看到了麥當勞（McDonald）已成為現代生活中一個標準化與常軌化的象徵，東亞社會，包括中國、韓國、日本，幾乎完全為美國的麥當勞文化所「征服」，但是我們深一層看，「麥當勞化」（McDonaldization）與「本土化」（localization）幾乎是同在的。東亞社會接受了麥當勞，但也把它修正了。在東亞許多地方，消費者把麥當勞變成為休閒的中心，或青少年放學後的聚會所。美國的人類學者華琛（James Watson）說：

> （麥當勞）地方化的過程是雙向的：它指當地文化之變，也指麥當勞公司的標準化運作程式的修正。麥當勞工業系統 —— 排隊、自我供應、自我定位 —— 已為東亞的消費者所接受。這個工業模式的其他方面則被拒絕了，最顯見的是與時間及空間有關的。[44]

麥當勞在東亞的經驗，頗能說明「全球性」與「地方性」（本土性）的關係。全球化一般被視為同質性的擴張，但正如羅伯遜（Roland Robertson）所說，「界定全球而不包括地方是說不通的。」

42　Göran Therborn, "Routes to/through Modernity", in M. Featherstone, S. Lash & R. Robertson eds., *Global Modernities,* London: Sage Publications, 1995, p. 137.

43　Fernand Braudel, *On History*, Sarah Matthews trans., Chicago: University of Chicago Press, 1980, p. 212.

44　James Watson ed., *Golden Arches East: McDonald's in East Asia,* Stanford: Stanford University Press, 1997, p. 37.

他並以「全球地方性」（glocalization）這個概念來指述全球性與
地方性的辯證關係。[45] 講到地方性（本土性），最根本的問題就是文
化。這不是偶然的，由於後現代主義的基本論述是文學、繪畫、建
築，也即是文化，以此，現代性論辯也越來越傾向現代性之文化層
面，在社會學的論述中，一向重「結構」而忽視文化，今日則「文
化」已多少取代了「結構」的位置。[46] 而全球現代化所激發的文化認
同，即是要追求「另類的現代性」，而追求另類的現代性根本上亦
即在展現非西方文化的聲音。瑟伯恩正確地指出，「現代歷史的社
會發展不能夠裝入或簡化為『西方及其他』的程式了。」[47] 這也就是
說在全球化中不能不再注意西方之外的「他者」（the Other）。這
個「他者」的聲音在過去四個世紀西方的擴展史中，都被西方的聲
音壓制或淹沒了。利奧塔在較近的一篇文章中指出，所有講現代解
放的大論述之所以令人生厭，正是由於他們在論述中支配了「他者
的文化」，然後「他者的文化」又在西方的進展中被摧毀。特別是
他們這樣做是以西方有「普世性的」（cosmopolitan）性格，由是而
將所有「特殊的」（particular）都消融進普遍主義中去。[48] 我個人覺
得西方學者，特別是後現代主義的學者，對西方學術文化有這樣的
反思是值得歡迎的，這種理論上、思想上的反思對於東亞及其他社
會在多元現代性的建構上無疑是一種助力。我想指出，東亞的現代
性之建構應該成為社會科學者的探索與詮釋的頭等大事，社会学者

---

45 Roland Robertson, "Glocalization: Time-space and Homogeneity-Heterogeneity," in *Global Modernities*, pp. 25-44.

46 Bryan Turner, *Max Weber: From History to Modernity,* London: Routledge, 1992, p. 8.

47 "Routes to/through Modernity," *in Global Modernities,* p. 137.

48 Jean-Francois Lyotard, "Histoire Universelle et Différences Culturelles," in *Critique*, vol. 41, Fall 1999, pp. 559-568. 利奧塔這個看法可見於 Joel Kahn, *Culture, Multiculture, Postculture,* London: Sage Publications, 1995, p. 8.

伯格（Peter Berger）甚有說服力地指出，東亞出現的工業資本主義與西方的現代性相比較，是一個新的形態的現代性。他認為西方資本主義現代性的最重要的一個組成因素是個人主義，但東亞模型則是側重集體的團結與紀律，亦即是他所稱的「非個人主義式的資本主義現代性」[49]。就台灣來說，台灣現代化所造成的現代性不能說不受西方現代性的影響，也即它與西方現代性有一定程度的匯流現象。但是，台灣的現代性是不是西方現代性的翻版呢？《經濟學人》素來只相信市場，而不相信文化因素在現代化中的重要性。[50] 它指出，東亞（包括台灣）的現代化過程中，出現了犯罪率（特別是少年犯罪）、離婚率的增加、家庭價值受市場的侵蝕等社會秩序衰敗之徵，這與西方在現代化過程中的現象只是程度之別，而非本質之異。[51] 但是，《經濟學人》這種「啟蒙的普遍主義」觀是否完全符合東亞的經驗事實呢？蔡勇美與伊慶春在《中國家庭價值觀的持續與改變：台灣的例子》一文中提出了很有啟發性的發現。他們的研究顯示中國的家庭價值觀在台灣的現代化過程中，有的是變了，有的則持續著。其中在「個人取向」之家庭價值觀（如對婚姻和離婚態度方面）較明顯地受到了現代化的影響，但是家庭和親屬之「集體取向」的家庭價值觀，則現代化之影響不顯，亦即基本的傳統家庭

49　Peter Berger, "An East Asian Development Model?", in Peter Berger and Hsin-Huang Michael Hsiao（蕭新煌）eds., *In Search of an East Asian Development Model,* New Brunswick: Transaction Books, 1988, p. 6.

50　亨廷頓在《文明的衝突與世界秩序之重建》一書中，標舉了文化的突出地位，他認為今後世界衝突或世界秩序的重建之根源或核心不是意識形態，也不是經濟，而是文化。但《經濟學人》在批評亨廷頓一書時則認為在未來的發展中，文化的角色在全球化與政府貪婪的擴展中，將會下降，而不是上升。見 S. P. Huntington, "Cultural Explanations", in *The Economist,* vol. 341, issue 7991, November 9, 1996, pp. 23-30.

51　"Trading in Confusion", in *The Economist,* vol. 331, issue 7865, May 28, 1994, pp. 9-10 & 23-24.

價值觀念仍然保持。他們說：「現代化對中國家庭價值觀的影響呈現出選擇性的個人取向的適應，而非整體規範的變革。」[52] 這個研究說明，在全球現代化中，台灣仍然維持著作為中國文化核心的家庭價值。當然，這只是中國文化價值持續性的一個例子，但就在這個例子中，已可顯示台灣形成中的現代性像西方的現代性一樣，可以有「普遍性」，但亦可以有它的「特殊性」。之所以會有這一現象，正說明台灣的民眾對中國文化價值的執著，也可以說明他們對「另類現代性」的選擇。無疑的，台灣在建構「另類現代性」的過程中，不論在個人層次或集體層次，必然會涉及文化價值的取捨與創造。

結語

在全球現代化日深一日的趨勢下，我們可以說在即將來臨的二十一世紀，全球化帶來的不會是一個同質性的世界，反之將更可能突顯與深化多元現代性的發展。誠然，全球化似乎使世界變成一個天涯比鄰的「地球村」，但是，它並沒有產生文化的一體性，反而使我們意識到文化差異性的新層次。[53] 哈維爾（Vaclav Havel）指出，「我們現在生活在一個全球的文明中」，不過，「它最多只是一薄薄的表層」，「它包藏或掩蓋了巨大的文化的差異，種族的差異，宗教世界的差異，歷史傳統的差異，以及歷史形塑的態度的差異，所有這些差異都在這一表層之下。」[54] 相當弔詭的是，全球化

---

52 蔡勇美、伊慶春：〈中國家庭價值觀的持續與改變：台灣的例子〉，收入張苙雲等：《九十年代的台灣社會》，台北：中央研究院社會學研究所籌備處，1997。

53 Featherstone, *Undoing Culture: Globalization, Post-Modernism and Identity*, pp. 13-14.

54 Vaclav Havel, "Civilization's Thin Veneer", in *Harvard Magazine*, vol. 97, July-August 1995, p. 32.

一方面形成了一個「全球社會」，但另一方面卻更突顯了各個民族文化、歷史傳統的差異性。艾森斯塔特指出，全球的現代化固然無可避免地會以「西方現代性」方案為參照點，但是：

> 儘管如此，最近的一些發展趨向產生出了多元的文化和社會形態，它們遠遠超越了這一原初方案的同質化傾向和稱霸要求。毫無疑問，所有這些發展趨向都表明，多元現代性或對現代性的多元解釋獲得了不斷的發展，尤其重要的是，出現了一個非西方化的趨勢，切斷了現代性與其「西方」模式的聯繫，在某種程度上剝奪了西方對現代性的壟斷權。在這個廣闊的背景下，歐洲或西方的現代性（或幾種現代性樣式）不能被看成是唯一真實的現代性，它實際上只是多元現代性的一種形式。[55]

今天，研究全球現代化現象的學者，已或多或少地意識到必須有一個「去西方中心」或超越西方本位的全球化觀點。瓦蒂莫（Gianni Vattimo）認為，今天已進入西方文化與「其他」文化關係的新階段，不同文化間的對話終於變成「真正對話」[56]。我不敢說，不同文化間已有「真正對話」，但文化間的「真正對話」確實是今日建立世界和平秩序所迫切需要的。亨廷頓在《文明的衝突與世界秩序之重建》（ *The Clash of Civilizations and the Remaking of World Order* ）中說：「在後冷戰世界，民族之間最重要的區別不是意識形態的，政治的或經濟的，它們是文化的。」他認為對於

---

55 艾森斯塔特：〈邁向二十一世紀的軸心〉，《二十一世紀》，第 57 期，2000 年 2 月，頁 17。

56 Gianni Vattimo, "Hermeneutics as Koine", in *Theory, Culture & Society*, vol. 5, no. 2-3, June 1988, p. 401.

人最有意義的事是文化認同或文化身份。亨廷頓相信世界歷史上第一次出現了一個現象，即全球政治既是多極的，又是多元文明的（multi-civilizational），而「避免文明間的全球戰爭則視乎世界領袖會否接受並願意合作去維持全球政治的多元文明的性格」。[57] 認識到全球化下文化的多樣性，並認識到全球化下多元文明的存在的價值，確是西方學術界一個重要的反思結果。這與非西方人尋求在西方現代性之外的「另類現代性」的自覺同樣具有再啟蒙的意義。西方的現代性，或者說，西方建構的現代文明秩序無疑是人類重大的成就，並且已經變成非西方，包括中國，建構本土現代文明的組成（如民主、科學），但是導源於啟蒙的西方現代性本身內在的問題，及其產生的「黑暗面」與「病態」已經引發了西方本身深刻的不安與不滿。事實上，西方現代性已缺少正當性與可能性來成為世界文明秩序的普遍性範典，亨廷頓說：「西方人對西方文化之『普世性』的信念有三個問題，即：這是虛妄的，這是不道德的，同時，這是危險的。」他認為西方的普世主義的想法足以造成世界文明間的衝突。[58] 亨廷頓之抨擊西方的普世主義與他認識到全球的多元的文明秩序的事實，可以說是與全球化的人類新情境相契合的。就中國來說，中國人之追求中國的文化認同或身份顯然是一內心意義層次上的需求，而發展異於西方現代性之「另類現代性」則正是為建構中國現代的文明秩序的一種理念。中國在十九世紀末葉之前，文化自成一體，具有一獨有的文明秩序，但這個文明秩序在西方的衝擊下已崩解，百年來中國的「現代轉向」，一個接一個的現代化運動，就其目的而言，無非在建構一個中國現代的文明

---

57   Huntington, *The Clash of Civilizations and the Remaking of World Order*, pp. 20-21.

58   Huntington, *The Clash of Civilizations and the Remaking of World Order*, pp. 310-311.

秩序，或建構一個中國的現代性。[59] 無可疑問，在中國現代化過程中，很大程度上是與「西化」不可分的。事實上，中國在現代文明秩序的建構中，自覺地擁抱西方之民主與科學，且成為五四中國新文化運動的啟蒙目標。當代新儒家牟宗三、徐復觀、張君勱與唐君毅在一九五八年共同發表的〈為中國文化敬告世界人士宣言〉，亦從中國文化理念之不足的反省中主張建立科學知識之學統與民主制度的政統。[60] 這足見維護中國文化價值最力者，其精神對西方、對世界也是開放的。至於百年來，中國社會從制度層面到日常生活領域都發生了重大的變化，這些變化明顯的是「西化」了的與「現代化」了的。誠然，這些變化也是東西文化的結合。其實，這些變化也是全球化中的普遍現象。在一定意義上，全球化可看作是混種化（hybridization）[61]。在全球化下，沒有一個文化在不同文明的會遇中可以完全不與外來的文化有某種方式或程度上的結合。中國在現代化的發展中，不但對外來的文化因素作選擇性的吸納，也批判地維護傳統乃至對傳統的再發現與再創造。[62] 中國的現代性的建構，或中國現代文明秩序的建構，遠遠沒有完成，用柯拉柯夫斯基（Leszek Kolakowski）的話，的確「處於永無止境的試驗中」。中國的「現代轉向」的現代化，將會繼續，將會進入二十一世紀，它是一跨越三個世紀的「漫長革命」。

---

59 金耀基：〈中國現代文明秩序的建構：論中國的「現代化」與「現代性」〉，《中國社會與文化》，香港：牛津大學出版社，2011。

60 此宣言收入唐君毅：《中華人文與當今世界》，台北：學生書局，1975，頁 815-929。

61 Jan Pieterse, "Globalization as Hybridization", in *Global Modernities*, pp. 45-68.

62 Leszek Kolakowski, *Modernity on Endless Trial*, Chicago: University of Chicago Press, 1990.

中國現代文明秩序的建構
—— 論中國的「現代化」與「現代性」 *

天下結構下的「文明體國家」

中國是一個獨立的發展的古文明，德國哲學家耶斯培（Karl Jaspers）把中國與印度、希臘、近東列為紀元前世界上的幾個「軸心期文明」[01]，這些「軸心期文明」都有特殊的文化取向，影響後世至巨。

中國自先秦以迄清末，其間雖有異族入侵，或異文化進入「中國」的情形，但始終是一個以儒家為主導價值所構建的悠久而賡續不斷的文明。誠然，中國是一個國家，但它不同於近代的「民族國家」（nation-state），它是一個以文化，而非以種族為華夷區別的獨立發展的政治文化體，或者稱之為「文明體國家」（civilizational state），它有一獨特的文明秩序。

中國這個「文明體國家」，自成一天下。三千年中，中國與天下之外非全無交通，但傳統中國沒有今日之國際體系的概念。在中國的文明秩序下，中國的「王權」的理念是有「普世性」的，中國的

---

* 此文原是作者在 1995 年 10 月 31 日在北京大學的「潘光旦先生學術講座」講詞，後收入《北京大學學報》，1996，第 1 期。

01 參見 Benjamin Schwartz, *The World of Thought in Ancient China*, Cambridge: Harvard University Press, 1985, pp. 2-3.

文化價值亦自覺與不自覺地被用作界劃文明的尺度。中國的政治、經濟、文化等雖然代有損革，但它的基本性格，特別是社會結構、生活形態與深層的意義結構一直延續到清末，「前現代期」的中國真正具有一個獨特的文明模式。這個文明模式影響到日本、韓國，因此中國的文明模式也可以說是東亞的文明模式。

尋求中國現代文明的政治秩序

中國的文明秩序在十九世紀中葉以來受到了前未之有的挑戰。從本質上看，這個挑戰不僅是來自西方，而且是西方的「現代」文明，亦即是已經受現代化洗禮的西方文明，而這個西方現代文明出現在中國與東亞的是帝國主義與殖民主義的面目。當時，李鴻章、嚴復等感到這是中國三千年的大變局，為秦漢以來未有之世變。對這個「大變局」或「世變」的理解是經歷了一個頗長的過程的。事實上，百年來中國對這個來自西方的「挑戰」的本質的掌握是一步步地深刻化的。百年來中國對西方現代文明的挑戰的回應，用一個最有力的概括性的概念來說，是中國的現代化，亦即中國傳統文明的更新與發展。

中國現代化的第一個運動是曾國藩、李鴻章以及張之洞等人所領導的同光的洋務運動，洋務運動只理解到西方現代文明「物質的技器」層次，重點在「開鐵礦、製船炮」；康有為、梁啟超領導的戊戌維新運動則進而理解到要「考求西法」，亦即進入到西方現代文明的「制度」層次。中國現代化中狂飆式的運動是孫中山領導的辛亥革命。辛亥革命推翻帝制，創建共和，這是中國一個劃時代的事件，可以說是把中國由一「文明體國家」變為一個現代「民族國家」

的起點。中國文明秩序的核心是其政治體系 [02]，此政治體系自清末已開始動搖。一九〇五年清室廢除科舉考試制，這個政治體系的一根重要支柱被拆除了，而辛亥革命則把這個政治體系徹底瓦解。有學者指出，中國的辛亥革命的意義「在於消極方面的成就 —— 消滅了君主制，而此種君主制不僅是歐洲式民族國家那種君主系統，而且是天命式的普遍王權系統」[03]。無疑的，辛亥革命可以視為中國走上「現代」的徵象，但更是中國古老文明的政治秩序解體的標誌。辛亥革命之後，中國再不是以前的中國了，辛亥革命是現代型的政治革命，它突破了二千年朝代更迭的政治格局。辛亥革命沒有使中國變為成功的共和國，更沒有使中國成為真正的民主國，但在意識形態上，「民權」取代了「王權」，民權理論取代了「天命說」作為政治秩序的合法性與正當性的基礎。滿清帝制解體後，中國開始了漫長而曲折的道路，不止在尋找一個現代型國家的形式，也是在尋找一個中國現代文明的政治秩序。

西歐是世界第一個現代文明

從中國現代化的角度說，可以與辛亥革命相提並論的是五四新文化運動。五四新文化運動，標舉「科學」與「民主」，顯然帶有強

02　史華慈（Benjamin Schwartz）說：「中國文明中最顯著之特徵之一或許可說是在那個文明中的政治秩序所佔的中心位置與份量。」（見 Benjamin Schwartz, "The primacy of the political order in East Asian Societies: Some Preliminary Generalizations", in S. R. Schram ed., *Foundations and Limits of State Power in China*, Hong Kong: the Chinese University of Hong kong Press, 1987, p. 1.

03　J. K. Fairbank, *The United States and China,* Cambridge: Harvard University Press, 4th ed., 1976, p. 220.

烈的歐洲啟蒙運動的色彩，新文化運動如杜威（John Dewey）所說
乃是一個「思想革命」[04]。其主要精神是對中國古典文明秩序的價值
體系作新的「重估」，舉凡「打倒孔家店」「去禮」「非孝」「吃人的
禮教」「反封建主義」的口號都在抨擊主導中國文化的儒家思想，
這個運動的中心目標是個人的解放，把個人從傳統社會的束縛中解
放，把個人的思想從儒家的倫理觀中解放，從而引發了中國家庭、
倫理上的革命性變化。五四所宣導的新思想，五四前的人，如梁
啟超、譚嗣同、孫中山等都曾說過，但在五四時，這已是一般新知
識分子的普遍信念。應該指出的是，五四的目標性價值「科學」與
「民主」都是從西方借請過來的。胡適的「充分世界化」[05] 的觀點清楚
說明傳統中國的文明秩序必須從「中國的」轉向「世界的」，但不能
不指出胡適心中的世界的文明秩序實際上是由西方的模式所界定或
支配的。現代化只發生過一次，那是在西歐，而到目前為止，源於
西歐的現代化仍然是今天世界上唯一的或支配性的現代模式。

美國特殊的文明模式

　　中國的現代化，由清末至今，經歷了整個二十世紀。二十世紀
的中國有太多的事件阻滯或扭曲了現代化的過程，特別顯著的如
軍閥割據、日本的侵略、內戰、「文化大革命」。今日，中國人的
社會，包括大陸、台灣以及港澳都自覺地在現代化，不論大陸走
的社會主義的道路，或台灣、港澳走的資本主義的道路，在根本
意義上，都是自覺地在推行現代化。中國的現代化是現代化的「全

04　見引於周策縱等：《五四與中國》，台北：時報出版社，1979，頁 196。
05　參見金耀基：《從傳統到現代》增訂版，北京：法律出版社，2010。

球化」（globalization）的一個組成。上文已提及，現代化始源於西歐，現代化的「全球化」乃是西方的現代文明模式向世界擴散的過程，因此，全球化的「文明標準」不期然而然是西方的「特殊主義的普世化」（universalization of particularism）[06]，這從「世界時間」（World Time）與葛來哥林曆法（Gregorian calendar）的制度化，可見端倪。在今天現代化的「後期」，現代化的全球化現象已不止限於經濟上沃勒斯坦（Immanuel Wallerstein）所講的資本主義擴展所形成的「世界資本主義經濟」[07]，在政治上，西歐的「民族國家」的政治形式亦已成為今天國際體系的基本結構[08]，更深刻的是，在價值觀上，最初出現在西方的觀念如民主、人權、以至同性戀權利、性解放等亦已有全球化的趨勢。誠然，今天還沒有或永遠不會有一個「單一的現代文明」，但是，不能不看到一個強烈的經驗現象，西方的特殊的文明模式，尤其是五十年代之後，美國的特殊的文明模式，已越來越產生全球化的影響。

東西的現代性

中國的現代化，到了二十世紀的後期，台灣與香港在經濟領域都贏得「小龍」的美譽，而大陸的經濟發展在「文革」之後，在「改革開放」的政策下，也取得了飛躍性的發展。十九世紀社會學

---

06 Roland Roberston, "After Nostalgia? Wilful Nostalgia and the Phase of Globalization", in Bryan Turner ed., *Theories of Modernity and Post-Modernity,* London: Sage Publications, 1990, p. 51.

07 Immanuel Wallerstein, *The Capitalist World Economy,* Cambridge: Cambridge University Press, 1979.

08 Anthony Giddens, *The Consequences of Modernity*, Stanford: Stanford University Press, 1990, p. 55-65.

的創始人，馬克思（Karl Marx）、涂爾幹（Émile Durkheim）、韋伯（Max Weber）都尋求一個單一的解釋「現代」性格的動源，此在馬克思是「資本主義」，在涂爾幹是「工業主義」，在韋伯，則是體現於科技及科層組織的「理性化」。誠然，現代化是一「多面向」（multi-dimensional）的社會轉化過程，但經濟領域的轉化（由農業轉向工業），則扮演了社會整體轉化的主軸性的作用，而經濟領域的轉化，不論是資本主義或工業主義的運作都有賴韋伯所講的「理性化」，特別是他洞察的「目的理性」或「工具理性」。這種「工具理性」特別強烈地顯現在資本主義市場運作的過程中，這在台灣與香港的現代化中都可以找證驗。[09]

在二十世紀九十年代，不止中國人社會已出現旺盛的現代化（特別是經濟層面），東亞的日本，更出現「全面的」現代化。美國社會學者伯格（Peter Berger）甚至認為東亞在西歐之後，產生了「資本主義現代性」（capitalist modernity）的「第二個個案」[10]。他說東亞的「現代性」與西方的「現代性」有不同的性格。無疑的，東亞在現代化上已取得相當的成功，這一「經驗事實」已引發了學者對「現代化」，特別是「現代性」問題的新省思。

中國的「命定地現代化」

現代化固然是一全球化的現象，但自六十年代以還，世界都出現了各式各樣「反現代化」「去現代化」（demodernization）的運

---

09 參見金耀基：《中國社會與文化》增訂版，香港：牛津大學出版社，2013。

10 Peter Berger, "An East Asian Development Model", in P. L. Berger and Hsin-Huang Michael Hsiao eds., *In Search of An East Asian Development Model*, N. Y.: Brunswick, Transactions Books, 1988, p. 4.

動，此發生在開發中社會，也發生在已開發社會。在根源上說，這是對現代性的不滿，今日呈現的現代性是工具理性所主導的，現代性的世界如韋伯所言是「世界的解魅」（disenchantment of the world）。無疑的，現代性確然有解放的功能，個人的自主性之擴大是現代性的主題，但現代性也要付出昂貴的代價，如「疏離感」「意義的失落」「心靈的飄泊」[11] 等，更深刻的是現代化雖基源於「理性化」，但「工具性理性」的膨脹實在是對「理性」（reason）的逆反 [12]，德國社會學家哈貝馬斯（Jurgen Habermas）且指出今日的現代性已出現「生命世界的殖民化」（colonialization of life world）[13]。對現代性的不滿激起了「去現代性的衝動」（demodernize impulse），此一衝動特別強烈地表現在環保運動、神秘性的宗教運動等。今天，一方面，現代化在世界各國如火如荼地推動，另一方面，「去現代性的衝動」則是方興未艾。不過，「去現代性的衝動」畢竟有它內在與外在的限制 [14]，要停止或倒轉現代化是不可能的。必須指出，現代化雖出現不少病態與惡果，但現代化帶給人類的新的機會與善果（goods）卻也是真實的 [15]，更根本的是，人類社會的發展除現代化之外，還看不到有別的出路。一九九一年諾貝爾文學獎得主、墨西哥詩人帕茲（Octavio Paz）的看法與心境也許是有代表性的。他說：

11　P. Berger, B. Berger & H. Kellner, *The Homeless Mind,* London: Penguin Book, 1974.

12　參見 Richard Bernstein, *Habermas and Modernity*, Cambridge: Polity Press, 1985, pp. 1-32.

13　Jurgen Habermas, *The Theory of Communicative Action*, Thomas McCarthy trans., Boston: Beacon Press, 1987, Vol II, pp. 391-403.

14　P. Berger, B. Berger & H. Kellner, *The Homeless Mind,* pp. 391-403.

15　Charles Taylor, *Sources of the Self: The Making of the Modern Identity*, Cambridge: Harvard University Press, 1989.

現代化對墨西哥而言是唯一理性的，事實上也是無可避免的道路。
現代化會基本性地改變或更替墨西哥人世世代代依循的道德規
範，不是所有這些家庭價值，生命目標，社會規範的改變都是正
面的。[16]

他一方面覺得墨西哥是「命定地現代化」（condemned to
modernization），另一方面他說墨西哥是「被詛咒地去現代化」
（condemned to modernize）。對他而言，墨西哥前途除現代化之
外，別無他途，但現代化卻又不是一個福音。[17]其實，中國之現代化
又何嘗不是「命定地現代化」和「被詛咒地去現代化」呢？古老的
文明如中國、墨西哥要在世界立足，能夠不自覺地有一個現代的轉
向（modern turn）嗎？

中國百年的「現代化轉向」

「現代轉向」實際上是中國百年來所選擇的道路。但是我們要
問，中國的現代化是不是完全追隨著西方現代化道路的軌跡呢？中
國所追求或正在浮現的「現代性」是不是西方現代性的翻版呢？更
重要的是，中國能夠開展出一個不同於西方的「現代性」嗎？這當
然涉及到西方的現代性的「普世性」意義問題了。

中國的現代化，在一定意義上是有意模仿西方的現代化的。我
們從上面的討論中可以清楚地看到，中國的知識界或政治上的精英
是以西方的現代模式作為範本的，儘管清末有張之洞「中學為體、

---

16 Octavio Paz, "The Search for Values in Mexico's Modernization", in *Asian Wall Street Journal*, June 1, 1994.

17 Ibid.

西學為用」的一類主張,但自此之後,在意識形態上,都已經有意識或無意識地以胡適的「充分世界化」為圭臬了。百年來,中國知識分子在精神取向上,先則要求保住「中國之為中國」的「體」,只肯在「用」上接受西方,這個「體」是文化傳統,是中國傳統文明秩序的骨幹;到了後來,則為了求中國之富強,「用」固可變,「體」亦可棄,亦即在尋求一個中國現代文明的新的「體」與新的「用」了。[18]不過,中國雖然有意模仿西方的現代化,但在中國現代化的實際經驗上,卻沒有也不可能依樣畫葫蘆地走西方的現代之路。中國是現代化的「後之來者」(late comer),它的現代化經驗,較之原型西方現代化的經驗,無論是現代化起步的基礎,現代化發展中「主角」與發展策略,現代化過程中時間壓力的強弱,以及在文化的條件上都有巨大的差異性,即使同為中國人的社會,台灣、香港與大陸的現代化經驗也十分不同,所以嚴格地說,中國現代化不能、實際上也沒有依循著西方現代化的軌跡。我們只能說,長期以來,中國的現代化在「目標的視域」上確實是以西方的現代模式作為新文明標準的。當然,我們不能不注意到,二十世紀的共產主義所描繪的「現代」(或更確切地說「超越現代」)文明視野是與資本主義的現代的文明模式判然有別的。不過,我們也不可不認識到,共產主義究其實,也正是西方啟蒙運動的產兒。畢竟,馬克思的文化英雄是普羅米修斯(Prometheus),共產主義所憧憬的是「發展的理念」(ideal of development)[19]。

18　參見金耀基:《中國現代化與知識分子》,台北:時報出版社,1977,頁 24-54。

19　Marshall Berman, *All That Is Solid Melts into Air*, N. Y.: Penguin Books, 1988, pp. 90-129.

亞洲的另類現代性

在討論現代化的文獻中，長期以來，一個佔主流地位的觀點是：不論現代化的起點有何不同，所有現代化的社會，在最終出現的現代格局或「現代性」上，都將是近似的，甚至是同一的。五六十年代乃至七十年代流行的「現代化理論」具有這種單線演化的強烈的理論取向。「現代化理論」受美國社會學家帕森斯（Talcott Parsons）的影響最深，他的社會變遷理論，基本上是演化論的觀點。他相信，現代型社會只有「一個源頭」，並且相信導致西歐變成「現代」的「理性化」的發展過程具有「普世性」的意義，更相信這種發展過程不是隨意的，而必然是有「方向性」（directional）的！帕森斯認為這個發展過程將成為下一個世紀或在更久遠的時間裏的主要趨向，最終則是他稱為「現代型的社會的完成」。[20] 把現代化看作為單線演化的全球性現象，在社會學中展現得最清楚的是克爾（Clark Kerr）與他同事提出的「匯流論」（theory of convergence）[21]。克爾的觀點是：基於工業主義的邏輯，所有社會在步上工業化之路後，無論起點如何不同，最後必然形成越走越近似的工業體系以及相關的社會與文化的形式。「現代化理論」，特別是「匯流論」，無疑相信西歐的經驗不止是現代性的「第一個個案」，而且也是現代性普世化的「典範」（paradigm）[22]。

---

20 Talcott Parsons, *The System of Modern Societies*, Englewood Cliffs: Prentice-Hall, 1971, pp. 138-143.

21 Clark Kerr et al., *Industrialism and Industrial Man*, N. Y.: Oxford University Press, 1964.

22 S. N. Eisenstadt, "Cultural Tradition, Historical Experience and Social Change: The Limits of Convergence", The Tanner Lecture on the Human Values, Delivered at University of California, Berkeley, May 1-3, 1989.

「現代化理論」，以及「匯流論」在今天已受到嚴厲質疑與批評。但徵諸東亞現代化的發展現象，不能說它們在經驗上沒有一定的支持。[23] 事實上，所有經歷現代化洗禮的社會，在制度結構上，包括工業與職業結構，教育結構或城市結構，都有「匯流」的現象，並且都產生了類似現代化的「病態」，《經濟學人》（*The Economist*）指出，在東亞（包括台灣、香港）的現代化過程中，出現了犯罪率（特別是少年犯罪）、離婚率的增加，家庭價值受市場侵蝕等社會秩序衰敗之徵，這與西方在現代化過程中的現象只是程度不同而非本質之異，亞洲社會的現代化並不能避免困擾著現代西方的種種問題，而中國大陸與印度的發展趨勢將會重複英國十八、十九世紀那種可以預見的模式 [24]。誠然，東亞正在顯現的現代性格，在一定程度上是與西方的現代文明有其共性的，但是有共性並非表示必定是同一性的。越來越多的亞洲學者認為亞洲民主與西方民主不同，正如亞洲管理與西方管理不同者然，而「亞洲民主」或「亞洲管理」像「亞洲藝術」「亞洲文學」「亞洲建築」「亞洲食物」一樣，是一特殊的範疇，是有別於西方的 [25]。簡言之，亞洲是可以也應該有一個不同於西歐的「現代性」的。這樣的論辯的意義已不止限於學術的論域，它已成為亞洲人在追求現代的文明秩序上的一種帶有自信的反思，他們已不願接受或不相信西方的現代性是現代性普世化的「典範」。說來是有趣的，亞洲人（包括中國人），在十九世紀末葉以來都「命

23　不少學者指出，就東亞發展經驗來說，「現代化理論」毋寧是經得起時間考驗的，參見 Lucian Pye, *Asian Power and Politics: The Cultural Dynamics of Authority,* Cambridge: Harvard University Press, 1985, p. 10; Francis Fukuyama, "Confucianism and Democracy", in *Journal of Democracy*, April 1995.

24　*The Economist*, May 28-June 3, 1994, pp. 9-10, 23-24.

25　參見 *Time*, June 14, 1993.

定的」或「被詛咒地」去現代化或「世界化」，並且有意識或無意識地以西方模式為典範，但在現代化的全球化過程中，亞洲在逐漸深刻現代化之後，反而在實際的經驗基礎上質疑西方現代模式的普世性地位，而以一種新的認識肯定亞洲可以有並應該有其特殊的現代模式。

中國的現代模式之探索

中國或東亞真能開展出一個有別於西方現代模式的特有的現代文明格局嗎？這固是一個經驗的問題，也是一個理論問題。前面提到的美國社會學者伯格則顯然是持肯定態度的，伯格的論點是基於文化，他相信儒家的社會倫理是構成東亞現代性的文化資源。在今天，有不少學者間接、直接地都也在闡發東亞現代性的可能性與應然性，並且特別標舉出儒家文化理念作為建構中國及東亞現代性的文化素材。

現代性是一個極為複雜的社會—文化體系，它的發生與發展不可能靠任何單一的因素，不論是經濟利益、觀念、地理環境，或且是特殊的個別領導人士的性格。帕森斯儘管相信西方現代性具有普世化意義，但他認為影響社會變遷中最高序位的因素是文化，他甚至自認是一「文化決定論者」[26]。

泰勒（Charles Taylor）在一篇討論現代性的重要論文中指出[27]，過去兩個世紀以來有關現代性的理論佔支配性地位的是「現

---

26 Talcott Parsons, *Societies: Evolutionary and Comparative Perspectives*, Englewood Cliffs: Prentice Hall, 1966, p. 113.

27 Charles Taylor, "Inwardness and Culture for Modernity", in A. Honnath, T. McCarthy, C. Offe & A. Wellmer eds., *Philosophical Interventions in the Unfinished Project of Enlightenment*, William Rehg trans., Cambridge, Mass: MIT press, 1992.

代性的非文化論」（acultural theory of modernity），亦即是撇開了文化這個因素來考察現代化與現代性問題的。在現代性理論中居開山位置的韋伯的理性化理論就是這樣的「現代性的非文化論」。泰勒說，持這種理論者以西方的傳統社會是經歷了一個「轉化」（transformation）才出現了現代的格局的，而這個「轉化」是一種「文化─中立」（cultural-neutral）的運作，他們把現代性看作是理性的成長，如科學意識的成長，俗世觀或工具理性的發展，或者他們把現代性界定為社會及知性的變化，如社會移動、工業化等等。「現代性的非文化理論」把社會的這個轉化看作是任何文化都會經歷以及必難避免經歷的過程，而任何文化，當然包括中國的，在這個轉化過程中，都會發生一定的轉變，如宗教會走向俗世化，終極的價值會受到工具思維的挑戰與侵蝕。簡言之，現代性是不受文化制約的。泰勒有力地指出，「現代性的非文化論」者對於西方現代性之理解是片面的、歪曲的，它的錯誤是把一切現代的事物都歸屬於必須來自西方「啟蒙的整套東西」，他稱之為「啟蒙整套觀的錯誤」（the Enlightenment package error）。誠然，泰勒並不是說「現代性的文化論」（cultural theory of modernity）就可以掌握現代性的全相，但他相信排除了文化這個因素，現代化理論就不啻失去了從事可能是今日社會科學中最重要的工作的資格，那就是去了解正在西方以外地方發生的不同的現代性（alternative modernities）的全幅圖像。

泰勒對「現代性非文化論」的批評，對那些持「西方現代性」即是「普世現代性」觀點的人是一貼清涼劑。當然，我們不能僅僅地以文化來掌握從傳統向現代轉變的「轉化」過程。否則我們將忽視這個轉化中的一些現象，如現代科技的功效是任何一個社會遲早會理解並努力去獲得的，不接受科技的社會就會被別人支配。「現代性」是有共相的，但這並不表示所有的現代文明秩序是同一的。伯格就指出，西方的「現代性」的一個重要構成部分是個

人主義，在西方的經驗中，資本主義與個人主義是分不開的，但在東亞所展顯的卻是一個「非個人主義的資本主義現代性」。伯格的研究，可以說是對東亞或中國的「現代性」的探討提供了一個重要的思索[28]。日本京都大學的棚瀨孝雄分析日本的現代化問題時提出一個有趣而發人深思的看法，他說日本是「有現代化而無現代」（modernization without the modern）。其主要論旨是：日本成功地完成了「現代化」的三個主領域，即「工業化」「民主化」及「個人主義」，但究其實際，則日本有市場運作，卻受政府嚴格的規制；有民主制度，卻為權威主義所滲透；日本發現個人的新價值，卻只是 myhomeism，而並不具備西方個人主義的核心。[29] 棚瀨孝雄對日本現代化的觀察，一方面固可辯說日本的現代化並不具現代性，即日本的現代，不似西方的現代。另一方面，也可說日本的現代性是有別於西方的，即它有現代的共性（工業化、民主化、個人主義），卻也出現了日本的特性。今天的東亞，包括中國人的幾個社會，正處於現代化的過程中，並正露現了一些不同於西方現代性的現代性。對東亞這個正在浮現的「現代性」的理解與分析，對於社會科學實在是一件有重大意義與挑戰性的工作。

---

[28] 拙文 "Confucianism, Modernity and Asian Democracy"（發表於 The Seventh East—West Philosophers' Conference on Democracy and Justice: A Philosophical Exporlation, University of Hawaii, Jan 9-11, 1995）即是對東亞現代性，特別是東亞民主的性格所作的一個探索。收入金耀基：《中國社會與文化》增訂版，香港：牛津大學出版社，2013。

[29] 這是 1995 年 8 月 1 日至 4 日，在東京大學舉辦的世界法律社會學會議中棚瀨孝雄所發表 "The Modern as a Regulative Ideal" 的論文主旨。

新文明的特性：「現代的」與「中國的」

中國的現代化不能簡單地看作是為了中國的富強，它基本上是中國尋求新的文明秩序的一個歷史過程。中國雖然是「被詛咒地去現代化」，在原始動機上不無委屈，但中國的「現代轉向」是「命定的」，也是應有的選擇。現代化出現的現代文明的格局在本質上有異於前現代期的文明，它是一種特殊類型的新文明[30]。這個新文明始源於西方而逐漸全球化，所以西方的現代性在世界現代性上享有支配性地位，今天全世界不同的文化都受到這個「轉化」的影響，也都出現了一些現代性的共相，但是，這個現代的新文明性格，不止受到越來越多的批評與抗制，甚至引發了全球性的對舊文明的「鄉愁」（nostalgia）[31]。今天的大課題，不止是對「現代性」的反省，更且需要探索現代的多元性。構成今天支配性的西方現代是啟蒙運動。啟蒙標舉自由、平等、民主、博愛等價值誠然有普世的意義，但是「啟蒙心態」則已受到嚴厲的批判。我們認為，全面地反啟蒙固然不足取，但把一切現代化的事物都歸屬於並必須來自西方的「啟蒙」，也是認知上的錯誤。中國的現代化的目標是建構一個新的文明的秩序，它不可能沒有啟蒙的因素，但也無須並且沒有可能是啟蒙整套的東西。在這個意義上，建構中國現代性的部分的資源應該並且必然會來自中國這個軸心期文明的文化傳統。今天我們沒有奢侈問中國要不要一個現代的新文明，但必須問中國要建構一個什麼樣的現代的新文明。中國「化」為「現代」的道路，並沒有任意

---

30 Eisenstadt, "Cultural Tradition, Historical Experience and Social Change: The Limits of Convergence".

31 Roberston, "After Nostalgia? Willful Nostalgia and the Phase of Globalization", p. 51.

或太多選擇的餘地，但卻絕不是沒有創造的空間。中國或東亞的人（也包括一切非西方的人）在經濟、政治、文化現代化的過程中，應該自覺地調整並擴大現代化的「目標的視域」，在模仿或借鑒西方的現代模式之同時，不應不加批判地以西方現代模式作為新文明的標準。中國建構新的現代文明秩序的過程，一方面，應該不止是擁抱西方啟蒙的價值，也應該是對它的批判，另一方面，應該不止是中國舊的傳統文明秩序的解構，也應該是它的重構。中國的新文明是「現代的」，也是「中國的」。

中國之「現代型國家」的
發展困境 *

韋伯的「國家」「社會」互動觀

近年來，德國社會學家韋伯（Max Weber）提出的有關新教倫理的論題在中國大陸和台灣的學人和知識分子中間已經成為熱門話題，其主要原因在於，東亞地區在文化上同屬受儒家思想統馭的地區，而在二次世界大戰之後，該地區在工業化和現代化方面取得了長足的進展，為世所矚目。此一經驗現象之值得深究，正如西方資本主義的興起成為韋伯及他同時代許多學者關注的中心問題一樣。韋伯新教倫理的論題認定，中國之所以未能發展資本主義，其根源在於儒家的價值體系。而今日東亞既在文化上受儒家思想不同程度的影響，於是，我們完全有理由像墨子刻（Thomas Metzger）那樣提出下列問題：

> 因此，我們禁不住要問，「在這個世界上，為何一些社會較之另一些社會能夠更為有效地應對自己的問題，迎接現代化的挑戰？」韋伯所欲解釋的是中國的失敗之處，而我們則正要解釋其成功之處。但說來也怪，我們的答案同韋伯的一樣，也強調了「特定社會」固

* 本文英文原作為 "Max Weber and the Question of Development of the Modern State in China", paper presented at the International Conference on the Max Weber and the Modernization of China, sponsored by the Institut für Soziologie, Der Universität Heidelberg, July 23–27, 1990。中譯本收入金耀基：《中國政治與文化》，香港：牛津大學出版社，2013。

有的精神氣質的作用。[01]

在過去十年裏，學者就儒家倫理對東亞工業化和現代化所產生的積極影響作了不少的研究，這類著述都直接或間接地對韋伯給儒學所下的斷言提出了質疑。據筆者管見，這類研究的意義實不在於它們確證或否證了韋伯新教倫理的論題，而在於它們提出了文化要素與經濟發展的關係問題。

二十世紀九十年代的今天，東亞地區在現代化的進程中所面臨的極重要也極緊迫的問題是政治發展的問題，尤其是民主的問題。今天，「亞洲四小龍」（韓國、新加坡與中國之台灣、香港）都以不同的方式面臨著民主的挑戰。民主的挑戰，就其實質而言，乃是對國家威權主義（state authoritarianism）的挑戰。[02] 在「四小龍」中，或者除香港外，威權體制在經濟騰飛的過程中都扮演了重要角色。愛姆斯黛（Alice Amsden）在分析台灣的經濟發展時寫道：

> 因此，台灣為我們提供了一個個案，從中可以見出「國家干預」對經濟發展所起的重要的促動作用，它證明了「國家機器」與經濟增長過程的交互作用。[03]

01　Thomas Metzger, *Escape from Predicament,* N. Y.: Columbia University Press, 1977, p. 235.

02　白魯恂（Lucian Pye）說：「我們今天在威權主義的危機中面臨著一個一致的挑戰，它正在顛覆全世界所有類型的威權體制，包括馬列主義政權。」見 Lucian Pye, "Political Science and the Crisis of Authoritarianism", in *American Political Science Review*, vol. 84, no. 1, March 1990, pp. 3-19.

03　Alice Amsden, "The State and Taiwan's Economic Development", in P. B. Evans, O. Rueschemeyer & T. Skocpol ed., *Bringing the State Back In,* Cambridge: Cambridge University Press, 1985, p. 101.

有趣的是，在台灣，民主的發展在很大程度上是由「國家」與「社會」間的一種新的力量平衡推動起來的。相對於「國家」而言，台灣之「社會」的力量與日俱增，而應該指出的是，這些社會力量的出現卻正是「國家」本身的產物。[04]

在一段相當長的時期中，有一個現象值得指出來，即在有關現代化問題的主流文獻中，國家（state）作為行動者或作為塑造社會的制度性結構所起的作用，如果不是完全被忽略了的話，也至少未得到充分的重視。這類著述從多元論和結構功能主義的視角去分析問題。它們大都以英美社會的經驗為基礎，國家往往在理論中失蹤了，或降落為一種經濟或社會的「附屬現象」。有趣的是，新馬克思主義派的學者也是以社會為中心去解釋政治現象的。到七十年代中期，社會科學界產生了一種範典轉向（paradigmatic reorientation），這個範典的取向把國家視為重要的行動者，並探究國家是如何影響政治和社會過程的，亦即把國家放到理論中一個重要位置。《重新引進國家》（*Bringing the State Back In*）[05] 的呼籲，即說明了這個範典的精神。

在這個新的範典轉向中，學者無論是馬克思主義還是其他流派的，都很自然地回到了韋伯那裏，因為韋伯比馬克思（Karl Marx）或他同時代的社會學家涂爾幹（Émile Durkheim）都更為強調地把國家當作中心要素，把政治現象視為具有自身邏輯和歷史的特殊

04　Ambrose Y. C. King（金耀基），"A Nonparadigmatic Search for Democracy in a Post-Confucian Culture: The Case of Taiwan, R.O.C.", paper presented at the conference on "Political Culture and Democracy in Developing Countries", Hoover Institution, Stanford University, September 14-17, 1988.

05　Theda Skocpol, "Bringing the State Back In: Strategies of Analysis in Current Research", in *Bringing the State Back In*, pp. 3-43.

現象。用巴迪（Bertrand Badie）和鮑姆（Pierre Birnbaum）的話來說，一旦接受了韋伯的立場，「我們就再也不能像馬克思和涂爾幹的一般模型所指示的那樣用生產關係或勞動分工去解釋政治現象了。在韋伯的學說中，政治包含著其自身的決定要素。」[06]

如果把韋伯與馬克思作一比較，我們可以說，馬克思不認為國家是作為一種獨立力量存在的。相比之下，韋伯的大量社會學研究卻強調了國家作為一種影響社會的力量所起的作用。吉登斯（Anthony Giddens）指出：「不算過分簡單化地說，馬克思是按照其有關經濟基礎的預設去看待國家的，而韋伯則傾向於按照從他對國家的興起的分析中衍生出的範典去看待經濟基礎。」[07]

正如海德堡大學的施魯赫特（Wolfgang Schluchter）指出的，韋伯畢生的工作都是在探究西方理性主義的興起問題，而此種理性主義主要表現在以工具理性為主的近代資本主義和國家政治中。可惜，由於他的早逝，韋伯未及完成其有關近代國家的社會學研究。[08] 不過，從現有的韋伯著述中，我們可以看到他對國家的概念。在韋伯看來，「科層制（bureaucracy）是……現代國家的根源所在」，「現代的國家都絕對地依賴於一個科層制基礎。國家愈大，它就愈是無條件地要這麼做」[09]。不僅如此，韋伯還認為近代國家的一個顯著特徵就是法理型統治的出現。「凡屬法理型的統治，

06　Bertrand Badie and Pierre Birnbaum, *The Sociology of the State*, Arthur Goldhammer trans., Chicago: The University of Chicago Press, 1983, p. 17.

07　Anthony Giddens, *The Class Structure of the Advanced Societies,* London: Hutchinson University Library, 1973, p. 125.

08　Wolfgang Schluchter, *Rationalism, Religion and Domination: A Weberian Perspective*, Neil Solomon trans., Berkeley: University of California Press, 1989, p. 439.

09　Badie & Birnbaum, *The Sociology of the State*, p. 20.

其合法性基礎均為理性的，那種藉科層制的行政而實施的統治不過是法理型統治的最純粹的類型而已。」[10] 應該提出的是，韋伯充分地認識到，就歷史實相言之，理性的統治不僅有民主的變體，而且還有專制獨裁的變體。[11]

宗教社會學和統治社會學乃是韋伯著作中的兩大理論領域，有鑒於此，韋伯在討論中國時主要側重於說明中國為何「未能發展出」（non-development）具有自身特色的近代資本主義和近代科層制，就不是偶然的了。筆者最感興趣的問題是，韋伯如何看待中國帝制時代「國家」與「社會」的關係？在試圖回答此一問題時，我們可將班迪克斯（Reinhard Bendix）對韋伯的詮釋作為有用的線索和示意。班迪克斯承認，韋伯確實在盡可能地避免使用諸如「社會」或「國家」這類字眼，但班氏又認為，「社會」與「國家」之間的區分及其相互之依存乃是「韋伯整體著述的基本主題」。[12] 他還進一步指出：

> 韋伯強調了統治者與被統治者在一定程度上對合法性的共有信仰，由此保留了黑格爾（G. W. F. Hegel）的思想，即社會與政府彼此間處於交互關係中。此外韋伯還強調了另外兩點：其一，對合法秩序的信仰，在本質上是異於社會中「物質利益與精神旨趣的聯合」的；其二，合法權威的實施有賴於一個擁有其自身的絕對要求的行政組織。這樣，韋伯又保留了黑格爾在「市民社會與國家」之間所作的區分。[13]

10　Wolfgang Schluchter, *The Rise of Western Rationalism: Max Weber's Developmental History*, Guenther Roth trans., Berkeley: University of California Press, 1981, p. 109.

11　Ibid., p. 110.

12　Reinhard Bendix, *Max Weber: An Intellectual Portrait*, N. Y.: Anchor Books, 1962, p. 478.

13　Ibid., p. 494.

　　韋伯的社會學著作或許並沒有明顯闡明「社會」與「國家」的互動問題，但是在他有關政治的著作中，韋伯對此則三致其意。比森（David Beetham）寫道：

> 韋伯有關政治的著作的重要性是再明顯不過的了。他的社會學著作中未加論列的大量主題都出現在這裏。最重要的是，韋伯在論述德國政治和俄國政治的著作中對社會和國家的互動進行了獨到的分析。其重要性可於他對科層制的分析中見出。在《經濟與社會》一書中，科層制是作為一種抽象模型提出的，在很大程度上它是脫離社會和政治過程而孤立地加以處理的。而在其有關政治的著作中，科層制則是被置於社會和政治脈絡中加以考慮的，由此，韋伯發展出了一種有內在局限性的科層制及其同其他社會力量和群體的互動關係的理論。[14]

　　我個人的看法是，若欲充分地理解在中國發展現代型國家的問題，就很值得深入地去闡明韋伯在國家與社會的關係問題上所持的互動觀點，特別是剖析韋伯如何看待傳統中國的國家與社會二者間之相互關係。

價值基礎和結構要素

　　在探討中國為何未能發展出近代資本主義的爭論中有兩派，一派從制度上立論，另一派則從文化上立論。前一派認為主要原因在於傳統中國的制度性結構，後一派則認為在於中國的價值體系，特

14　David Beetham, *Max Weber and the Theory of Modern Politics,* Cambridge: Polity Press, 1985, pp. 15-6.

別是儒家思想。[15]

　　誠然，韋伯想讓我們相信，中國之所以未能發展出近代資本主義，其根本原因在於儒家的「精神氣質」，此種氣質無力釋放出體現在近代經濟過程中職業人身上的那種「資本主義精神」。[16]但我們不能據此認為韋伯所持的是一種「文化主義的」立場。遠遠不是這樣。事實上，韋伯不僅關注文化要素，而且如果不是特別強調，也至少同樣重視結構要素。特納（Byran Turner）指出：

> 因此，在韋伯看來，資本主義關係的本質並非來自於節儉的個人的種種特性，而是來自於一整套的結構，這些結構將合理性強加於社會行動者的行為之上……。韋伯對資本主義的描述頗類似涂爾幹和結構主義者的觀點：前者把「社會事實」看成是外在的、客觀的和強制性的，而後者則把資本主義概念化為一種不能歸納為人際互動的關係。[17]

　　應該注意的是，韋伯詳細討論了帝制中國的五大結構要素，認為它們表明了同近代資本主義的功能要求相關聯的一些特徵。[18]正如施魯赫特指出的，韋伯對西方和中國的不同發展路向所作的實質性分析表明：

15　Peter Berger, "Secularity-West and East", Kokugakuin University Centennial Symposium on "Cultural Identity and Modernization in Asian Countries", January 9-13, 1983.

16　Max Weber, *The Religion of China*, H. H. Gerth trans., N.Y.: Free Press, 1964, pp. 140, 238, 247. 下文引自本書者，只在文中註出頁碼。

17　Bryan Turner, *For Weber: Essays on the Sociology of Fate*, London: Routledge and Kegan Paul, 1978, pp. 54-55.

18　Yang, "Introduction", in Weber, *The Religion of China,* p. xx.

把中國人的世界同禁慾新教的世界彼此分開的絕不僅僅是終極價值基礎的不同以及二個社會中文化承擔者階層對它們的表達方式的不同而已，結構形態的不同也是一個原因。一個是大一統的國家，另一個則是等級制國家（一個以等級為基礎組織起來的社會），這是它們走上各自不同的、獨特的發展道路的根本的決定因素之一。[19]

韋伯把帝制中國視為一個具有特殊的結構形態的家產制國家（patrimonial state）。近代資本主義之所以未能在中國獲得發展，用他自己的話來說，這「主要與國家的結構有關」。（p. 100）誠然，韋伯對中國家產制國家的性質以及國家與社會之間關係的性質所作的分析並不總是貫通而有系統的，但其洞察力之敏銳深透，在其同時代的思想家中，誠無出其右者。韋伯把秦始皇建立的中央集權的官僚制國家看作是最重要的政治結構要素。封建諸侯國在戰爭中紛紛被削減，隨之建立起了大一統的帝國。在戰國時期業已達致文化上的統一，現在更加上了政治上的統一。帝國在文化和政治上的統一對家產制國家的本質無疑有著決定性的影響。

在漢代（緊接秦後），儒家思想被尊為國家意識形態，於是，儒家的文化系統便同政治結構 —— 它具有濃重的法家色彩 —— 充分地合為一體了。事實上，正是漢代的儒法混合為以後諸朝的皇權統治提供了文化與結構上的基礎。在筆者看來，自漢以降，儒學逐漸演變成了一個可稱為「制度化儒學」的體系。制度化儒學是「制度—文化」的複合體，其中包含皇權制度、家產官僚體系和儒家

19　Schluchter, *Rationalism, Religion and Domination*, p. 110.

文化價值。²⁰

　　韋伯相當敏銳地指出，家產官僚制的權力主要局限於城牆以內，其行政所轄範圍實際上僅限於城市及其附近地區（p. 91），而鄉村則能夠「通過寺廟，發揮一個共同體的作用」（p. 93）。韋伯還觀察到，家產官僚制的理性主義必須面對以親族組織的未受過教育的血親長老為代表的強固傳統主義的力量，並要受其限制（p. 95）。當然，我們不可由此而說家產國家在社會面前是軟弱無力的。韋伯認識到宗法血親組織的強大力量（p. 96），也可說他認識到在傳統中國「民間社會」在國家（政府）力量之外的存在與力量，但韋伯充分地意識到大一統的、中央集權的帝制國家對中國社會所具有的政治經濟意義。

　　戰國時期那種政治競爭的局面不再見容於大一統下的皇權制度了。韋伯清楚地看到，存在於西方國家之外的那些「強大的獨立力量」在中國明顯地付諸闕如（p. 62）。徐復觀指出，中國的專制制度 —— 其基礎是在秦漢時期奠定的 —— 的原型有一個顯著的特徵，即是「在專制政治之下，因為一切人民皆處於服從之地位，不允許在皇帝支配之外保有獨立乃至反抗性的社會勢力。」他又說：

　　　另一方面的所謂專制，指的是就朝臣的政權運用上，最後的決定
　　權，乃操在皇帝一個人的手上，皇帝的權力，沒有任何立法的根據
　　及具體的制度可加以限制而言，人臣可以個別的或集體的向皇帝提

20　我在 "The Role of Political Tradition in the Evolution of Democracy in China: Continuity and Change in Institutional Confucianism" 一文中對「制度化儒家」的概念作了詳細闡述。該文是提交給由 The Pacific Cultural Foundation, R.O.C. 與 The Carnegie Council on Ethics and International Affairs, USA 聯合主辦的「中國民主制的演進」國際討論的論文，December 13-15, 1989, New York.

出意見，但接受不接受，依然是決定於皇帝的意志，無任何力量可
對皇帝的意志能加以強制。這才是我國所謂專制的真實內容。[21]

　　徐復觀還認為，皇權制下的專制機器基本上是以法家思想為根
源，以軍事和刑法為工具，所構造起來的「一切文化、經濟只能活
動於此一機器之內，而不能軼出於此一機器之外，否則只有被毀
滅」，這種專制皇權乃「是中國社會停滯不前的總根源」[22]。誠然，
韋伯把秦始皇的統治視為東方獨裁君主（oriental sultanism）的一
種形式，但他對整個中華帝國皇權統治的看法並不那麼絕對（pp.
44-45）。在韋伯眼中，皇權統治在很大程度上乃是建立於開明的家
產制這一新原則之上的，而此項原則要求任人唯賢與能。韋伯說，
「社會秩序中的封建因素逐漸趨於弱化，家產制成了與儒家精神根
本上相應的結構形式。」兩千年來，韋伯指出，「文人學士與專制
主義的鬥爭從未間斷過」（p. 138）。確實，堅持儒家以民為本的文
化價值的士大夫和儒吏代不乏人，而按照此種文化價值，在治理百
姓時總將教化置於懲罰性的刑法之上。[23] 余英時論漢代循吏的文字
指出了「政」「教」分合的內在緊張性，並有力地說明了循吏在維
護政治秩序之外，建立文化秩序的儒家傳統。他特別點出儒教之基
地在社會而不在朝廷。更有甚者，儒家價值的信奉者甚至如漢學家
顧立雅（H. G. Creel）所說，還表現出一種反國家主義的傾向[24]。縱
觀中國的歷史，國家與社會之間一直沒有清晰的界限，嚴格言之，
「社會」的觀念是隱沒在「國家」觀念之下的，中國知識分子（以

21　徐復觀：《西漢思想》，台北：學生書局，1978，頁 142，152。

22　同上書，頁 154。

23　余英時：《中國思想傳統的現代詮釋》，台北：聯經出版事業公司，1987，頁 167-258。

24　H. G. Creel, *Confucius and the Chinese Way,* N. Y.: Harper Torchbooks, 1960, pp. 236-248.

儒家為主）從來沒有將「上帝」與「凱撒」兩者分開的理念，在古代中國，知識分子一開始就關注「凱撒」的世上的事務，後世知識分子「以天下為己任」正是此一傳統的延續，他們心中意指的文化秩序，應即是「道統」，此與代表政治秩序的「政統」有別，但政統與道統這兩個領域不是像西方的「政」「教」那樣截然區分的。在先秦時代，由於政治秩序未定於一，知識分子的道也是多元的，政統與道統都有相對性，都有自主性，但漢代之後，政統固「定於一」，道統也由儒家取得。不過，在大一統的政治下，知識分子在「社會」上已失去「獨立」生存的資源，更無制度化的組織，根本上已無法與政治勢力相頡頏，誠如余英時在〈道統與政統之間〉一文中所指出者：

> 正由於中國的「道」缺乏有形的約束力，一切都靠個人的自覺努力，因此即使在高級知識分子群中也有許多人守不住「道」的基本防線。[25]

在大一統的國家形式下，誠然在政治制度本身中也有對君權的某種程度的牽制，此即國史上所謂「君權」與「相權」的問題。宰相為官僚制之首，且來自社會，不如皇帝之由世襲，而至少理論上由客觀之賢與能之標準甄拔，自有助於政治制度之合理化。事實上，遇到「聖王」式的君主，相權對皇權確有制衡性的功能，但歷史上「聖王」少、「王聖」多，在君尊臣卑的大一統格局下，相權是有限的，在普遍王權意理下，君權是絕對的，相權是派生的，他的權源，不來自他處，正來自君主。到了明代，太祖甚至連宰相之制都廢除了。行文及此，應強調指出，中國的國家制度很重要部分

25　余英時：《歷史與思想》，台北：聯經出版事業公司，1976，頁50。

是建基於法家學說之上的。顯然，韋伯並未充分認識到法家學說對家產國家制度所產生的影響。自秦以降，中國的國家制度乃是儒法兩種思想的混合產物。伯爾格（Karl Burger）指出：

> 我們不能認為在中國有什麼「儒家的法律」，正如我們不能認為中國是一個「儒學國家」一樣。自秦以降，所有的朝代都尊奉著法家的基本原則。[26]

儒家和法家在統治和管理方法上雖然存有很多重要的差異，但它們在對待「國家」與「社會」的關係問題上卻有著共同的取向。史華慈（Benjamin Schwartz）認為：

> 在中國，居於統治地位的共同文化取向就是那種關於普遍的、無所不包的社會政治秩序的觀念，而此種秩序乃是以基於宇宙論的普遍王權的概念為中心的。[27]

他認為，「普遍王權或他所佔據的權位是一種在人的社會與宇宙的統治力量之間構成主要聯繫的制度。」[28]正是在這裏，韋伯顯示出了他那非凡的洞察力。他說，「世俗權威與精神權威均操縱在一人手中，其中尤以精神權威的力量至為強大。」（p. 38）韋伯看到，中國的君主就如同一位教皇，中國的皇帝是運用真正意義上的奇里

---

26 S. R. Schram, "Party Leader or True Ruler? Foundations and Significance of Mao Zedong's Personal Power", in S. R. Schram ed., *Foundations and Limits of State Power in China,* Hong Kong: The Chinese University of Hong Kong Press, 1987, p. 227.

27 Benjamin Schwartz, *The World of Thought in Ancient China,* Cambridge: Harvard University Press, 1985, p. 413.

28 Benjanmin Schwartz, "The Primacy of Political Order in East Asian Societies: Some Preliminary Generalizations", in Schram ed., *Foundations and Limits of State Power in China*, p. 2.

斯瑪型權威（charismatic authority）進行統治的。宇內唯一的君王在其人格中體現著凌駕於神聖的和世俗的社會政治生活領域之上的至高權威。用史華慈的話來說，他對傳統的社會政治秩序有著「無所不包的統轄權宣稱」。這一點充分地體現在「普天之下，莫非王土；率土之濱，莫非王臣」的說法中。眾所周知，普遍王權的合法性是基於「天命」理論之上的，相應地，君王被稱為「天子」。這種把普遍王權視為凌駕於神聖和世俗領域之上的權威之化身的文化觀念，對於家產制國家在意識形態和結構上有著不可估量的影響。

韋伯認為，由於此種皇權乃一至高無上的帶有宗教性的神聖結構，因此就排除了發展強大的牧師階層或獨立宗教力量的任何可能性（p. 31）。在中國，不像在西方，教會的力量從未發展到與國家分庭抗禮的地步，更遑論對國家（或君王）操縱精神領域的權力進行挑戰了。第二，由於皇帝是天命的化身，因此他就自然而然是一位道德領袖（和宗教領袖）。中國的思想家，無論是儒家的還是其他學派的，都從未打算也無法想像從制度上對皇權加以制約。林毓生認為：「政治道德化的觀念排除了從憲法上對政治權力施以限制的任何可能性。如果有誰以為這種權力可能走向腐化，因此需要從制度上加以制衡，那在用語上即是自相矛盾的。」[29] 在這一點上，我們同意史華慈的論斷，他認為，對皇帝塑造社會的權力予以高度信任，這實際上代表著「對社會政治秩序觀念的一種極端樂觀主義的解釋」[30]。從這個角度看，我們可以更易理解韋伯為何把儒學視為一

---

29 Y. S. Lin（林毓生）, "Reluctance to Modernize: The Influence of Confucianism on China's Search for Political Modernity", in Joseph P. L. Jiang ed., *Confucianism and Modernization: A Symposium,* Taipei: Freedom House, 1987, p. 25.

30 Schwartz, *The World of Thought in Ancient China*, p. 414.

個「對世界持極端樂觀主義態度」（p. 42）的理性體系。

雖然如艾森斯塔特（S. N. Eisenstadt）敏銳地指出者，在帝制中國，統治者的「普遍權力」（generalized power）是相當有限的[31]，但從理論上說，國家（普遍王權即是其人格體現）的權力乃是無限的，它可以不受阻礙、不受限制地運用權力去塑造社會政治生活。帝制中國的政治系統，借用墨子刻的話來說，擁有一個「不受限制的政治中心」（uninhibited political center）[32]，它具有不斷地對社會經濟活動實施干預的潛在可能與傾向。如上所述，帝制國家不允許任何獨立力量的存在，在中國從未發展出獨立的宗教團體或其他社會力量，如果我們對中國城市的性質進行一番考察，就能更加清楚地看到這一點。韋伯在分析中國城市時不僅指出了中西城市的差異，而且還直接地——雖是含蓄地——觸及了國家與社會之間的關係。他說：

> 與西方不同，中國的城市……缺乏政治自治權，東方城市不是古代（西方）那種「城邦」，也不具備中世紀那種「城市法」，因為它不是一個擁有自身的政治特權的「公社」，在那裏也沒有出現過像古代西方自給自足的武士階層那樣的公民。（p. 13）

而且，中國的城市也不同於當時英國的城市，它沒有一部「憲章」來保障其「自治特權」。中國城市「其實是皇權的堡壘，它在自治方面所享有的形式保障實際上比鄉村還少。」（p. 15）韋伯指

31　S. N. Eisenstadt, *The Political Systems of Empires,* N.Y.: Free Press, Paperback ed., 1969, pp. 365-368, 370.

32　Thomas Metzger, "The Ideological Context of Modernization in the Republic of China", paper presented at the 18th Sino-American Conference, June 8-11, 1989, Hoover Institution, Stanford University, pp. 12-13.

出，中國的城市主要是理性的行政管理的產物（p. 16），在那裏從
未出現過公民（或市民）。結果，城市成了一個行政實體，而不是
一個政治社會或市民社會（civil socicty）。正是在這個意義上，巴
拉茲（Etienne Balazs）指出，帝制中國是一個「官僚社會」[33]。在中
國之所以未產生真正的「市民社會」，很大程度上即由國家的力量
防抑所致。這對於在中國發展現代型國家乃是一個具有根本意義的
結構問題。

行文至此，我們應當記住，如施魯赫特指出的，韋伯認為中國
的中心問題除了需要發展具有自身特色的現代資本主義外，還需
要發展具有自身特色的現代官僚制。在韋伯看來，中國的家產制
使官僚制成為非理性的，無法產生出真正有效的中央集權的管理
體制。[34] 他認為，之所以出現這種情況，不僅是由於「官僚制精神」
（spirit of bureaucracy）所致，而且也是由於經濟政治因素所致。
在這些經濟政治因素中，最重要的一個就是大一統的國家。在大一
統的國家裏採取了一些集權措施，用韋伯的話來說，就是特殊的
「家產制手段」（patrimonial means），包括官員三年一換的輪調制
度，禁止他們在家鄉供職。這些措施遏止了帝國的封建化，但代價
是削弱了中央當局的權力，使理性的地方行政得不到發展，[35] 因為家
產制下的官僚們不得不仰仗那些代表著傳統主義權力和利益的地方
鄉紳（p. 48）。結果，「帝國就形同一個由教皇轄地組成的邦聯」（p.
48）。在韋伯看來，家產官僚制的「非理性」性質不僅源自大一統

33　Etienne Balazs, *Chinese Civilization and Bureaucracy*, H. M. Wright trans., New Haven:
　　Yale University Press, 1964, pp. 13-27.

34　Weber, *The Religion of China*, pp. xxiii, 100, 103; Schluchter, *Rationalism, Religion and
　　Domination*, p. 356.

35　Weber, ibid.; C.K. Yang, "Introduction", p. xxiii; and Schluchter, ibid.

國家的政治結構，而且還源自儒學的價值體系。據韋伯的分析，儒學「乃是食祿者的身份倫理（status ethic），是尊奉世俗理性主義的文士的地位的倫理」[36]。在韋伯看來，「儒家的理性主義意味著理性地順應世界」（p. 248）。他認為官僚制的精神體現在官吏的「君子理想」中，而官吏的生活行為具有一種特殊的風格，它不是把世界當作「理性」改造的對象，而是傾向於把世界的不斷完善奉為最高目標。[37] 家產官僚制那種特殊的非理性性質的根源在於儒家心態，此種心態表現於，人們在實踐倫理的生活行為時奉行著一種特殊的「個人化原則」（personalist principle）。韋伯寫道：

> 中國的倫理在那些自然發展出來的、尊奉個人化原則的社會群體中，在那些與之關係緊密或以之為楷模的社會群體中發展了它那最強有力的動機。這同新教倫理形成鮮明的對照，後者視人為上帝的造物，並把人的責任客觀化了。（p. 236）

儒家個人化的精神氣質建立起了「血緣社團」（community of blood），同新教的「信仰社團」（community of faith）恰成對比。此種氣質對「科層制心態」的發展構成了障礙，後者不僅對於現代資本主義的運作，而且對於現代科層制的實踐都是不可或缺的。[38] 在韋伯看來，中國的官僚制之所以始終停留在家產官僚制的水平上，其原因在於中國的家產制國家對形式法律和實質正義未作嚴格區分。韋伯認為，中國的法令都是「法典化的倫理規範而非法律規範」（p. 102）。瞿同祖的研究充分支持了韋伯的看法。他指出，

---

36   Schluchter, *Rationalism, Religion and Domination*, p. 354.

37   Ibid., p. 360.

38   Yang, "Introduction", in Weber, *The Religion of China*, p. xxi.

「法律儒學化現象顯示了儒家倫理融進了中國法律中。」[39] 其後果是，家產官僚制無法使官僚機器非人格化（或理性化），於是，無力發展出現代行政需要的形式理性。[40]

國家的危機：現代型國家的探索

延續了兩千餘年的帝制國家終於在一九一一年的共和革命中壽終正寢了，但是，從帝制國家的廢墟中並不能自動產生出一個現代國家。舒爾曼（Franz Schurmann）寫道，「中國的共和國的出現並非標誌著新制度的勝利，而是標誌著舊制度的覆亡。」[41] 費正清也認為，辛亥革命的意義「在於消極方面的成就——消滅了君主制，而此種君主制不僅是歐洲式民族國家的那種君王系統，而且是天命式的普遍的王權系統。」[42] 一九一一年的共和革命在很大程度上造成了「權威危機」（authority crisis）。中國的國家處於生死存亡的關頭。確實，不僅國家處於一片混亂之中，整個華夏文明都受到了西方工業國家的嚴重挑戰。在本世紀最初的那些年代裏，由於普遍民族危機的意識，知識分子心力傾注最多的是救亡圖存的問題，而民主和個人權利的問題則退居次要地位。在史華慈所描寫的嚴復中，西方自由主義在他手上成為了追求國家之富強的工具價值，這對當時知識分子的知識取向是頗有代表性的。李澤厚所講的「救亡壓倒

39　Tung-Tsu Chu（瞿同祖），*Law and Society in Traditional China,* Paris: Mouton, 1961.

40　Schluchter, *Rationalism, Religion and Domination*, pp. 111, 361.

41　Franz Schurmann, "Chinese Society", in *International Encyclopedia of Social Sciences,* vol. 2, N. Y.: Macmillan, 1968, p. 414.

42　J. K. Fairbank, *The United States and China,* Cambridge: Harvard University Press, 4th ed., 1976, p. 220.

啟蒙」則形象地綜合了當時知識界的氣候。

辛亥革命前後，知識分子、改革者和革命者一直都在努力為中國探索一種新的國家形式。一九一一年辛亥革命所創造的共和政府，不論如何脆弱，它畢竟標示了一個新時代的來臨，所以像萊特（Mary Wright）一樣的史學者，都不會將二十世紀的最初十年視為朝代循環中的一個階段。不過，新共和政府建立不久，就接連發生了帝制復辟、第二次「革命」等事件，顯示革命是不徹底的，之後，軍閥割據出現了秦代大一統格局以來一種政治多元性的變體，這不是先秦戰國體制的再現，也不是歐洲的多國家體制，更不是北美式的聯邦制。在軍閥割據下，出現了一種政治多元主義，但那是帝國主義支持操縱下舊式軍人的群雄分峙，去現代國家形式遠甚，這是與時代的需要相違背的，國民黨「北伐統一運動」之所以能擊潰軍閥，正代表了一種進步力量。說到這裏，我們必須指出，在五四新文化運動之後，在中國的政治舞台，除了國民黨之外，只有共產黨具有吸引知識分子與回應時代需要的意識形態與組織力量。辛亥革命之後，在中國建立一個現代型國家的問題並沒有獲得答案。無論是國民黨，還是中國共產黨都把重建國家當作最重要的目標。國民黨與共產黨之間的鬥爭與分合，是一極複雜的過程，共產主義運動最後在中國得勢的原因，已有不少研究與解釋，我們只想說，在中國現代革命發展過程中，一種激進主義的思想（或毋寧說是態度）一直在逐步高漲，這是指一種尋求「根本性」解決社會與政治問題的心態。在這樣的歷史背景下，馬克思列寧主義最終成了據以重建國家的主導意識形態，就不足驚訝了。鄒讜寫道：

> 許多激進的中國知識分子都接受了馬克思列寧主義，認為它為中國的問題提供了解決之道。對於其中的緣由，學者們已經作了大量的探討。馬克思主義是一種關於全面危機（total crisis）的理論，它設

想出了一種在最近的將來全面改造社會的方案。因此，它就同中國
激進知識分子的那種全面危機的意識、那種仍然模糊、尚未成形的
全面改造社會的要求、那種想要立即採取實際行動的願望產生了共
鳴，列寧主義中蘊含的權力理論滿足了中國激進人士對全面改造社
會的需要。[43]

　　中共的目標不外是要全面改造中國社會，在中國建立一個現代
國家。中共重建國家的方略除了要實現其他目標外，還要建立或重
建國家權威的合法性。像二十世紀的其他新國家一樣，中國的共產
黨國家，如班迪克斯指出的，必須「在一種新的基礎上」建立自己
的政府，「並把『人民』作為權威的終極源泉」[44]。的確，中共充分地
認識到，要在人民的心目中建立自己的「天命」[45]，從前那種「天命」
理論已經喪失了吸引力。中共是按照毛澤東「群眾路線」的著名理
論（該理論有的學者視之為中國化的馬列主義）去重建權威的，黨
被認為是無產階級或人民意志的體現。中國式的馬列主義在一個重
要的意義上乃是與「制度化儒學」的徹底決裂。舒爾曼指出：

在傳統中國，儒學、士紳和家長代表著精神氣質、身份集團和楷模
人格的三位一體。到一九四九年，革命把這一切掃蕩一空……。
傳統的三位一體的權威被摧毀了，社會制度本身也隨之而瓦解。[46]

43　Tang Tsou（鄒讜），"Marxism, the Leninist Party, the Masses, and the Citizens in the Rebuilding of the Chinese State", in Schram ed., *Foundations and Limits of State Power in China*, p. 259.

44　Reinhard Bendix, *Kings or People,* Berkeley: University of California Press, 1978, p. 602.

45　班迪克斯認為法國革命使人民或民族成了一切權威的基礎。Ibid., p. 596.

46　Franz Schurmann, *Ideology and Organization in Communist China,* Berkeley: University of California Press, 1970; enlarged ed., 1970, p.7.

在舒爾曼看來，傳統的三位一體業已被意識形態（馬列主義、毛主義）、黨的組織領導者和幹部取而代之了。[47] 如上所述，中共革命的目標是要全面改造社會。就此而言，黨國（party-state）對社會政治生活的一切領域都享有「無所不包的統轄權」。自一九四九年以來，黨國不僅試圖控制社會，而且還試圖改造社會。傅高義（Ezra Vogel）曾描述「政治征服社會」的現象，自一九四九年中共掌握政權以來，在中國大陸出現的正是這種情況。[48] 鄒讜認為共產黨中國「把國家的職能無限地延伸到了市民社會和經濟領域」[49]。政治「中心」的權威已經直接伸展到了邊陲的地方，韋伯所講的傳統的鄉村的「自治權」或「宗法血親組織的權力」從根本上被推毀了。黨國的官僚制不同於家產官僚制，它在很大程度上把中央和地方兩級政府的行政管理「理性化」了。這樣，中共創立的國家體制就不再像韋伯所描述的古代中華帝國那樣「形同一個由教皇轄地組成的邦聯」了。五十年代後期，通過社會經濟生活的集體化和公社化，國家將其控制社會的權力作了無限的擴張。舒爾曼據此認為：

> 中國確信自己擁有管理社會的多個方面的手段，它是中國有史以來
> 第一個懷有這樣信心的國家權力。因此，魏特夫（K. A. Wittfogel）
> 歸之於「東方專制主義」的那些特徵僅僅適用於現代共產黨國家，
> 特別是中國的共產黨國家。[50]

舒爾曼對現代中共國家的描述或許有些誇大其辭，但無可爭

47　Ibid., p. 8.

48　Ezra Vogel, *Canton Under Communism 1949-1968,* N. Y.: Harper Torchbooks, 1969, pp. 350-356.

49　Tang Tsou（鄒讜）, *The Cultural Revolution and Post-Mao Reforms,* Chicago: University of Chicago Press, 1986, pp. xxii, 54.

50　Schurmann, *Ideology and Organization in Communist China,* p. 496.

辯的是，中共在社會政治秩序中享有至高無上的權威。正如亨廷頓（S. P. Huntington）在論述別的問題時指出的，「那種認為黨的權威至高無上的理論乃是十七世紀的絕對君主制理論在二十世紀的翻版」[51]。不僅如此，在中國，黨國建立起了一種不容爭辯的權力秩序，在這個秩序中，就連政治系統的邊緣部分也被政治中心充分地調動起來，並且完全受政治中心的支配。列寧主義的黨國像傳統權力制度一樣，不承認「市民社會」的獨立地位。我們要指出，就「國家」與「社會」的關係而言，在傳統體制與共產體制之間存在著明顯的連續性。雖然馬列主義從根本上不同於儒家的文化體系，但中國政治文化的某些要素，如意識形態的強求一律、對最高領導人的崇敬等等，在政治系統中仍然迴蕩著餘響。從某個觀點來說，這種體制乃是「國家社會主義」或「科層社會主義」（bureaucratic socialism）的一個變體。自一九四九年以來，在中華人民共和國並未出現「無產階級專政」或「人民專政」，而是應驗了韋伯對社會主義的命運所作的精確預測，那就是出現了「官吏專政」（dictatorship of officials）[52]。在體制內部，不存在任何真正的制度上的制衡。法理型權威，或者說法治，並未在當代中國受到崇奉。

毛澤東的「文化大革命」是藉反官僚主義的名義發動起來的，因此得到了億萬群眾的狂熱響應。「文革」用黨外機制（紅衛兵）來摧毀黨的機器，從而造就了所謂的「大民主」。也許可以說，「文化大革命」給僵滯的官僚體制帶來了奇里斯瑪式的突破

---

51 S. P. Huntington, *Political Order in Changing Societies,* New Haven: Yale University Press, p. 342.

52 參見 Wolfgang Mommsen, *The Age of Bureaucracy,* Oxford: Basil Blackwell, 1974, p. 59.

（charismatic breakthrough）[53]。從某種意義上說，「文化大革命」在六十年代的勝利乃是隱含於「文革」口號中的實質理性（如平等、正義、民主）對科層理性的勝利。不管是否具有諷刺意味，蔑視一切黨規、法規的「文化大革命」並沒有給中國帶來「大民主」，相反的，卻是帶來了所謂的「封建的法西斯主義」，它全然脫離了程序理性。「四人幫」垮台之後，開始大張旗鼓地宣傳一種新的意識形態 —— 即農業、工業、科技和國防四個現代化。除了四化的意識形態之外，中共最積極進行的工作就是重建黨的權威。顯然中共並沒有韋伯的理論為導引，但他們所努力的，確是試圖重建一個韋伯模型的科層制。[54]中共現今的領導人似乎相信，一個像韋伯模型的現代科層制對實現四個現代化是不可缺少的，然而在四化方案中缺乏政治現代化一項，沒有為民主的發展留下空間，特別是，中共在現代化理論中沒有為「社會」（包括「公共領域」）的自主性給予承認。而中國若要成為一個真正的現代國家，它就必須面對此一問題。

結語

本文試圖從韋伯的現代化理論觀點，探討中國發展現代型國家的問題。我覺得，無論是韋伯一般性討論現代化和現代性的著作，還是他那些具體地討論中國的家產制國家和家產官僚制的著作，對

53　Ambrose Y. C. King（金耀基）, "A Voluntarist Model of Organization", in *The British Journal of Sociology*, vol. xxviii, no. 3, September 1977, pp. 363-374.

54　Ambrose Y. C. King（金耀基）, "In Defense of Bureaucracy: The Deradicalization of Maoism", in J. F. Jones eds., *Building China*, Hong Kong: The Chinese University Press, 1980, pp. 113-126.

於中國探尋發展現代型國家的問題，都具有重要的意義。在傳統家產制的條件下，皇權對於人民的社會經濟生活擁有無所不包的統轄權。雖則鄉村擁有相對的自治權，但在政府之外卻不容許任何獨立的宗教力量或經濟力量的存在。城市沒有「憲章」，也不享有「自治特權」，而只是行政管理的產物。在帝國時代，在實際上，國家力量從未能全面滲透社會，在帝制中心軟弱時，民間社會更有活力，但「社會」在大一統結構中始終沒有真正自主性的存在。雖然中國式的馬列主義根本上有異於「制度化儒學」，但其體制在處理社會與國家的關係方面，卻與傳統體制有著明顯的連續性。事實上，共產主義的「黨國體制」推行一種更多干預性的意識形態，並擁有更為有力的組織手段，因此，它把社會進一步置於行政統治之下。

我在前面曾經指出，韋伯有別於馬克思、涂爾幹等社會學家。他把國家視為一種能夠塑造社會的制度性結構。不寧惟是，如班迪克斯及其他學者指出的，韋伯認為社會和國家是彼此關聯，交互作用的。但是，由於他的早逝，韋伯未及完成其有關國家社會學的研究，也未能就現代國家中國家與社會的關係問題進行全面系統的研究。綜觀韋伯的著作，我認為他似乎主要是從行政的角度而不是從政治的角度去界定現代國家的。韋伯所關注的是「行政手段」，這在他的研究中佔有壓倒一切的突出地位，正如在馬克思的著作中，「生產手段」是壓倒一切的主題。誠然，較之其他思想家，如馬克思或涂爾幹，韋伯更多地強調把科層制與民主的關係當作現代國家的主要問題。[55] 施魯赫特的研究表明，韋伯除了提出過傳統型的、法理性的和奇里斯瑪型的合法性原則外，還提出過第四類合

---

55 Schluchter, *Rationalism, Religion and Domination*, p. 365.

法性原則。[56] 韋伯提出的「科層制民主」（bureaucratic democracy）的概念 [57] 或許為當代國家所面臨的合法性和統治可能性的問題提供了一個較為實際的解決辦法。韋伯主張「民選的領袖民主制」（plebiscitarian leader-democracy），認為它是「奇里斯瑪型統治」的一個反威權主義的政制。但我們要鄭重指出，在這裏也存在著內在的問題。蒙森（W. J. Mommsen）指出：

> 他（指韋伯）認為，他所處時代的真正危險是停滯和僵化，而不是奇里斯瑪式的突破。在他看來，政治生活的動力與活力已經致命地衰頹了，對此只有一個補救辦法，那就是採取「奇里斯瑪型的領導」。奇里斯瑪型領袖必須遏止科層制的熱望……只有他們才能使社會保持「開放」，抵制科層化的非人化力量。[58]

蒙森正確地提出了如下問題：「有兩種類型的奇里斯瑪型統治，一種能夠在民主的社會秩序中保障自由，另一種則可能導致極權的或準極權的政權產生，這兩者之間的分界線究竟在哪裏呢？」[59] 中國在「文化大革命」的經歷清楚地表明，「奇里斯瑪式突破」把中國的社會政治秩序引向了制度性崩潰的結局。的確，韋伯式的「民選的領袖民主制」的內在危險性是十分值得警惕的。在這一點上，我同意施魯赫特的看法，韋伯對現代社會的科層化趨向所持的總體上的悲觀主義立場是有一定缺陷的。[60] 而且，韋伯似乎把抵制集體化科層制或國家機器的任務交給了「自主的個體」，而如

56　Ibid., p. 234.

57　Ibid., pp. 373, 385.

58　Mommsen, *The Age of Bureaucracy*, pp. 93-94.

59　Ibid., p. 91.

60　Schluchter, *Rationalism, Religion and Domination*, pp. 390-391.

施魯赫特指出的，這不能為當代的主要問題 —— 即「怎樣才能控
制集中的權力」[61] 提供一個滿意的答案。韋伯或許會同意，離開了
科層制的行政，要在中國實行現代化是不可能的。但我傾向於認
為，科層制並不一定導致產生韋伯所擔憂的「鐵籠」結局。[62] 怎樣
才能控制集中的權力這一問題的答案，並不像韋伯所認為的那樣
在於「自主的個體」，而是在於「自主的社會」。古爾德納（Alvin
Gouldner）在批評馬克思主義時寫道：

> 但是，在當今世界上，離開了強大的市民社會，任何解放都是不可
> 能的，市民社會能夠增強公共領域的力量，能夠給人們提供一個躲
> 避龐大國家的避風港，能夠提供一個抵制國家的中心。[63]

在此，我們又回到了韋伯，因為韋伯所關注的正是「社會」與
「國家」交互作用的問題。遺憾的是，韋伯未能完成其有關國家的
社會學研究，他的某些思想也不能當作在中國建設民主的最佳嚮
導。我們必須批判地繼續韋伯未竟的工作，尋求一種能使社會的自
主地位得到充分承認與保障的現代國家形式。

一九九〇年

61　Ibid., p. 391.

62　在當代社會理論家當中，哈貝馬斯（Jurgen Habermas）或許為現代性工程提供了最
有力的辯護，他認為，近代社會出現的是理性化的一個「有選擇的」過程，換言之，
還存在著其他可供選擇的可能性。哈貝馬斯的複雜論證見之於兩卷本的《交往行動理
論》，參見 Jurgen Habermas, *The Theory of Communicative Action,* Thomas McCarthy
trans., Boston: Beacon Press, 1987; Richard Bernstein ed., *Habermas and Modernity,*
Cambridge: Polity Press, 1985.

63　Alvin Gouldner, *The Two Marxisms,* N. Y.: Oxford University Press, 1980, p. 371.

國家儒學體制及其轉化
—— 國家與社會之間關係的重構 *

　　在東亞地區，日本之率先成為超級經濟強國，以及「四小龍」之脫穎而出，成為「新興工業化國家」，最足以表徵該地區的崛起。此一現象已經引起了不同學派的學者的共同興趣，極大地刺激了他們的想像力。學者對東亞地區在經濟現代化方面所取得的出色成就作出了種種不同的解釋，其中一部分人抱持一種後儒學的論點，強調儒家文化價值的作用。此一論點在表述方式上可謂形形色色，不一而足。本文試圖探討的是對廣義的後儒家國家所面臨的民主的挑戰這一問題。

　　今日的政治學者都不能對白魯恂（Lucian Pye）所謂的「威權主義的危機」視而不見。[01] 在絕大多數情況下，威權主義的危機都伴隨著民主的挑戰。蓋爾納（Earnest Gellner）在談及民主問題時

---

* 　本文係作者一篇英文論文的中譯：Ambrose Y. C. King（金耀基），"State Confucianism and Its Transformation: The Restructuring of the State-Society Relation in Taiwan", in Tu Wei-ming ed., *Confucian Traditions in East Asian Modernity*, Cambridge: Harvard University Press, 1996, pp. 228–243.

01 　白魯恂（Lucian Pye）寫道：「這一新的挑戰就是，我們現在必須去分析和解釋最近數十年來席捲全球的威權主義危機，此一危機使各種形式的威權體制之合法性與權能成了問題。」參見 Lucian Pye, "Political Science and the Crisis of Authoritarianism", *American Political Science Review*, vol. 84, no. 1, March 1990, p. 3.

有一段生動的敘述：[02]

> 只要看一看當今世界，就會發現兩個顯而易見的事實：一方面，民
> 主的情況非常糟糕，另一方面，民主的情況又十分良好……說它
> 非常糟糕，是因為民主制度在眾多新近獨立的「過渡性」社會裏都
> 被棄置一旁了，而在別的地方，民主制度亦處於岌岌可危的狀態。
> 說它十分良好，是因為民主幾乎（雖然並不完全）被普遍地當作一
> 種合法形式而加以接受。[03]

鄧恩（John Dunn）敏銳地指出，「民主理論乃是當今民族國家
體系中通用的道德世界語，全世界各民族都說著這同一種語言而達
於真正的聯合。民主是當今世界的時髦話，也的確是一種可疑的流
通貨幣。」[04]「今天，所有的國家都無不宣稱自己為民主國家，因為
民主政體乃是真正合於道德的國家形式。」[05]

誠然，「亞洲四小龍」——韓國、新加坡與中國的台灣、香
港——在經濟發展方面均取得了引人矚目的成功，但它們能夠經受
住政治民主的挑戰嗎？從寬泛的意義上講，「四小龍」的政治制度
均可歸入「威權型」（authoritarian）一類。這些威權型的政治系統

02　Earnest Gellner, "Democracy and Industrialization", in S. N. Eisenstadt ed., *Readings in Social Evolution and Development,* N.Y.: Pergamon Press, 1970, p. 247.

03　參見 John Dunn, *Western Political Theory in the Face of the Future,* Cambridge: Cambridge University Press, 1979, p. 2.

04　Ibid., p. 11.

05　關於「制度化儒學」的詳盡分析，參見我的論文，Ambrose Y.C. King（金耀基），"The Role of Political Tradition in the Evolution of Democracy in China: Continuity and Change" presented at the International Conference on the Evolution of Democracy in China, jointly sponsored by the Pacific Cultural Foundation and Carnegie Council on Ethics and International Affairs, December 13–15, 1989, New York.

如何才能轉化成民主系統呢？在本文中，我想著重分析台灣「國家系統」的轉型過程，此一轉型表明台灣的「國家系統」業已同帝制中國的「國家儒學體制」（state Confucianism）發生了明顯的斷裂。這一分析的理論著眼點主要落在「國家」與「社會」的關係及其轉變上。我相信，市民社會的存在及其活力對於一個具有民主性質的政治系統的發展乃是一個必要的條件。

帝制中國時代「國家」與「社會」的關係

秦始皇所建立的中央集權的官僚制國家是塑造傳統中國的社會政治結構的一個至為重要的要素。秦帝國是通過戰爭從封建諸侯國的廢墟上建立起來的，正是在秦帝國的統治下，中國歷史上才首次出現了政治大一統的格局。在漢代（緊接短命的秦朝之後），雖則秦朝國家的基本結構仍保持相對不變，然而儒學卻被提升到國家意識形態的地位。儒家的文化系統同具有濃重的法家色彩的政治結構聯為一體，自此以後，文化和政治的相互滲透就成了帝制中國的基本社會政治現實。值得一提的是，漢代的國家意識形態是儒法兩種思想的混合產物，它為以後歷朝的皇權統治提供了合法性。自漢以降，由於文化系統和政治結構的相互滲透，儒學遂漸漸演成了我所謂的「制度化儒學」（institutional Confucianism）。

制度化儒學是制度和文化的複合體，它所指的主要是以下三個方面：一、政治制度，包括作為國家系統之基石的皇權；二、作為帝制國家之工具的龐大的官僚機器；三、文人學士和地方紳士，他們作為一個身份群體將「國家」與「社會」聯為一體。所有的制度性結構都同儒家的文化價值交融在一起。作為國家系統的基石，皇權乃體現在一個建立於宇宙論之上的「普遍王權」（universal kingship）的概念之中。史華慈（Benjamin Schwartz）指出，「以

政治秩序為軸心」是華夏文明的最顯著的特徵之一 [06]。他寫道,「王權或他所佔據的權位是一種在人的社會與宇宙的統治力量之間構成主要聯繫的制度。」[07] 象徵「普遍王權」的君主在其人格中即體現著凌駕於世俗的和神聖的社會政治生活領域之上的至高權威。韋伯(Max Weber)以其超乎尋常的敏銳洞察力分析道,「世俗權威與精神權威均操縱在一人手中,其中尤以精神權威的力量至為強大。」[08] 擁有普遍王權的君主的合法性是由著名的「天命」理論予以確立的。這個君主被視為「天之子」。普遍王權,用史華慈的話來說,「對於人民的社會政治生活擁有無所不包的統轄權宣稱」[09]。正如韋伯指出,由於按照天命理論皇權乃是一種宗教性的神聖結構,因此就排除了發展強大的牧師階層或獨立宗教力量的任何可能性。正因為在中國不存在任何獨立的宗教力量,中國的君主就恰似一位教皇,他運用真正意義上的「奇里斯瑪型權威」(charismatic authority)統治著社會政治領域 [10]。不惟如此,依儒家聖王的理想,政治的終極形式必須是一種「倫理型的統治」(ethocracy),或曰「倫理型的政治」。儒家不承認任何與道德相分離或獨立於道德之外的自主的政治領域,儒家思想家從未打算也無法想像從制度上對皇權加以制約。正如汪德邁(Léon Vandermeersch)指出的,在中

---

06 Benjamin Schwartz, "The Primacy of Political Order in East Asian Societies: Some Preliminary Generalizations", in S.R. Schram ed., *Foundations and Limits of State Power in China,* Hong Kong: The Chinese University Press, 1987, p. 1.

07 Ibid, p.2.

08 Max Weber, *The Religion of China*, H. H. Gerth trans., N.Y.: The Free Press, 1964, p. 31.

09 Schwartz, "The Primacy of Political Order in East Asian Societies: Some Preliminary Generalizations", p. 3.

10 Weber, *The Religion of China,* p. 31.

國絕對看不到類似於孟德斯鳩（Montesquieu）所說的三權分立的格局。[11] 同樣，政治多元化也很難被設想成處理政治事務的一種理想形式。[12]

官僚體系是帝制國家的一項不可或缺的制度。事實上，「官僚權力通常都被視為國家活動的本質所在」，「有時兩者甚至就被看成是一回事」[13]。官僚機構中的士大夫是國家儒學體制的真正的統治階級。他們的地位和聲望是從文化上加以確立的，他們在官僚機構中的任職資格完全決定於以儒家經典為核心的競爭性的科舉考試。在制度化儒學之下，國家對帝國的社會政治事務擁有無所不包的統轄權宣稱。徐復觀曾就帝制國家的問題提出過一個有力的論點，他認為中國的專制制度（其基礎是在秦漢時期奠定的）的原型有一個顯著的特徵，即是「在專制政治之下，一切人民皆處於服從之地位，不允許在皇帝支配之外，保有獨立乃至反抗性的社會勢力」[14]。謝和耐（Jacque Gernet）也提出了一個類似的論點。他寫道：

> 在漫長的歷史長河中，中國國家的唯一問題就是遏止國家以外的其他力量（如商人、軍隊和宗教社團）的發展，防止國家的最上層發生危險的分裂。[15]

---

11 Léon Vandermeersch, "An Enquiry into the Chinese Conception of the Law", in S.R. Schram ed., *The Scope of State Power in China*, Hong Kong: The Chinese University of Hong Kong, 1987, pp. 3–25.

12 Lucian Pye, *Asian Power and Politics: The Cultural Dynamics of Authority,* Cambridge: Harvard University Press, 1985, p. 27.

13 Tilemann Grimm, "State and Power in Juxtaposition: An Assessment of Ming Despotism", in Schram ed., *The Scope of State Power in China*, p. 39.

14 徐復觀，《兩漢思想史》卷一，台北：學生書局，1978，頁 142。

15 Jacque Gernet, "Introduction", in Schram ed., *The Scope of State Power in China*, p. xxxii.

在此應當重申一下，國家制度（普遍王權和官僚體系）滲透著儒家的倫理價值。國家儒學體制的權力問題必須同時被視為一個義務問題，儒家倫理型統治的理想是以責任或義務為基礎的，而不是以權利或權力為基礎的。[16] 說國家對人民的政治生活擁有無所不包的統轄權宣稱，那就等於是說國家負有「養民」「教民」的全面責任。[17] 由此，我們便不難同意伯爾格（Karl Burger）的觀點：

> 中國的皇帝並沒有統治的「權利」，而只有「天命」，即是說，他們擔負著實現天命的義務，有責任使人類社會保持良好的秩序。此一秩序的指導方針須符合於一個被認為包含著道德原則的宇宙秩序。[18]

不管是從「權力」的觀點還是從「義務」的觀點來看，國家對社會都持有一種積極干預或改造的態勢。在漫長的皇權歷史上，如張灝所指出的，皇權要麼可以採取一種「硬」形式，要麼也可以採取一種「軟」形式。就前者來說，皇權「利用國家機器去統治和改造社會」，而就後者來說，政治官僚中心「主要依靠其道德的或禮儀的影響來建立社會秩序」。[19] 洛威（Michael Loewe）對西漢政府的角色與義務所持的基本觀點也頗有啟發性，他認為，如果我們不用「法家」或「儒家」的說法，而採取「現代主義者」或「改革者」

16　參見錢穆：《國史新論》，香港：自印本，1953，頁 34。

17　參見 Tu Wei-ming（杜維明），"A Confucian Perspective on the Rise of Industrial East China", in *Bulletin, The American Academy of Arts and Sciences*, no. XLIII, no. 6, March 1990, p. 41.

18　Karl Burger, "Concluding Remarks on Two Aspects of the Chinese Unitary State as Compared with the European State System", in S. R. Schram ed., *Foundations and Limits of State Power in China*, p. 316.

19　Hao Chang（張灝）, "Neo-Confucian Moral Thought and Its Modern Legacy", in *Journal of Asian Studies*, vol. 39, no. 2, Feb. 1980, p. 260.

的說法，那就更能確切地指明政府在經濟事務中所起的作用。[20] 在各個朝代中，並非所有的思想家或士大夫都一致同意國家（政府）的角色或責任在於為人民的利益而最大限度地利用自然資源。[21] 一個根本的事實是，依普遍王權族的概念，帝制中國的政治系統，至少在理論上——借用墨子刻（Thomas Metzger）的話來說——擁有一個「不受限制的政治中心」（uninhibited political center），它隨時都準備對社會經濟活動作必要的干預。[22] 但是，正如艾森斯塔特（S. N. Eisenstadt）所指出的，從經驗上說，國家的「一般權力」實際上是相當有限的[23]。事實上，國家對社會的滲透僅僅及於縣城及其附近地區，而在廣大僻遠的鄉村，真正的統治者則是以士紳之類的精英群體和政府之外的各種社會機構為代表的「非正式政府」（informal government）[24]。

的確，「官僚體系的理性主義面臨著強固的傳統主義的力量……。事實上，嚴格意義上的家產制血親長老所擁有的這種巨大權力乃是那種業經大量討論的所謂中國的民主的載體，而此種民主與『近代民主』沒有任何共通之處」[25]。所有這些都表明，國家儒

---

20   Michael Loewe, "Attempts at Economic Coordination During the Western Han Dynasty", in S. R. Schram ed., *The Scope of State Power in China*, pp. 239–242.

21   Ibid.

22   Thomas Metzger, "The Ideological Context of Modernization in the Republic of China", paper presented at the 18th Sino-American Conference, June 8–11, Hoover Institute, Stanford University, Stanford.

23   S.N. Eisenstadt, *The Political System of Empires,* N.Y.: Free Press, paper ed., 1969, pp. 365-368, 370.

24   參見 A. Doak Barnett, *Cadres, Bureaucracy and Political Power in Communist China,* N.Y.: Columbia University Press, 1967, pp. 428–429.

25   Weber, *The Religion of China*, pp. 95-96.

學體制的權力實際上是相當有限的，當然，我們也不能由此斷定國家在社會面前是軟弱無力的。

國家對社會的支配性統治最明顯地體現在中國城市的性格中。中國城市「其實是皇權的堡壘，它在自治方面所享有的形式保障實際上比鄉村還少」，並且，「中國的城市主要是理性的行政管理的產物」。[26] 中國的城市缺少政治自主權，沒有城市法，也沒有一個市民階層。[27] 結果，中國城市就成了一個行政實體，而不是一個政治社會或市民社會。儒家的官僚制國家實際上遏止了市民社會在中國的出現。因此，在帝制時代的中國，國家與社會的關係是不平衡的，單面傾向的，不過，必須承認，在漫長的中國政治史上，在某些時期，所謂「不受限制的政治中心」或絕對的皇權其實不過是個幻影，並不實際存在著。

政治在台灣經濟發展中的角色

在很長一個時期內，至少迄至七十年代初期，儘管台灣在經濟發展方面取得了相當可觀的成就，然而其政治制度卻被認為是僵化保守的。[28] 台灣政治系統的諸種結構特徵自國民黨於一九四九年退避台灣以來幾乎沒有發生過任何根本性的變化。但是如果我們據此認定「黨國」（party-state）在台灣經濟取得長足進展的過程中只是消極的或被動的，那就錯誤了。「黨國」在處理政治現代化的問題方面（如參與、

---

26 Ibid., p. 16.

27 Ibid., p. 13.

28 Neil Jacob, *Aid to Taiwan: A Study of Foreign Aid, Self-Help and Development*, N. Y.: Frederick A. Praeger, 1966, p. 11.

合法化和整合）無疑地有一些成功的功能性適應。[29] 研究台灣現代化的學者直到最近才充分認識到的一個根本事實就是，「黨國」在過去四十年台灣的經濟騰飛過程中起著重要的指導作用。[30] 霍夫海因茨（Roy Hofheinz Jr.) 和卡爾德（Kent Calder）指出，「東亞在其組織和動機誘發的方式上有一個優於我們（西方）的特點：其廣義的政治系統在經濟競爭的關鍵領域起著推動的作用。」[31] 社會學家帕森斯（Talcott Parsons）在分析西方和第三世界經濟發展的制度性模式時寫道：

> 我在分析（西方）工業主義的原初發展中指出，必須首先把私人企業從某些類型的政治控制下解放出來，才有可能出現這種發展。但在現在這個實例（第三世界）中，我認為政治權威通常能夠提供必要的動力，它不僅不會阻礙，反而還有可能促進這一過程。[32]

在談及台灣的發展時，愛姆斯黛（Alice Amsden）指出，欲了解台灣的經濟增長，就有必要了解其「國家」扮演的強有力的角色。她令人信服地論證道，「台灣提供了一個特別引人注目的事例，說明「國家干預」與經濟的加速增長之間存在著積極的關係。現在人們普遍認為，這種關係在第三世界資本主義的發展中居於主導性的地位」。[33]

29　Hung-Chao Tai（戴鴻超）, "The Kuomingtang and Modernization in Taiwan", in S. P. Huntington & C. H. Moore eds., *Authoritarian Politics in Modern Society: The Dynamics of Established One-Party Systems*, N.Y.: Basic Books, pp. 424–433.

30　金耀基：《中國民主的困境與發展》，台北：中國時報出版公司，1984，頁 206。

31　Roy Hofheinz Jr. and Kent Calder, *The Eastasia Edge*, N. Y.: Basic Books, 1982, "Forward".

32　Talcott Parsons, *Structure and Process in Modern Societies,* N.Y.: Free Press, 1960, p.116.

33　Alice Amsden, "The State and Taiwan's Economic Development", in P. B. Evans, D. Rueschemeyer & T. Skocpol eds., *Bringing the State Back In,* Cambridge: Cambridge University Press, 1985, p. 99.

在此，我們不妨就台灣的政權性質進行一番考察。台灣自一九四九年以來一直處於國民黨的霸權統治之下，直到八十年代初期，「黨」與「國」一直互相交織在一起，兩者之間從無明確的分界。把台灣政治制度的特點概括成「一黨制威權主義」亦不為過。在這種制度之下，絕不允許任何有組織的政治力量的存在。的確，台灣的「黨國」以華夏文化的守護者自許，但是在台灣，儒學與「黨國」的關係根本上不同於傳統中國時代儒學與帝制國家的關係。雖然儒家思想在台灣的政治生活中是一股不容忽視的力量，但是上述的「制度化儒學」卻已經徹底解體了。台灣在政治制度和政治文化兩方面都明顯地同制度化儒學分道揚鑣了，顯而易見的，儒學已不再是一種具有政治權威的國家意識形態了。台灣的「黨國」的意識形態是孫中山的三民主義，它是融匯了中西兩種價值觀念的創造性產物。[34] 雖然國民黨在其組織結構上有點類似於一個列寧主義政黨，然而它的意識形態卻與列寧主義大相逕庭。孫中山的建國方略是三個階段的發展理論，首先是實施軍事統治（軍政），然後是進行民主教育（訓政），最後是建立立憲民主制（憲政）。孫氏的這一發展理論無疑表達出了他對政治民主的堅定承諾。在孫中山所設想的那種制度下，政府將是強有力的，但主權卻仍然屬於人民。孫中山關於政治制度的概念無疑具有民主的性質的。[35] 在此應當特別回顧一下歷史。雖然一九四六年中華民國政府頒佈了一部新憲法，但僅

---

34 Ying-shih Yü（余英時），"Sun Yat-sen's Doctrine and Traditional Chinese Culture", in Chu-yuan Cheng ed., *Sun Yat-sen's Doctrine in the Modern World,* Boulder: Westview Press, 1989, pp. 79-102.

35 參見 O. A. James Gregor and Maria Hsia Chang, "The Thought of Sun Yat-sen in Comparative Perspective", in Cheng Chu-yuan ed., *Sun Yat-sen's Doctrine in the Modern World*, pp. 130–131.

靠一部新憲法並不能使中國進入孫中山理論所規劃的立憲民主的階段。其時國民黨政府與中共正處於一場空前規模的內戰。在內戰的硝煙中，國民大會第一屆第一次會議於一九四九年在南京召開，通過了「動員戡亂臨時條款」。[36] 國民黨政府在台灣剛建立起統治，即於一九四九年宣佈了戒嚴法。國民黨在其統治台灣初期主要致力於安全問題，因為共產黨的軍事進攻似乎迫在眉睫，隨時可能發生。在五十年代、六十年代和七十年代初期，儘管國民黨政府實行了大力發展經濟的政策，但卻沒有採取任何嚴肅的措施以建立立憲民主制。戒嚴法對公民的政治以及其他權利——包括組織新的政黨的權利——實行嚴格控制，國民黨對社會的霸權統治直至七十年代後期才開始受到挑戰。雖然國民黨政府將光復大陸定為國策，並將其很大一部分預算用在軍事上，然而其策略早在五十年代初期就已經決定性地轉到了發展經濟上。國民黨政府首先進行了土地改革，這項工作在思想上得到了孫中山學說的認可，國民黨精英們認為它在政治上對於確保台灣島的穩定是十分必要的。整個土地改革過程是和平的，沒有發生任何流血事件，其結果無論是在經濟上還是在政治上都具有深遠的意義，當時在整個亞洲，台灣的農業格局可以說是最公平合理的。土地改革剛一結束，國民黨就接連實施了兩個四年經濟計劃（一九五三——一九五六，一九五七——一九六〇），把「進口型的替代工業化」作為基本的發展戰略。在此一戰略之下，政府通過各項貿易保護主義政策扶持了一批本土的工業。在六十年代初，國民黨政府將其戰略從「進口型的替代工業化」轉到了「出口型的工業化」上，其後成功地實施了三個四年計劃（一九六一——一

---

36 參見 Herbert Ma, "Republic of China", in L. W. Beer ed., *Constitutionalism in Asia*, Berkeley: University of California Press, 1979, pp. 39–49.

九六四,一九六五──一九六八,一九六九──一九七二),促進了私營部門製造工業的飛速發展。鄭竹園寫道:

> 幾乎在每一關鍵的轉折點上,政府的指導都被證明是十分重要的。六十年代在台灣由內向型經濟向外向型經濟的轉變過程中,政府利用稅收和貸款作為促進私營企業活動的槓桿。在最近幾十年,政府採取了一些主動措施以完善台灣的經濟結構。一九七九年七月新竹建立了一個佔地2210公頃的工業區,成為台灣的硅谷⋯⋯前不久,政府又給予了新的稅收刺激,目的是要把資本吸引到新興的高科技工業中去。[37]

關於台灣經濟發展的情況,許多學者已經作了充分的分析。[38]在此需要指出的是,在台灣奇跡般的發展中,「黨國」從一開始就發揮著指導和控制的作用,它不僅享有很高的自主地位,而且還利用其權力來轉變社會。

是什麼因素使得「黨國」在台灣社會的轉變和發展過程中起著如此壓倒一切的推動作用呢?如前所述,「黨國」對社會的干預直接承襲了帝制時代的傳統實踐。[39]的確,「黨國」在一種受調節的資本主義經濟中所發揮的作用與傳統中國的文化結構有極密切的關係。[40]值得注意的是,像李國鼎那樣一位決策者(他是台灣經濟的主要設計者之一)也把台灣的發展政策歸因於孫中山的民生主義,

---

37　Chu-yuan Cheng, "The Doctrine of People's Welfare: The Taiwan Experiment and Its Implications for the Third World", in Chu-yuan Cheng ed., *Sun Yat-sen's Doctrine in the Modern World*, p. 253.

38　參見 John C. H. Fei, G. Renis & S. Kuo, *Growth With Equity: The Taiwan Case,* N. Y.: Oxford University Press, 1979.

39　Benjamin Schwartz, "The Primacy of Political Order", p. 7.

40　魯凡之:《論四小龍》,香港:廣角鏡出版社 1988,頁 32。

他指出：

> 一切經濟活動的最終目標是要提高人民的生活水準，這是民生思想
> 的基本含義。民生思想之精義即是要「使人民豐衣足食」。[41]

如上所述，按照儒家的國家概念，國家負有「養民」「教民」
的全面責任，這一概念被精巧地吸收到了孫中山的民生思想中。在
此應當注意，早在一九四九年蔣介石就曉諭全體國民黨員說：

> 我們須坦率承認，本黨之國民革命對政治方面傾力較多，而於經濟
> 和社會方面則不甚措意。本黨許多黨員理論上贊同社會改革，但在
> 實踐上卻很少深入社會，並為社會之進步勉力工作，因此難免「思
> 想上的左派、行動上的右派」之譏。[42]

這表明，國民黨政府的領導人在喪失大陸之後餘痛未定，即已
開始對其過去的以統治為核心的政策的不充分性進行批判的反思
了，並且有意識地將工作的重心轉到了土地改革，加速經濟增長的
發展戰略上。國民黨領導層經過失敗之省思，決定將操縱台灣經濟
的更大權力交給那些受過西方教育的技術官僚。的確，像尹仲容那
樣一位受過美式訓練的電機工程師被給予了很大的權限，能夠自由
地制訂和實施台灣的經濟發展戰略，可以說，他是台灣經濟的第一
位主要的設計師。不僅如此，國民黨甚至在傳統的官僚制結構之外
建立起新的機構以指導和實施發展型的經濟規劃。國民黨高層領導
人對受過現代化訓練的技術官僚更予以不懈支持，使他們能夠全心

41　李國鼎等：《我國經濟發展策略總論》，台北：聯經出版公司，1987，頁156。
42　蔣介石於1949年12月致全體國民黨員書，台北：中國文化社，1954，頁22-23。

全意地致力於經濟目標。[43] 由於經濟的發展，自由市場結構亦隨之而發展起來。[44] 自由市場經濟很難被視為是與國民黨政府的信念相一致的常規體制。應該指出，孫中山倡導的是一種國營企業與私營企業並存的「混合經濟體制」。他說：

> 凡是私營企業能夠辦而且能夠辦得更好的事情都應交給私人去辦，對此自由法律將給予鼓勵並提供充分的保護。凡是私營企業不能辦的事情，凡是具有壟斷性質的事業都應交給國家去辦。由此創造出的財富由國家所有，並將用於增進全體人民的福利。[45]

按照孫中山所構想的體制，國家或公共部門較之自由市場體制無疑佔有更為突出的地位。有的論者認為，在台灣，由政權調節的資本主義向自由市場體制的轉化首先要歸因於美國對國民黨政府所施加的影響。[46] 美國援外機構確信，「將國家所有制轉化為私人所有制，有利於提高企業的運作效率，加速經濟的全面發展，減少（政府）在資助（公共）活動方面的財政負擔」[47]。雅各布（Neil Jacob）在分析美國援助所產生的影響時指出：「美國最重要的影響就是在

43 論者有批評說，台灣現代化的技術官僚的發展策略主要是基於工具理性之上，而忽略了其他一些規範價值問題。參見陳忠信，《國家政策與批判的公共論述》，台北：國策研究資料中心，1988。

44 Samuel P. S. Ho, *Economic Development of Taiwan,* New Haven: Yale University Press, 1978, pp. 116-120.

45 孫中山：《國父全集》六卷本，修訂版，卷一，台北：中國國民黨中央執行委員會，1981，頁517。

46 Hung-Chao Tai, "The Kuomingtang and Modernization in Taiwan", p. 431.

47 U.S., The Controller-General, Report to the Congress of the United States: Examination of Economic and Technical Assistance Program for the Government of Republic of China (Taiwan), Fiscal Years 1955-1957, mimeographed, August 1958, p. 22. 轉引自 Hung-Chao Tai, "The Kuomingtang and Modernization in Taiwan", p. 431.

台灣建立起一個迅速擴大的私營企業系統。」[48] 公共部門之向私人
部門的重心轉移無疑是明顯的。在六十年代，大約 48% 的工業產
值出自公營企業。這個比例一直都在不斷地降低，時至一九八六
年，公共部門所創產值僅佔整個工業產值的 14.8%。這表明，私營
企業的增長速度遠遠超過了公共部門的增長速度。[49]

在過去四十年裏，台灣成功地發展成了一個新興工業社會。在
此一發展過程中，政權在指導和塑造經濟方面起著至關重要的作
用。確實，從性質上看，台灣採取的是一種威權主義的形式。在台
灣，威權主義的「國家體制」似乎像在東亞其他新興產業社會中一
樣有助於促進經濟的增長。[50] 李約翰（John Lee）在其有關台灣自
一九四九年至一九七四年間所發生的政治變化的研究中指出：

> 台灣人民對於民主並沒有堅定的信念，所以他們並不是在一切場合
> 都按民主的程序行事。他們相信，各項政策應有利於人民，但他們
> 似乎比較喜歡那種威權主義的、明達的決策形式，而不大喜歡開放
> 的政治競爭過程所要求的法治。[51]

這些研究表明，受儒家思想影響而形成的政治態度和政治價值
更適於鞏固國民黨的以人民利益為宗旨的威權權力，這種情況至少
一直延續到七十年代初期。但是，不管是出於有意還是出於無意，

48　Neil Jacob, *U.S. Aid to Taiwan*, pp. 137–138.

49　Chu-yuan Cheng ed., *Sun Yat-sen's Doctrine in the Modern World*, p. 252.

50　關於各種類型的政治制度與經濟增長之間關係的討論，見 Stephen Haggard, *Pathways from the Periphery: The Politics of Growth in the Newly Industrializing Countries*, Ithaca: Cornell University Press, 1990, pp. 254–270.

51　John Mingsien Lee, *Political Change in Taiwan*, 1949–1974: *A Study of the Processes of Democratic and Integrative Change with Focus on the Role of Government*, Ph.D. thesis, University of Tennessee, 1975, p. 211.

由政權促成的自由市場經濟在整個七十年代和八十年代都在不斷地擴張和發展，並日益顯示出自主的傾向，一個有活力的市民社會也正在隨之而誕生。

市民社會的出現：「國家」與「社會」的交互關係

如前所述，國民黨對社會有著霸權性的統治。當然其自主性並不意味著完全沒有任何的制約。直到七十年代中期，政權對經濟與社會一直都有著重要的影響。但是，隨著經濟的日趨發展，特別是私營部門力量的不斷增強，以市場為基礎的社會逐漸確立起自身作為一個擁有更多獨立性的實體的地位。愛姆斯黛認為，台灣的事例「顯示出『國家機器』的結構與經濟增長過程的交互作用」。不惟如此：

> 在國民黨從大陸退守台灣島時，台灣的「國家機器」似乎根本就不大可能會促進經濟的發展，然而事實上，它在這方面卻被證明是最為有效的。同時，「國家」本身性質的改變似乎又是經濟發展的一個重要的副產品。總而言之，可以說，「國家」不僅轉變了台灣的經濟結構，而且同時也為它所轉變。[52]

「國家」權力與「社會」權力的交互作用是理解自六十年代至八十年代期間「國家」與「社會」之間關係的變化的一把鎖鑰。由於實施了發展策略，台灣的社會經濟結構發生了根本性的變化，一

---

[52] Alice Amsden, "The State and Taiwan's Economic Development", in P. B. Evans, O. Rueschemeyer & T. Skocpol ed., *Bringing the State Back In*, Cambridge: Cambridge University Press, 1985, p. 101.

個以農業為主的社會轉變成了一個工業社會。[53] 由於工業化和城市化的結果，出現了城市工人階級和中產階級，截止一九八〇年，從事農業耕作的人僅佔全體工作人口的 18%，而工人階級則從六十年代的不足 15% 上升到了一九八〇年的 35% 還多。特別值得注意的是，中產階級在全體工作人口中所佔的比例已經超過了 31%，這個階層的人數目前已達到近六百萬。雖然中產階級作為社會發展的一個產物，其在政治上往往趨於保守，然而「新中產階級」卻更多地懷有一種改革的心態。令人感到興趣的是，不斷有研究顯示，在台灣，自認為屬於「中產階級」的選民目前已超過選民總人數的 50%。這是一個在選舉中最強烈地傾向於國民黨的階層。在此，應當指出，台灣的發展造成了一個引入矚目的新形勢，用高棣民（Thomas Gold）的話來說，就是「經濟從政治中分化了出來」[54]。

　　經濟從政治中分化出來的現象不僅在政治系統中對所謂的「大陸人」與「台灣人」之間的權力分配產生了異乎尋常的後果，而且對「國家」與「社會」的關係也產生了重要的影響。在很長一個時期中，大陸人與台灣人的緊張關係最主要地就表現在，前者對後者一直都居於統治的地位。從中央層級看，所有要職最初都把持在大陸人手中。在中央政府的三個選舉機構（即國民大會、立法院和監察院）中，大陸人自一九四六年在大陸經選舉成為中華民國所有省份的代表以來，一直佔據著絕大多數的席位。由於中華民國政府自稱是「代表全中國的唯一合法政府」，因此它自然就會把中央政府各部門的權力交給大陸人而不是台灣人掌管，藉此為國民政府的持

53　魏鏞：〈向穩定、和諧、革新的道路邁進：從六次民意調查結果看政治發展趨勢〉，國民黨中央委員會中央聯合總理紀念週報告，1986 年 5 月 5 日。

54　Thomas Gold, *State and Society in the Taiwan Miracle,* N. Y.: M. E. Sharpe, 1986, p. 90.

續存在提供正當的理據。台灣人實際上被阻絕了通往中央層級的政治權力的道路，但在另一面，國民黨的政策又有意地鼓勵他們去從事經濟活動。到七十年代，大陸人與台灣人之間的權力分化已呈明顯之勢，前者控制著政治部門，而後者則操縱著經濟部門。

但是，更為基本的結構變化並不是不同族群之間在政治和經濟方面的權力分化，而是出現了一個與強大的「國家」相抗衡的日益強大的「市民社會」。在七十年代，大眾對於自由化和政治參與的要求明顯地在日益增長，政治舞台上掀起了一場轟轟烈烈的民主化運動。一黨制威權統治開始受到人們的質疑，尤其是三個中央民意代表機構的僵化的政治結構受到了那些被稱為「黨外」的獨立政治人士的挑戰。國民黨政府對於這些要求也並非全然不敏感，一九六九、七二、七三、七六、八〇、八三和八五年舉行的一連串補選便是一系列的回應。在這些選舉中，雖然國民黨一直都能夠贏得大約 70% 的選票，但是獨立的政治人士也贏得了 30% 的選票，國民黨的一黨權威正在受到嚴重的挑戰。值得注意的是，在八十年代，人們除了通過體制內的選舉廣泛地表達反對國民黨支配性統治的觀點之外，另外一場全新的運動也在台灣的市民社會中如火如荼地展開。這場新的運動具有社會的性質，而不同於民主化的政治運動。據分析，總共有十七項運動發生在「市民社會」，它們向「國家」提出了種種不同的要求。這些運動包括消費者運動、環境保護運動、婦女運動、原住民人權運動，新約教會抗議運動、教師權利運動、老兵福利抗議運動，等等。蕭新煌指出，雖然這十七項運動所欲達成的特殊目標各不相同，但是「它們都要求改變現存的國家與社會的關係。最普遍的目標就是跨越階級的界線，為市民社會爭得更多的自主性。被當作批判目標的是國家，而不是一個敵對的階

級。對於這個目標，參與者們都紛紛提出了強烈而直接的呼籲」[55]。

民主運動和社會運動何以能夠在七十年代和八十年代得到如此迅猛的發展？如前所述，從根本上說，不管是出於有意還是出於無意，這些運動都是受「國家」指導的經濟發展的直接結果。史蒂芬（Alfred Stephen）在分析拉丁美洲的政治演進歷程時所說的話似乎也同樣適用於台灣。他寫道：「國家在創造條件使市民社會獲得決定性發展的過程中起著首要的作用。」[56]

話雖如此，我們也應當避免採取一種結構決定論的立場，而把政治僅僅視為經濟的附屬現象。台灣的「國家系統」始終都是一種具有自主性的力量。七十年代和八十年代在選舉方面的政治發展事實上就是由政治系統中心推動起來的，其間，當時的蔣經國起了決定性的作用。若欲充分地理解台灣向民主化的過渡以及它在「國家」與「社會」的關係方面所作的重建工作，我們就必須將「成長的政治學」（politics of growth）與「發展的經濟學」放在一起加以評價。從一種實質的意義上說，國民黨政府並不像人們所經常相信的那樣麻木愚鈍，恰恰相反，它對變化的政治現實是敏感而有反應的。早在一九七七年的中壢事件（它被認為是台灣戰後政治發展的一個分水嶺[57]）以前，國民黨政府就已經準備要對各種社會

55　Hsin-Huang Hsiao, "Development, Class Transformation, Social Movements", 18th Sino-American Conference, June 8–11, 1989, Hoover Institution, Stanford University, Stanford.

56　Alfred Stephen, "State Power and the Strength of Civil Society in the Southern Cone of Latin America", in Evans, Rueschemeyer & Skocpol eds., *Bringing the State Back In,* p. 337.

57　高棣民（Thomas Gold）寫道：「回想起來，中壢事件提供了一個獨一無二的關鍵線索，使我們能夠理解台灣發展策略的成功之處及其短處。在那裏，一個強有力的威權國家指導和參與了經濟的飛速增長，但在另一方面，國家又對它在此一過程中引生出的各種社會力量的政治活動進行壓制。」參見 Gold, *State and Society in the Taiwan Miracle,* p. 3.

政治勢力採取兼容的（accomodative）方針了。但在另一方面，國民黨政府又決心把這類變化規制於現存的憲法框架內，正如馬夢若（Ramon Myers）所指出的，政府「一方面想提供更多的多元化，另一方面又決心控制政治競爭的變數」[58]。八十年代風起雲湧的社會運動或許應當理解成是威權政體朝民主方向轉化的結果，而不是國民黨的勢力被削弱的結果。[59] 蔣經國如其父蔣介石一樣享有至高無上的權威，他從一九七二年擔任行政院長以來一直深孚眾望。蔣經國在全力以赴推動經濟現代化的同時，還積極從事政治改革，促進「台灣化」進程，從而彌合了「國家」與「社會」之間的隙縫。蔣氏充分地認識到了社會的變革精神，他在一九八六年十一月指出：

> 時代在變化，環境和形勢也在變化。為了適應這些變化，國民黨必須按照民主和憲法的基本精神接納新的觀念，新的形式。只有這樣，國民黨才能跟上時代大潮，永遠同公眾站在一起。[60]

我們都還記得，國民黨於一九八六年五月顯然在蔣經國的授意之下同黨外人士進行了一次對話，這標誌著國民黨事實上已經承認黨外人士為正在不斷發展的新的政治秩序的合法競爭者。

在此需要指出的是，不僅社會經濟結構發生了變化，而且人民的政治態度和政治價值也同樣發生了變化。胡佛和游盈龍在一九八一年二月曾對整個台北市的選民的投票動機進行過一次調查，結果顯示，選民中表示「行使公民權利」或「履行公民義

---

58 Ramon Myers, "Political Theory and Recent Political Development in the Republic of China", in *Asian Survey*, vol. XXVII, no.9, pp. 1003-1022.

59 關於八十年代社會運動之原因的全面討論，可參見張茂桂：《社會運動與政治轉化》，台北：國家政策研究資料中心，1989，頁 20-45。

60 《中央日報》，1986 年 12 月 2 日，頁 2。

務」是「他們參加選舉的最重要的原因」分別佔 47.3% 和 43.9%[61]。
一九八五年在全島範圍內進行的另一項調查表明[62]，近 85% 的人
（20-70 歲）說他們「對政府人員不滿，有權與之爭議」；他們「對
政府不當施政，有權提出異議」；他們「有權提請政府決定施政」，
「有權提請政府改善人事」，等等。依上述研究結果來判斷，我們
可以說台灣在八十年代正日漸浮現出一種同儒學明顯發生了斷裂的
政治文化，但在另一方面，儒學的影響也並未徹底消亡。台灣思想
界流行的各種思潮雖然內容駁雜，表現混亂，但它們都不再接受下
述觀念了：即國家作為道德的載體；國家對社會政治生活享有無所
不包的統轄權宣稱，而此種觀念正是儒家政治倫理哲學的精神所
在。各個不同學派的知識分子大致上都同意個人道德自律的觀念，
都在「民主」和資本主義的問題上達成了某種程度的共識，儘管他
們對後者的態度還有所保留。[63] 墨子刻在考察了台灣經驗的意識形
態模式後寫道：

> 但是，在「中華民國」，在被實現了的意識形態叢與一個確實在
> 不斷強調工具理性的政治中心之間存在著一種「有選擇的親和力」
> （elective affinity）。此一政治中心正是利用工具理性的標準去修正傳
> 統文化，以促進一個有效的現代化綱領。在今天，這一綱領甚至會
> 導向充分的政治多元化。[64]

61　胡佛、游盈龍：〈選民的投票動機〉，收入《社會科學論叢》，第 33 輯，台灣大學法學
　　院，頁 34，1985 年 10 月。

62　胡佛：〈台灣民眾對政治參與的態度：系統功能的權力價值取向〉，本文是在中央研究
　　院與台灣大學於 1987 年 8 月 28-30 日聯合舉辦的「台灣社會變遷基本調查研討會」上
　　宣讀的論文。

63　Metzger, "The Ideological Context of Modernization in the Republic of China".

64　Ibid.

白魯恂強烈地認為,「儘管在台灣仍然盤桓著儒家修辭的陰影,但是較之中國大陸、朝鮮或越南,它已經在更大程度上與儒家對權威的態度發生了斷裂。」他進而寫道:「較之另外兩個國家,台灣也許更為徹底地拋棄了儒家之道,而諷刺的是,它過去在堅持儒家傳統方面一直都是最不遺餘力的。儒家學說之遭到侵蝕,乃是由於原先以地位和聲威為基礎的政治已經讓位給了一種帶有物質主義性質的功利主義價值觀。台灣成了一個受經濟驅動的社會,從而使政治不得不放棄其所自命的那種重要性。而且,官僚之地位也已被重新界定,就此來說,台灣已開始傾向於一個多元化的政治體,並日益遠離那種講究責任、紀律和尊崇政府權威的儒家社會。」[65]台灣的現代化最終將導向何處目前尚難逆料,但有一點是確定的:台灣在結構上和文化上已明顯地偏離了「制度化儒學」,隨著台灣的現代化進程,「國家」與「社會」之間出現了一新型的、更為平衡的關係。

儒學:市民社會與政治現代化

貝爾(Daniel Bell)在談及「美國的特異性」(American Exceptionalism)時指出:「然則,美國的特徵——那在歷史上一直使其強盛不衰的特徵——是什麼呢?那就是,美國一直都是一個完全的市民社會〔黑格爾(G. W. F. Hegel)意義上的〕,而且,它或許是政治史上唯一的一個這樣的社會。」他繼續寫道:「從黑格爾的意義上說,在美國並不存在『國家』,並不存在表現於一個政治秩序之中的統一的、理性的意願,在那裏唯有個體的自我利益和對

---

65 Lucian Pye, *Asian Power and Politics*, pp. 245–246.

自由的熱情。而在所有的歐洲國家中（部分地除英國以外），國家都統治著社會，它通過軍隊和科層組織行使著單一的或準單一的權力。」[66] 在中國，縱觀帝制史，國家一直統治著社會。事實上，在中國，「市民社會」的概念從未出現過，嚴格說來，society 的對應詞從未見之於漢語中。謝和耐不無道理地認為：「可以說，在中國，國家就是一切。歷史說明了這一點 …… 此一公式是在秦國時期制定出來的，那時它尚未普及於中國全境。在中國，國家從一開始，或者至少從秦國時期開始就具有一種確定不移的實在性。它是社會與領土的最重要的組織者。」[67]

確實，歐洲人遲至十七世紀才開始用「國家」一詞來標示其政治實體，而在中國，「國家」的概念早在春秋戰國時期即已出現。[68] 如果把中國的情況放在世界的範圍內來進行比較說明，那麼可以說，中國根本上異於歐洲的是，自秦漢以來，中國一直都是一個中央集權的統一國家，它擁有一個基於「國家儒學體制」之上的單一的政治宗教秩序，而歐洲則一直都保持著一種高度多元化的多國家體制。[69]

如上所述，在帝制系統中，政治與文化互相滲透，緊密交織。不過，儒家的國家或政治的理念卻從來沒有全面實現過，真正出現

---

66 Daniel Bell, "American Exceptionalism Revisited: The Role of a Civil Society", *Dialogue*, 1990. Badies 和 Birnbaum 認為，美國與英國一樣，都是「通過市民社會構建政府」的主要典範。此種統治的特點就是「國家力量的相對較弱」以及「國家自主性水平的相對較低」。見 Bertrand Badies and Pierre Birnbaum, *The Sociology of the State*, Arthur Goldhammer trans., Chicago: University of Chicago Press, 1983, p. 129.

67 Gernet, "Introduction", p. xxxiii.

68 Burger, "Concluding Remarks on Two Aspects of the Chinese Unitary State as Compared with the European State System", p. 319.

69 Schram, *Foundations and Limits of State Power in China*, pp. 322–323.

在傳統中國的是，在「制度化儒學」之下，國家被儒家的社會政治意識形態賦予了合法性，皇帝或「天子」是國家的人格化表現，國家對社會政治秩序擁有無所不包的統轄權宣稱。按照儒家普遍王權的意識形態，國家對人民負有全面的責任。在帝制中國，國家不管是從理論上還是從經驗上都稱得上是一個「國家儒學體制」，它時刻都有準備對社會進行干預或轉化改造的姿態。皇權統治有效地遏止了市民社會的出現，這對於在中國發展一個現代型國家乃是一個根本的結構性問題。[70]

最近四十年發生在台灣的現代化標誌著「國家儒學體制」的根本轉變。隨著市場經濟和政治多元化的發展，台灣出現了「市民社會」，「國家」與「社會」之間呈現出一種新型的關係。在此轉變過程中，「黨國」在發展經濟策略方面起著最主要的指導作用。活躍的市場經濟本是國家的產物，但它反過來又轉變了國家，也許沒有什麼比這更具有辯證意味了。但是，本文希望澄清的一個事實就是，政治，尤其是國家從來都不僅僅是一個附屬現象。國家一直都享有自主的地位，任何經濟決定論的論點都無法充分解釋國家的轉變。事實上，在台灣，「國家」的「自我轉變」（self-transformation）如果不是更重要，至少也同樣重要。國家對經濟與社會所採取的以人民利益為宗旨的發展策略令人想起帝制時代的儒家傳統，但儒學已不再是國家意識形態了。「制度化儒學」從根本上得到了重構，

---

70 Ambrose Y. C. King（金耀基），"Max Weber and the Question of Development of the Modern State in China", paper presented at the International Conference on the Max Weber and the Modernization of China, sponsored by the Institut für Soziologie, Der Universität Heidelberg, July 23–27, 1990, Bad Homburg, West Germany. 同見金耀基：《中國社會與文化》，香港：牛津大學出版社，1992，頁86–109。

它現在已被我所稱的「思想型儒學」（intellectual Confucianism）取而代之。就此而言，今天，儒學乃是一個思想系統，而不是一種政治意識形態。雖然國民黨在組織上近乎一個列寧主義的政黨，但是國民黨政府不管是在理論上（三民主義）抑是在實踐上都不曾企圖或曾經嘗試對社會實行全控統治（totalistic control）。台灣的「黨國」，借用墨子刻的概念來說，是一個「受限制的政治中心」（inhibited political center），它為經濟與社會的發展提供了廣闊的空間。誠然，「國家儒學體制」之轉變過程仍在展開，這是中國尋求政治現代性的偉大戲劇的重要一幕。

一九九二年

東亞經濟發展的文化詮釋
—— 論香港的理性傳統主義 *

前言

　　東亞社會，即日本和「四小龍」（中國的台灣、香港與韓國、新加坡）在現代化，特別是在經濟發展上所取得的卓著成就，引起了研究現代化理論的學者的普遍關注。社會學家伯格（Peter Berger）認為，東亞社會正在形成一種獨特的現代化模式 [01]，更有些學者指出，現代化的中心已經開始由北美轉移向東亞 [02]。比起絕大多數還在落後的經濟中掙扎的第三世界國家而言，東亞的巨大成功的確成為強烈的對比，東亞的成功不可能是偶然的，它需要從理論上加以詮釋。

　　一般說來，正如伯格指出，當代東亞研究文獻中存在著兩大理

---

*　　Ambrose Y. C. King,（金耀基），"The Transformation of Confucianism in the Post-Confucian Era: The Emergence of Rationalistic Traditionalism in Hong Kong", in Tu Weiming ed., *The Triadic Chord: Confucian Ethics, Industrial East Asia and Max Weber*, Singapore: The Institute of Eastern Philosophies, National University of Singapore, 1991。中文版發表於《信報財經月刊》，第 11 卷，第 8-9 期，香港，1992 年 11-12 月。

01　Peter Berger, "Secularity: West and East", Kokugakuin University Centennial Symposium on "Cultural Identity and Modernization in Asian Countries", January 9-13, 1983.

02　E. A. Tiryakian ed., *The Global Crisis: Sociological Analyses and Responses*, Leiden: Brill, 1984.

論傾向。一是「制度論」觀點，這個觀點，特別強調東亞地區社會內部特定的經濟、法律和政治的結構形態 [03]；另一是「文化論」觀點，這個觀點著重於東亞社會的特定的文化因素 [04]。文化論者的解釋把東亞社會之所以成功的根源，歸因於這些地區所共同擁有的文化傳統，即儒家文化。康恩（Herman Kahn）和別的一些學者提出了一個所謂「後期儒家命題」（post-Confucian thesis）。這個命題認為，東亞的人們一直在一種習慣上稱為儒家的價值體系熏陶下成長，這種價值觀為他們提供了極有益於經濟發展的思想和工作倫理。[05]

東亞的現代化與「後期儒家命題」

這一「後期儒家命題」，儘管還是一個初步提法，然而可以看到它既從屬於韋伯（Max Weber）的理論立場，但又同時是反韋伯的。說它是從屬於韋伯的理論立場，是因為「後期儒家命題」也像韋伯的「新教命題」（protestant thesis）一樣，強調文化因素在經濟發展中的關鍵作用；說它是反韋伯的立論，則是因為「後期儒家命題」與韋伯把傳統中國不能產生資本主義，歸咎於儒家倫理的影響的觀點，是完全相反的。墨子刻（Thomas Metzger）就寫道：

---

03 Ezra Vogel, *Japan as Number One*, Cambridge: Harvard University Press, 1979; Roy Hofheinz Jr. and Kent Calder, *The Eastasia Edge*, N. Y.: Basic Books, 1982.

04 Ibid.

05 Herman Kahn, *World Economic Development: 1979 and Beyond*, London: Croom Helm, 1979; Gordon Redding & G. L. Hicks, "Culture, Causation and Chinese Management" (Working paper), Hong Kong: Department of Management Studies, University of Hong Kong, 1983.

我們不能不提出一個問題，在處理他們各自面臨的問題和回應現代化挑戰方面，為什麼像東亞這樣的社會就比世界上別的社會更為有效呢？韋伯對中國不能發展出資本主義的原因作出了解釋，我們則不能不對它的成功作出解釋。雖然我們也像韋伯那樣強調中國固有文化的作用，但我們的答案卻是和韋伯截然相反的。[06]

這篇論文並不想介入長期以來關於韋伯「新教命題」所展開的無結果、無休止的爭論；然而，有一點是應該在這裏指出的，「後期儒家命題」即使被證實，它也並不能被視為對韋伯原初命題的根本否定。韋伯命題提出的問題，是為什麼十七和十八世紀西方靠自身的發展產生了資本主義，相反，中國的發展卻沒能走上這條路？對於韋伯來說，資本主義的「產生」與資本主義的「採用」是不同的兩回事，後者在理論上是一個獨立的問題。已故社會學家帕森斯（Talcott Parsons）對此解釋道：

> 韋伯所關心的問題是資本主義的發展何以在西方成為可能，而在別的社會則不能發生的條件。現在也許可以說，人們的注意力必須集中在資本主義從西方擴展到世界別的地區的條件。[07]

資本主義從西方向非西方社會的擴展是非常不平衡的。非西方社會在引進和採用資本主義上取得的成功更多地是依靠帕森斯所說

06　Thomas Metzger, *Escape from Predicament*, N. Y.: Columbia University Press, 1977, p. 235.

07　Talcott Parsons, "Some Reflections on Institutional Framework of Economic Development", in Parsons, *Structure and Process in Modern Societies*, N. Y.: Free Press, 1960, p. 99.

的「條件」，包括社會結構和文化因素兩方面。[08] 說到引進和採用資本主義的文化條件，我們又回到了「後期儒家命題」上，這個命題事實上是提出了一個假設，即是說儒家價值觀正在為東亞社會經濟的發展提供了一種心理動機層次的推動力量。

「理性傳統主義」的出現

說來有些難以置信，從本世紀初，特別是自一九一九年五四新文化運動以來，在中國知識界居於支配地位的觀點是，中國之所以落後的根源在於中國的文化條件，特別是儒家價值觀念。他們猛烈地抨擊儒家學說的各個層面，特別是其所主張的家族主義。他們的反傳統主義是徹底和不妥協的，知識界一些著名人物甚至提倡所謂「全盤西化」，這個五四新文化運動的主調，是對中國過去的全面揚棄。[09]

本文想要論證的是，就香港來說，儒家文化仍然是有生命力的，但是它已經發生了轉化。一種新的價值取向，我稱它為「理性傳統主義」（rationalistic traditionalism），已經形成和出現，我們以為，這種「理性傳統主義」是促使香港成為成功的新型工業社會重要和有利的文化因素。

首先需要申明的是，我並不以為理性傳統主義（一種轉化了的儒學價值取向）是導致香港現代化成功的唯一因素。對發展稍有認識的學者，都不會認為單是儒家文化傳統便足以解釋東亞社會現代

08　Parsons, *Structure and Process in Modern Societies*, p. 102; Robert Bellah, "Reflection on the Protestant Ethic Analogy in Asia", in S. N. Eisenstadt ed., *The Protestant Ethic and Modernization: A Comparative View*, N. Y.: Basic Books, 1968, pp. 243–251.

09　Y. S. Lin（林毓生）, *The Crisis of Chinese Consciousness: Radical Anti-Traditionalism in the May Fourth Era*, Madison: University of Wisconsin Press, 1979.

化成功的原因。[10] 無可置疑，韋伯也絕不是一個單因論者——在他看來，沒有哪一種因素能夠足以單獨決定任何複雜的歷史現象。[11] 韋伯重視文化因素，但他也一樣注重社會的結構與制度因素。[12]

艾森斯塔特（S. N. Eisenstadt）建議對韋伯命題再考察，標誌著部分學者轉移了注意力，「即以探討新教與資本主義（或現代世界的其他問題）之間的因果關係，轉移到研究新教本身所具有的轉化力量，及其對於現代世界轉化所發生的影響與衝擊」[13]。這個觀點很值得注意，他寫道：

> 新教教義對現代化發展方向的重要衝擊，是在它沒有能完全實現原
> 初的全面性的社會宗教目標。因而，從一個廣義的比較觀點來看，
> 新教的特別重要性就在於……它本身就包含著這種轉化的種子，
> 並且在某種環境下，這些種子能夠結出對歐洲文明進程有積極影響
> 的果實。[14]

雖然儒家學說對於中國現代化進程的衝擊作用，並不像新教在歐洲那樣大，但我以為，儒家本身也包含著那種轉化的種子，而且在適當的社會環境下，這種種子也同樣能夠結出有利於經濟發展的果實。下文我將進一步論證儒學所包含的這些種子，是怎樣轉化成為一種理性傳統主義的。

---

10 Lucian Pye, *Asian Power and Politics: The Cultural Dimension of Authority*, Cambridge: Harvard University Press, 1985.

11 Julien Freund, *The Sociology of Max Weber*, N. Y.: Vintage Books, 1968, pp. 204-209.

12 C. K. Yang（楊慶堃）, "Introduction", in Max Weber, *The Religion of China*, H. H. Gerth trans., N. Y.: Free Press, 1964.

13 S. N. Eisenstadt, "The Protestant Ethic Thesis in an Analytical and Comparative Framework", in *The Protestant Ethic and Modernization: A Comparative View*, pp. 3-45.

14 Ibid., pp. 7-8.

工業化與華人的家族主義

近三十年來，香港已經迅速地實現了工業化和現代化。到一九八五年，香港的人均國民收入達 6282 美元（一九九二年已達 15000 美元）。在產業結構方面，35.6% 的勞動力投入在製造業上，54.4% 的勞動力從事商業和其他服務性行業，只有 1.8% 的勞動力從事農業。根據聯合國一九七一年的統計分類，香港對非人力能源的平均消耗是極高的，在亞洲僅次於日本。從力能學觀點看，香港屬於「生態第四期社會」（ecological phase 4 societies），在這個階段，社會對能源的總利用已不再與其人口規模相平衡，這同第一、第二和第三階段生態社會的情形都極不相同。[15]

香港是一個一級的國際城市，但其 98% 的人口是中國人，僅 2% 的人屬於非中國血統。儘管香港已相當西化，但中國人仍保持著其特有的文化意識。根據一九八二年對三分之二的三十五歲以下華人的一個較寬人口橫斷面的典型調查，絕大多數人（76%）明確認定他們的價值觀及其性格仍保持著中國人的特質。57% 的人堅持說他們是中國人，因為他們仍保持著像孝敬父母、勤儉節約和尊敬師長等中國傳統的價值觀。

此外，對香港大學與香港中文大學兩所大學的學生所作的抽樣調查亦顯示，這些被調查的學生認為，在四個主要的領域中都依然存在著現代中國人與西方人的區別，首先是在家庭生活領域中，中

15　S. Boyden, S. Millar, K. Newcombe & B. O'Neill, *The Ecology of a City and Its People: The Case of Hong Kong*, Canberra: Australian National University Press, 1981.

國人就主張孝敬父母，對父母表達不同的意見，亦有所保留。[16] 香港華人認為他們的「中國性」最顯著地表現在家庭的價值觀念上，特別是孝敬父母，這顯示他們仍然保持了儒家的核心價值。[17] 儘管一九七四年的調查已顯示有 73% 的家庭成為核心家庭，然而香港華人的家族主義觀念仍一直很濃厚，並常在行為上表現出來。

根據一九六七年米切爾（Robert Mitchell）對 3753 名已婚男女的調查，他發現有 32% 的丈夫和 54% 的妻子聲稱自己是崇拜祖先的。此外，65% 的已婚兒子和 44% 的已婚女兒都給他們的父母零用錢。許多成年子女是在經濟困難的情形下，以這樣的方式來贍養父母的。[18] 另一個在一九七六年至一九七七年對 550 個香港華人居民的社會政治行為抽樣調查中發現，華人在道德規範和行為水平兩個方面都表現出對家庭的注重和關切。這個研究指出：

> 對家庭的注重可由下列事實清楚表明——85.6% 的人認為「家庭更重要」或「家庭和社會同等重要」，只有 13.5% 的人持相反意見，認為「社會更重要」……家庭的重要意義還表現在 86.6% 的人聲稱他們把大部分可以自己支配的時間與他們的家人在一起。[19]

家庭觀念的重要意義也同樣擴展到經濟生活領域。社會學家都

---

16 M. H. Bond and Ambrose Y. C. King（金耀基）, "Coping with the Threat of Westernization in Hong Kong", In *International Journal of Intercultural Relations*, vol. 9, 1986, pp. 351-364.

17 R. J. Lifton, "Cultural Perspectives: The Fate of Filial Piety", in Lifton, *Thought Reform and the Psychology of Totalism*, N. Y.: Norton, 1961, pp. 410-442.

18 Robert Mitchell, *Family Life in Urban Hong Kong*, Taipei: The Orient Cultural Service, 1972.

19 S. K. Lau（劉兆佳）, "Chinese Familism in an Urban-Industrial Setting: The Case of Hong Kong", in *Journal of Marriage and the Family*, vol. 43, no. 4, November 1981, p. 204.

熟知，「傳統」的中國家庭是一種高度「特殊主義」的結構，這種性格在經濟組織內表現得十分明顯；在這裏有家族血緣關係或親屬關係的人，總是被優先錄用的。這種以家族特殊主義為前提的優先僱用，被人稱為親私關係（nepotism）。親私關係在香港經濟中怎樣盛行呢？香港的經濟中小工業佔很大比例，根據一九七一年的研究，在 26149 間工廠中就有 23765 間（90.9%）是僱用不到 50 人的小廠。[20]

在小工廠中，據一九七八年的一次調查，發現在 415 間工廠中有約一半（47%）的廠主與其工人有親族關係。[21] 據香港中文大學經濟系的莫凱對香港一個重要工業區 346 家工廠調查得出的結論是：「對於一個華人廠主來說，在每個車間安置一個他信任的管理人員維護他的利益，是相當慣常的做法。即使沒有直接的親族關係，一個人只要他是廠主的同鄉，說共同的方言，也許和廠主有某種遠房的關係，也能得到廠主的信賴和重用。」[22] 僱用親屬的現象不止限於小工廠。據埃斯皮（John Espy）一九六九年對 27 個華人大工業商行的研究，其中 23 個商行所提供的資料表明，在他們的公司中僱用的家庭成員少則佔 14%，多則高達 61%。[23]

上述資料都無可懷疑地證明，家庭觀念仍影響著快速工業化與現代化的香港華人的社會及經濟行為。

---

20 Ambrose Y. C. King（金耀基）and Peter Man, "Small Factory in Economic Development", in T. B. Lin, R. P. L. Lee & Udo-Ernst Simonis eds., *Hong Kong: Economic, Social and Political Studies in Development*, N. Y.: M. E. Sharpe, 1979, pp. 31-63.

21 V. F. S. Sit, S. L. Wong & T. S. Kiang, *Small Scale Industry in a Laissez-Faire Economy: A Hong Kong Case Study*, Hong Kong: Centre of Asian Studies, University of Hong Kong, 1979.

22 Victor Mok, *The Organization and Management in Kwun Tong*, Hong Kong: Social Research Centre, The Chinese University of Hong Kong, 1978.

23 John Espy, "The Strategies of Chinese Industrial Enterprises in Hong Kong", Unpublished doctoral thesis, Harvard University, 1970.

對傳統文化價值的工具取向

根據韋伯的判斷，儒家學說對資本主義的發展構成巨大障礙的主要因素，莫過於中國人的家族制度，或者稱為儒家的家庭觀念。他說：

> 儒家的孝行……對人的行為有最強大的影響。最終的說，孝促進和控制了血親組織強有力的結合……無論是在自然生長形成的家族組織中，還是在一些個人化的組織中，或是與這些組織有關連、或按照他們的組織模式組成的團體中，中國倫理都顯示出它的最強烈的動力……。[24]

今天研究中國文化的學者，恐怕也不能不同意韋伯關於傳統中國家庭觀念的這種看法。此外，韋伯還說：

> 就經濟心態來說，這種狹隘的個人化原則，對於合理化及一般的就事論事的精神，無疑是一種極大的障礙。因為它總是一再把個人同自己的家族成員聯繫在一起，並且束縛個人服從於家族規範，而實際上在任何情況下，總是把個人與「人」而不是與功能性的任務（企業）聯繫在一起。這種障礙是與中國宗教的性質緊密地連結的。[25]

韋伯對於中國社會的家族主義的分析，確是極為透徹和精闢的，這已在當代社會科學家的文獻中得到了證實。社會學者楊慶堃說：

24　Weber, *The Religion of China*, p. 236.

25　Weber, *The Religion of China*, pp. 236-237.

原則上說，最近的一些發現確實並不和韋伯關於中國的家族制度不
利於資本主義發展的說法相矛盾。[26]

我認為，韋伯關於傳統的中國家庭觀念對於經濟的發展構成一
種阻力的觀點，基本上是正確的，儘管他對中國文明的解釋有不妥
之處，例如他否認在中國儒學中存在任何超越性的緊張的說法就未
必妥當。[27] 我想要論證的是，今天在香港的華人，已不再是不加批
評地生活在傳統的儒家家族主義倫理之下，雖然他們作為「現代
中國人」，在思想觀念和行為方式上，仍表現出對這些傳統價值的
信守。

現代中國人之所不同者，在於他們已不必認為儒家的家族價值對
於他們的經濟生活一定有什麼內在的意義。他們對於家族價值採取了
一種工具的理性主義（instrumental rationalism）態度，因而把它們
作為一種文化資源來實現一些特別的目的。儘管這是一個連續不斷的
「認知的選擇」（cognitive selection）過程，香港的中國人已經自覺或
不自覺地把儒家學說轉變成為一種「理性的傳統主義」。所謂「理性
的傳統主義」，我的意思是說，人們不必是以感情上去珍愛那些所謂
傳統文化內在的價值，傳統之所以被選擇地保留，是由於它們在追求
經濟目標的時候，顯示了它們有外在的有用價值。

香港是東西方匯合的地方，敏感的過客都會注意到，在香港，
中國和西方文化的影響都同時存在。但是必須注意一個事實，由於
香港在十九世紀後期已割讓及租借給英國，所以儒家的大傳統從未

---

26 Yang, "Introduction", in Weber, *The Religion of China*, p. 26.

27 S. N. Eisenstadt, "This Worldly Transcendentalism and the Structuring of the World:
Weber's 'Religion of China' and the Format of Chinese History and Civilization", in
Andreas Buss ed., *Max Weber in Asian Studies*, Leiden: Brill, 1985, pp. 46-64.

在香港真正發展過。香港一方面帶有濃厚的中國民間傳統,如信奉風水、神、鬼和保持著上面所討論的儒家家族主義,另一方面香港又發展了一整套西方式的制度結構。博伊登(Stephen Boyden)和他的同事曾指出:

> 香港華人的生活方式深受西方文化的影響。例如,他們的生活依賴物質財富及追求身份地位,都是西方所設定的。香港的教育制度也是英國的。[28]

然而,追求物質財富對傳統的中國人來說也並非是新奇的事,韋伯事實上就完全覺察到「中國人粗糙的物質主義」。[29] 香港的一個人類學者許舒(James Hayes)就對此寫道:

> 追求財富一直是香港人的共同目標。香港從西方及從中國吸引了一代又一代的商人。這個殖民地一直為有才能的人提供了一個出路,廣州在這方面是出名的。幾個世紀以來,廣州人一直被中國其他省的人描繪成可以把任何事都置之不顧的財富追求者。[30]

許舒看到中國人對財富的追求,在海外華人中不是沒有代表性的。英國人類學者弗里德曼(Maurice Freedman)寫道:

> 精於理財是每個中國人到海外謀生必備的重要資質……東南亞中國人在經濟上的成就。不僅因為他們是精力旺盛的移民,而最基本

---

28 Boyden et al., *The Ecology of a City and Its People: The Case of Hong Kong*, p. 47.

29 Weber, *The Religion of China*, p. 242.

30 James Hayes, "Hong Kong: Tale of Two Cities", in Marjorie Topley ed., *Hong Kong: The Interaction of Traditions and Life in the Towns,* Hong Kong: Hong Kong Branch of the Royal Asiatic Society, 1975, pp. 1-10.

的原因，則是由於他們懂得怎樣去賺錢，和怎樣通過組織人力去賺錢。[31]

瑞因（Edward Ryan）對印尼的一個中國人貿易社區的研究中，提及財富成為焦點性價值的看法。他說：

> 正是由於圍繞著這個價值（財富），人的積極性才動員起來，興趣被集中起來，人的生活和家庭被組織起來，為謀求實現這個價值，社會關係也依此建立起來。[32]

在中國文化的「大傳統」裏，正像韋伯所指出的，「孔子也許並不鄙視獲得財富，但是財富似乎是不安穩的，它可能會破壞有教養的靈魂的平衡和寧靜」[33]。無論如何，中國的民間世俗宗教則完全認同「致富發財」的行為。在中國世俗宗教中，財神可能是最受崇拜的神祇。在今天香港，財富已不再會破壞有教養的靈魂的平衡了，誠然，「大多數的香港人都被感染上一種比較強烈的目的意識，這個目的意識通常都集中在增加家庭財富上」[34]。

長期以來，通過商業和工業活動來獲取物質財富，已受社會公認為正常的活動。對追求物質財富的衝動並不限於企業家和管理階

31　Maurice Freedman, "The Family in China, Past and Present", reprinted in G. W. Skinner ed., *The Study of Chinese Society: Essays by Maurice Freedman,* Stanford: Stanford University Press, 1979, p. 25.

32　Edward Ryan, "The Value System of a Chinese Community in Java"（Unpublished doctoral thesis, Harvard University）, quoted in Gordon Redding & G. Y. Y. Wong, "The Psychology of Chinese Organizational Behavior", in Michael H. Bond ed., *The Psychology of the Chinese People*, Hong Kong: Oxford University Press, 1986, p. 16.

33　Weber, *The Religion of China*, p. 240.

34　Boyden et al., *The Ecology of a City and Its People: The Case of Hong Kong*, p. 284.

層，工人也一樣。在一些華人工人的態度調查中經常顯示，金錢酬勞都是他們所優先考慮的。[35]

在傳統中國，政府官員構成統治階層。他們受經典文獻教育的深淺，是衡量其社會榮譽和做官資格的基本尺度。中國的文人學士是一種身份性群體，他們具有一種中國人特有的心態和氣質，像韋伯所說，這個身份階層有他們的名分倫理（status ethics）。[36] 中國的民眾相信，這種教育制度賦予了官員一種異乎尋常、不可思議的能力。「高級官員被視為是帶有神秘禀性的，只要證明有哪種超凡的能力，他們總是被作為崇拜的對象，生前如此，死後亦一樣。」[37] 在香港，知識分子從未形成一個身份性群體，雖然事實上中國人具有高度的成就動機，[38] 但卻沒有放在追求士人的身份上。

關於撫養孩子的態度和實踐的調查顯示，在香港，父母對孩子長大後最期望具有的品質是才能和成就，接下來才是道德修養、社交能力和自制的能力。[39] 香港學習環境最特別的地方，是學生的考試壓力沉重，這種壓力來自父母和老師。教育被絕大多數人視為獲取物質財富的先決條件。[40] 在香港，一般人崇拜的對象不是文人學

35　W. L. Chau & W. K. Chan, "A Study of Job Satisfaction of Workers in Local Factories of Chinese, Western and Japanese Ownership", in *The Hong Kong Manager*, vol. 20, 1984, pp. 9-14.

36　Reinhard Bendix, *Max Weber: An Intellectual Portrait*, N. Y.: Anchor Books, 1962, pp. 116-119.

37　Weber, *The Religion of China*, p. 135.

38　David McClelland, "Motivational Patterns in Southeast Asia with Special Reference to the Chinese Case", in *The Journal of Social Issues*, vol. 19, 1963, pp. 6–19.

39　D. Y. F. Ho, "Chinese Patterns of Socialization: A Critical Review", in M. H. Bonded., *The Psychology of the Chinese People*, Hong Kong: Oxford University Press, 1986, pp. 1-37.

40　Boyden et al., *The Ecology of a City and Its People: The Case of Hong Kong*, p. 295.

士，甚至不是高級官員，而是成功的工業家和商人。「航運業巨子」和「商業巨子」在職業等級上都排在最前面。這種職業地位的變化，在東南亞的海外華人中也同樣明顯地表現出來。[41]

在香港的社會政治結構演變過程中，也許並不像哈根（E. E. Hagen）所說，已經出現了「身份尊敬消失」（withdrawal of status respect）的現象，我猜想這種現象也許發生在其他的東亞社會。[42]但是，香港社會賦予工商界精英這樣高的身份地位，又該如何解釋呢？一個可信的解釋是，不像在傳統的中國，對於在香港的華人來說，他們得到社會榮譽的方法不是當官和做學者，而是在商界獲得財富。在政治上發跡這條路，殖民地一直是走不通的。

長期以來，財富是唯一的手段，在香港的中國人，只有得到財富，才能在公共事務中發生影響力，只有這樣才能使自己出人頭地，成為社會上的重要人物。[43]工商界的名流，事實上是香港崇高的身份性群體。因此致富發財對香港的中國人構成了一個強有力的動機，引導他們把精力都投入到經濟活動中去。

實用主義支配下的「智性選擇」

由於對物質財富和社會地位的強烈衝動，使香港的中國人在處理人際關係和經濟問題時，對傳統價值採取了一種實用主義和工具理性主義的態度。上面已經提到，儒家家族主義在香港仍有其生命

---

41 S. H. Alatas, "Religion and Modernization in Southeast Asia", in Hans-Dieter Evers ed., *Modernization in Southeast Asia*, Singapore: Oxford University Press, 1973, pp. 153-169.

42 E. E. Hagen, *On the Theory of Social Change*, Homewood: Dorsey Press, 1962.

43 Boyden et al., *The Ecology of a City and Its People: The Case of Hong Kong*, p. 57.

力，然而，如果作深一層的觀察，將會發現儒家的家族主義價值已經發生了轉化，同時，一種新的理性傳統主義也已經在香港的社會文化中出現，下面我將進一步分析這種轉化。

根據我與同事在一九七一年對香港小工廠的研究，我們發現儒家的家族主義價值對於這些華人廠主仍有重要的作用。但是，他們對親屬的僱用，多半出於理性上的考慮，而不是單單由於儒家家族主義文化傳統的結果，我們得出的結論是：

> 說這些廠主、經理的身上具有傳統、家長式和保守的作風是不錯的，但卻不能說他們是那種骨子裏就偏愛親私關係的「家產式經理」（patrimonial manager）；相反的，更吸引我們注意的是這些華人廠主和經理的實用、務實的認真精神。上面提到僱用親屬的事實，我們不應該把它解釋為是僱主出於對親屬的偏愛，以致將親屬關係作為一種價值目標，相反的，我們應看到親屬關係或多或少被視為一種手段和工具來利用，因為僱主覺得親屬比其他人更值得信任。我們的論點是，中國傳統的家族制度，已經被西方的商業意識和實踐需要，或者說被工業制度的功能需要所改造。因此可以說，它也許是增強了而不是削弱了小工廠的經濟發展。[44]

根據一九七六年對 255 名僱主的調查，香港中文大學社會學者劉兆佳發現，他們絕大多數認為具有「進取心」對一個僱員來說是重要或十分重要的。在僱主眼中，「工作能力」作為僱員的一種素質，也同樣受到很高的評價，其中 57·3% 的僱主認為這是「重要」的，32·9% 的僱主認為是「很重要」的。至於與僱主的關係，抽查的三分之二僱主認為僱員和自己是親屬關係還是別的關係「並不重

44　King & Man, "Small Factory in Economic Development", p. 54.

要」（32.5%）或「很不重要」（34.5%）。調查者得出的結論是,「儘管在管理者的心中仍滲入各種傳統主義因素,但他們在許多方面都證明是理性的、實用主義的,這是由香港特殊的經濟和勞動條件所決定的。」[45]

因此,親私關係至今仍然在香港存在,主要是由於它已是為了經濟目的而被善於運用的一種文化資源。故此,香港大學的社會學者黃紹倫把華人商人和企業家這種作風做了一種極有用的區分,即把親私關係區分為「消極的」和「積極的」兩種:「我們能夠期望,在條件允許時,他們會擺脫消極的親私關係,而同時保持積極的親私關係以便為其所用。」[46]

根據以上對中國人的經濟心態和行為的討論,我們完全可以相信弗里德曼的一句話:

> 受中國文化熏染的人,在不很尋常的程度上,對問題的處理是採取經驗的實用主義態度,而不是在疑難的處境中便成為被動的宿命論者。[47]

由於香港是一個西方文化和中國傳統共存的地方,這便使中國人或多或少成為如帕克（Robert Park）所稱的「邊際人」。社會邊際性理論的發展,還不能提供令人信服的證據,以證明邊際人在社會變動中確實能夠作出創造性的調整,只是一些學者論證說,邊際

---

45 S. K. Lau（劉兆佳）, "Employment Relations in Hong Kong: Traditional Modern?", in *Hong Kong: Economic, Social and Political Studies in Development*, pp. 65–77.

46 S. L. Wong, "Modernization and SINIC Cultural Tradition: Reflections on the Case of Hong Kong", paper presented at the "25th Annual Meeting of the American Association for Chinese Studies", November 4-6, 1983, Santa Barbara.

47 Freedman, "The Family in China, Past and Present", p. 292.

人比別的人更容易體察到社會脫軌現象,因而他們會成為引導傳統社會走向解體的旗手。[48] 然而,香港的現代中國人似乎沒有「認同」問題,「在文化的基礎上,沒有現象證明,香港中國人有一種失落感或文化的解體」[49]。相反的,這些中國人卻有出入自如於中、西兩種傳統的非凡能力。一個在香港居住多年的英國人類學者觀察到:

> 人們通常並不是因為覺得西方觀念比傳統的東西更真、更可信而轉
> 向西方觀念。倒不如說,他們之所以會遵循一些西方的經驗,是因
> 為他們發現在某些情況下這些東西很有效用。同樣的原因,在另一
> 些情況下他們則會堅持中國的傳統經驗。人們能夠出入於中國和西
> 方兩種傳統之間,至少現在是如此。效果就是檢驗事物的標準——
> 它有效用,它就是真的。[50]

香港的中國人能從容出入於不同的文化傳統,是由於實用的經驗主義考慮,通常是計算得失損益。這是一個「認知選擇」的過程,在這個過程中個人進行理性的判斷。劉兆佳認為,「功利主義的家族主義」已經成為支配香港人的文化規範。他寫道:

> 扼要的說,功利主義的家族主義可以看成為一種規範的及行為的傾
> 向,它要求個人把他的家庭利益置於社會利益及其他個人和團體的
> 利益之上,並且以能否增進他的家庭利益這一基本考慮,來建立與

48　Bert Hoselitz, "Economic Growth and Development: Non-Economic Factors in Economic Development", in *Political Development and Social Change*, Jason Finkle and Richard Gable eds., N. Y.: Wiley, 1966, pp. 183-192.

49　Bond & King, "Coping with the Threat of Westernization in Hong Kong".

50　Marjorie Topley, "Some Basic Conceptions and Their Traditional Relationship to Society", in Topley ed., *Some Traditional Chinese Ideas and Conceptions in Hong Kong Social Life Today*, Hong Kong: The Hong Kong Branch of the Royal Asiatic Society, 1966, p. 19.

他人及團體的關係形式。而且，在家庭利益之中，物質利益總是首先被置於其他利益之上。[51]

應該指出的是，不像傳統的儒家家族主義，這種「功利主義的家族主義」具有顯著的理性主義特點。「作為一個宗派性取向的實體，家族團體在家族性組織和成員甄選兩個方面運用理性，以便在動用資源上實現最大限度的功效。家庭團體界線的模糊和流動性，既是理性考慮的原因，也是其結果。」[52]

依據以上的發現，我們可以說，雖然儒家學說作為一種完整的文化體系在香港並不存在，但以儒家家庭觀念為核心的中國傳統確實仍然發生作用。一般地說，現代香港華人在意識上更親近的是中國傳統，而不是西方傳統。然而，他們的經濟行為並非為傳統感情所束縛。香港的中國人在心理上都有一個極強的自我意識，他們對中國傳統文化能夠在實現社會經濟目標上，作出有無實際利益的理性估價。中國傳統不再被視為一種內在的、神聖的、美好的東西而為人所擁抱，而是基於工具的、實用的考慮，並作為一種文化資源而為人們選擇利用。

人們追隨傳統，但他們絕不是傳統主義者，維持和依從儒家傳統是因為它可以服務於現實的經濟目的。我大膽地說，香港出現的，已不再是韋伯所了解的那種儒學傳統，而是工具理性與傳統主

51　S. K. Lau（劉兆佳），"Utilitarianistic Familism: The Basis of Political Stability in Hong Kong", in Ambrose Y. C. King（金耀基）& R. Lee eds., *Social Life and Development in Hong Kong*, Hong Kong: The Chinese University of Hong Kong Press, 1981, p. 201.

52　S. K. Lau, "Chinese Familism in an Urban-Industrial Setting: The Case of Hong Kong", in *Journal of Marriage and the Family*, vol. 43, no. 4, November 1981.

義，或者，你也可以稱它為工具理性主義的儒學。正是這種「工具理性傳統主義」，成為了促進香港經濟成功發展的一個重要因素。如果說真的存在著一個「後期儒家文化」，那麼對香港來說，就是這種工具性的理性傳統主義。

結語

前面我們展示了資本主義在香港的發展，用帕森斯的話說，這種發展是被文化「條件」所推動的，而這種文化條件則是由一種轉化了的儒家觀念和思想所提供，我把這種轉化的儒學稱為「工具性的理性傳統主義」。有一點很清楚，即韋伯所理解的那種儒學在香港早已死亡，或者，更確切地說，它從來就未在這裏生根。韋伯所謂的儒學也許可以稱為「帝制儒學」（imperial Confucianism），或「制度化儒學」（institutional Confucianism）；它是一種極複雜而精微的混合物，其中包括國家的統治意理、一整套戰略性的制度，如士大夫的身份集團、科舉制度，特別是皇權官僚主義。在香港，只存在著「社會性儒學」（social Confucianism），或用伯格不太適當的術語說，是一種「庸俗化儒學」，這是一種市民在日常生活中廣為依循的儒家信念和價值觀念。[53]

我想要指出的是，這裏所說的「社會性儒學」，並不是一種嚴格的信仰體系。可以說它是一組指導社會行為的原則，用來指導人們處理家庭及家庭外部的社會關係。在今日「後期儒學」時代，那種「帝制儒學」或「制度化儒學」在東亞地區的華人社會中都不存在，或已解構改造。我要特別強調的是，儒家的社會文化信念和價

53　Ibid., p. 204.

值，在非儒家式的制度環境裏，卻找到了顯示一種新的和再生的表達方式。而且，正如上文討論，這些信念和價值能夠作為一種實現現代化的資源而被有效地利用。

儒家學說本身確實包含著具有轉化性能力的種子，「工具性的理性傳統主義」在「後期儒家」時代出現，就是一個有力的證明。工具性的理性傳統主義未必只出現於香港，我猜想，這也是別的東亞社會（如台灣）在追求經濟發展時都存在的一種文化的世俗化現象。

在這篇論文中，我無意證實或批駁韋伯命題，不過，本文確實試圖為「後期儒家命題」提供一些實質上的含意。同時，在這篇論文中，我也無意於對工具性的「理性傳統主義」作價值的肯定或否定，那屬於現代化中另一個層次的問題。

一九八七年

東亞另類現代性的興起 *

作為巨大轉型的現代化

自從社會學的古典時期，即十九世紀後期以來，一批聲名卓著的社會學家就一直關注現代性的問題。伯曼（Marshall Berman）在其名著《一切堅固的東西都融化成空氣了》（*All That Is Solid Melts Into Air*）中寫道：

> 在今天，全世界的男男女女都有一種充滿活力的經驗模式 —— 對時空的體驗，對自我和他者的體驗，對生命的可能性和危險的體驗。我將把這一系列經驗稱為「現代性」。[01]

無疑，在二十世紀最後十年，現代化已成為一個全球現象。雖然源於美國而在二十世紀五六十年代居於主導地位的那種現代化理論已失去了吸引力，並受到各種各樣的批評，但亞州國家作為一個整體對現代化仍然情有獨鍾，在這些地方，人人們只要說到發展，

---

* 此文原是 2001 年春在柏林舉行的以「多元現代性的反思」為主題的國際學術會議上發表論文的中譯，原文標題為 "The Emergence of Alternative Modernity in East Asia"。此文後刊於 D. Sachsenmaier, J. Riedel, S. N. Eisenstadt eds, *Reflections on Multiple Modernities,* Leiden: Brill, 2002, pp. 139-152. 中譯文收入金耀基：《中國的現代轉向》增訂版，香港：牛津大學出版社，2013。

01　Marshall Berman, *All That Is Solid Melts Into Air,* N. Y.: Penguin Books, 1988, p. 15.

就會把「現代化」這個詞語掛在嘴邊。[02] 頗有意味的是，中國大陸在一九七八年也發生了一個根本變化，從「文革」的反現代化烏托邦工程轉移到重實幹的「四化」目標上來。從歷史上看，東亞踏上現代化的道路完全是對西方挑戰的一種回應，其目標是富國強兵，趕上西方。毫無疑問，當時的亞洲人是帶著一種矛盾的心情，不太情願地踏上現代化道路的，在這個過程中，他們甚至經受了自我否定的痛苦。用墨西哥詩人帕茲（Octavio Paz）的話來說，東亞「被判處了現代化的徒刑」[03]。東亞的現代化是一個牽涉到經濟、政治、社會和文化秩序變遷的巨大轉型過程。

在東亞，人們總是說他們所追求的是「現代化」，而不是「西方化」，[04] 但從某種程度上看，東亞現代化很難逃出西方化的如來佛手心。現代性首先是在西方實現的，最早的現代性是西方的現代

---

02 羅威爾（Jim Rohwer）寫道：「幾個世紀以來，亞洲人一直都處於麻木和保守狀態。然而，現在他們都熱烈地相信現代化，或許比大多數歐洲人都更相信現代化，從二十世紀九十年代美國的躁亂情緒來看，他們也要比許多美國人更相信現代化。」參見 Jim Rohwer, *Asia Rising: How History's Biggest Middle Class Will Change the World,* London: Nicholas Brealey Publishing, 1996, p. 32.

03 帕茲對現代化持有一種矛盾的態度。他寫道：「我有兩種想法。我認為我們被判處了現代化的徒刑。如果我們將要步入現代化，那麼，在動手時就要力圖更快一點，更平靜一點。另一方面，我之所以說『被判處了現代化的徒刑』，是因為環顧一下美國、歐洲和日本，我認為現代化不是一種恩賜，它可能是一種帶有冷藏和空調設備的地獄。」參見 Octavio Paz, "The Search for Values in Mexico's Modernization", in *Asia Wall Street Journal,* June 1, 1994.

04 實際上，並不只是東亞人才持有這種反西方、但又贊成現代化的態度。亨廷頓（S. P. Huntington）考察了一些非西方國家宗教復興的本土化過程，他寫道：「非西方宗教的復興是非西方社會反西方化態度的最明確的表徵。這種復興不是對現代性的拒斥，而是對西方的拒斥，對與西方聯繫在一起的世俗的、相對主義的墮落文化的拒斥。它拒斥了非西方社會的所謂『西方中毒症』，表明了在文化上獨立於西方的態度，並且驕傲地宣佈：『我們將步入現代化，但我們不會是你們。』」參見 S. P. Huntington, *The Clash of Civilizations and the Remaking of World Order,* N. Y.: Simon & Schuster, 1996, p. 101.

性。[05] 這就是哈貝馬斯（Jurgen Habermas）所說的「啟蒙方案」，或曰「現代性方案」[06]。嚴格說來，迄今為止還只有這種類型的現代性，用伯曼的話來說，它作為一種「充滿活力的經驗模式」而充分地表現出來。當今的全球現代性在很大程度上能夠被看成是西方現代性的蔓延、擴張或散播。[07] 從分析和概念的層面上看，現代化和西方化是兩個不同的概念，兩種不同的經驗。亞洲人一方面自覺追求現代化，另一方面又拒斥西方化，這種態度是不難理解的。不過，在實現現代化的過程中能否不吸納西方化的一些重要要素，這是頗有疑問的。在二十世紀後期，隨著全球現代性達到了很高的水平，人們完全有理由說，「啟蒙運動關於一個普遍的理性社會的夢想在相當大的程度上已成為現實了。」[08] 在全球現代化進程中，西方價值觀已成為主流價值觀，西方人、尤其是美國人往往自覺或不自覺地促進一種普遍的西方文化。他們相信，非西方人應該接受西方的價值觀，例如民主、自由市場、人權、個人主義、法治，應該將這些價值觀體現在他們的各種制度中。毫無疑問，正如亨廷頓（S. P. Huntington）指出的，「其他文明中的少數派擁抱和促進這些價值觀，但在非西方文化中，對這些價值觀的主流態度既有普遍的懷疑，又有強烈的反對。」[09] 由於美國是二十一世紀西方現代性的「領

05　參見 Goran Therborn, *European Modernity and Beyond,* London: Sage Publications, 1995.

06　參見 Jurgen Habermas, *The Theory of Communicative Action*, T. McCarthy trans., Boston: Beacon Press, 1981.

07　參見 Anthony Giddens, *The Consequences of Modernity,* Stanford: Stanford University Press, 1990.

08　參見 B. R. Barber, "Jihad vs. McWorld", in *The Atlantic*, vol. 269, no. 3, March 1992, pp. 53-61.

09　Huntington, *The Clash of Civilizations and the Remaking of World Order*, pp. 183-184.

頭羊」[10]，非西方人對美國化的反對就尤其明顯，但這不應看成是對
現代性本身的反對，而只是對美國現代性模式的反對。根據洪倫德
（Paul Hollander）的看法：

> 美國文化引起的敵意在某些方面是完全有根據的。不過，大多數批
> 評者都把問題搞錯了。問題不是美國的資本主義、帝國主義或大眾
> 文化，而是美國所代表的那種現代性。[11]

換句話說，普遍的反美情緒表明了對一系列美國價值觀的敵
意，它所反對的是美國那種欲將這些價值觀強加於人的類似於傳教
士的狂熱。詹鶊（Chalmers Johnson）寫道：「日本和整個東亞需
要做的一件事情就是結束美國的霸權主義。」他認為美國的理論家
們忽略了那些使許多東亞國家的資本主義不同於美國資本主義的文
化取向，並且贊同地引用了格雷（John Gray）的一句話：「美國宣
稱要成為世界的楷模，但沒有一個國家買賬。」[12]儘管「亞洲價值
觀」是一個有爭議的概念[13]，但我們應當這樣來看待二十世紀最後十
年亞洲發出的「亞洲價值觀」口號：這表明亞洲正堅定不移地探尋
其文化身份，是亞洲人自己在探尋自己的現代化理想。

10　Peter Wagner, *A Sociology of Modernity: Liberty and Discipline,* London: Routledge, 1994,
　　p. 180.

11　Paul Hollander, *Anti-Americanism, Critiques Home and Abroad 1965-1990*, N. Y.: Oxford
　　University Press, 1992. 轉引自 Wagner, *A Sociology of Modernity*, p. 180.

12　Chalmers Johnson, "Japan's Woes Are Political, and the U. S. Is Not Helping", in *The
　　International Herald Tribune*, March 27, 2001, p. 10.

13　西方人經常將亞洲的價值觀描述成被用來捍衛新加坡和馬來西亞威權主義政權的價值
　　觀，但大多數亞洲人都認為亞洲價值觀主要與強大的家庭、教育和勤奮工作有關，而與
　　獨裁政府無關。參見 Nathan Glazer, "Two Cheers for Asian Values", in *The National
　　Interest*, no. 57, Fall 1999, pp. 27-34.

現代性方案及其引起的新的爭論

二十世紀七十年代，源於美國的現代化理論受到了激烈批評，西方思想界對現代性觀念保持沉默。十年前鬧得沸沸揚揚的有關現代性的含義的爭論實際上已經平息下來。不過，在整個八十年代，人們又重新開始關注現代性和現代化的問題，現代性成為思想話語的最重要的主題。說來也怪，對現代性觀念的熱烈興趣的復興至少部分地是由於後現代主義開始佔據了優勢，而後現代主義所宣告的恰恰是「現代的結束」。後現代主義是一個很難簡單界定的概念，它更多地建立在對現代的否定之上，一般認為，它拋棄了現代的那些明確特徵，與之發生了決裂。[14] 伯曼寫道：

> 後現代主義認為，現代性的視域已經關閉了，其能量已經耗盡了——實際上，現代性已成為明日黃花了。後現代主義社會思想大肆嘲弄關於道德和社會進步的一切集體希望，嘲弄個人自由和公共福祉，而所有這一切正是十八世紀啟蒙運動的現代主義者留給我們的遺產。[15]

利奧塔（Jean-Francois Lyotard）使後現代性變成了一個流行概念，他認為，與一個總體化社會形式相聯繫的宏大希望或現代社會理論的宏偉敘事已經失去了可信性[16]。哈貝馬斯與利奧塔、博德里亞爾（Jean Baudrillard）等後現代理論家之間的爭論是人所共知的。

14 參見 Mike Featherstone, "In Pursuit of the Postmodern:An Introduction", in *Theory, Culture & Society*, vol. 5, 1988, pp. 195-215.

15 Berman, *All That Is Solid Melts Into Air*, p. 9.

16 參見 Jean-Francois Lyotard, *The Postmodern Condition: A Report on Knowledge*, Manchester: Manchester University Press, 1986.

哈貝馬斯以「現代性方案」的守護者的姿態出現，而利奧塔、博德里亞爾等人則以這種或那種方式挑戰和拒斥「啟蒙方案」。在此，我主要關心的不是現代性方案是否「尚未完成」（哈貝馬斯）的問題，也不是現代性方案是否「已經耗盡」（博德里亞爾、利奧塔等）的問題。現代主義者和後現代主義者圍繞現代性方案而展開的爭論實際上僅僅涉及到西方的現代性問題。雖然西方現代性已處於後期的激進化階段，但世界範圍內的現代化只是最近二十五年的事。費瑟斯通（Mike Featherstone）十分正確地用空間術語來表述全球現代化：

> 這樣看來，我們最好把現代的結束說成是西方現代性的結束。或者，用一句不那麼戲劇性的話來說，西方現代性快要結束了，西方已經「憔悴」了，同時伴隨著一種精疲力竭的感覺。但東亞和世界其他地區並沒有精疲力竭的感覺，它們正在尋求自己的將民族與文明融為一體的現代性。因此，比起使用單數的現代性概念，使用複數的現代性概念可能更恰當一些。[17]

無可否認，在現代性的全球化進程中，啟蒙價值觀（例如自由、平等和公正）在致力於現代化的東亞國家中得到了相當普遍的接受。尤其在二戰以後，西方現代性將其經濟、政治和意識形態特徵傳播到全世界，勢頭十分猛烈，造成了在其制度結構的諸核心方面——無論是職業和產業結構，還是教育結構，抑或是城市結構，每一個方面都在不同的現代化社會中發展起來，這些趨同現象確實造成了一些共同問題，例如城市和產業發展、教育發展、政治

17　Mike Featherstone, *Undoing Culture: Globalization, Post-Modernism and Identity,* London: Sage Publications, 1995, pp. 83-84.

組織和都市化等方面的問題。[18] 不過，我們不能認為，啟蒙價值觀的廣泛傳播，以及現代化社會的那些表面的結構相似性意味著一種單一的現代文明已經成型。正如艾森斯塔特（S. N. Eisenstadt）指出的：

> 在不同的現代文明中，處理這些問題的方式是很不相同的。這些差異的產生在很大程度上是由於在這些文明中成形並不斷得到重建的不同的傳統 —— 尤其是不同的基本前提，是由於這些文明的不同的歷史經驗。[19]

瑞典社會學家瑟伯恩（Göran Therborn）明智地告誡我們，「全球化絕不意味著地球上有一個巨大的統一中心。」他不僅認為有許多條通往和穿越現代性的道路，而且認為，現在已經出現了另外一種全球性挑戰 —— 對比較研究的挑戰，「要採用一個非西方化、非中心化的全球概念，把握現代世界的多樣性」[20]。今天，我們不能從時間的角度、而必須從空間的角度來看待現代性問題。我們再也不能談論單數的現代性了。全球現代化所帶來的，現在不是、將來也不是一種單一的現代文明，而是不同的現代文明。儘管西方現代性對世界產生了深遠的影響，但正如布羅代爾（Fernand Braudel）指出的，如果有人認為「單一文明的勝利……消除了不同的文明」，

18　參見 S. N. Eisenstadt , "Cultural Tradition, Historical Experience, and Social Change: The Limits of Convergence", delivered at University of California, Berkeley, May 1-3, 1989, in G. B. Peterson ed., *The Tanner Lectures on Human Values,* Salt Lake City: University of Utah Press, 1990, vol. 11, pp. 503-504.

19　Ibid., p. 504.

20　Göran Therborn, "Routes to/through Modernity", in M. Featherstone, S. Lash & R. Robertson eds., *Global Modernities,* London: Sage Publications, 1995, p. 137.

那是「十分幼稚的」[21]。亨廷頓令入信服地論證說，「相反，現代化在某些重要方面鞏固了那些文化，削弱了西方的相對實力。世界正變得更加現代，同時更加遠離西方。」[22] 說來也怪，非西方社會（在這裏是東亞社會）現代化的成功，恰恰重新喚起了東亞國家的熱情，去探尋自己的獨特身份和現代性的獨特文化表現。

文化轉向和多元的全球現代性

很長一段時間以來，一直有一個非常突出的現象：主流社會科學家在對現代化和現代性進行討論和辯論的過程中沒有觸及到文化的問題。最近一個時期，人們強調對現代主義和後現代主義文化進行解釋，與此同時，還興起了後殖民主義研究，結果，文化又重新在學術和大眾話語中佔據了突出地位。[23] 二十世紀八十年代的文化理論家們甚至認為，日常生活到處滲透著文化，這是嶄新的後現代時期的特徵。[24] 社會形態的文化維度越來越受重視，有人將這一點說成是一種「文化轉向」，是完全有道理的。[25] 泰勒（Charles Taylor）敏銳地指出，「過去兩百年的主流現代性理論一直屬於非文化的類型」，「這種理論中的現代性是按照一種無涉於文化的理性或社會運行機制來加以界定的」。他對非文化的現代性理論提出批評，認

21　Fernand Braudel, *On History*, Sarah Matthews trans., Chicago: University of Chicago Press, 1980, p. 212.

22　Huntington, *The Clash of Civilizations and the Remaking of World Order*, p. 78.

23　參見 Bryan Turner, *Max Weber: From History to Modernity*, London: Routledge, 1992, p. 8.

24　Joel Kahn, *Culture, Multiculture, Postculture*, London: Sage Publications, 1995, p. 9.

25　參見 Roland Robertson, *Globalization: Social Theory and Global Culture*, London: Sage Publications, 1992, pp. 32-48.

為這種理論犯了他所說的「啟蒙方案整套觀的錯誤」。這種錯誤在於，一切現代的東西都被視為整套「啟蒙方案」的組成部分。泰勒寫道：

> 有人相信，現代性來自於一種單一的、普適的活動模式。這種信念將一種錯誤的統一模式強加於非西方文化在面對科學、技術和工業化的緊迫要求時採取的多種多樣的方法。

而且，他還相信：

> 總而言之，如果完全依賴非文化理論，我們就無法擔當今日社會科學的一項也許是最重要的任務：即認識和了解世界上不同的地區正在形成的各式各樣的另類現代性。這種對非文化理論的依賴將我們鎖閉在種族中心論的牢獄裏。在這種情況下，我們只能將我們自己的各種形式投射到所有其他人身上，完全意識不到我們在做什麼，並因此而無憂無慮。[26]

利奧塔認為，哲學和社會理論的宏偉敘事歪曲了非西方文化。在他看來，近代的全部解放敘事之所以令人反感，恰恰因為它們參與了控制「其他文化」、然後用西方的進步來毀滅「其他文化」的過程。尤其值得注意的是，這些宏偉敘事是憑藉其「世界主義」而造成這一結果的，這種「世界主義」將一切地方主義消解成普遍主義。[27] 現在，研究現代性的學者日益認識到，「『現代性』的流行定

---

26 Charles Taylor, "Inwardness and the Culure of Modernity", in A. Honneth, T. McCarthy, C. Offe & A. Wellmer eds., *Philosophical Interventions in the Unfinished Project of Enlightenment,* Willam Rehg trans., Cambridge: MIT Press, 1992, pp. 89-93.

27 Jean-Francis Lyotard, *The Postmodern Condition: A Report on Knowledge*, G. Bennington & B. Massumi trans., Manchester: Manchester University Press, 1979.

義是以一套主要是西方的、男人的、白人的、以個體為取向的、不
管生態的價值觀為前提。」[28] 正如瑟伯恩正確地指出的，「近代的社
會歷史發展不能用『西方與其他地區』這個公式來概括。」[29] 確實，
為了認識正在東亞和其他非西方地區形成的各式各樣的另類現代
性，有必要在西方文化與其他文化之間發展出一種健康的關係。關
於這一點，瓦蒂莫（Gianni Vattimo）有如下一段論述：

> 今天，不管是好是壞，其他一些文化取得了發言權、尤其是伊斯蘭
> 文化，它在政治和其他方面對西方形成了壓力。在這種情況下，我
> 們再也不能忽視「觀察者」與「被觀察者」之間的關係這個問題了。
> 與不同文化的對話正在最後變成一種真正的對話。在過去一些年，
> 結構主義一直想要消除歐洲中心論的視點，這是完全正確的。不
> 過，時至今日，再做這種清除工作已經毫無意義了，毋寧說，今天
> 的問題是要超越純粹的描述立場，真正地展開這種對話。[30]

全球化和亞洲的另類現代性

在現代性的全球化過程中，人們開始意識到全球與地方這兩個要
素。羅伯遜（Roland Robertson）用「全球地方化」（glocalization）
這一概念來闡明全球性地方性問題。全球化主要是按同質化來界定
的，但羅伯遜正確地指出，「在界定全球性時將它看成好像是排斥地

28　Anthony King, "The Times and Spaces of Modernity (or Who Needs
　　Postmodernism)", in *Global Modernities*, p. 118.

29　"Routes to/through Modernity", in *Global Modernities*, p. 137.

30　Gianni Vattimo, "Hermeneutics as Koine", in *Theory, Culture & Society*, vol. 5, 1988, p.
　　401.

方性的，這從道理上講不通。」[31] 全球性本身並不自然而然地與地方性相對立。相反，從根本上說，人們經常談論的地方性包括在全球性中。[32]「全球地方化」這一概念很好地描述了全球現代化的動態現象。一方面，西方現代化的各種特徵已經擴展到非西方地區，因此，一種似乎具有同質性的現代文明正在形成；另一方面，許多非西方民族國家或社會已經日益意識到，它們必須探尋自己的文化身份和現代化道路。在二十世紀的最後幾十年，東亞的崛起使全球現代化進入了最富於戲劇性的階段。東亞探尋自己身份的努力是與其探尋現代性的努力密不可分的。在此，值得重申一句，正是東亞在現代化方面取得的成功使亞洲人有了一種新的意識和自信。東亞在世界舞台上長期處在邊緣的位置上，在關於現代性的全球話語中，它的聲音一直淹沒不聞。但是，東亞在現代化和財富創造方面取得的成功重新喚起了亞洲人對亞洲的信心。尼斯勃（John Naisbitt）指出：

> 現在許多人都對亞洲懷有共同的信心，他們相信，亞洲能夠發展出
> 自己的模式，即亞洲模式。對許多人來說，「亞洲價值觀」是反對
> 西方化的那些被察覺到的罪惡的一句很有號召力的口號，它表達了
> 這樣一種願望，即在飛速發展、令人瞠目結舌的現代化面前復興優
> 秀的古老傳統。[33]

從深層的意義上看，按亞洲方式推進亞洲的現代化，實際上是在探尋亞洲的另類現代性，或者說，將現代性「亞洲化」。許通美

---

31 Roland Robertson, "Globalization: Time-space and Homogeneity-Heterogeneity", in *Global Modernities*, p. 34.

32 Ibid., p. 35.

33 John Naisbitt, *Megatrends Asia,* London: Nicholas Brealey, 1995, pp. 93-94.

（Tommy Koh）在一九九三年指出，「一場文化復興運動正在橫掃」整個亞洲[34]。用一位著名政治學家的話來說，「這場復興運動一方面越來越強調亞洲各國獨特的文化身份，另一方面也越來越重視亞洲文化的共同特點，正是這些特點使亞洲文化不同於西方文化。」[35]毫無疑問，亞洲人的自信與東亞經濟的成功發展有很大的關係。雖然在進入二十一世紀的前夕發生了金融危機，情況依然如此。亨廷頓指出：

> 財富如同權力一樣，被認為是美德的證據，它表明了道德和文化上的優勢。隨著東亞人在經濟上越來越成功，他們毫不猶豫地強調這種文化的獨特性，並且大肆宣揚他們的價值觀和生活方式要比西方和其他社會的價值觀和生活方式更優越。[36]

在西方與其他國家之間，權力平衡出現了全球性轉移。很顯然，東亞的自信與這一轉移有很大的關係。這種新型的權力關係直接或間接地讓人們認識到，除了西方的現代性形式以外，還存在著其他可能的現代性形式。從世界範圍來看，文化研究目前對後現代的關注「與其說表明了『現代』的破滅或耗盡，還不如說表明了一種姍姍來遲的認識：現在人們認識到，現代性表現出一種創造性

---

34 Tommy Koh, "America's Role in Asia: Asian Views," in *CAPA Report,* Asia Foundation's Center for Asian Pacific Affairs, no. 13, 1993, p. 1.

35 S. P. Huntington, *The Clash of Civilizations and the Remaking of World Order*, p. 104.

36 不管是好是壞，亞洲在經濟上取得的新的成功產生了一種可與西方普遍主義相比擬的「亞洲普遍主義」（Asian universalism）。亨廷頓引用了馬來西亞總理馬哈蒂爾在 1996 年對歐洲政府首腦講過的一句話：「亞洲價值觀是普遍的價值觀，歐洲的價值觀是歐洲的價值觀。」參見 S. P. Huntington, "The West: Unique, Not Universal", in *Foreign Affairs*, vol. 75, issue 6, November-December 1996, pp. 28-46.

的革新勢頭，對太平洋地區和東方發展中社會產生了巨大影響」[37]。在過去二十年間，中國的「具有中國特色的現代化」方案取得了驚人的成功，毫無疑同，這種成功提供了一個進一步的證據，說明另類現代性正在東亞形成。我們不能將全球現代化僅僅看成是西方現代性的結果，它同樣也是其他文化和文明在面對西方時所作出的回應和表現出的強大抗力的結果。美國社會學家蒂爾雅凱安（E. A. Tiryakian）在一九八四年寫道：「我們正處於一個大轉移的全球軸心時期」，現代性的「中心」正從北美轉移到東亞。東亞要成為現代性的中心，就必須發展出一套社會文化信念和價值來支撐對不同部門具有普遍主義吸引力的社會文化革新，從而為世界共同體提供一種總體的升級樣式和模式。」[38] 二十一世紀現代性的中心是否在東亞，這個問題只能由歷史來回答。今天發生在東亞的事情就是，另類（亞洲）現代性正在形成。伯格（Peter Berger）令人信服地指出，出現在東亞的工業資本主義是一種不同於西方現代性的全新的現代化模式。他相信，資本主義現代性的要素之一是個人主義；但東亞模式是他所謂的「非個人主義的資本主義現代性」，因為這種模式堅持集體一體性和紀律的價值觀。[39]

像帕森斯（Talcott Parsons）這樣的現代化理論家假定，「個人主義（或按照他的說法，自我取向）必然與現代性發生內在的聯

37　Barry Smart, "Modernity, Postmodernity and the Present", in Bryan Turner ed., *Theories of Modernity and Postmodernity,* London: Sage Publications, 1990, p. 28.

38　E. A. Tiryakian, "The Global Crisis as an Interregnum of Modernity", in Tiryakian ed., *The Global Crisis: Sociological Analyses and Responses,* Leiden: Brill, 1984, pp. 123-130.

39　Peter Berger, "An East Asian Development Model?", in Peter Berger and Hsin-Huang Michael Hsiao eds., *In Search of an East Asian Development Model,* New Brunswick: Transaction Books, 1988, p. 6.

繫。」不過，就東亞的情況來看，「現代性、資本主義和個人主義的聯繫從來不具有必然性和內在性；相反，我們必須對這種聯繫進行重新解釋，將其視為偶然的歷史境遇的結果」[40]。出現在東亞的社會文化形態確實不同於西方的現代性。應當記住的是，「現代的普遍化必須以一種現代的、歷史化的方式來加以理解。新的普遍範疇是歷史地產生出來並得以確立的，而不是絕對的，也不具有邏輯的必然性」[41]。因此，將西方現代性視為現代性的一種形式，而不是將現代性界定為西方現代性，這才是明智之舉。我們如果不能作出這一區分，就會犯下泰勒所說的「啟蒙方案整套觀的錯誤」。

在考慮東亞是否正在發展另類現代性時，注意一下福山的論點是饒有興味的。人們有理由將此人稱為「現代普遍主義者」。福山（Francis Fukuyama）在一九八九年發表了一篇題為〈歷史的終結〉的文章，頃刻間便成為舉世聞名的人物。他認為我們可能正在到達「人類意識形態演進過程的終點，西方的自由民主政體將作為人類最後的政體形式而得到普遍實現」。他指出，「西方的勝利……明顯地表現在這樣一個方面：那些可以代替西方自由主義的可行的系統方案已被徹底窮盡了。」[42]不過，在過去幾年，福山比較注意文化問題，認為並不存在一條單一的現代化道路，「後來」致力於現代化的社會與早期致力於現代化的社會相比，走的是一條非常不同的道路。[43]而且，他現在還說，「沒有任何理論上的理由讓人相信，儒

40　Ibid.

41　Johan Fornas, *Cultural Theory and Late Modernity,* London: Sage Publications, 1995, p. 30.

42　Francis Fukuyama, "The End of History", in *The National Interest,* no. 16, Summer 1989, pp. 3-18.

43　參見 Francis Fukuyama, "Confucianism and Democracy", in *Journal of Democracy,* vol.6, no. 2, April 1995, pp. 20-23.

家社會結構不能很好地與民主政治制度共存」。他甚至還提倡一種
不同於西方自由民主制度的「可供選擇的亞洲模式」：

> 「可供選擇的亞洲模式」的本質就是一個並非圍繞個人權利、而是
> 圍繞根深蒂固的道德規範建立起來的社會，這種道德規範構成了強
> 大的社會結構和共同體生活的基礎。[44]

杜維明正確地指出，現代化可以採取不同的文化形式。他認
為，由於儒家傳統的影響，正在東亞形成的現代性模式具有六個
顯著特徵[45]。杜維明的這一觀點可以從東亞社會的各類研究中找到
很好的經驗證據。即使在英克爾斯（Alex lnkeles）── 他是一個現
代普遍主義者 ── 對跨民族現代化的研究中，我們也可以發現一
些與其普遍主義立場相悖的發人深省的論據。例如，「在一九六三
至一九九一年期間，聲稱參加過祭祖儀式的台灣人從 39％增加到
75％」。在日本人中間，重視孝道的人一直在增加，從 1963 年的
61％增加到 1983 年的 73％。在中國大陸的保定，95％的老年人及
其子女都強調孝道的重要性，而「88％的香港人都同意這樣一個看
法，即政府應當懲罰不盡孝道的人。持這種觀點的人比例之大，令

---

44 Francis Fukuyama, "The Primacy of Culture", in *Journal of Democracy*, vol. 6, no.
1, January 1995, pp.7-15. 另參見 Ambrose Y. C. King（金耀基）, "Confucianism,
Modernity, and Asian Democracy", in R. Bontekoe & M. Stepaniants eds., *Justice and
Democracy*, Honolulu: University of Hawaii Press, 1997, pp. 163-180.

45 參見 Tu Wei-ming（杜維明）, "Implications of the Rise of 'Confucian' East Asia", in
Daedalus, vol. 129, no. 1, Winter 2000, p. 207.

入吃驚」[46]。格拉澤（Nathan Glazer）寫道：

> 但是，按西方的標準來看，亞洲價值觀還出人意外地堅固。最近，
> 人們貶低這種價值觀，他們恰恰沒有考慮到這種持久的堅固性。毫
> 無疑問，全球化影響到一系列的社會和文化特徵，甚至削弱了這些
> 特徵。但是，削弱的速度異常緩慢，在東方與西方之間，這些主要
> 社會和文化特徵的變化速度有很大的差異，這種差異仍使東方佔有
> 優勢。

格拉澤看到東亞傳統的持久力量，他寫道，「即使面對著全球
化如此眾多的方面，傳統也繼續保持著。要想把亞洲價值觀排除在
外，可能還為時過早。」[47]因格萊哈特（Ronald Inglehart）和貝克
（Wayne Baker）利用世界價值觀調查——包括 65 個社會和 75％的
人口中涉及三次浪潮的有關資料，發現了大規模文化變遷和繼續保
持獨特文化傳統的證據。他們在關於這項研究的報告中指出：

> 隨著全球經濟的發展，我們所看到的不是以西方文化普遍化的形式
> 而表現出來的與日俱增的一致性，而是文明多樣性的延續。這種延
> 續是通過積極地重新創造和重新吸納非西方文明模式而得以實現
> 的……但是，價值觀似乎有賴於所走過的道路：新教、正教、伊
> 斯蘭教或儒家傳統的歷史產生出具有獨特價值系統的文化圈，這些
> 價值系統在控制了經濟發展的後果之後得以持有下來。經濟發展傾

46　Alex Inkeles and David Smith, *Becoming Modern,* Cambridge: Harvard University
　　Press, 1974. 另參見 Alex Inkeles, "Continuity and Change in Popular Values on the
　　Pacific Rim," in J. D. Montgomery ed., *Values in Education: Social Capital Formation in
　　Asia and the Pacific,* Hollis, New Haven: Hollis Publishing Company, 1997.

47　Glazer, "Two Cheers for Asian Values", pp. 27-34.

向於將不同的社會推到一個共同的方向上去，但是，這些社會並沒有互相靠攏，而是行進在由各自傳統形成的平行軌道上。[48]

因格萊哈特和貝克的研究結果表明，「文化圈」是歷史地建立起來的。這一論點有力地證實了亨廷頓的多元文明論，而且也證實了全球現代化進程中多元現代性的出現。毫無疑問，正在東亞展開的另類現代性是全球現代性這齣動態戲劇的必不可少的角色，或者更準確地說，是東亞現代性的「全球地方化」。

---

48 Ronald Inglehart and Wayne Baker, "Modernization, Cultural Change and the Persistence of Traditional Values", in *American Sociological Review,* vol. 65, no. 1, February 2000, pp. 22-49.

儒學、現代性與
亞洲的民主 *

民主的勝利

一九八九年東歐的民主革命無異於一場政治大地震，藉助於現代通訊技術，它的衝擊造成的波濤頃刻之間便淹遍了全世界。這場革命在全球範圍內對民主意識所造成的影響既深且廣，即使與法國大革命相比也毫不遜色。隨後，一九九一年八月發生在莫斯科的戲劇性事件標誌著俄羅斯民主化的開端和冷戰的結束。普拉特納（Marc Plattner）歡呼在列寧主義式的社會主義的廢墟上民主的到來，稱之為一個「民主的時刻」。他說，「我們或許正在進入一個以民主制度一統天下的持久的和平時期——即一種『民主統治之下的和平』（Pax Democratica）。」[01] 亨廷頓（S. P. Huntington）指出，從一九七四年至一九九〇年間，至少有三十個國家相繼轉向了民主體制，使世界上民主政府的數量增加了一倍；他把這一發展進程稱為民主的「第三次浪潮」（the third wave）。作為一個政治

---

* 此文原是 1995 年 1 月 9-21 日在夏威夷由夏威夷大學與東西文化中心合辦的 Seventh East-West Philosophers' Conference 中宣讀之論文的中譯。原文為 "Confucianism, Modernity and Asia's Democracy"。

01　Marc F. Plattner, "The Democratic Moment", in *Journal of Democracy*, Fall 1991, p. 40.

現實主義者，亨廷頓告誡說，民主化的第三次浪潮之後或許會出現第三次反浪潮，但與此同時他也在認真地思考這樣一個問題：「這些民主化進程是將要實際進入世界上每一個國家的一個連續不斷、日益擴張的『全球性民主革命』的一部分嗎？」[02]福山（Francis Fukuyama）在題為〈歷史的終結〉的著名論文中提出了一個有力的論點。他說，我們或許正目睹著「人類意識形態演進過程的終點，西方的自由民主政體將作為人類最後的政體形式而得到普遍實現」。他認為，「西方的勝利……明顯地表現在這樣一個方面：那些可以代替西方自由主義的可行的系統方案已被徹底窮盡了。」[03]他進一步寫道：

> 換言之，正在凱旋挺進的與其說是民主的實踐，毋寧說是民主的理念。即是說，對世界的很大一部分地區而言，現在沒有任何意識形態能夠妄稱擁有足以與自由民主相抗衡的普遍性。[04]

福山對「自由主義的民主」（liberal democracy）所持的樂觀態度儘管有點不同尋常，但在歷史上也並非沒有先例可援。事實上，在過去一個世紀，民主制度有好幾次都彷彿得到了普遍的接受，然而這種接受並沒有人們想像的那樣確實可信。在一九〇〇至一九〇一年間，一些主要的報刊宣佈了一條好消息：二十世紀將是民主的世紀。[05]歷史或許以「理性的狡黠」證明了這一預言是錯誤的，而未來的事態發展很可能也會使福山與跟他思想相近的預言者

---

02 S. P. Huntington, "Democracy's Third Wave", in *Journal of Democracy*, Spring 1991, p. 12.

03 Francis Fukuyama, "The End of History?", in *The National Interest,* 16, Summer 1989, pp. 3-18.

04 Francis Fukuyama, *The End of History and The Last Man*, N. Y.: Free Press, 1992, p. 45.

05 Raymond Gastil, "What Kind of Democracy", in *Dialogue*, Jan, 1991, p. 10.

一樣空歡喜一場。有不少的學者看出了「民主時代」的種種不確定性。[06] 邁爾（Charles Maier）最近談到民主的「道德危機」，他寫道，「在一九八九年之後的一個時期，人們繼最初的喜悅之後開始產生一種……反高潮的感覺。」[07] 因民主的突然勝利而喪失理智的平靜，並不稀奇。不過應該指出，此次民主的勝利或許主要並不意味著民主的「成功」，而是意味著共產主義的「脫魅」。早在四十多年前，哈茲（Louis Hartz）極有智趣地寫道：「民主與共產主義之間的競爭……是……一場奇特的競爭，是一場處於理想的幻滅過程中的一場各自不斷走向反面的競爭。」[08] 核心問題產生於對「理想」與「實踐」之間差距的巨大失望。喬維特（Ken Jowitt）正確地提醒我們：

> 自由資本主義民主引起了來自不同方面的人的反對……儘管這些不同的反對意見之間存在著實實在在的巨大差異，然而我們卻可以從中發現一種共同的批判音調。自由資本主義民主因其過份強調個人主義、物質主義、技術成就和合理性而遭到蔑視……自由資本主義被認為過低地估價了人類存在的基本的集體向度。[09]

06 Leszek Kolakowski, "Uncertainties of a Democratic Age", Larry Diamond and Marc Plattner eds., *The Global Resurgence of Democracy*, Baltimore: The Johns Hopkins University Press, 1993, pp. 321-324.

07 Charles Maier, "Democracy and Its Discontents", in *Foreign Affairs*, July/August 1989, p. 54.

08 Louis Hartz, "Democracy: Image and Reality", in W. N. Chambers & R. H. Salisbury eds., *Democracy Today*, N. Y.: Collin Books, 1962, p. 42.

09 Ken Jowitt, "The New World Disorder", in *Journal of Democracy*, July 1992, pp. 16–17.

現代性與自由主義民主的可普世化問題

鄧恩（John Dunn）曾經說過，「在今天，我們都是民主主義者，因為我們理應明白無誤地成為民主主義者。民主理論是現代世界的一套公共時髦話語……在今天，所有的國家都願意成為民主國家，因為民主政體乃是真正合於道德的國家形態。」[10] 蓋爾納（Earnest Gellner）對民主制度作了如下敏銳的觀察：

> 只要看一看當今世界，就會發現兩個顯而易見的事實：一方面，民主的情況非常糟糕，另一方面，民主的情況又十分良好……說它非常糟糕，是因為民主制度在眾多新近獨立的「過渡性」社會裏都被棄置一旁了，而在別的地方，民主制度亦處於岌岌可危的狀態。說它十分良好，是因為民主制度幾乎（雖然並不完全）被普遍地當作一種合法形式而加以接受。[11]

的確，可以毫不誇大地說，在今日，以「民治」為核心的民主制度明顯地是一種合於道德的政府形態，沒有任何國家能夠公然宣稱拒斥這種制度。然而，說民主在當今世界沒有任何的意識形態對手，這是一回事；但如果說除了「自由主義民主」之外不存在其他可供選擇的民主形態，這就完全是另外一回事了。事實上，自由主義民主只是民主的一種非常特殊的形式。就目前的情況而論，東歐社會主義的解體使得自由主義民主的理念處於一種孤伶伶的境況之

---

10 John Dunn, *Western Political Theory in the Face of the Future,* Cambridge: Cambridge University Press, 1979, p. 11.

11 Earnest Gellner, "Democracy and Industrialization", in S. N. Eisenstadt ed., *Readings in Social Evolution and Development,* Cambridge: Cambridge University Press, 1979, p. 2.

中，不再有任何其他的意識形態對手，但這並不能為下述非歷史的
唯心主義斷言提供有效性證明：即認為自由主義民主的文明乃是歷
史發展的絕對終點，確定無疑的終極文明。我們可以提出這樣一個
問題：除自由主義民主之外是否還存在其他可供選擇的民主形態？
不過，在我看來，像這樣提出問題並不十分貼切，不如改為這樣一
個問題：自由主義民主是否可普世化？赫爾德（David Held）正確
地指出，「那種對自由主義民主中大加讚美的觀點未能探討這樣一
個問題：即自由主義民主中的『自由』要素與『民主』要素之間是
否存在某種張力甚至矛盾⋯⋯而且，自由主義民主也並非僅有一種
制度形態⋯⋯如果我們不加批判地對自由主義民主予以肯定，那就
從根本上遺漏了對民主及其可能的另類形態的全部意義的分析。」[12]

　　值得注意的是，自由主義民主乃是「自由主義」與「民主」的
混合物，它的兩大組成要素具有不同的歷史文化根源。有人提出了
一個很有道理的看法，認為「『自由主義民主』這個合成詞具有一
種悖論的性質，因為自由主義與民主之間的關係一直都是極端曖昧
的。在現代世界，自由主義不僅為民主奠定了必要的基礎，同時也
對民主構成了嚴重的限制」[13]。無論是民主還是自由主義都產生於西
方，因此，自由主義民主的可普世化問題不可避免地會觸及到文化
和現代性的問題。

　　自十八世紀以來，發端於歐洲的現代性開始經歷了一個全球化

---

12 David Held ed., *Prospects for Democracy: North, South, East, West,* Cambridge: Polity Press, 1993, p. 14.

13 David Beetham, "Liberal Democracy and the Limits of Democratization", in David Held ed., *Prospects for Democracy: North, South, East, West*, Cambridge: Polity Press, 1993, p. 60.

的過程。[14] 時至今日，願意也罷，不願意也罷，整個世界都捲入了現代化的進程之中。所謂的第三世界，不管是否情願，用墨西哥詩人、一九九〇年諾貝爾文學獎得主帕茲（Octavio Paz）的話來說，是「被命定地現代化」[15]。誠然，現代性這個範疇，就其所指意項而論，「一直都具有一種無可救藥的西方色彩」[16]。但是，西方的現代性是否最終會成為現代性的普遍形式，這是學者們爭論不休的問題。不管是否讓人感到驚訝，大多數的現代性理論都對文化要素缺乏敏感。泰勒（Charles Taylor）對這場爭論提出了很直接深刻的看法，他區分了兩種不同類型的現代性理論，一種是「文化的」理論，另一種則是「非文化的」理論。在他看來，在過去兩個世紀裏，主流的現代性理論一般都屬於非文化的類型，而「現代性的非文化論」（acultural theory of modernity）的特點是「強調文化中立的理性或社會的運作過程」。按照這種理論，「現代性被設想成是任何一種文化都能夠經歷，甚至可能不得不經歷的一組轉型過程」。泰勒警告說，「如果單純地依賴於文化理論，那就會使我們忽略這一轉型過程的某些重要方面。」但在另一方面，也正如泰勒所指出的，純粹「現代性的非文化論」也容易犯一個錯誤，那就是「把每一件現代事物都看成是必然歸屬於來自西方的『啟蒙的整套

---

14 Roland Robertson, "After Nostalgia? Wilful Nostalgia and the Phrases of Globalization", in Bryan Turner ed., *Theories of Modernity and Post-Modernity*, London: Sage Publications, 1990, pp. 45–61.

15 Octavio Paz, "The Search for Values in Mexico's Modernization", in *Asian Wall Street Journal*, June 1, 1994.

16 Benjamin Schwartz, "Culture, Modernity, and Nationalism-Further Reflections", in *Daedalus*, Summer 1993, p. 207.

東西』」[17]，因此，如果僅僅依賴於這樣一種理論，那也同樣是錯誤的。泰勒深信，除了西方的現代性以外，完全可能存在其他不同的現代性形態。他寫道：

> 總而言之，如果完全依賴非文化理論，我們就無法擔當今日社會科學的一項也許是最重要的任務：即認識和了解世界上不同的地區正在形成的各式各樣的另類現代性。這種對非文化理論的依賴將我們鎖閉在種族中心論的牢獄裏。在這種情況下，我們只能將我們自己的各種形式投射到所有其他人身上，完全意識不到我們在做什麼，並因此而無憂無慮。[18]

有了這樣一個明智的忠告，現在就讓我們來看一看作為西方現代性的一個組成部分的「自由主義民主」究竟有什麼樣的文化特性。

自由主義民主的文化

民主政體最早興起於雅典城邦，而自由主義民主政體則遲至十七世紀才在歐洲首次出現。自由主義民主政體與古典的民主政體有著根本的差異，後者的最著名的實例便是雅典的民主政體。雅典的民主政體以一種共同體意識為基石，它體現於公民管理自己事務的一種普遍機制之中。國家的要求被賦予了一種獨一無二的優先性，凌駕於個別公民的要求之上。這是一種集體的生存形式，被

---

17 Charles Taylor, "Inwardness and the Culture of Modernity", in A. Honncth, T. MaCarthy, C. Offe, and A. Wellmer eds., *Philosophical Interventions in Unfinished Project of Enlightenment*, William Rehg trans., Cambridge, Mass: MIT Press, 1992, pp. 88-110.

18 Ibid., pp. 89-93.

看成是共同體的一種自我統治手段。加斯蒂爾（Raymond Gastil）
把雅典的古典式民主政體稱為「部族的」（tribal）或「共同體的」
（community）民主政體[19]，或許正是由於這個緣故。雅典民主政體
留給後人的一份遺產便是「民治」的概念，這一概念無疑成了任何
被稱為「民主的政府」的合法性依據。[20] 與此形成對照的是，儘管
自由主義民主政體與古典的民主政體一樣也採納了「民治」的概
念，但它卻是以個人為基礎的，其根源是自由主義，而所謂的自由
主義是指「一套社會的和政治的信念、態度和價值，它假定法律得
到了普遍的和平等的應用，並承認基本人權高於國家或共同體的權
利」[21]。自由主義肯定個人的基本價值，其核心在於，它把個人視為
社會的終極的、不可歸約的單位。換句話說，「個人對社會具有一
種概念上的、本體上的優先性，因此原則上可以拋開社會而對個人
加以概念化和界定」[22]。自由主義民主的真正標誌並不在於個人權利
受到人們的珍視和尊重，而在於這種權利不是按「社會的」（social）
和「共同體」（communal）的標準來加以界定的。因此，自由主義
被看成是「個人主義」的一種形式，這絕不是偶然的。自由的理念
衍生於西方形形色色的宗教教義和世俗信條，具有文化的和歷史的
特殊性。職是之故，依據這種具有文化特殊性的原則而建立起來的
民主國家便不能宣稱具有內在的普世性質。

　　行文至此，值得注意的是，關於個人主義與集體主義之間的對
立究竟是不是現代性的核心取向，這個問題已經引起了許多人的懷

19　Raymond Gastil, "What Kind of Democracy", in *Dialogue*, Jan 1991, pp. 10–13.

20　Reinhart Bendix, *Kings or People,* Berkeley: University of California Press, 1978.

21　Gastil, "What Kind of Democracy", pp. 11-12.

22　Bhikku Parekh, "Cultural Particularity of Liberal Democracy", in *Prospects for Democracy*, p. 157.

疑。[23] 只有那種最極端的「非文化」的現代性理論——借用泰勒的概念來說——才相信自由主義民主的個人主義原則是唯一的或真正充分的現代政體形式。艾森斯塔特（S. N. Eisenstadt）承認現代性從西方向世界其他地方的擴張造成了眾多不同的現代社會的「非常強烈的趨同」，但他又斷言說：

> 但是，儘管現代性已經傳播到了世界的大部分地區，但它卻並沒有產生出一種單一的文明，或在意識形態和制度方面引起一種單一的回應模式。恰恰相反，它產生出了好幾個變體，或至少是許多個基本的變體，這些變體正在不斷地發展它們自身的各種相互聯繫但又彼此不同的動態機制。形形色色的現代社會或正處於現代化過程中的社會，正是在這一回應過程中發展出來的，它們具有許多共同的特徵，但彼此之間又顯出巨大的差異。[24]

誠然，在今日，民主已經成了現代民族國家的「道德世界語」。然而在另一方面，「自由主義民主」的要求絕不具有普世性。帕拉赫（Bhikhu Parekh）令人信服地闡明了自由主義民主體制的文化特殊性，並對自由主義和民主進行了有益的分離。他指出，「自由主義民主體制中民主的部分主要包含這樣一些內容，如選舉自由、言論自由和平等權利。事實證明，在西方以外的地區，這一要素比自由的要素更具吸引力，同時也更具有可普遍化的性質。」他明白無誤地闡明了這樣一個事實：儘管西方以外的社會在接受民

23　Schwartz, "Culture, Modernity, and Nationalism", p. 215.

24　S. N. Eisenstadt, "Cultural Tradition, Historical Experience and Social Change: The Limits of Convergence", delivered at University of California, Berkeley, May 1-3, 1989, in G. B. Peterson ed., *The Tanner Lectures on Human Values*, Salt Lake City: University of Utah Press, 1990, vol. 11, p. 503.

主價值方面並不存在什麼困難，但它們對自由主義的價值卻感到極為不安，即使不是採取直接了當的敵視態度的話。他寫道：

> 非西方社會的億萬大眾要求得到民主，儘管這種民主採取了一種適宜的本土化形態。然而，他們對自由主義則避之唯恐不及，就好像他們本能地感到自由主義會顛覆他們最尊崇、最珍愛的東西一樣。之所以如此，並不是因為自由主義會導致資本主義，因為他們當中有許多人是歡迎資本主義的，而是因為第三世界國家的大眾感到，對世界和生活方式所持的自由主義觀點是與他們最深沉的願望和自我概念相矛盾的。按照他們的理解，自由主義瓦解了共同體，顛覆了共同的思想和價值，使孤立的個人凌駕於共同體之上，鼓勵一種進攻性的驕橫氣質和倫理價值……削弱了互相順應、調適的精神。[25]

「自由主義的個人主義」（liberal individualism）的問題並不在於它過份地強調個人的權利，而在於個人權利是按照一種「非社會」（asocial or non-social）的方式來加以界定的。在自由主義的框架之內，個人具有成為「個人主義者」（individualist）的強烈傾向。鄧恩敏銳地指出：

> 成為個人意味著具有獨特的個性，成為個人不過是人的共同命運罷了；但成為「個人主義者」則意味著以一種可疑的爽快擁抱這一命運，從必然性中生出邪惡來。成為個人——至少就願望來看——不過是想做自己的事情罷了，這是一種私人的關懷，或一種交感的愉悅；但成為個人主義者就等於是走上了這樣一條道路：那就是忽視

---

25 Parekh, "Cultural Particularity of Liberal Democracy", p. 172.

他人的利益，否定一個人對另一個人的基本的感情承諾。[26]

總而言之，成為個人主義者意味著成為一個以自我為中心的個人，意味著將更廣大的社會——他自己正是這個社會的一員——徹底拋諸腦後。托克維爾（Alexis de Tocqueville）最早敏銳地指出美國是一個個人主義的國度。他看到，儘管美國人在許多私人活動中表現出了個人主義的傾向，但他們也有驚人的組織能力，能夠建立各種自願社團以追求集體利益。總而言之，個人的獨立和自主與強烈的責任感結合在一起。但是，據理斯曼（David Riesman）的觀察，隨著公眾以許多不同的形式越來越多地讚賞自我中心的行為，情況已經發生了真正戲劇性的變化。[27]饒有興味的是，近年來，有一群美國學者，其中包括像貝拉（Robert Bellah）和埃茲奧尼（Amitai Etzioni）這樣的社會學家，正在提倡一種稱為「團契主義」（或社群論）（communitarianism）的社會政治哲學。大體說來，提出這種團契主義的目的是為了緩和失去節制的美國式個人主義，有力地伸張更廣大的社會的權利。團契主義的理論家們公開地對「為所欲為的」個人的優先性發起挑戰。埃茲奧尼以及《敏感的共同體》（Responsive Community）季刊的編輯同仁宣告了他們的辦刊宗旨：「我們認為，個人的權利必須與對共同體的責任相平衡。」極有意思的是，該刊一九九一年二月號登載了由《哈潑斯雜誌》（Harper's Magazine）主辦的討論專輯，中心問題是，美國憲法是否需要增加一個義務法案來彌補權利法案的缺陷。[28]

無論是從現代的角度來看，還是從歷史的角度來看，美國都是

26　Dunn, *Western Political Theory in the Face of the Future,* p. 33.

27　David Riesman, "Egocentrism: Is the American Character Changing?", in *Encounter,* Aug/Sept 1980, vol. 10, no. 2-3, p. 21.

28　"A Whole Greater Than Parts?", in *Time,* Feb 25, 1991.

一個地地道道的自由主義民主國家。然而，在美國，自由主義與民主的聯結在性質上是偶然的，而不是刻意為之的。在過去二百年的美國政治中，自由主義與民主一直都以一種「創造性張力」的形態彼此共存，它們之間存在著「糾纏不清的關係」。[29] 從歷史和發展的角度來看，「團契運動」不過是美國政治文化中自由主義與民主之間糾纏不清的關係的一個最新發展階段而已。

現代性、儒學與亞洲的民主

東亞經濟在過去二三十年間迅速崛起，從而使該地區成為具有不同思想傾向的發展學者共同關注的焦點。伯格（Peter Berger）把這一發展稱為資本主義現代性的（capitalist modernity）「第二個個案」[30]。德國偉大的社會學家韋伯（Max Weber）在其經典著作《中國宗教》（*The Religion of China*）裏斷言，資本主義之所以未能在帝制中國得到發展，儒學要負很大的責任，因為儒學乃是一種順應型的理性主義。[31] 有不少的學者從東亞——它在文化上屬於儒家文化圈——在經濟發展方面所取得的顯著成就出發對韋伯的論點提出了各種各樣的批評。在我看來，韋伯討論儒學的著作

29 Stanley Vittoz, "The Unresolved Partnership of Liberalism and Democracy in the American Political Tradition", in *Iotopia*（史藪）, 10, Department of History ed., The Chinese University of Hong Kong, 1993, pp. 282, 299.

30 Peter Berger, "An East Asian Development Model", in Peter L. Berger and Hsin-Huang Michael Hsiao eds., *In Search of An East Asian Development Model*, New Brunswick, Translation Books, 1988, p. 4.

31 Max Weber, *The Religion of China*, H. H. Gerth trans., N.Y.: Free Press, 1951.

並非沒有問題，[32] 不過他的論點卻是很難駁倒的，因為今日的儒學並不是韋伯當年所討論的那個儒學，事實上，韋伯心目中的儒學應當理解為「帝制儒學」或我所說的「制度化儒學」（institutional Confucianism）。[33] 韋伯所分析的儒學在二十世紀已發生了根本的解構與重構。在此，與我們的討論相關的是，鑒於東亞在經濟發展方面所取得的成就，我們有必要重新考慮儒學作為一個文化系統在現代化過程中所發揮的作用。應當承認，東亞的經濟成就與諸多制度因素有很大的關係；[34] 然而，研究東亞現代化的學者們一般都相信，東亞的經濟特徵是與它那獨特的社會、文化特徵聯繫在一起的。這類社會、文化特徵包括「一種非常強大的成就取向的工作倫理，一種高度發達的集體共契意識，以及賦予的教育的崇高聲譽」。毫無疑問，凡此種種均為「東亞模式」的一些組成部分。[35]

威權系統究竟是不是東亞經濟發展的原因，對這個問題學者還遠遠未能達成共識。我傾向於同意亨廷頓的觀點：「經濟改革需要一個擁有權威的（authoritative）強有力的政府，雖則不一定是一個威權型（authoritarian）政府。」[36] 然而，無可否認的是，台灣、韓國、新加坡以及某種程度上香港都是在一個以發展為取向的威權系統（儘管類型上有區別）的領導下取得了驚人的經濟成就。更值得注意的是，在取得了經濟發展和工業化的成就之後，這些東亞社

32　Thomas Metzger, *Escape from Predicament*, N. Y.: Columbia University Press, 1977, pp. 235ff. 該書中對韋伯關於儒學的論著作有深刻的批判。

33　我在別的地方曾經指出，在傳統中國，儒學應當被看成是「制度化儒學」，按照這一概念，儒學乃是帝制系統的意識形態和制度性的下層基礎。參見金耀基：《中國社會與文化》，香港：牛津大學出版社，1992，頁 110 及以下各頁。同見 2013 年增訂本。

34　Roy Hofheinz Jr. and Kent Calder, *The Eastasia Edge*, N. Y.: Basic Books, 1982.

35　Berger, "An East Asian Development Model", p. 5.

36　S. P. Huntington, "What Price Freedom?", in *Harvard International Review*, Winter, 1992-1993.

會又從根本上改變了它們的政治取向。威權系統經歷了一番根本的轉化，逐漸過渡到民主制度。東亞的經驗明確地表明了經濟要素與政治民主之間的重要的經驗關聯，同時也證實了李普賽（S. M. Lipset）多年前所作的斷言。[37] 我這篇論文不準備探討民主制度在東亞得到發展的原因[38]，只要指出下面一點就足夠了：工業資本主義雖然不是政治民主的充分條件，但卻是它的一個必要條件[39]。必須承認，在東亞，繼日本之後，所謂的「四小龍」，如中國台灣和韓國都踏上了民主的道路。本文力圖證明，儘管東亞的民主化不僅是可欲的，而且還是可行的，但它卻不一定遵循西方的自由主義民主模式。總而言之，東亞國家正在有意識地或無意識地探尋一種與西方的自由主義民主制度有別的制度形態。

雖然福山對自由主義民主抱有無限的信心，但他也並沒有完全忘記自由主義民主所面臨的挑戰。他承認：

> 自從美國革命和法國革命那個時代開始，自由的普遍化就已經面臨
> 著最嚴峻的挑戰。時至今日，這種挑戰並非來自於共產主義世界
> （因為那裏所遭遇的經濟失敗是有目共睹），而是來自於亞洲那些把

---

37 Seymour Lipset, "Some Social Requisites of Democracy: Economic Development and Political Legitimacy", in *American Political Review,* 53, March 1959, p. 80.

38 我在別處曾探討和分析了台灣民主化的可能的原因。參見 Ambrose Y. C. King（金耀基），"A Nonparadigmatic Search for Democracy in a Post-Confucian Culture: The Case of Taiwan R.O.C", in Larry Diamond ed., *Political Culture and Democracy in Developing Countries,* Boulder: Lynne Rienner, 1993, pp. 131-154. 中文譯稿參見金耀基：〈後儒學文化中的民主探索〉，《中國政治與文化》，香港：牛津大學出版社，2017。

39 傅利曼（Milton Friedman）寫道：「歷史僅僅表明，資本主義是政治自由的一個必要條件。」隨後他又補充說，「很顯然，它並不是一個充分條件。」參見 Milton Friedman, *Capitalism and Democracy,* Chicago: University of Chicago Press, 1962, p. 10.

自由經濟與一種家長式威權主義結合起來的社會。[40]

他還寫道：

以儒學為基礎的民主國家（Confucian democracies）並非處在一個與我們更加相似的進化階段上，而是發現了一條我們根本不知道的通往二十一世紀現代化社會的道路。對我們這些身處西方的人來說，情況是否果真如此，這是我們必須弄清楚的。[41]

羅茲曼（Gilbert Rozman）提醒我們說，從資本主義與社會主義之間的區分出發來考慮問題，這是了解我們這個世紀的最有效的方法。「但是，我們認識到，應當以某種方式重新確立這種兩分法，這樣做是有好處的，因為由此可以劃出更多的區分來。最重要的是，我們提議給分析添上『第三個維度』，以便能夠把握東亞的那些歸在『儒學』名下的特質。」[42] 然而，在東亞，通過儒學遺產而塑建的民主制度的本質何在呢？亨廷頓在談到正處於發展過程中的亞洲民主國家時斷言，它們也許會滿足「民主的形式要求」，但與此同時又與西方民主制度有著重要的差異。他寫道：

這種類型的政治系統無須經過徹底改造就可以提供民主，它代表著對西方民主實踐的接受，但這樣做並非服膺於西方的競爭與變革的價值，而是服膺於亞洲的共識與穩定的價值。[43]

40　Fukuyama, *The End of History and the Last Man*, p. 238.

41　*Time*, June 14, 1993, p. 17.

42　Gilbert Rozman, "The East Asian Region in Comparative Perspective", in Gilbert Rozman ed., *The East Asian Region: Confucian Heritage and Its Modern Adaptation*, Princeton: Princeton University Press, 1991, p. 12.

43　Huntington, "Democracy's Third Wave", p. 18.

　　亨廷頓相信，「實際上，儒家社會或受儒家影響的社會對民主制度一直都不甚親近。」不過，儘管如此，他還是認為，儒學像任何一種大文化一樣，「也含有某些與民主兼容的要素，正如新教和天主教含有某些明顯的非民主的要素一樣。」他說：

> 「儒家民主」或許構成了一個詞語矛盾，但儒家社會中的民主就未
> 必如此了。[44]

　　福山和亨廷頓所使用的「儒家民主」這個術語並沒有什麼嚴格的定義，但卻值得省思。順便提一句，「資本主義民主」也是一個詞語矛盾，在這一點上與「儒家民主」大同小異。米爾班德（Ralph Milband）把資本主義民主視為自由主義民主的一個別名，他寫道：

> 資本主義民主乃是一個詞語矛盾，因為它包蘊著兩個相反的系統。
> 一方面，資本主義是一個經濟組織系統，它要求人數相對有限的一
> 個階層擁有和控制工業、商業和金融活動的主要手段，以及通訊手
> 段的主要部分……但在另一方面，民主則是建立在對這種優越地
> 位的否定基礎之上的，它要求人體上的條件平等，而正如福山所承
> 認的，資本主義按其本質便拒不接受這種平等。統治和剝削這兩個
> 醜陋的字眼並未出現在福山的語彙裏，但它們確實是資本主義民主
> 的本質所在，與資本主義民主難解難分地糾結在一起。[45]

44　Ibid, pp. 15, 21.

45　Ralph Milband, "The Socialist Alternative", in *Journal of Democracy*, July 1992, p. 119. 在
　　C. B. Macpherson 看來，自由民主有兩層意思：（1）自由主義民主被理解為「一個資本主
　　義市場社會的民主」；（2）自由主義民主被理解為「一個力圖保證全體成員均享有實現其
　　能力的平等自由權利的社會」，John Stuart Mill 以及追隨他的帶有倫理傾向的自由主義民
　　主論者便持這種觀點。不過，Macpherson 認為，到七十年代，「市場觀點佔了上風：『自
　　由的』一詞被有意或無意地與『資本主義的』一詞等同了起來。」參見 C. B. Macpherson,
　　The Life and Times of Liberal Democracy, N. Y.: Oxford University Press, 1977, pp. 1-2.

在此，我無意解決儒家民主與資本主義（或自由主義）民主孰優孰劣的問題。值得注意的是，儘管福山和亨廷頓兩人都沒有系統地闡述亞洲民主的文化特質，但他們卻共同表現出了對文化與民主之間關係的關注。

東亞的民主經驗表明，雖然這一地區的大多數國家都採納了民主制度，但它們卻並未遵循真正的自由主義原則。李普賽在論文〈政治文化的中心性〉中指出，「從多樣性的歷史中衍生出來的文化要素異常難於操縱，而政治制度——包括選舉制度和憲法安排——則較容易予以改變。」[46] 像福山那樣把東亞民主稱為「儒家民主」並非沒有其理由，因為多少個世紀以來，東亞文化一直都是圍繞著中國以及一度居於霸權地位的儒家文化系統這個軸心演進的。羅茲曼指出：

> 我們不難為確定一個區域焦點找到辯護理由，這個焦點在該地區的共同遺產中是十分明顯的。這一共同遺產通常（儘管不甚精確）被稱為儒家遺產。[47]

時至今日，雖然「制度化儒學」早已壽終正寢了，但儒家倫理和價值仍不失為一種活生生的文化勢力。對東亞地區來說，若想充分地發展民主，它就必須與儒學達成某種妥協。

儒學從未倡導過一種稱為民主的政府形式，事實上，它並不關心政府的「形式」本身。對昔日的儒者來說，首要的問題在於應當如何公正地掌管政府。從一個根本的意義上來說，儒學所注重的是

---

46 S. M. Lipset, "The Centrality of Political Culture", in Diamond & Plattner eds., *The Global Resurgence of Democracy*, p. 137.

47 參見 Rozman ed., *The East Asian Region*, p. 6.

治道（或行政）而非政道（政治）。[48] 雖說儒學並不提倡民主，但我
們不能簡單地認定儒學是反民主的。儒學是一個複雜的系統，不能
按「贊成」或「反對」民主來作出單向度的解釋。索羅門（Richard
Soloman）列舉了儒家傳統中的三個內在矛盾：1. 對等級權威的依
賴與自主精神之間的矛盾；2. 社會和諧、和平與敵對、進攻性之間
的矛盾；3. 自我與群體之間的矛盾。[49] 儒學不僅保留了民主的要素
或因子，而且可能還保留了一種中國式的「自由主義傳統」[50]。儒學
最突出的政治要素便是「民本」思想。縱觀中國歷史，「民為本」
的箴言被歷代大儒始終一貫、毫不含糊地表達出來。孟子有言：
「民為貴，社稷次之，君或輕。」用明代大儒黃宗羲的話來說，百
姓應為「主」，統治者應為「客」。無疑，「民本」並不等於民主，
它僅僅包含林肯所說的「民有」和「民享」的概念，而不包含「民
治」的概念。[51] 可以認為，「民本」思想含有民王的因子；不過，如
果用它來作為建設現代民主的材料，它也難免有其嚴重的限制。狄
百瑞（W. T. de Bary）有力地闡明了這樣一個論點：在儒家傳統中，
尤其是在黃宗羲的著作中，我們可以發現某種自由主義的因素。然
而，即使如此，他還是感到了儒學所面臨的困境：

> 黃宗羲堅持民為本的思想，認為百姓應為國家之主，統治者則為國

48　牟宗三：《政道與治道》，台北：廣文書局，1974。

49　Richard Soloman, *Mao's Revolution and the Chinese Political Culture,* Berkeley: University
of California Press, 1971, pp. 78–81.

50　W. T. de Bary, *The Liberal Tradition in China,* Hong Kong: The Chinese University of
Hong Kong Press, 1983.

51　金耀基：《中國民本思想史》，台北：商務印書館，1993。另參見 Andrew Nathan,
Chinese Democracy, N. Y.: Alfred & Knopf, 1985, pp. 127ff. 在該書中他對民本觀念作了
否定的評價。

家之客。儘管在這一點上他要比其他儒者走得更遠，但他仍然未能
闡明這樣一個問題：即百姓作為「民」，究竟通過什麼手段才能真
正地履踐這種權威的職能？

他還進一步補充說：

但是，最後，使儒家的希望不斷落空的⋯⋯並不是缺少一個先知
的聲音，而是缺少一群擁有說話能力的普通聽眾，即缺少一個能夠
賦予百姓本身一種聲音的政治和社會基礎結構。[52]

當中國在十九世紀與西方文明相遇時，儒學所面臨的困境首次
顯露出來，中華文明古國遭到了受過工業化和現代化洗禮的西方列
強的進攻和挫敗。歷史悠久的中華帝國面臨著前所未有的挑戰。儘
管在剛開始時不太情願，中國還是別無選擇，只能向西方學習。用
帕茲（Octavio Paz）的說法，中國確實是「被命定地現代化」。古
老的道德政治秩序崩塌了，中國面臨著雙重的危機：政治秩序的
危機和思想的危機（或曰「定向」危機[53]）。中國知識分子開始尋
求一個新的道德政治秩序，這種努力背後的動機是在中國建立一個
「富」「強」的「新型」國家。[54] 中國知識分子之所以把民主作為一

---

52 關於狄百瑞（W. T. de Bary）所著 *The Trouble with Confucianism* 一書的圓桌討論，見
China Review International, Vol. 1, Spring 1994, pp. 36–52.

53 Hao Chang（張灝），"Intellectual Crisis of Contemporary China in Historical
Perspective", in Tu Wei-ming ed., *The Triadic Chord: Confucian Ethics, Industrial East
Asia and Max Weber,* Singapore: The Institute of East Asian Philosophies, 1991, pp.
325–350.

54 史華慈（Benjamin Schwartz）提供了一個很有代表性的、精彩的個案研究，見
Benjamin Schwartz, *In Search of Wealth and Power: Yen Fu and the West,* N. Y.: Harper
Torchbooks, 1964.

種新的政府「形式」來加以接受，箇中原因只能在這一歷史脈絡中來加以理解。不過，對嚴復以及與他思想相近的知識分子來說，民主或自由——正如史華慈（Benjamin Schwartz）敏銳地指出的——是被當作達到目的手段來加以看待的。史華慈寫道：

> 自由、平等（尤其是機會的平等）和民主提供了一個使個人的「機能能量」得以最後解放出來的環境。然而，從一開始，嚴復就避免了十九世紀歐洲自由主義那種更加刻板的教條式對立。之所以如此，恰恰因為他的目光最終並不是集中在個人本身之上，而是集中在個人主義的假定的結果之上的。個人與社會、個人首創性與社會組織等等之間尖銳對立沒有滲進他的洞察力的核心。[55]

值得一提的是，民主的理念在晚清知識分子中間就成了一種居於主導地位的政治取向，儒家的「民本」概念被整合到西方的「民主」概念中去。[56] 的確，正是孫中山在中國歷史上首次發動了一場「民主革命」。意味深長的是，雖然孫中山的民主觀念來自於西方，但他還是始終不忘提醒國人一句，在中國古代並不缺乏民主的因子。[57] 在一九一九年的新文化運動中，「民主」作為一種解放的制度與「科學」一道得到大力提倡，成為建設新型中國文化過程中的兩大最根本的「象徵資源」。在現代中國，即使不是所有的知識分子，至少絕大多數的知識分子都相信，民主應當成為現代政治生活的一個必要的組成部分。頗有意義的是，就連新儒家的一些最有代表性的學者也主張，發展民主不應純視為是從外部強加給中國的，

55　Ibid, pp. 239-240.
56　王爾敏：《晚清政治思想史論》，台北：華世出版社，1969，頁 220-276。
57　金耀基：《中國民本思想史》，台北：商務印書館，1993。

而是中國文化發展的內在的必然要求。[58] 他們相信，中國若想繼續推進它那建構一個道德的社會的寶貴傳統，就必須促進民主的發展，因為對這項道德任務來說，民主的發展不僅具有根本性，而且還具有緊迫性。[59]

從上述可見，儒學中存在著與民主相容的要素，儒學對於中國發展民主並不構成真正的障礙。然而，儒學與自由主義的關係就完全是另外一回事了，它們之間的鴻溝更難逾越。按照杜維明的意見，儒家倫理：

> 不同於強調對自己權利的意識、並引發出責任意識的清教倫理。它強調社會一體性的重要性，強調必須在一個特定的群體中找到自己合適的位置。這意味著應當按照一組社會習俗和實踐來理解自己在社會中的作用。儒家倫理所提供的不是一個競爭的模型，而是一個和諧的模型。它重視個人修養和自律（尤其是精神和心理方面的自律）。它強調，共識的形成不應通過把某一特殊的意志強加給整個社會，而必須讓群體中的很大一部分人能夠參與到一個循序漸進的共同協商過程中去……它努力地使人們對一個更大的、更持久的目標作出保證和承諾。[60]

儒學與自由主義的根本區別在於它們對個人與社會的關係有著不同的看法。雖然自由主義和儒學都十分珍視個人的價值，然而儒學並不把個人與社會視為相反的兩極。芬加內特（Herbert Fingarette）認為：

58　牟宗三、徐復觀、張君勱、唐君毅：〈為中國文化敬告世界人士宣言〉，收入唐君毅：《中華人文與當今世界》，台北：學生書局，1975，頁815-929。

59　Chang, "Intellectual Crisis of Contemporary China in Historial Perspective", p. 338.

60　Tu Wei-ming（杜維明），*Confucian Ethics Today: The Singapore Challenge,* Singapore: Curriculum Development, Institute of Singapore, 1984, pp. 110–111.

更應該這樣來看待孔子：他所關注的是「人類」的本性，而不是「個人」與「社會」這兩個相反的實體。個人與社會之類的表述反映了西方人的成見和範疇。[61]

如上所述，自由主義與個人主義之間存在著特殊的關係，西方的現代性與個人主義有著密切的關聯。[62] 但是，東亞的經驗表明，民主與現代性同個人主義並不一定是不能彼此分開的。伯格認為，「西方現代性的發展暗示出與個人主義的某種交互關係」，由於這個緣故，不同的現代化理論家都假定，個人主義與現代性之間存在著必然的、內在的關聯。不過，他又指出：

> 至少東亞的經驗使這一假定顯得不那麼不言而喻了……可以合理地認為，東亞，即使從其最現代化的地區來看，也仍舊堅持一種注重一體性和自律的價值觀。這種價值觀給一個西方觀察者留下很深的印象，因為它確實與他自己習以為常的那套價值觀和行為模式截然不同。近期關於日本人的商業風格和工業管理風格的討論使這一特徵更鮮明地凸現出來。是否可以說，東亞創造了一種「非個人主義的資本主義現代性」？果真如此，現代性、資本主義與個人主義之間的關聯就不是必然的或內在的了；恰恰相反，我們必須對這種關聯予以重新解釋，把它看成是偶然的歷史境況所產生的一個結果。[63]

---

61 Herbert Fingarette, *Confucius-The Secular As Sacred,* N. Y.: Harper Torchbooks, 1972, pp.72-73.

62 Talcott Parsons 按照三個不可分割的方面來界定現代性：市場經濟、民主政體與個人主義。參見 Talcott Parsons, *The System of Modern Societies,* Englewood Cliff: Prentice Hall, 1971, pp. 14ff.

63 Peter Berger, "An East Asian Development Model?", in Peter Berger and Hsin-Huang Michael Hsiao（蕭新煌）eds., *In Search of an East Asian Development Model,* New Brunswick: Transaction Books, 1988, p. 6.

　　儘管儒家的價值取向不能簡單地概括為一種集體主義，但它肯定不是個人主義的。[64] 伯格說，東亞已經產生出了「一種非個人主義的資本主義現代性」（a non-individualist version of capitalist modernity），這一觀察應當引起研究現代性的學者們的高度重視。同樣，可以這麼說，亞洲民主的突出特徵正在於它那「非個人主義的」品質。

　　基於以上分析，似乎可以得出一個合理的結論：「非個人主義的」儒學很可以成為民主的搭配要素。對一個亞洲政治系統來說，它也許不是或不應該是一個「儒家民主」，其間儒學成為一種凌駕於民主之上的主導性搭配要素；而是或應該是「民主的儒家」（democratically Confucian），使民主成為主導性的搭配要素，並按民主所設定的界限來界說儒學。「民主的儒家」政治系統不同於自由主義民主系統，它珍視和尊重個人及其權利，從「共同體的」或「社會的」視角出發來對個人及其權利進行界定。[65] 我所說的亞洲民

64　我在別處曾論述過，無論是個人主義還是集體主義都不能用來概括儒學中個體與群體之間的關係本質。我提出了這樣一個論點：儒家社會理論所採取的既不是一種個人主義的視角，也不是一種集體主義的視角，而是一種「關係的」視角（relational perspective）。我寫道：「不管是好是壞，儒家的關係視角為中國人提供了創造一個持久的社會系統的方法。在這一系統中，個人是一個被賦予了以自我為中心的自律性的關係存在，處在一個無法逃避的複雜的、富於人情的關係網絡中。」參見 Ambrose Y. C. King（金耀基），"The Individual and Group in Confucianism: A Relational Perspective", in Donald Munro ed., *Individualism and Holism: Studies in Confucian and Taoist Values,* Ann Arbor: The University of Michigan, 1985, pp. 65-66. 中譯本見金耀基：《中國社會與文化》，香港：牛津大學出版社，1992，頁 1-16。

65　在此，我受到帕拉赫（Bhikhu Parekh）的著作的啟發。帕拉赫主張的是一種「民主型的自由」政治系統，而不是一種自由主義的民主政治系統（參見上引 B. Parckh 的論文）。我相信，在中國和東亞的文化背景下，「民主型的儒家」系統在思想和經驗上都比「民主型的自由」系統更加相近。

主是指一個「民主的儒家」政治系統，它現在仍處於一個早期的發展階段上。我意識到，正如自由主義與民主之間存在著諸多「糾纏不清的關係」一樣，民主與儒學之間也可能存在著類似的關係，並且後者即使不比前者為多，至少也與它一樣多。然而，我看不出有任何內在的原因能夠阻止儒學，尤其是經過重構的儒學成為民主的一個真正的搭檔。[66] 東亞若想實現政治上的現代化，一種可能是最合理的形態便是「民主的儒家」形態，這並非不著邊際的游根之談。因為，如果有什麼來自於東方的足以替代「自由主義民主」的可行方案的話，就是這種形式的「亞洲民主」了。

---

[66] 杜維明指出，新儒家的倫理學「並不反對西方人關於權利、個人尊嚴、自律性、或健康、動態的競爭性的觀念」。參見 Tu Wei-ming, *Confucian Ethics Today*, p. 111. 張灝認為新儒家重建儒學的方案有一個重要任務，那就是將儒家裏有天賦的內在本性的自我概念整合到德國人那種注重自我的道德發展的自由概念和康德關於把每個個人當作目的的觀念中去。他認為，「這些自由觀念所隱含的並不是五四時期那種把民主當作一種解放制度的觀念，而是把民主當作一種由道德自律的個體組成的參與型共同體的觀念。」參見 Chang, "Intellectual Crisis of Contemporary China in Historical Perspective", p. 339.

文化自覺、全球化與
中國現代性之構建 *

前言

今天我被邀作二〇〇七年「費孝通先生紀念講座」主講人感到無比榮幸。費孝通先生是二十世紀一位偉大的人類學家、社會學家。他一生的學術工作，不只為中國人類學、社會學的奠基與開拓，作出了卓越的貢獻，而且也豐富、擴大了世界社會學、人類學的遺產。費先生終生獻身學術，懷抱學術興邦、知識富民的襟懷，用他自己的話，是「為祖國的建設出主意，想辦法，貢獻自己的力量，這是我的心願，也是我一生的追求」。

費先生學術生命最後的十年中，他關懷最切、所思最多的是全球化問題。全球化是人類世界進入一個史無前例的大接觸、大交融的時代，這就帶出民族文化如何自主存在，以及不同文化的人如何在這個經濟文化上越來越相關的世界裏和平相處的問題。他提出了「文化自覺」的重要觀念。他說這是「表達當前思想界對全球化的一種反應」，這也是「當前時代的要求」。

費先生說：「文化自覺只是指生活在一定文化中的人對其文化有『自知之明』，明白它的來歷、形成過程、所具的特色和它發展

---

* 此文是 2007 年在北京大學「費孝通紀念講座」的講詞。收入金耀基：《中國的現代轉向》增訂版，香港：牛津大學出版社，2013。

的趨向，不帶任何『文化回歸』的意思，不是要『復舊』，同時也不主張『全盤西化』或『全盤他化』。自知之明是為了加強文化轉型的自主能力，取得決定適應新環境、新時代的文化選擇的自主地位。」

費先生的文化自覺，不只是對中國社會文化未來的發展說的，也是對建立未來世界和平秩序說的。他說：「文化自覺是一個艱巨的過程，只有在認識自己的文化、理解並接觸到多種文化的基礎上，才有條件在這個正在形成的多元文化的世界裏確立自己的位置，然後經過自主的適應，和其他文化一起，取長補短，共同建立一個有共同認可的基本秩序和一套多種文化都能和平共處、各抒所長、聯手發展的共處原則。」又說，「當前重要的新風氣就是文化自覺。」費先生還以他在八十歲生日時所說的一句話「各美其美，美人之美，美美與共，天下大同」，作為「文化自覺」歷程的概括。[01]

我今天選用「文化自覺、全球化與中國現代性之構建」作為講題，正是對費先生所倡導「文化自覺」的新風氣的迴響，也用以表示對費先生這位前輩學人的尊敬與追思。

文化自覺與中國百年現代化歷程

中國跨越三世紀的百年的社會變遷，最適當的描述應是中國現代化的歷程。在不同歷史階段，中國的知識精英都曾對中國文化有過重要反思，也可說是「文化自覺」。

01　《文化自覺與社會發展專輯（一）——費孝通教授論「文化自覺」選錄》，中華炎黃文化研究會，2001 年 12 月 5 日印，第 16 期，頁 36。

　　十九世紀中期，西方帝國主義以炮艦叩關，不只轟碎了中華帝國的天朝之夢，也使中國傳統的文明秩序遭到根本性的顛覆。李鴻章認為這是中國「三千年未有之變局」，實是識時知世之言。天朝面臨這樣的巨變，當然不能不使朝野有所反思與自覺，當時一切反思與自覺的焦點，則在救亡圖存、富國強兵。曾、左「開鐵礦，製船炮」的洋務運動可說是張之洞「中學為體，西學為用」的文化自覺的實踐。甲午一戰，天朝再敗於近鄰維新之島國日本，舉國深感恥痛，中國知識精英於痛定思痛之餘，在文化自覺上又進一層，知西方之優勝者不只在機器，更在政教，因此康、梁維新的著力點是把同光的洋務運動之「器物層次的現代化」轉進到「制度層次的現代化」。康、梁之維新雖失敗，但一九〇五年清政府「廢科舉，設學校」之舉，則是中國文化與教育上「現代轉向」的標誌，而一九一一年孫中山領導的辛亥革命，結束了二千多年君主制的帝國形態，代之以共和制的「民族國家」，則是中國政治發展上「現代轉向」的里程碑。毫無疑問，在中國現代化歷程中，胡適、陳獨秀領導的新文化運動激起的是一次影響極為深遠的文化反思與文化自覺。新文化運動是一多音調的運動，但其主調則是批評儒家傳統。胡適之要「重新估定一切價值」，陳獨秀則繼譚嗣同之後針對「名教綱常」提出了全面性的攻擊。他的中心思想是「尊重個人獨立自主的人格」，在他眼中，三綱「率天下之男女為臣，為子，為妻，而不見有一獨立自主之人」，而家族制度則是「東洋民族社會中種種卑劣不法慘酷衰微之象」，他認為「欲轉善因，是在以個人本位主義易家族本位主義」。於是，名教綱常造成傳統社會之君權主義、父權主義與夫權主義，皆在抨擊推倒之列；而新文化運動在正面上則標舉「民主」與「科學」，這是五四知識精英對西方啟蒙運動所展現的理念的認同與擁抱。

　　十九世紀末葉到二十世紀初葉，中國社會的「現代轉向」是中

國主流的知識精英在不同程度上的文化自覺中展開的,可以說,自此中國走上現代化的不歸路。[02] 無疑地,中國的現代化對傳統中國產生了巨大的衝擊,它顛覆了中國二千年來構成的一個自成體系的文明秩序。這個中國傳統的文明體系,就文化規範的角度言,誠如陳寅恪所說,是建基於儒家的「三綱六紀」的。這個文明的規範秩序在二十世紀初葉已解體了。名教綱常是儒家文化價值的制度化的呈現,我稱之為「制度化的儒學」(institutional confucianism) [03]。但必須指出,從洋務、維新到辛亥革命再到新文化運動,它們對中國傳統文化雖是越來越烈的批判,新文化運動中激烈派且有「打倒孔家店」「禮教吃人」「全盤西化」之論調,但實際上中國文化並沒有消亡,並沒有被完全打倒,儒學也只是被「去中心化」了,而「制度化的儒學」卻是壽終正寢了。而整個二十世紀中國現代化的工作,基本上是政治、經濟、教育、法律、學術、藝術、文化各個領域尋求新制度的建立,也即從事於「制度的現代化」。制度的現代化是建構中國現代新文明秩序的中心支柱。很顯然的,上世紀中葉之前,中國的現代化在不同的制度領域只有不同程度的建樹,日本侵華戰爭則使中國現代化進程受到極大阻滯與扭曲。一九四九年之後,中國共產黨與國民黨各在大陸與台灣以社會主義與資本主義(早期有三民主義之色彩)的方式推動社會發展與現代化(工業化為主)。七十年代後,中國台灣經濟起飛,與中國香港、韓國、新加坡成為「亞洲四小龍」,台灣到八十年代,繼經濟現代化之後,

---

02 金耀基:《中國的現代轉向》,香港:牛津大學出版社,2011。

03 Ambrose Y. C. King(金耀基), "State Confucianism and Its Transformational: The Restructuring of the State-Society Relation in Taiwan", in Tu Wei-ming(杜維明)ed., *Confucian Traditions in East Asian Modernity,* Cambridge: Harvard University Press, 1996.

再走民主一關，在政治現代化上跨出了關鍵性的一步。[04] 台灣與香港這兩個中國人的社會，在二十世紀末已具有一定的現代性，香港雖無形式的民主，但它深植的制度化的法治使它比台灣更具有一個自由的文明秩序。值得一提的是，台灣與香港固然沒有「制度化的儒學」，但這兩個社會仍保有深厚的中國文化，二者在現代性建構過程中，不難見到傳統與現代之交涉，融合與並存的現象。

一九七八年，「四人幫」垮台，鄧小平倡導改革開放，把經濟建設定為國家發展的中心，實行「四個現代化」，在「摸著石頭過河」的實踐理性驅動下，走上社會主義市場經濟之路。三十年來，中國的變化之大、發展之快，舉世矚目，今日已被稱為「世界工廠」，國內生產總值位居世界第三、第四位，中國國力國勢急劇上升，不只翻轉了百年來中國衰敗下沉的局面，更改變了自十六世紀以來西方日益居於支配性地位的世界格局。應指出者，中國三十年生猛的現代化幾乎是與上世紀七十年代以來的新一波的全球化同步的。中國進入世界，世界也進入中國。繼台灣與香港現代化之後，中國大陸的現代化使中國百年的「現代轉向」展現了強大的發展生機，同時也因現代化（特別是它基本組成之工業化）而產生種種新問題（環保是一顯例）。因而在中國崛起的強聲中，不能不冷靜地自問，中國現代化的最後目標是什麼？也即中國現代化所構建的「現代性」應是怎樣的？現代性是單一的，抑或是多元的？是否有「中國的現代性」之可能？這些問題在今日面對全球化的浪潮時變得更為迫切了，因為全球化有一個「去疆界化」的趨同趨平的力量，民族文化都會受到衝擊，都會出現適應與文化轉型的壓力，說

---

04 Ambrose Y. C. King（金耀基），"A Nonparadigmatic Search for Democracy in a Post-Confucian Culture: The Case of Taiwan, R. O. C", in Larry Diamond ed., *Political Culture and Democracy in Developing Countries,* Boulder: Lynne Rienner, 1993, pp. 139-161.

到底，這也是中國的現代化、中國現代性的構建能否在全球化中保有「中國性」「民族性」的問題。費孝通先生倡導的「文化自覺」的觀念，正是在這樣的歷史情景中提出來的。他的「文化自覺」是為了思考民族文化「如何自主存在」。

應該理解，費先生的「文化自覺」固然是在中國的歷史語境中提出的，但它所針對的問題卻是世界性的。二十世紀，特別是二次世界大戰後，現代化不是一個民族國家特有的發展之路，它幾乎是非西方社會所共有的歷史行程。並不令人驚訝的，在這個歷史行程中許多非西方的社會都出現過西化與現代化的爭議，事實上，現代化與西化是不可避免地有重疊性的。亨廷頓（S. P. Huntington）有一個觀察大體上是符合實際情勢的，他說，「在開始，西化與現代化是緊連在一起的，非西方社會吸收大量的西方文化，逐步走上現代化，但當現代化步伐增大後，西化的比例減少了，而本土文化再度復甦。」[05] 八十年代，當非西方社會特別是東亞正在現代化路上大步伐前進，也即在構建其現代性時，西方學術界發生了一場由後現代主義學者引發的「現代性論辯」。這是一場圍繞著「現代性問題」的論辯 [06]，其中涉及緣於西方十八世紀啟蒙運動的「理性觀」建構的「現代性方案」的內在問題與正當性，特別是對「西方現代性」的普世性宣稱的質疑。幾乎同時，全球化引起的「全球化論辯」，也觸及到民族文化的自主性，「現代性問題」已發展為或被包涵於「全球性問題」中。[07]

---

05 S. P. Huntington, *The Clash of Civilizations and the Remaking of World Order,* N. Y.: Simon & Schuster, 1996, pp. 75-76.

06 Nigel Dodd, *Social Theory and Modernity,* Cambridge: Polity Press, 1999.

07 Roland Robertson, *Globalization: Social Theory and Global Culture,* London: Sage Publications, 1992, p. 56.

　　「全球性問題」，從文化角度看，涉及全球文化的一體性、同質性，抑或多元性與異質性之爭論，我想指出，不論是「現代性論辯」或「全球化論辯」，都直接或間接地關係到中國的現代化或中國現代性的文化構建。

全球文化之多元性與多元現代性

　　從世界的視野來看，西歐十八世紀的啟蒙運動，使歐洲社會決定性地進入了現代，啟蒙的中心思想是理性，理性用以正當化人們的信仰，並以之規範社會的公（甚或私）領域，亦即以理性作為構建「好」社會的基礎。法國大革命的自由、平等、博愛即是啟蒙的價值理念，此後一百年，這種價值理念，更從歐洲擴展到美洲，並具有了世界性的影響。有趣的是，正是中國的五四新文化運動熱情地擁抱象徵啟蒙的「科學」「民主」的一年，德國的韋伯（Max Weber）發表了著名的〈政治作為一種志業〉與〈科學作為一種志業〉的演講，二者有異地同調之感。但五四所關懷的是在思想上推動中國的現代化，展開中國文化的啟蒙運動，而韋伯所關懷的是歐洲啟蒙運動的後果，韋伯認為現代化的基本精神是理性化，但他指出啟蒙在現代社會中，不是理性的勝利，而是一種他稱為「工具理性」（instrumental rationality）的稱尊。工具理性之特性，不是導向普遍自由的實現，而是他所謂的「鐵籠」的出現。[08] 韋伯更指出在宗教退落的「解魅世界」，科學並不能提供「意義問題」的答案。[09]

08　Richard Bernstein ed., *Habermas and Modernity,* Cambridge: Polity Press, 1985, pp. 5-6.

09　Guenther Roth and Wolfgang Schluchter eds., *Max Weber's Vision of History,* Berkeley: University of California Press, 1979, pp. 77-78.

韋伯認為啟蒙思想家的希望與期望——即科學、理性與自由之同步成長——是苦澀與諷刺性的幻覺。韋伯對啟蒙的理性反思，導引了二十世紀法蘭克福學派與後現代主義對啟蒙、對現代性的全面批判。

　　恢復到啟蒙思想家對理性的樂觀的是五六十年代創建現代化理論的美國社會科學者，哈佛的帕森斯（Talcott Parsons）是這個理論的代表人物。二次大戰後，美國崛起，儼然為西方世界之領袖，有強大自信的政治意志去重建戰後的世界秩序，美國社會科學對於世界秩序之建構，所提出的就是現代化理論。帕森斯的現代化理論，基本上是演化論的觀點，他認為現代社會只有一個源頭，即是西歐的理性化，這一點他是承繼韋伯的。西歐經理性化洗禮而出現了西歐現代性，而在二十世紀美國則已是現代文化的高峰，也即是現代性的典範，並相信這個典範是有普世的意義。[10] 美國的現代化理論六十年代風行一時，並在亞洲得到重要的經驗支持，但南美洲、非洲等地區則受到其他理論（依賴理論）的挑戰，而就在六十年代以後，越南戰爭、黑人民權運動、美元危機、石油衝擊等一連串的問題暴露了美國社會的病態，更使美國作為現代性典範的宣稱被打了一個大問號。現代化理論的缺失，除了它的西方中心主義（特別是美國中心主義）外，便是它沒有給予文化一個應有或充足的位置。

　　也許不是偶然的，八十年代以後，後現代主義對現代主義、對現代性的批判，根本上是從文化的角度切入的。從多樣與繁複的論述中，簡單地說，後現代主義反對啟蒙的理性觀，質疑啟蒙方案所造成的西方現代的文明構建的合理性，並否定理性的普世性格，他們認為理性是受文化所影響與制約的，也即沒有一個超越一切文化

10　Talcott Parsons, *The System of Modern Societies,* Englewood Cliffs: Prentice Hall, 1971.

脈絡的理性。現代主義強調同質性、文化一元論，而後現代主義則強調異質性、文化多元論。後現代主義的論述與哈貝馬斯（Jurgen Habermas）為現代性方案辯護的立場是有針對性的。哈貝馬斯認為啟蒙方案仍是一個沒有完成的方案，他認為現代性方案的缺陷是可以解救的。他認同韋伯對現代社會工具理性膨脹的診斷，並且指出「生活世界殖民化」的威脅，但他仍然堅守啟蒙立場，認為可以用他提出的「溝通理性」來救治現代性方案。哈貝馬斯對現代性方案的辯護，可以說是雄辯而深刻的，但他對現代性論述，如韋伯與帕森斯一樣，都對文化沒有給予理論上的重視。他對啟蒙現代性方案的辯護，在西方文化的語境中是有意義的，但當現代性離開西方，進入多元而非西方文化範圍時，他的辯護就失去焦點了，因為問題的焦點已從「理性」轉到「文化」了。泰勒（Charles Taylor）在一篇論文中指出，一個多世紀以來，有關現代性的理論，都是「現代性的非文化論」（acultural theory of modernity）。持這種理論者，包括馬克思、韋伯、帕森斯、哈貝馬斯，把現代化看作是社會的「轉化」，而這個轉化是「文化中立」的運作。任何社會經過這個「轉化」都會產生一定的轉變，如宗教會走向世俗化，終極價值會受到工具思維的挑戰與侵蝕。「現代性的非文化論」相信「西方的現代性」不只是現代性的「第一個個案」，而且也是現代性普世化的「典範」了。[11] 泰勒指出這種現代化理論的錯誤是把一切現代的事物都歸屬於必須來自西方啟蒙整套的東西，他稱之為「啟蒙方

---

11 S. N. Eisenstadt, "Cultural Tradition, Historical Experience and Social Change: The Limits of Convergence", delivered at University of California, Berkeley, May 1-3, 1989, in G. B. Peterson ed., *The Tanner Lectures on Human Values*, Salt Lake City: University of Utah Press, 1990, vol. 11.

案整套觀的錯誤」。[12]

泰勒對「現代性的非文化論」的剖析與批判是很有識見的。事實上，中國百年的現代化，乃至二十世紀非西方社會的現代化，所碰到最根本的問題就是文化問題。非西方社會的現代化或轉化過程，從來就不是「文化中立」的。根本地說，這是民族文化與西方啟蒙價值的碰撞，民族文化自願或不自願地、自主地或不自主地都會作出回應與適應。只有在極端的例子中，民族文化才會自覺地完全拒絕或全盤接受西方的啟蒙價值。當然，這在經驗上也是不可能的，而在多數的情況中，民族文化，特別是有深厚底蘊的民族文化（如中國、日本等），總是作選擇性地接受，且必然會加以改造，也因此出現了多元性的「文化轉型」也即「多元的現代性」。總之，在現代性構建過程中，文化是無法缺位的，問題只在於本土文化在文化轉型中的自主性的高低與多少。以亞洲的經驗來說，日本是現代化最早，也是迄今最成功的，但日本自明治維新步上「脫亞入歐」的路子，它所建構起來的現代性卻與歐美的現代性不同，二者雖有接軌與共相的地方，但深入地看，日本的生活方式與文化形態自成一格，日本的「個案」為現代性的多元論提供了有力的經驗基礎，也支持了泰勒的「啟蒙方案整套觀的錯誤」的批判。事實上，「亞洲四小龍」與今日中國大陸的現代化經驗，也正在進一步強化現代性的多元的論點。[13]

12　Charles Taylor, "Inwardness and the Culture for Modernity", in A. Honnerh, T. McCarrhy, C. Offe & A. Wellmer eds., William Rehg trans., *Philosophical Interventions in the Unfinished Project of Enlightenment,* Cambridge: MIT Press, 1992.

13　Ambrose Y. C. King（金耀基），"The Emergence of Alternative Modernity in East Asia", in D. Sachsenmaier & S. N. Eisenstadt eds., *Reflections on Multiple Modernities*, Leiden: Brill, 2002, pp. 139-152; Barry Smart, *Postmodernity,* London: Routledge, 1993, pp. 149-152. 此文中文版為金耀基：〈東亞另類現代性的興起〉，《中國文明的現代轉型》，香港：牛津大學出版社，2014。

全球化、文化自主性與中國現代文明秩序之構建

中國現代性，應理解為中國的現代文明秩序。中國現代化的目的決不止於富國強兵，最終的願景應該是一個現代的文明秩序。由於西歐是現代性第一個「個案」，因此向西歐學習和借鏡，毋寧是很自然的。日本比中國早走了一步，自十九世紀末以來，中國向歐美學習和借鏡，逐步地輸入西方「現代的」技術、制度與價值觀念。因此，這個中國現代化的過程，不能不同時是一個西化的過程。事實上，長期以來，中國思想界向西方文化認同一直居於主流的地位，但到了上世紀後半葉，中國與亞洲其他社會，都普遍出現了向民族文化認同的聲音。尼斯勃（John Naisbitt）在《亞洲大趨勢》（*Megatrends Asia*）中指出，亞洲在現代化中的成功，增強了亞洲人對亞洲的自信，他說：「這個對亞洲的信念，這個相信它自己可以發展自己的模式，即『亞洲方式』的信念，現在是許多人所共有的。」[14] 值得注意的是亞洲在現代化上普遍取得成功之際，恰也是新一波全球化成為大趨勢之時。顯然，全球化與「全球的現代化」是有一定的關聯的，更有意思的是，當全球的經濟一元化成為世界趨同的大力量時，卻出現全球的「文化多元性」的發展態勢。在這裏，我特別想說一句，費孝通先生的「文化自覺」就是在面對經濟全球一體化的歷史發展時刻提出來的。

經濟全球化引發了文化全球化的激烈討論，文化全球化的核心問題就是前面所說「全球性問題」。基本上，原來一個以「時間」為度向的「現代性問題」，在全球化脈絡裏，已轉為一個以「空間」為度向的「全球性問題」。現代性問題涉及傳統與現代二者之關

---

[14] John Naisbitt, *Megatrends Asia,* London: Nicholas Brealey, 1996, pp. 93-94.

係，全球性問題涉及的則是全球與地方（本地）二者的關係。簡單
化的文化全球化理論以為全球化是「全球」淹沒了「地方」（local，
可譯為本地，此亦指民族文化），正如簡單化的現代化理論以為現代
化是「現代」取代了「傳統」。事實上，現代必然由傳統轉化而來，
現代中不可能沒有傳統。我曾說「沒有『沒有傳統的現代化』」，而
全球化則不是「全球」淹沒了「地方」，反是激發了地方（民族）文
化。「全球」中不可能沒有「地方」，我要說，「沒有『沒有地方』的
全球化。」「全球的」與「地方的」是一辯證關係。社會學者羅伯遜
（Roland Robertson）覺得要用 glocalization（「全球本地共生化」）
來取代 globalization 一詞，他反對把「全球」與「地方」視為對立
的概念，認為「地方」在「全球」中，「全球」也在「地方」中。[15]
（香港滙豐銀行稱自己為 World's Local Bank，頗得此義。）

　　美國《紐約時報》專欄作家弗理曼（Thomas Friedman）最近
寫了一本書《世界是平的》（*The World is Flat*）。他說，互聯網等
新的資訊科技，產生全球化的新的趨平化時代。在這趨平的世界的
平台上，雖然有將世界的多元文化同質化的潛能，但他相信，它有
更大的潛能促發文化的「差異性」與多元性，故他用「地方的全球
化」（globalization of the local）一詞來說明此一現象。他說，今
日全球化的新的趨平化的階段，並不意味會有更多的美國化，而
是多元的地方（民族）文化會越來越全球化。[16] 在「全球化」的論辯
中，學者幾乎有一共識，即在經濟全球一體化的趨勢下，在文化上

15　Roland Robertson, "Glocalization: Time-Space and Homogeneity-Heterogeneity", in M. Featherstone, S. Lash & R. Robertson eds., *Global Modernities,* London: Sage Publications, 1995, pp. 25-44.

16　Thomas Friedman, *The World is Flat,* N. Y.: Farrar, Straus and Giroux, 2006, pp. 505-514.

出現的卻是全球的多元性，並且他們認為文化的多元主義應為「全球性」的構成原則。在經濟全球一體化的大趨勢下，文化全球化卻走上多元性，這一論述在一個世界範圍的經驗研究中得到了強有力的支持。因格萊哈特（Ronald Inglehart）和貝克（Wayne Baker）於二〇〇〇年發表了他們的世界價值觀的調查（包括 65 個社會和 70％的人口），報告中發現大規模文化變遷和繼續保持獨特文化傳統的證據，他們說：「隨著全球經濟的發展，我們所看到的不是以西方文化普遍化的形式所表現出來的與日俱增的一致性，而是文明多樣性的延續。這種延續是通過積極地重新創造和重新吸納非西方文明模式而得以實現的……。經濟發展傾向於將不同的社會推到一個共同的方向上去，但是，這些社會並沒有互相靠攏，而是行進在各自傳統形成的平行軌道上。」[7] 全球的多元現代性，從上面的論述中可以見到，不只是一種理論思維，並且正成為一個經驗現象。無疑的，這對中國現代性的構建來說，不是一個可能性問題，而是一個如何實踐的問題。

中國百年的現代化歷程，不能不說是曲折重重，而且常是自疑而缺少自信的。但到了上世紀最後的二十年，費孝通先生指出：

> 二十世紀最後二十年中國經濟的持續高速發展，從中華文化煥發出了自鴉片戰爭以來未曾有過的強大生機。這種生機的生成時間恰逢新舊兩個世紀的交換，為中華民族加強文化轉型的自主能力，取得新時代文化選擇的自主地位，在世界新文化的生成過程中發揮更大的作用，提供了物質條件和精神自信。

---

17 Ronald Inglehart and Wayne Baker, "Modernization, Cultural Change, and the Persistence of Traditional Values", in *American Sociological Review,* vol. 65, February 2000, pp. 19-51.

　　費先生認為今日之中華文化煥發出了自鴉片戰爭以來未曾有過的強大生機。如果從十六世紀以來的全球格局看，套用李鴻章的語氣，「今日是五百年來世界未有的變局」，正因如此，才有「中國崛起」之說，而國人對民族文化之認同與自信也達到百年來的新高度。在這裏，我要指出，自一九七八年改革開放以來，中國的生產力獲得空前解放，出現了一個「生產革命」，而影響社會文化最直接有力的則是近十幾年產生的「消費革命」，目前大約有三億人已成為消費革命的主角（消費者）。他們當中可能有些人有生以來第一次嘗到自主選擇的自由，他們對市場上的文化產品有機會通過選擇性的消費來表達自我的文化身份。一般而言，充斥在文化市場上的產品，從電影、音樂、書籍，到衣、食、住、行相關的大量產品多數是來自歐、美、日本等現代化先進國家，舶來品是最受到消費者歡迎的。但是，近年來出現了一個新現象，市場上大為消費者受落的是有中國味，有中國情趣，有中國意念的文化產品，不論是衣、食、住、行哪個領域都有這種傾向。《財富》雜誌在二〇〇七年五月八日出版的一期，以 China's New Cultural Revolution 為封面故事，報導中說，過去多年來，只要是西方的東西都受到中國消費者的擁抱，而今天，有中國元素的東西才成為熱賣。[我發現到，在中國極受歡迎的肯德基（KFC），也有「肯德基為中國而改變，打造新速食」的廣告。]《財富》雜誌指出，社會越來越發展，消費者越來越揀選，對「民族的」或「地方的」產品也越愛好。其實，不僅在日常生活的物質上，即使在藝術、文學、思想、價值等精神領域，消費者的愛好也有傾向「民族的」和「地方的」趨勢，近年文化市場上的「于丹熱」「國學熱」正是《財富》雜誌所說的「中國的新的『文化大革命』」的一個亮點。這個現象，可以是「全球本地共生化」或「地方的全球化」的例子，也可以說這是民間社會的一種普遍性的「文化自覺」。

　　中國現代性，或中國現代文明秩序的構建，必然是一個文化轉型的大工程，在今天全球化的歷史境遇中，特別是在中國國力國勢上升時，費孝通先生講的「文化自覺」，正是加強這個文化轉型的自主能力和建構中國現代文明的選擇的自主地位。我上面講到，百年來在不同的歷史階段，中國知識精英有過不同層次的文化自覺。而今天在新世紀的開端，我們的文化自覺應該有一個全球的視野，有一個更長的歷史眼光，不僅要對五四新文化運動反思，也要對西方現代性反思。五四新文化運動倡導的科學、民主以及樹立個體主體性的功業，應該批判地承繼，但其中「全盤西化」「打倒孔家店」的偏激觀點必須揚棄，更當對中華文化中人文主義的精神價值作新的「重新估值」。（新儒家半世紀來做過很深刻的工作。）另一方面，西方現代性的「工具理性」思維以及其黑暗面必須揚棄，而啟蒙方案中之自由、正義、民主、法治、人權等有普世性的價值應該批判地接受。中國現代的新文明不是在文化真空中構建的，它必然是以傳統文化和西方文化中的優秀元素作為構建的資源。在一定意義上，中國現代的新文明將必然是中西文化的創造性的轉化（由「傳統的」轉化到「現代的」，由「西方的」轉化到「中國的」）與二者之交融。無疑地，二十一世紀構建的中國的現代性將必然是一個具有中國特色的現代新文明。國人中近年因國勢強盛而有大唐盛世重來的憧憬。實則，盛唐正是一個中西（胡）文化大交融的時期，它是文化包容性、文化創造性最強的時期，也是中國文化內涵擴大化的時期。費孝通先生晚年眼看他熱愛的祖國國力日盛，而恰又遇到全球化的大浪潮，他對國人作出「文化自覺」的呼喊，費先生對中華文化的未來有遠慮，但卻樂觀而充滿信心。我今天作「文化自覺、全球化與中國現代性之構建」的演講，正是對他「文化自覺」的呼聲的一點迴響。

中國現代政治文明的探索
—— 從民本到民主的歷史之路 [*]

中國古典政治文明的歷史轉型

中國與巴比倫、印度、埃及並稱開化最早的世界四大古文明，德國哲學家耶斯培（Karl Jaspers）稱中國與希臘、印度、近東為「軸心期文明」之一。三千年來，中國一直以一獨特自足的文明姿態挺立於東亞。秦漢之後，中國文明有三個主要組成，一是農業性的社會經濟，二是帝國型的君主制政治，三是以經學為核心的儒家文化。這個古典文明自秦漢到明清，垂二千年，雖代有損益，惟基本性格不變。但到了十九世紀中葉，西方帝國主義以炮艦轟開中國大門，清廷一敗再敗，屢簽城下之盟，天朝傾坍，清廷被逼放棄了一向以中國為中心的天下秩序觀，並接受了一個歐美主導的全新的世界秩序。[01]

當時有識之士如李鴻章、嚴復都驚覺這是中國「三千年未有之變局」。在此大變局下，數代的朝野精英，自清末到二十世紀到二十一世紀初，先後展開了從救亡圖存到尋求富強，進而創建中國現代文明的種種努力。這種種努力可以「中國的現代化」事業來概括，舉其犖犖大者言，如洋務自強，維新改制，辛亥革命，國民

---

[*]　本文係作者於 2015 年 5 月 19 日在台灣中央大學「余紀忠講座」的講詞。

01　參看基辛格著，胡利平等譯：《論中國》，北京：中信出版社，2012，頁 50。

黨創立「中華民國」，五四新文化運動，北伐，國共合作抗日。在此，我特別要指出，抗日勝利，二次世界大戰結束後，爆發了國共內戰，一九四九年中國共產黨建立「中華人民共和國」，國民黨敗退台灣。自此，在世界冷戰格局下，國民黨與共產黨分別在台灣與大陸展開了不同形式的現代化之路。

國民黨退守台灣之初，整軍經武，一切以軍事為先，但未幾即以建設台灣為重心，五十年代開始實施和平的土地改革，創立了整個亞洲最合理的農業格局，與此同時，一個以工業化為核心的經濟現代化也及時的次第開展，到了七十年代後期台灣已躍身為「亞洲四小龍」之一，而八十年代繼經濟奇跡後，又開啟了中國歷史上第一個憲政民主，台灣在半個世紀中無疑譜寫了一個現代化的生動故事。在中國大陸，中國共產黨於民國初期，頗具新氣象，以取消外國特權，制約貪污、婦女解放，一九五三年推出第一個五年計劃，工業化是有成績的。但一九五八年起，毛澤東發動「大躍進」，颳起共產風，快步走上公社化。一九六六年更爆發長達十年的無產階級「文化大革命」，毛之烏托邦式的左傾激進主義顯然是對現代化進程的大逆轉。直到一九七八年，鄧小平倡導「改革」與「開放」，推行「四個現代化」，中國才回到百年現代化的軌道。三十餘年來，中國大陸出現了翻天覆地的變化，今日中國已是一工業化大國，且成為世界第二大經濟體。

中國現代化是一多面向的社會大轉型，它涉及到器物層次、制度層次及思想文化層次的變化。[02] 在過去一百五十年中，從實際的經驗現象中，可以看到中國現代化有三個主旋律。即 1. 從農業型的社會經濟轉向工業型的社會經濟；2. 從帝國型的君主專制轉向民

02　金耀基：《從傳統到現代》增訂版，2010 年，北京：法律出版社，頁 123-129。

族國家型的共和民主；3. 從以經學為核心的學術與文化轉向以科學為核心的學術與文化。中國現代化這三個主旋律所引發的社會大轉型，事實上，不折不扣的也是文明大轉型。所以，我曾強調中國現代化的終極願景是建構一個中國的「現代性」，也是中國的現代文明秩序。[03] 誠然，當前我們還處於文明大轉型的過程中，中國的現代文明還未完成，特別是現代的政治文明。此所以我以「中國現代政治文明的探索」作為我的講題。首先，我要講中國古典的政治文明的特性，再申述從民本政治到民主政治的歷史之路。

中國古典政治文明之特性

秦併吞六國，結束了先秦政治多元局面，而成為天下一統之國。自此中國出現一統性的國體 [04]，亦以此，中國與歐洲之列國並立者大異 [05]。而自秦漢之後，中國的政體即是一帝國型的君主專制，亦即以君主為政治中心的制度。君主制有一個君主直接掌控的中央集權的官僚結構（自中央直達縣級），這是法家式的統治形態，這個統治形態為漢代（及此後歷代王朝）承襲，漢代因董仲舒之倡，獨尊儒學，儒學成為國家的意識形態，從而儒學文化與法家的統治結構相結合。漢宣帝自謂「漢家自有制度，本以霸王道雜之，奈何純用德教，用周政乎？」（《漢書‧元帝紀》）生動地說明了中國傳統政治之複雜性。我想指出，儒學自與皇權結合後，先秦

03　金耀基：《中國現代化的終極願景》，上海：上海人民出版社，2013。

04　呂思勉：《中國制度史》，上海：上海教育出版社，1985，頁 443。

05　Geoffrey Barraclough, *Turning Points in World History*, London: Thames & Hudson Ltd, 1977.

孔孟的儒學已變為「制度化儒學」（institutional Confucianism）[06]。「制度化儒學」是「制度—文化」的複合體，它包含表徵皇權的「天子制」，以儒士為骨幹的官僚體系，以及規範「政治—社會」的三綱五倫的儒家文化。「制度化儒學」實際上亦是「國家儒學體系」（state Confucianism）。這是「政」「教」合一的政治體制，但這裏的「教」不是歐洲的「宗教」，而是儒家「教育」。我們知道漢之「太學」（以後有國子監）為國家養士之所，隋之後的科舉制是國家選才之制，而教育與考試都以儒之經學為核心。故政、教合一的「國家儒學體制」，使中國傳統政治具有一定的儒家文化的色彩。

在「國家儒學體制」下，中國的君主是「世俗權威與精神權威均操在一人手中」[07]。史華慈（Benjamin Schwartz）指出皇權對於社會政治有著「無所不包的統轄權的宣稱」[08]。普遍王權充分體現在「普天之下，莫非王土；率土之濱，莫非王臣」的說法上。德國社會學家韋伯（Max Weber）指出，存在於歐洲國家之外的那些「強大的獨立力量」在中國是見不到的[09]。他更提及「中國的城市」其實是皇權的堡壘，它在政治方面所享有的形式保障比鄉村還少。[10]的確，中國城市是中央行政管理之產物。城市是一個行政實體，而

---

06 「制度化儒學」（institutional Confucianism）的概念是我在 1989 年的論文 "The Role of Political Tradition in the Evolution of Democracy in China: Continuity and Change in Institutional Confucianism" 首次提出的。該論文是提交給由 The Pacific Cultural Foundation, R.O.C. 與 The Carnegie Council on Ethics and International Affairs, USA 聯合主辦的「中國民主制的演進」國際討論會的論文，December 13-15, 1989, N. Y..

07 Max Weber, *The Religion of China*, H. H. Gerth trans., N. Y.: Free Press, 1951, p. 38.

08 Benjamin Schwartz, *The World of Thought in Ancient China*, Cambridge: Harvard University Press, 1985, p. 413.

09 Weber, *The Religion of China*, p. 62.

10 Weber, *The Religion of China*, p. 15.

不是一個政治社會或市民社會。[11] 徐復觀指出，中國專制制度之原型有一個顯著特徵，即是「在專制政治下，因為一切人民，皆處於服從之地位，不允許在皇帝支配之外，保有獨立乃至反抗性之社會勢力」，他強調說，「皇帝的權力沒有任何立法的根據及具體的制度可加以限制……無任何力量可對皇帝的意志能加以強制。這才是我國所說專制的真實內容。」[12] 在這裏，我們應該指出，在傳統中國，「國家」是遠遠強於「社會」的，社會從未有過自主性。我們尤應注意，儒家對於內聖外王這一套修身、齊家，到治國平天下的「政治設計」，確實高明精微，但儒家對於君主專制的政體從未有過另類想像，儒家只期望能「致君堯舜」，使君主能成為有最高道德的「聖王」，使政治變成「道德良治」，但二千年來，「聖王」難見，「王聖」則比比皆是，故歷代治亂相循，而「三代」之治始終沒有出現過。宋大儒朱熹感歎說：

> 千五百年之間，正坐為此，可以只是架漏牽補過了時日，其間雖或不無小康，而堯舜三五周公孔子所傳之道未嘗一日得行於天地之間也。[13]

朱熹之後，又一千年，中國的「國家儒家體系」經明代罷相後，皇權更威，更獨斷，更不見有「聖王之治」了。

不過，儒學在中國傳統政治上，仍發生過重要影響，特別是儒家的「民惟邦本」（尚書），「民貴君輕」（孟子）的民本思想，梁任公道：

11　Weber, *The Religion of China*, p. 16.

12　徐復觀：《西漢思想》，台北：學生書局，1978，頁 142、152、154。

13　參見錢穆：《朱子新學案》第一冊，台北：三民書局，1971，頁 414。

> 要之，我國之有力的政治思想，乃欲在君主統治下，行民本之精
> 神，此理想雖不能完全實現，然影響於國民意識者甚深。[14]

的確，堅持儒家以民為本的文化價值的儒吏與士人代不乏人。儒家在統治設計上，用心最多的是如何治理得好，而不是什麼樣的統治形式，如牟宗三所說，儒家所著力的是「治道」，而非「政道」[15]。余英時論漢代循吏說，循吏在維護政治秩序之外更在建立儒家的文化秩序[16]。誠然，中國二千年來，歷代都有酷吏、庸吏，但亦大不乏儒家理念，以民為本，為民造福的循吏、良吏，中國或許從未成為一「儒者之國」，但儒學的價值觀，特別是民本思想不能不說滅殺了傳統專制政治之毒害，事實而言，中國二十五史的政治，不能單單以專制黑暗四字目之，中國的君主專制間中亦有「開明專制」（enlightened despotism）者。恐非偶然，十八世紀歐洲啟蒙大師伏爾泰（Voltaire）對中國之國家治理甚表禮敬，重農學派的魁奈（François Quesnay）著《中國的專制政治》（一七六七），他向當時法國人推薦以中國傳統「王道」式君主專制的模式，進行歐洲改革。[17]中國古典的政治文明，因有民本思想，使君主專制之政治固得以緩和，但儒家對「三代」遠古的憧憬，始終未能實現於中國。國人對傳統的君主專制政體，始終沒有另類想像，只有當中國屢敗於西方後，才開始有新政體的探索，也即有新的現代政治文明的探索。

14　梁啟超：《先秦政治思想史》，頁 5。

15　牟宗三：《政道與治道》，台北：廣文書局，1974。

16　余英時：《中國思想傳統的現代詮釋》，台北：聯經出版事業公司，1987，頁 187-258。

17　鮑紹霖：《文明的憧憬：近代中國對民族與國家典範的追尋》，香港：香港中文大學出版社，1999，頁 11。

中國新政治文明之探索

對新的政治文明的尋求是中國第二波的現代化運動（也即康、梁的維新變法）的主題。甲午一戰，清廷敗於扶桑三島的日本，朝野精英開始有感非有政體之革新，不足以圖存求強，對政體的另類想像是二千年來第一次碰到的政治大課題。簡言之，當時有主張君主立憲之改革派與主張共和民主的革命派。改革派與革命派雖有路線之爭。但二派卻有共同的見解。即滿清帝國型的君主專制之制是落伍的、腐朽的，必須更替的，並且應改採「民主」之制。二派都不止認為實行民主是為中國之救亡圖強，並且也視民主是中國應尋求的政治文明的要素與指標。很明顯的，英國與法國專制是君主立憲與共和民主的典範，歷史顯示，君主立憲一度曾是一個真實的選項，但自清廷成立「皇族內閣」後，清廷自詒自絕了體制內的革新之路，而辛亥首義就成以體制外的共和革命的唯一出路了。辛亥革命是中國兩千年政治上的最大變局，中國自此成為一個「沒有皇帝的中國」。誠然，從歷史實際的發展看，天命式的皇權系統是崩解了，但孫中山所說「四萬萬中國人都是皇帝」的共和民主的現代政治秩序卻沒有建立起來。從辛亥革命那一天起，中國在統治上就出現了「權威危機」（authority crisis）。之後，接連發生的帝制復辟，第二次革命，軍閥割據，國民黨北伐，一切都以武力為後盾的「權力」（power）建立「強人」政治的秩序。值得指出的是，在二十世紀的「權威危機」的情況下，中國出現的兩個革命政黨（即中國國民黨與中國共產黨），皆是現代的產物，皆有以「解放」為主調的意識形態，但二黨都是武力集團，二黨都以建國（state-building）為目標，亦即在建立一國家範圍的政治權威。最堪注意者是，一九一二年中國國民黨創建的是「中華民國」（Republic of China），一九四九年中國共產黨創建的是「中華人民共和國」

（People's Republic of China）。二個革命黨都是建立以「人民」為主體的「共和民主」的現代政治秩序為鵠的。在這裏，我們如果從二十世紀的世界範圍來看，就會發現，建立以「人民」為主體的共和民主的政體，乃是一世界性現象。班迪克斯（Reinhart Bendix）指出，二十世紀的新國家，必須「在一種新的基礎上」建立政府，並把「人民」作為權威的終極源泉[18]。而就中國來說，傳統的「民本」政治走向「民主」政治是一條當然的歷史之路。

台灣的「黨國體制」的民主轉化

上面已提到，一九四九年是中國現代史上一個重要的年份。這一年起，在長達近半個世紀的世界冷戰格局下，中國共產黨與中國國民黨隔著台灣海峽，分別在大陸與台灣實施國家主權型的統治。關於台灣政治民主的轉化，我曾有論述。[19] 在這裏，我只著重探討作為一個革命黨的國民黨如何民主轉化，特別是黨國合一的「黨國體制」如何民主轉化的問題。我們知道，中國國民黨是以革命手段推翻滿清、建立民國的。它的革命進程是從以黨建國到以黨治國的。一九二四年，國民黨受蘇聯顧問建議，成為一列寧式的政黨。因此，國民黨的「黨國體制」與共產黨的「黨國體制」有本質上的相似性（我稱前者是柔性的，後者是剛性的）。革命政黨有排他性，

---

18 Reinhard Bendix, *Kings or People,* Berkeley: University of California Press, 1978, p. 602.

19 Ambrose Y. C. King（金耀基）, "A Nonparadigmatic Search for Democracy in a Post-Confucian Culture: The Case of Taiwan R.O.C", in Larry Diamond ed., *Political Culture and Democracy in Developing Countries,* Boulder, Lynne Rienner, 1993, pp. 131-154. 中文譯稿為〈後儒學文化中的民主探索〉，參見金耀基：《中國政治與文化》，香港：牛津大學出版社，2017。

黨國可以有附從性的「友黨」，但容不了有站在對立面的競爭性的政黨。在這個意義下黨國體制理論性地排拒西方式競爭性的政黨政治。在馬列主義中，除了馬克思（Karl Marx）未來式的「國家萎去」論，沒有政治發展的理論，反之，國民黨宗奉的孫中山的政治理論，卻有一個有實踐智慧的政治發展的階段論，即從「軍政」到「訓政」到「憲政」的三個階段，最後是以實現憲政民主為鵠的，這個政治發展階段論，預設了還政於民，「黨」從「國家」退出的退場機制。

誠然，國民黨在大陸，乃至到台灣後的五十、六十年代，一直處於軍政、訓政階段，亦即「黨國」是一威權式的統治形態。國民黨是島內唯一的合法的政治力量。事實上，台灣的土地改革，三個工業化的五年計劃，「黨國」始終扮演了主導與催化的角色，七十年代，已躍居為「亞洲四小龍」之一，成為一新興的工業社會。無可諱言，台灣以工業化為核心的經濟現代化，自覺與不自覺地走上了市場主導的資本主義，一個富於生命力的市場越來越得到獨立於「黨國」的發展，六十年代，48% 的工業產量來自公營企業，到八十年代，這個比率已降低到 14%。這個不斷發展的市場經濟愈來愈有自主性，而與之同步出現的是一個愈來愈有活力與自主性的「社會」，特別是一個擁有財富的台灣籍的企業家階層靜靜地出現了，白魯恂（Lucian Pye）說這在台灣造成了一個中國政治文化的根本性變化 [20]。到了八十年代，台灣湧現各式各樣的社會運動，諸如環保運動，勞工運動，婦女運動等等，我們看到了「國家」與「社會」新的互動關係。一九七二年，蔣經國出任行政院長，積極推行「台灣化」政策，台灣籍的精英受到積極鼓勵進入政治。一九八三

---

20 Lucian Pye, *Asian Power and Politics: The Cultural Dimension of Authority,* Cambridge: Harvard University Press, 1985, pp. 232-236.

年，台灣人士在中央（行政院），省和縣級的決策機構中的人員比例中分別為 40%、75% 與 100%。九十年代，國民黨有兩百萬黨員，其中 75% 為台灣籍，「黨國」體制可說已「台灣化」了。須知，「黨國」的台灣化並不是「黨國」的民主化，「黨國體制」一直是「一黨獨佔」的威權形態。但是，自五十年代起，省和地方兩級不止已有選擇，並且已經有一大批非國民黨的獨立人士進入政壇，一九六九年後，中央一級的民主機構（國民大會、立法院）也開始有非國民黨的人參與選舉，所以七十年代以後的台灣政治制度被概括地稱為「一黨加獨立派」的制度 [21]，此我所以把國民黨的「黨國體制」稱為「柔性的黨國體制」，很顯然的，它是受到孫中山的政治發展理論影響的。不過我們仍不能不說，台灣的「黨國體制」當時是不允許組建任何新政黨的，國民黨的「霸權」地位並未動搖。但是，自七十年代以來，在上面已指出，台灣因生猛的經濟發展已引發出一個新的政治生態，台灣人口中 30% 已晉身為中產階層（六百萬人），他們對政治是有改革的傾向性的，台灣的社會已越來越多元性，政治的一元性已不復適應社會的新情勢。事實上，「黨國體制」內的精英，甚至領導層已不乏有同情或甚至傾向民主開放的（就我所知，余紀忠先生就是其中一位）。

一九七七年的中壢事件和一九七九年高雄事件，固然是在野的激進的民主人士向「黨國」權威的抗爭，但深一層看，則更象徵著一個日益具有自主性的台灣「社會」對「黨國體制」的抗衡。客觀地說，台灣自七十年代以來出現的新政治生態，「黨國體制」已面臨一個變與不變的關鍵性時刻。當然，在這關鍵性的時刻中最關鍵的人物是蔣經國。一九七五年蔣介石去世後，蔣經國已是「黨國體

21　John Cooper, "Political Development in Taiwan", in Hungdah Chiu ed., *China and the Taiwan Issue*, N. Y.: Praeger, 1979, pp. 37–73.

制」不爭的領導人，他不止承襲了蔣介石的權威，他更憑親民的作風與實際的政績，贏得了台灣人民的信任與認同。蔣經國對台灣的政治脈動是清楚有感的，他說：「時代在變，環境在變，潮流也在變。」一九八五年十二月他對國民大會的一篇講話，有力地回應了海內外關心的二個問題，1. 就繼任者言，蔣氏家人「不能也不會」競選下一任「總統」；2. 就統治形式言，「不能，也不會，是軍政府形式」。[22] 這強烈透露了他對台灣民主化訴求的同理心。三個月後（一九八六年三月）在國民黨十二屆三中全會中，蔣經國明白地表示，「黨國」的立憲民主的長期目標的時機已經成熟。十月十七日，他更運用個人的威望，在國民黨中常會中，通過接受了他的兩項改革議事，第一，廢除戒嚴法；第二，廢除對組建新政黨的禁令。無疑的，這是中國民主發展史上的歷史性突破。而九月二十八日，黨外人士在國民黨改革議案通過前，自行成立了「民進黨」，蔣經國也決定容忍新成立的反對黨，也因此，我們在台灣見到了「一黨政治」的結束，「黨國體制」也退出了歷史舞台。[23] 孫中山的憲政民主的理念成為事實，中國政治於是從「民本」走上「民主」的歷史之路。

22　我在 1986 年 1 月 17 日《中國時報》發表一篇〈經世濟國之言〉的政論文章，評論蔣經國的重要宣佈，現收入金耀基：《中國人的三個政治》，台北：經濟生活出版事業股份有限公司，1988，頁 23-30。

23　台灣的「黨國體制」之轉化出民主一事，誠然有一個社會結構性的因素，即因台灣之成功的經濟現代化造成了一個日漸取得自主性的社會，從而對文化的「黨國體制」發生了一個促使開放的壓力。但是，台灣的民主化不能以經濟發展的機械的決定論來解釋。台灣的「黨國體制」之轉出民主，根本性的是，「黨國」的一個「自我轉化」，這個「自我轉化」則有賴於政治領袖之智慧與識度。長期研究政治發展的亨廷頓（S. P. Huntington）說得十分真切。他說以「經濟發展使民主可能，政治領袖使民主成為事實」。參見 S. P. Huntington, "Democracy's Third Wave", in *Journal of Democracy*, Spring 1991, p. 33.

現代政治文明的核心——民主

自晚清維新運動，朝野知識精英就開始探索中國現代文明的新形態，辛亥革命，建立民國，共和民主乃成為中國現代政治文明的符號，新文化運動更以「民主」與「科學」作為建構中國現代文明的核心價值。百年中國現代化的大業中，民主是政治現代化的中心目標，所以，上世紀八十年代台灣和平地完成了「黨國」民主轉型，走上憲政民主之路，實中國歷史性的大事件。

值得一提的是，台灣實現民主之時，正是亨廷頓（S. P. Huntington）所說民主的「第三波浪潮」（the third wave），他說從一九七四年到一九九〇年間，至少有三十個國家相繼轉向了民主體制。[24] 福山（Francis Fukuyama）發表了〈歷史的終結〉的著名論文，文中他說，我們或許正目睹著「人類意識形態演進過程的終點，西方的自由民主政體將作為人類最後的政體形式而得到普遍實現」[25]。福山對「自由主義的民主」（liberal democracy）的樂觀是被歷史澆了冷水了。倒是亨廷頓在宣稱民主化的「第三波浪潮」時，曾告誡民主化的第三波之後可能會出現第三次反民主浪潮，果然，在進入二十一世紀後，民主就出現衰退現象了。美國《民主季刊》（*Journal of Democracy*）主編戴蒙（Larry Diamond）在二〇〇八年撰文指出全球進入民主蕭條期（democratic recession），眾多新興民主國家雖有民主的門面，但治理渙散，軍隊濫權，法治不彰，民主內涵大程度上被腐蝕或掏空，民主還稱民主，但已成為一種

24　參見 S. P. Huntington, "Democracy's Third Wave".

25　Francis Fukuyama, "The End of History", in *The National Interest*, No. 16, Summer 1989, pp. 3-18.

「劣質民主」。

二〇一〇年年底陸續湧現的「阿拉伯之春」，一時遍地開花，民主之聲、傳響世界，但二〇一三年開始，從開羅、基輔到曼谷，這些新興民主體制就一個接一個土崩瓦解。[26] 在對民主亢奮之後，接著出現了對民主之質疑與失望，在世界範圍內其實這已不是第一次。

就台灣來看，自「黨國體制」民主轉型後，台灣已進入世界「自由民主政體」之行列，但自民主化之日起，台灣的民主政治就幾乎狹化為「選舉政治」，而因國家認同的分裂，朝野兩黨之競爭輒成為超越民主常軌的惡性之鬥，並激化社會的撕裂與二極對立，至於治理品質，從行政立法到司法的表現，每每令人扼腕，而最讓國人失望則是象徵「代議政治」的民主殿堂——立法院的「失序」（朝野兩黨議員角色之失位與混淆）與「無序」（二〇一四年「太陽花運動」佔領立法院，中斷民主運作）。台灣的民主政治雖然未完全淪為第三世界國家的「劣質民主」，但顯然未能符合國人對民主之期待。事實上，台灣的民主體制在新世紀之初已經在國人眼中「脫魅」了。胡佛與朱雲漢共同主持的「亞洲民主動態調查」跨國比較研究計劃所得到的調查數據顯示，在一九九九年的全島性調查時，有54%的受訪者同意「無論怎樣，民主體制總是比其他政府體制來得好」（這是邱吉爾名言的表述），到了二〇〇一年（政黨輪替之後一年）再調查，只有49%的民眾同意這種看法。二〇一四年（已經第二次政黨輪替）的調查中，相信民主體制總是比其他政府體制

26　我此處所講述民主蕭條期中民主已大退潮現象請參見朱雲漢：《高思在雲：一個知識分子對二十一世紀的思考》，台北：遠見天下文化出版股份有限公司，2015，頁65-67。

來的好的比例也只有 45.7% [27]。這表示今日已只有不到一半的台灣人民相信民主政治的優越性了。

　　台灣人民在認知上對於民主體制優越性所持的保留態度顯然是與台灣迄今為止的民主實施狀況的不理想是有關的。必須指出，台灣走出「黨國」威權體制不過三十年，台灣還是一個年輕的民主體制。誠然，台灣從民本走上民主乃是中國歷史的應然與已然之路。台灣的未來的政體抉擇，民主之外，別無選項。[28] 我已提到中國一百五十年的現代化，其終極目標是建構一個中國的現代文明秩序，而中國的政治現代化的終極目標則是建構一個以「民主」為核心的中國政治現代性，也即中國現代的政治文明秩序。以此，尋求中國現代的政治文明也就是在民主的實踐中不斷完善民主。的確，台灣要在民主上修成正果，只有通過一步一腳印的民主實踐。在實踐中，戒慎戒懼，決不讓台灣的民主淪為「劣質民主」，在實踐中，不懈不怠，充分實現一個有健全法治依託的「自由的秩序」的優質民主。

27　朱雲漢：《高思在雲：一個知識分子對二十一世紀的思考》，頁 254-255。

28　我說「民主之外，別無選項」，在這裏我必須指出，我此處所指「民主」非福山所講的「自由主義的民主」（liberal dermocracy），福山的「自由主義的民主」是以個人主義與基礎的。「個人對社會具有一種概念上的，本體上的優先性」，它與古雅典的民主政體是以共同體意識為基石者不同。而雅典民主政體留給後人的遺產便是「民治」的概念。中國及亞洲有些國家（如日本與印度）並沒有「個人主義」的文化背景，中國及亞洲的民主（民治）以是「非個人主義」為基礎的民主。我於 1995 年 1 月 9 至 21 日在夏威夷由夏威夷大學與東西文化中心合辦的 Seventh East-West Philosophers' Conference 中發表了 "Confucianism, Modernity and Asia's Democracy" 的論文，便講論這個問題。原文中譯為〈儒學、現代性與亞洲民主〉，同見本書。

大學與
中國現代文明的建構 *

前言

　　中國一百五十年的現代化運動，其原初動機就是富國強兵，但就其本質言，實是自覺或不自覺地開啟了中國文明的大轉型，即從一傳統的前現代文明向一新的現代文明的轉型。[01] 故我曾言，中國現代化的終極願景，是建構一個中國性格的現代文明秩序。[02] 實際上，一百五十年來，特別是半個世紀以來，中國的現代文明的格局已經成形，此所以我認為李鴻章當年所說中國三千年未有之變局之真正意義在此而不在彼。對於中國三千年未有之變局的「巨變」，我曾以中國現代的三大主旋律做一理論性的詮釋，此三大主旋律正是中國文明的三個基本面的轉型，即：

　　從農業社會經濟轉向工業社會經濟

　　從帝制君主轉向共和民主

　　從經學轉向科學

---

*　　這篇文字是根據作者於 2013 年 4 月在南京大學所做「再思大學之道」的講稿及 2014 年 11 月在江西師範大學所做〈大學與中國新文明的建構〉的講稿整合增補而成。收入金耀基《再思大學之道》，香港 2017，北京 2020。

01　參見金耀基：《中國文明的現代轉型》，廣州：廣東人民出版社，2016。

02　參見金耀基：《中国现代化的終極願景》，上海：上海人民出版社，2013。

　　我在《中國文明的現代轉型》對此已多有論述，但拙著對三大主旋律之「從經學轉向科學」未有專文申論，今天講「大學與中國新文明的建構」，就是專說「從經學到科學」這一現代化的主旋律。這一主旋律是中國現代化中最根本的，涉及中國文明的教育，學術與文化的轉變。說到底，科學或應說科學的新文化是建構中國新文明的核心元素，而大學則是科學新文化的最重要的載體，所以我要從傳統的「太學」轉向現代的「大學」說起。

從「太學」到大學，從經學到科學

太學與經學

　　二十世紀之前的中國，是一個有獨特文化性格的偉大農業文明國家。中國這個獨特的文化內涵就是後人所謂的六經，即先秦學者為教授禮、樂、射、御、書、數六藝而編輯整理的「教材」。漢代儒家思想成為統治思想之後，因《樂》已佚失，《詩》《書》《禮》《易》《春秋》稱為儒家五經。五經可說是儒學的核心內容，但孔子之世，他是私人講學，經學無制度性教育機構之支撐（古代周朝的官吏教育機構為「辟雍」，諸侯設的學校為「泮宮」），儒家在春秋戰國時也只有與道、法、墨諸學派爭鳴的地位。直到漢代，董仲舒獨尊儒學之議，為漢之國君採納。漢武帝（公元前一二四）首創「太學」，設五經博士七人，學生五十人。據《後漢書》言，在漢質帝（一四六）時，太學學生擴張至三萬餘人。太學是最接近現代大學意義的國家高等教育機構，太學的中心教育就是經學教育。太學與經學的密切關係成為傳統中國教育的基本形態。

　　當然，傳統中國的高等教育機構的名稱與內容，兩千年來非無

變化。[03] 就高等教育的「名稱」言，晉代雖仍設太學，到咸寧二年（二七六），又創立「國子學」（專收五品及以上官子弟）。隋唐時期，太學外，有「國子學」及「四門學」（專收十九歲以上男子）。宋代太學仍舊，但宋代私人興學，書院地位重要，經學權威由太學轉向書院。宋代末年，書院有三百到六百所，朱熹主持白鹿洞書院，是儒家道德教育之制度性建構。元代末年，書院成為主要高教機構，可能達九百所。在明嘉靖年間（一五二二──一五六六），書院更多達 1239 所，惟明代亦多次摧毀書院，最後一次毀了的是東林書院（無錫）。經明一代，太學、國子學、國子監的名稱已成為同義詞。清代基本沿襲明制。

就高教機構的教育內容而言，自始至終都以經學為核心，應指出，唐代太學除儒經外，還包括道教（老子之學）作為官學教學內容，此外設有書學、算學、律學。宋代太學在經學外，設有律學、醫學、畫學，這些都是「技術性」科目，當然，宋代在經學教育上有里程碑式的擴大與提升，即是宋代之經學除繼續視漢以來的五經為經典外，朱熹訂正的四書（《論語》《孟子》《中庸》《大學》）也成為儒學的經典。事實上，自宋之後，四書五經成為中國神聖之書，讀人所讀之書是四書五經，科舉考的也是四書五經（唐與北宋時，科舉所考的內容還包括詩賦，而明中葉後，詩賦已成為文人的業餘活動）。

我們可以簡要地說，中國二千年的高教機構是太學，而太學的教學內容是經學，故馮友蘭說自漢至清兩千年來是「經學時代」，是很正確的。而自隋代起，科舉制與高教制基本合一，讀書

03　參見李弘祺：《學以為己：傳統中國的教育》，香港：香港中文大學出版社，2012。該書對傳統中國教育有一全面而深刻的論述，本人受益頗多。

人（儒生）因科舉入仕，成為帝國治理體系的基本組成部分。這是文化系統與政治結構的互相滲透，可說是儒學制度與文化的融合為一。我曾稱帝國時代的儒學為「制度化儒學」（institutional Confucianism），西方漢學家抑或因儒者為國家治理體系的中心，而稱中國為儒者之國（Confucian state）。總之，太學與經學的合一是塑造中國的古典文明的一個根本力量。[04]

大學與科學

大學英文是 "university"，與「太學」雖只有一「點」之差，但卻是不同性格的高等教育機構。大學是中國現代化之產物，它是從歐洲橫向移植過來的。

清中葉鴉片戰爭後，曾國藩、李鴻章的洋務自強運動，是中國有意識或無意識的現代化運動的第一波。此一波重「開鐵礦，製船炮」，可說是軍事與國防現代化的先聲，但同時亦在教育上有新措施，如設同文館。除學西文外，亦設有科學之科目，如數學、化學等。李鴻章且曾建議增設「科學館」而未果。甲午戰敗，朝野震撼，遂有康有為、梁啟超的維新運動，是中國為自救而生的中國現代化運動的第二波，著眼於西方之所以強於中國的制度之探索。維新失敗，君主立憲之路亦告終。唯此後亦有所謂「晚清新政」，一九〇五年清廷下詔「廢科舉、設學校」則是新政之最有深遠影響者。自此，中國出現了新式或洋式的學校（從小學到大學），北京的京師大學堂就是最有代表性的。就教育內容而言，京師大學堂雖仍保有經學科，但科學的科目已堂而皇之進入大學之殿堂。

04　金耀基：《中國社會與文化》增訂版，香港：牛津大學出版社，2013，頁 239。

一九一一年辛亥革命，推翻兩千年帝制，建立亞洲第一個共和國，是中國現代化運動的第三波，是中國政治現代化的發端。時任中華民國臨時大總統的孫中山，任命留德的翰林蔡元培為教育總長。蔡元培任內的大手筆是頒佈了〈大學令〉，廢除忠君、尊孔等封建思想，為共和國創立大學新制。大學設文、理為主的多種科目的知識結構，廢除了「經學科」。〈大學令〉之最重大的歷史意義是宣佈了兩千年的「經學」時代的結束，而同時科學則成為中國大學的核心。

一九一二年，京師大學堂改名北京大學，首任校長嚴復依《大學令》之精神，把經學的部分內容併入文科之中：

《詩經》《爾雅》→文學

《易經》《論語》《孟子》→哲學

《春秋》《尚書》→歷史學

一九一七年，蔡元培任北大校長，他說，把經學併入文科，「與德國新大學不設神學科相類」。在這裏，我想指出，蔡元培為中國創建的大學制是借鑑德國的新大學的。須知，西方的大學發源於歐洲的中世紀大學，有八百年歷史的歐洲的中世紀大學是以《聖經》為教學核心的，此猶如中國的太學是以四書五經為教學核心一樣。但到了十九世紀，德國的大學革新，引進科學，而把神學請出大學。故蔡元培構建的中國大學是以歐洲的新大學，或者說歐洲的現代大學為模型的，其學術核心是科學。

由「太學」到「大學」是中國高等教育制度之變，由「經學」到「科學」是中國學術文化之變。大學是中國現代化之產物，而大學的成立亦因此成為中國百年現代化的根源性的動力。

中國的新文化與工業文明

　　五四新文化運動是中國現代化的第四波，這是中國的思想文化的現代化。這個運動對中國傳統文化做出了全面性的批判，其焦點則是對儒家文化的批判，因而有「打倒孔家店」之說。新文化運動的領導人陳獨秀所倡導的「倫理革命」的對象實不外是儒家之經學。

　　新文化運動標舉「民主」（德先生）與「科學」（賽先生）兩大旗幟，這是中國新文化追求的目標性價值。誠然，民主與科學從一九一一年辛亥革命，甚至一九〇五年晚清「廢科舉、設學校」以來，已經成為中國新知識人的共同嚮往。經新文化運動的推動，「德先生」與「賽先生」，特別是「賽先生」更受到青年學子的歡迎。大學裏的科學，長期以來是學生選讀最熱烈的科目。事實上，五四所倡導的新文化，其核心就是科學文化，而大學正是科學文化的主要基地。至於大學教育，在二十世紀之初的一九〇九年，全國就已有 123 所官辦高等院校，學生人數已達 22000 人。其他私辦，特別是西方教會舉辦的高等院校也卓有成果。今日回首看，中國自晚清出現的民族工業，雖一波三折，但始終在中國工業化的道路上行走。誠然，中國二十世紀工業化之道路（其實就是中國的經濟發展道路）曲折崎嶇，民國建立後，先有軍閥之戰亂，繼有長達十四年的日軍侵華，再有國共內戰，中國工業化之路可謂艱苦險阻，但還是取得一定的成績。推究其源，實因大學培育的科學知識與人才發揮了重大的作用。一九四九年後，國民黨在台灣，共產黨在大陸，分別展開了不同的工業化之路。簡單說，台灣走的市場經濟之路，逐步完成了從農業向工業的轉型，到了七十年代後期，已躋身「亞洲四小龍」之一，成為十分成功的新興工業化社會。至於大陸，一九四九年後，第一個「五年計劃」走的是斯大林的重工業建設道路，取得可觀的成績。但五十年代後期，全國發起「大躍進」

和反右運動，緊接著六十年代中期，更爆發了「文化大革命」，一大步一大步地走上「非工業化」及「反工業化」之路，也是一大步一大步地走上「非現代化」和「反現代化」之路。之所以造成這樣的悲劇，其要害之一是反智、反知識（如「知識無用論」、批「白專道路」等）。在「文革」時期，中國知識人（讀書人）遭受了三千年來從未如此的被邊緣化的命運。也因此，中國的大學教育（當然包括科技教育）中斷了幾近十年。「文革」結束，鄧小平復出，他最先最重要的「撥亂反正」，就是重新端正科學與教育（科教興國），以此恢復了高考，重啟了大學，為發展「四個現代化」填鋪了基石。

一九七八年的「改革開放」政策，可以看為一百五十年來中國現代化的第五波。這一波現代化，從「以階級鬥爭為綱」轉為「以經濟建設為中心」，並以解放生產力為重中之重。「改革開放」的政策口號與浩劫結束後人心「望變」「求變」「能變」的心理是貼切相符的，也是與七十年代世界出現的經濟全球化的形勢十分相應的。回眸過去改革開放的三十餘年，中國大陸真正發生了翻天覆地的變化。二十世紀末，中國大陸已成為「世界工廠」；本世紀初，更成為世界第二大經濟體。中國的工業化、城市化全面快速發展。今天工業人口已達全國人口之半，城鎮人口也已近半，交通、資訊化之發展更接近國際水準，人民的衣、食、住、行、娛樂等生活領域呈現的是工業文明的面貌。中國大陸是三千年來第一次決定性地由農業文明向工業文明大轉型。

中國工業化之所以能在短短三十年中取得如此神速的發展，原因很多，其中一個十分重要的原因，是巨大的外資與技術持續地蜂湧而入（很多年中，每年的外資逾五百億美元）。數以萬計的工廠、公司紛紛成立，而中國又能提供龐大的勞工隊伍，源源不絕。但至為關鍵的是數以萬計的工廠、公司還需要十倍百倍以上的科技

人才，這不可能僅靠海歸或外域人才的供援。事實上，這個龐大的人才群，只有靠中國本身的高等院校來提供。就此而言，大學（指整個的高等教育體系）是中國科技知識與人才的基地，從二十世紀到今天，這一百年來，以科學為核心的新文化已越來越豐富，越來越有影響，而新文化特別是科學文化則無疑是建設中國工業文明的主要力量。

大學的制度力與大學的知識結構

大學的制度力

十七世紀西方發生了一個知識上的革命，那就是牛頓領頭的科學革命（scientific revolution）。到了二十世紀又發生一個知識上的革命，可稱之為科技革命（technology revolution）。當然，科技是根於科學的，二十世紀出現知識爆炸現象，應視之為科學知識的大發展、大躍升。鮑丁（Kenneth Boulding）在他《二十世紀的意義：大轉型》（*The Meaning of the 20th Century: The Great Transition*）中指出，二十世紀是科學（包括社會科學）大上升的世紀。那麼，為什麼二十世紀會出現科學的大上升呢？他提出一個很好的觀點，他說科學在過去只是業餘的工作，到了二十世紀，才有「專業全職」的科研人員，科研成為社會有機的組成部分。我認同鮑丁的觀點，我更想提出大學制度的「制度力」是造成科學在二十世紀的大上升、大發展的基本力量。

我們知道，科學之大發展要靠有科學的群體，過去中國沒有，西方也沒有。英國在一六六二年成立了皇家學會（Royal Society，牛頓在一七〇三年任會長），一六六六年法國成立了法蘭西科學院（Institut de France）。英法都出現新的科學群體，但這些科學群體

人員畢竟不多，也並非真正「專業全職」的科研人員。這只有到德國現代大學誕生，科學進入大學之後，特別是二戰末期，「研究型大學」誕生後，才真正出現了龐大的「專業全職」的科研群體（也包括人文學者的群體）。我們試想想，即以中國來說，中國大陸現有 1600 所大學（當然並非全部為研究型大學），總共會有多少「專業全職」的教員和研究生？百年來（二十世紀），中國當有數以十萬計的「專業全職」的教員和數以百萬計的研究生，他們都是專業地全職地做研究，這是過去三千年所未有的，只有在二十世紀的中國才有。大學的制度設計的「制度力」，無疑造成今天中國在科學上的成績與人才。美國著名史學家弗格森（Niall Ferguson）說，自一九九五年以來，中國發明家獲得的新專利數量已成長為原來的二十九倍。他說「這是東方崛起的一項表徵」，又說：「西方衰退而東方崛起最具說服力的證據是教育。」[05]

大學的知識結構

二十世紀初，蔡元培任教育總長時所頒佈〈大學令〉中，確定大學分為文、理、法、商、醫、農、工七科，而以文、理為主體。二十世紀中葉以來，綜合性大學的知識結構一般分為幾個領域：1. 自然科學；2. 人文學科；3. 社會科學，4. 各種專業學院，如醫、工、法、商、教育、傳播、社工等。六十年代，英國劍橋大學的斯諾（C. P. Snow）爵士提出大學出現科學與人文學兩個文化之分立與隔絕，引發大西洋兩岸英美學術圈的爭議，美國哈佛的社會學家

05　Niall Ferguson, *Civilization: The West and the Rest*, N. Y: The Penguin Press, 2011. 中譯本為弗格森著，黃煜文譯：《文明：決定人類走向的六大殺手級 Apps 》，台北：聯經出版事業公司，2012，頁 395。

帕森斯（Talcott Parsons）則以社會科學為「第三文化」，至於各個專業學院，或可稱之為「第四文化」。以今日言，問題也許不是斯諾所說的「兩個文化」的分立與隔絕，其實，一個最顯著的趨勢是科學（第一文化）強力滲透到社會科學及各個專業學科（即第三文化與第四文化）；社會科學及各個專業學科，絕大多數都以科學為範典，或以科學為自我定位。[06]更值得注意的是，即使在「人文學科」中（第二文化），特別是語言學、歷史學，也有不少學者以科學為範典，因此，在某種意義上說，「人文學科」已成為「人文科學」。總括而言，大學的知識體系中，科學的精神氣質（ethos）已強力滲透到其他的學術文化中。社會學家帕森斯把現代大學的知識體系叫作「認知性的知識叢」，實非虛語，而貝拉（Robert Bellah）等學者指出大學（特別是研究型大學）已出現了一種「知識的科學範典」，此是說所有知識都以科學為圭臬與尺度了。其甚者則把科學與知識等同為一，換言之，唯有有科學屬性的知識才算是知識，也就是說「非認知性」的知識已不能算知識了。誠然，這是「唯科學的知識觀」，也即是「科學主義」（scientism）。當然，科學主義已受到嚴厲的批判[07]，「知識的科學範典」的知識觀也受到嚴肅的質疑。但實際上，科學知識之當陽稱尊是顯而易見的，無可諱言，講「價值」的倫理學或人文學則相對地被邊緣化了。此所以我十餘年來一直指出，今天的「大學之道」與《大學》一書中所講的「大學之道」已大不同了。《大學》中所講的是：

> 大學之道，在明明德，在親民，在止於至善。

---

06 參見金耀基：〈範典與社會學的發展〉，《社會學與中國研究》，香港：牛津大學出版社，2013，頁 1-26。

07 參見金耀基：〈從大學之道說中國哲學之新方向〉，《再思大學之道》，香港：牛津大學出版社，2017；北京：生活・讀書・新知三聯書店，2020。

而今日大學中實際上是：

大學之道，在明明理（明科學之理），在新知（創科學之新知），在
止於至真（科學之真理）。

古今「大學之道」之異，在於古之大學之道在求「善」，而今
之大學之道在求「真」。這個古今之變，從根本上說，反映了我
所說的中國現代化的第三個主旋律 —— 從經學到科學。在這裏，
我特別想指出，在中國現代化中大學的學術文化之變是從經學到
科學，而在西方大學，則是從神學（《聖經》）到科學。中國的經
學之終極目的是求「善」，西方的神學之終極目的亦是求善。到了
二十世紀，中西方的現代大學知識體系中，沒有了經學、神學，
都變成了或多或少的「認知性的知識叢」，也即在大學的知識結構
中，以求「善」為目的的「德性之學」（「德性之學」是相對於科
學之為「知性之學」，亦即「認知性之學」而言者[08]），或講「價
值」的「價值教育」，已經「失序」。二〇〇六年，魯易士（Harry
Lewis）的《失去靈魂的卓越》（*Excellence Without a Soul*）一書[09]，
加強了我對古今的「大學之道」的看法。魯易士說哈佛大學在科研
的創新知識上是「卓越」的，但哈佛在本科教育上是失敗的，已沒
有了「靈魂」，他說哈佛已不知什麼是「好的教育」。魯易士認為大
學教育的責任是「使學生的『腦』與『心』一起成長 —— 使學生
成為一個學識與德性兼有的青年」，但他批評哈佛說：

大學已失去，誠然，已自願地放棄，它鑄造學生靈魂的道德權威。

08　參看牟宗三：〈略論道統、學統、政統〉，《生命的學問》，台北，三民書局，1970。

09　Harry Lewis, *Excellence Without a Soul: How a Great University Forgot Education*, N. Y.:
　　Public Affairs, 2006.

我要毫不保留地說，魯易士對哈佛大學教育的批評，可以適用於現在所有研究型的大學，西方的、中國的（包括香港的與台灣的）都不例外，最多只是程度上不同而已。魯易士教授應該知道，現代大學之所以忘掉什麼是好的教育，歸根結底，就是因為大學只是把求「至真」看作教育的終極目的，而忘掉了或放棄了古代（中西皆然）大學以求「至善」（或亞里士多德所謂 "the highest good"）為終極目的的理念。所以我要嚴肅地提出，古之求「至善」的大學之道，與今之求「至真」的大學之道，兩者不可偏廢。古與今的大學之道必須兼重並舉，唯如此，大學在科研上才能「卓越」，大學教育上才有「靈魂」。

大學與中國現代文明的建構

二〇一三年上海人民出版社為我出版了《中國現代化的終極願景》論文集，我指出一百五十年的中國現代化之終極目標是要締建一個「中國的現代化文明秩序」，它應包括：

一個有社會公義的、可持續發展的工業文明秩序

一個彰顯共和民主的政治秩序

一個具理性精神、兼有真善美三範疇的文化秩序 [10]

中國現代化文明秩序的建構，說到底，靠的是知識（是多維度的知識，不是單維度的科學知識）。現代大學，如克爾（Clark Kerr）

10　關於中國現代文明秩序的具體內容，我在 2014 年高雄中山大學的「余光中人文講座」中的〈中國現代化與文明轉型〉及〈大學教育的人文價值〉二講中做了簡要具體的表述。前講見《中國文明的現代轉型》，廣州：廣東人民出版社，2016；後講見拙著《再思大學之道》。今我在此再做細微修正。

所指出，是「知識產業」（knowledge industry）的基地。無疑的，中國的現代大學負有締建中國新文明的重要責任。締建中國的現代文明秩序，主要的是要彰顯「中國性」與「現代性」。所有「現代文明」都會有一定程度的「共性」（如工業文明、科技文明），但「中國性」則因中國的民族文化的發展有自己的「國情」（如發展階段），特別是民族文化長期汰舊換新的過程中積澱而顯發出來的文化傳統，必成為中國現代文明中的「特性」。我上面提到「中國的現代文明秩序」中要包括「一個多元開放、兼有真善美三個範疇的文化秩序」，這是說在「文化全球化」的時代，中國必然向世界開放，與多元的世界文化交流、互動，彼此借鑒學習，但亦正因文化的全球化，中國的文化傳統才更被啟動、激發。我相信，並已經看到、體認到，中國求「善」的倫理文化與求「美」的審美文化，正在中國出現的現代文明的大場景中以新面貌、新精神漸次展現於人間。

在今日世界範圍內，歐美的「現代文明」是最早，也是唯一「已完成」的形態，但唯一或最早的「現代文明」並不具有「範典」的地位。[11] 誠然，締建中國的現代文明，應該也必然以「西方現代文明」為參照體系，但是卻不應，也不可能完全模仿、照搬。如實地說，二十世紀中，西方的現代文明確有輝煌燦爛的一面，但無可諱言，也有「黑暗」的一面（兩次世界大戰），因此西方現代文明不能是「現代文明」的普世範典。研究世界文明衝突的著名學者亨廷頓（S. P. Huntington），就認為西方文化缺少成為世界文明新秩序的普世的正當性與可能性。他說：「西方人對西方文化的『普世性』

11　參閱金耀基：〈東亞另類現代性的興起〉，《中國文明的現代轉型》，香港：牛津大學出版社，2014。

的信念，有三個問題，即這是虛妄的、這是不道德的、這是危險的。」[12]

史學家許倬雲在新著《現代文明的批判》[13]論述中，指出西方現代文明（特別是美國的現代文明）已面臨種種「困境」，已進入「秋季」，已是「日薄西山」，由興盛走向衰敗了。許先生認為美國的現代文明的基石，如資本主義的經濟制度，主權為本的國家體制，乃至民主政治、個人主義，無不已經變質、異化、鬆弛、敗壞了。在美國生活了半個世紀，他更深感西方現代文明的精神世界已出現了人的失落、社會的失落，而呈顯生命意義與存在意義的危機。顯然，許倬雲也認為西方現代文明已不具現代文明範典的正當性了。當然，許先生對人類的未來是仍抱希望的，他也承認西方現代文明「確實有其自我調整的機制」，但他真正希望之所寄，則是人類能創造他希望的「第二個現代文明」。

許倬雲教授感於西方現代文明的失敗，從而把希望寄託於人類能創造「第二個現代文明」，他這一論述，對我有很大的觸動。因為我四十年來對中國現代化的終極想像和終極願景就是中國的現代文明秩序的實現。我不知「中國的現代文明」是否能成為許倬雲所希望的「第二個現代文明」，但我相信「中國的現代文明」將會是一個有中國文化性格的現代文明。中國的現代文明的締建是需要全民族長期努力以赴的共業，大學則是關鍵性的組織體，因為它是為締建中國現代文明提供必要的知識與人才的重地。

12　S. P. Huntington, *The Clash of Civilizations and the Remaking of World Order*, N. Y.: Simon & Schuster, 1996.

13　許倬雲：《現代文明的批判》，台北：天下文化出版公司，2014。

大學教育的人文價值 [*]

中國人文精神與價值之特性與形態

我們今天對「人文」二字都有一種理解，似乎是不辯自明的，但事實上是不是這樣的簡單自明呢？

我們今天講解「人文」二字幾乎都會從《易經》中的「觀乎天文，以察時變；觀乎人文，以化成天下」這句話來入手。誠然，這是對中國的人文精神與價值之理解的一個切入點。《辭海》引疏之解釋：「言聖人觀察人文，則詩書禮樂之謂，當法此教而化成天下也。」毋庸諱言，這一個對人文之釋義是中國思想之主流的儒家式的詮釋。大家知道儒家的經典是《詩》《書》《禮》《樂》《易》《春秋》（此為六經，因《樂》早佚，故今為五經）。孔子「述而不作」，他是對先民的知識加以整理潤飾，才使其成為儒家之經典，而孔子亦被公認為是中國人文思想的奠基人，也是儒家的開創者。孔子生於一個「禮樂崩壞」的時代，他則重建了「禮樂文化」。更重要的是，他在禮之外提出仁的思想。孔子心中的人文，不只是重禮樂之儀文，更在強調禮樂之內核的仁，仁是文之德，他以文德來拯救當時文弊。

孔子提出的仁，是文之德，這是界定了人之所以為人的道理。

---

[*] 此文係作者就 2014 年 3 月 13 日在高雄中山大學「余光中人文講座」之演講增修而成。

所謂「仁者，人也」，孔子之重仁、重文之德，在儒家孟子手裏，更得到強化與發揮，因而論先秦儒家之思想，孔孟齊稱。到了宋之理學，則孔孟重人與重「文之德」之思想有了進一步的發展，而成就了重「人極」的學問。可以說，儒家正統的人文精神與價值到了一個新的高度。自孔孟到宋儒一路發展的人文思想的特性是以道德與倫理為主心的。宋大儒朱熹審定的四書之一的《大學》一書，其開卷語是「大學之道，在明明德，在親民，在止於至善」。「止於至善」是讀書人企求的終極願景，「至善」是人文價值的最高境界。《易經》上說的「化成天下」實是指「善」成為普遍化（天下）的道德與倫理文化。故儒家的「人文」可以說是一種求「善」的倫理文化。但中國的人文精神之表現也可以有與儒家之禮樂文化，與儒家以求善的內涵的倫理文化殊為不同的形態，這就是魏晉時代的玄學之審美文化。玄學是承接先秦莊子的思想而來。莊子之學，講到底，是貶人為、貴自然，講齊生死，一壽夭，尋求為西方存在主義所重的「真實的存在」，尋求解放，尋求自我、真我。真正做到「真人」「神人」。李澤厚說：「莊子哲學並不以宗教經驗為依歸，而毋寧以其他審美態度為指向。就實質說，莊子哲學即美學。」[01]

魏晉人處於中國政治社會的衰世，對於漢魏晉間政治上的禪讓等，他們認為是一大虛偽，是假借與文飾。他們要求擺脫外在禮義之規範，有一種人之自覺意識。像莊子一樣，尋求自我的解放與自由，尋求個體的真實存在。阮籍、嵇康之非堯舜、薄湯武，以禮豈為我輩設，實是在追求自我和大解放。這種思想表現於文學、藝術上則與儒家之禮樂世界大異，是一種如唐君毅所說的「觀照、欣賞、優遊的藝術精神」，所以可看作是中國人文精神之另一種形

01　李澤厚：《中國古代思想史論》，北京：人民出版社，1985，頁189。

態。[02] 這種形態可稱為人文的審美文化，它與儒家人文的倫理文化的形態在中國文化中是並立同存的。在這裏，值得一提的是，劉勰在其傳世名篇《文心雕龍》中顯示的文學之獨立性與審美價值。劉勰固然強調「文必宗經」，即以道德論文學之價值，但他實際上卻把藝術之審美觀放在宗經的道德觀之上。他對屈原的《離騷》的評價超過了《詩經》。邵耀成說：「劉勰雖然打著『徵聖、宗經』的旗幟，但他的《文心雕龍》中的三個篇章《原道》《辨騷》《神思》，卻完全顛覆了儒家『言志、教化、諷喻』的價值觀。」[03]

我們可以說，劉勰的文論有力地說明了審美文化一直是中國人文精神與價值的重要組成。審美文化也即是中國經學之外的藝術文化，它包括書法、繪畫、建築、詩詞、戲曲、小說等。新文化運動中反對、批判的中心對象是儒家的經學文化（即上面所說儒家人文倫理文化），不是中國的藝術文化。

中國百年學術文化的變向：從經學到科學

中國百年的學術文化之變向，最簡要地說，是從經學轉到了科學。我指出這是中國現代化的主旋律之一，而承擔這個變向的最主要的基地則是高等教育機構。傳統中國有「太學」。「太學」與「大學」只有一「點」之別，但太學以經學（四書五經）為核心，大學則以科學為核心，兩者在學術文化的性質上迥然有別。

自漢至清，中國的高等教育機構，不論是官學（如太學）或私學（如宋之書院），皆以四書五經為教育之核心。此與西方之中世

02　唐君毅：《中國人文精神之發展》，香港：人生出版社，1957，頁31。

03　邵耀成：《文心雕龍這本書》，北京：中國社會科學出版社，2014。

紀大學以《聖經》為教育之核心並無二致。中國的大學是中國現代化之產物，而大學亦在中國現代化中發揮了至關緊要的功能。中國的大學（作為一種教育與學術的制度）不是經太學自上而下縱向地承接過來的，它是從西方的「現代大學」制，自西而東橫向地移植過來的。在此特應說明，中國自歐洲移植過來的大學不是西方傳統的「中世紀大學」，而是經德國大學改革後的「現代大學」。西方現代大學之所以不同於西方的中世紀大學，是因為前者以科學取代了後者八百年來以神學（《聖經》）作為教育的核心，而中國的現代大學與西方的現代大學幾乎是同步的，中國的現代大學一開始就像西方的現代大學一樣，以科學作為知識發展與教育的重心。中國之開始接受現代科學，把科學列入教育機構中，是在鴉片戰爭戰敗後發起洋務自強運動始。曾國藩、李鴻章的洋務自強運動，重點固是開鐵礦、製槍炮這類「以夷制夷」的軍事工業化，但亦同時設置同文館，學西文，學西方的學術，如數學、物理等「西學」。維新運動後，學習西學更有擴展，一九〇五年清廷頒詔「廢科舉、設學校」，自此讀書人以經學考試進入仕途之路已斷，經學從作為「中國人思想之君主」（馮友蘭語）的位置退位了，同時，西學（特別是科學）則進入新立的教育體制中心。一九一一年辛亥革命後，中華民國臨時政府的教育部教育總長蔡元培頒佈了《大學令》，「規定大學以教授高深學術、養成碩學宏材、應國家需要為宗旨，廢去忠君、尊孔等封建信條。確定大學分為文、理、法、商、醫、農、工七科，以文、理二科為主，取消經學科」[04]，經學在《大學令》中被取消了。

　　不過，應該指出，經學在大學被退出的是它過去兩千年在太學中享有的聖典的地位，經學並沒有在中國現代大學中完全消失。事

04　梁柱：《蔡元培與北京大學》修訂本，北京：北京大學出版社，1996。

實上，經學部分的內容已被納入到大學中的「文科」中，如《周易》《論語》《孟子》納入到文科的哲學門，《詩經》納入到文科的文學門，《尚書》《春秋》納入到文科的史學門。一九一二年，京師大學堂正式改名為北京大學，首任校長嚴復就將經學科併入文科。從現代大學的知識結構來看，相比於各種專業科學學院（如商、醫、傳播、教育等），科學之進入大學的意義比之經學之退出大學更為重大。中國的現代大學，以文、理二科為主，亦即科學（理科）一開始就成為大學殿堂的主角，須知在傳統中國的「太學」，科學是從不存在的。在二十世紀，從世界範圍來考察，科學獲得了史無前例的發展，而大學恰恰正是科學發展的重地。中國的大學在百年中，雖歷經外禍（日本侵華）內亂（「文化大革命」），仍從無到有，從有到多，獲得長足進步與發展。大學的教育到了今日已與國際接軌，像歐美先進國家之大學一樣，科學在中國大學中亦居於顯學的地位。在大學的知識譜系中，科學的領域不斷擴大，除自然科學外，有社會科學、應用科學（如工學院），甚至有的傳統的文科學系（如語言學、歷史學）亦從「人文學科」轉向「人文科學」或「人的科學」（human sciences），大學的科學的精神氣質已滲透到大學的整個知識結構。美國社會學家帕森斯（Talcott Parsons）認為今天的大學（包括中國的），特別是研究型大學，已成為一「認知性的知識叢」。可以說現代大學已成科學知識的創新與教育的中心。中國的新文化運動標舉「科學」與「民主」之旗幟，百年來，德先生（民主）的命運充滿滄桑，但民主畢竟已成為中國現代政治中的一個文化理念；而賽先生（科學）的命運則好得多，科學隨現代大學之發展得到了重大的發展，並且科學作為一種文化也經大學傳播到整個社會，影響了現代中國人的思維方式、生活情狀，乃至人生觀和宇宙觀。誠然，五四前後人們講「新文化」，我認為中國如有新文化，那麼最突出的必是「科學文化」。這是傳統的中國文化中

沒有的，無疑的，科學文化大大豐富擴大了中國文化的內涵。其實，中國百年來新開展的「科學文化」亦是構建中國現代文明的主要文化力量。

科學與人文之關係的究竟意義

探究科學與人文之關係，在中國傳統的文化語境中是不會出現的，我上面引《易經》對人文之定義，「言聖人觀察人文，則詩書禮樂之謂」，其中根本沒有「科學」的影子。但如今科學文化已成為中國新文化的重要組成部分，則科學與人文之關係便自然成為一個探究的題目。長年以來，在大學的知識結構中，人文學與科學形成了兩個學術群體，二者之間隔膜多於關心，互相低視多於互相高看。一九五九年，劍橋大學的斯諾爵士（C. P. Snow）發表了演講〈兩種文化及科學革命〉（*The Two Cultures and the Scientific Revolution*）。這場演講一石擊起千尺浪。斯諾本人是科學家，也是人文學者（小說家），他提出劍橋的學術文化已分裂為兩個壁壘森嚴的世界，一個是人文的，一個是科學的；他對兩種學者都有批評，他批評科學家缺少人文的修養，他更批評人文學者是 natural Luddites，亦即是對科學一無所知，對機器、科技有敵意的人。可以想見，斯諾的演講激起了劍橋人文學者利維斯（F. R. Leavis）的強烈抨擊，更引發了太平洋彼岸美國學術文化界的強烈反應。事實上，斯諾發表論文的時候，科學在大學（東西方大學）的地位已經大為上升，壓倒了人文學。更確切地說，到了二十世紀下半葉，科學在大學的知識發展中已經當陽稱尊，人文學則黯然失色。更有甚者，有些人文學者已信奉科學為知識之標杆，亦即自覺或不自覺地追隨科學，以「科學方法」研究人文課題，故我在上面提到傳統的「人文學科」轉向「人文科學」。這是說在科學的精神氣質的滲透

與膨脹下，人們普遍認為只有如科學的知識才是知識，否則便沒資格稱為知識。這是貝拉（Robert Bellah）等學者所批判的現代大學出現的「知識的科學範典」。誠然，在「知識的科學範典」下，科學已成為建立知識的標準與範典了。這意味著什麼呢？簡單說，這強烈顯示科學在知識殿堂中的地位的上升，這不只是說科學不僅被承認是知識的一種（須知，在中西傳統的知識系統中，科學作為一種知識的觀點曾在長期內是不存在的），而且把科學與知識等同起來。這種「唯科學的知識觀」可說是「科學主義」的具體表現，在中國當代知識界也不無有之。

誠然，「唯科學的知識觀」在二十世紀後期也淡褪了，我們今天應有一理解，知識不是單維單元的，而是多維多元的。科學是以求「真」為目的的理論知識，它與中國傳統上以求「善」為目的的倫理知識（倫理學），以及以求「美」為目的的審美知識（美學），屬於不同的知識範疇（我在二〇〇九年所寫〈從大學之道說中國哲學之方向〉一文，對此有較詳盡的論述）。[05]

講到這裏，我想試對「科學」與「人文」之關係做一疏解。我之所以有意對「科學」與「人文」之關係做一疏解，是美國一位科學家赫施巴赫（Dudley Herschbach ）的一段話所引起的。赫施巴赫是哈佛大學的教授，也是一九八六年諾貝爾化學獎得主。他覺得人們對科學有極大的誤解，滿腹怨氣。他說科學家是「努力想弄懂大自然的詞彙和文法，藉此為人類謀福祉」。他認為：「科學知識是一種具有實用意義的東西，而且也是我們文化一個重要部分。」他說：

事實上，科學是一種很人文的學問。一般人不理解這一點，實在是

05　鄭宗義編：《中國哲學研究之新方向》，「新亞學術集刊」第 20 期，香港：香港中文大學新亞書院，2014。

可悲可歎。我深信一千年後的人去回想我們二十世紀的時候，一定都會帶著深深的敬意。二十世紀的很多科學發現都是影響深遠的，像沃森（J. D. Watson）和克拉克（F. H. C. Crick）所發現的 DNA 的雙螺旋結構，就深深改變了我們對「何謂人」的看法。試問，還有什麼比這更人文的學問呢？[06]

赫施巴赫把科學看作人類文化的一個部分，把科學看作一種「很人文的學問」，我是可以認同的。就中國而言，我上面已指出，百年來科學從無到有，從有到大，在大學中得到重大發展，並且科學文化已成為中國新文化的重要組成。至於「人文」二字之意義慣指人之文化、人創造之文化（知識）。在《易經》成書之時，「詩書禮樂」便是最重要的人所創造之文化。就此內涵來說，它是儒家的禮樂文化，也是倫理文化。這也就是說，我們長久以來都以道德倫理之知識作為人文的知識。但自魏晉玄學創造審美知識後，中國的人文內涵實亦包含了審美文化。直到二十世紀，中國才又有科學知識的建立與發展，才有了科學文化。這無疑應視為「人文」的擴大與豐富，也可以看作是中國人文精神之另一新形態。誠然，「人文」二字除了有「人創造之文化」的字義外，亦當指重人，重人之價值，重人之為人的文化精神。我們今天講「人文價值」實亦不外乎是指一切以人為中心，並以增強、豐美人之生存、生活與生命的文化價值。依此而言，科學可以是一種「很人文的學問」。對於科學是否屬於「人文」這個問題，唐君毅先生的看法是正面肯定的。他說：

---

06 Peter Costa, *Q & A: Conversations with Harvard Scholars*, Cambridge: Harvard University Press, 1991. 中文版為蔡源林等譯：《哈佛學者》，台北：立緒文化，1999。

從科學之源自人之思想而生的一方面看，我們亦明可說，無論為發
展人文之人文科學思想，或是研究非人文之自然的自然科學思想，
皆為人文之一部。人之所研究非人文之自然，表示人自己思想之能
伸展開拓於人自身之外，亦即表示人之思想自身之偉大，而應用科
學知識，以製造器物，與建立社會秩序，亦即使人文世界，得以主
宰自然世界，並使人文世界顯燦爛之條理者。[07]

　　上面我對「科學」與「人文」的關係的究竟意義，做了一些疏
解。我的用意是消除二者的對立性，特別是要消除視「科學」為
「反人文」的誤解。科學不但不是反人文，而且就是人文的一個組
成部分。「科學」與「人文學」在大學知識殿堂中以兩種文化形態
長期分隔地存在，不應也不宜視之為「科學」與「人文」的對立。
嚴格地說，它們只是人文中以求「真」為目的的科學知識，與人文
中以求「善」為目的的倫理知識或人文中以求「美」為目的的審
美知識的自成壁壘。當然我認為這個現象是令人不舒服的，特別是
見到今日大學（研究型大學）中，求真的科學知識一枝獨秀，而求
善與求美的知識則相對地邊緣化了。誠然，這不是「科學」壓倒了
「人文」，而是人文本身出現的重輕之失衡。

大學與中國現代文明之人文價值

　　在西方先進國家，大學已被視為是國家和社會的中心制度[08]；其
實在中國，大學的重要性也越來越受到識者的共認。無疑，現代大

07　唐君毅：《中國人文精神之發展》，香港：人生出版社，1957，頁 42。
08　Daniel Bell, *The Cultural Contradictions of Capitalism*, N. Y.: Basic Books, 1976, pp. 103, 198.

學在二十世紀是中國現代化的最根源的動力，但我更認為，現代大學在建構中國現代文明中扮演了關鍵性的角色。

　　大學作為一個教育人才與研發知識的制度，對中國來說，它是中國現代化的產物，同時又成為推動中國現代化的最根源性的動力。中國自十九世紀中葉洋務自強運動展開的現代化的國之大業，歷經一百五十年，跨三個世紀，其間坎坷崎嶇、艱難苦辛，非一言可盡，然黃河九曲，終歸大海，今日中國現代化已取得十分可觀的成就。誠然，中國現代化已使中國走向富強，而中國現代化之最顯成果，則是在於它在百年中把中國三千年的農業文明濟造為一個「工業文明」了。

　　「工業文明」是中國三千年「農業文明」後出現的新文明形態。這是中國現代文明的基本性格，而對於工業文明之建造，科學知識的創新與應用所做貢獻最多。工業文明不限於經濟生產，它遍及城市建設、交通、信息、醫療、生活的各個層面。所以，科學之為「人文」，實因科學不僅是關於「何謂人」的知識，也是促進人之生存與生活的素質，促進人之尊嚴與福祉，使人更能突顯「人之為人」的知識。科學是大學中以求「真」為目的的知識，是有重大人文價值的一種知識形態。應該強調的是，工業文明是，亦只應是中國現代文明的一個組成部分，中國的現代文明至少還包括政治的民主、自由與法治，社會的公平、正義與誠信，生態的健康平衡與經濟的永續發展，國家間的和平與王道精神，以及審美的藝術文化，而這些都涉及「人文價值」的知識範疇。因之，建構中國現代文明之任務除在求「真」的科學知識外，還需要上面提到的以求「善」為目的之倫理知識，和以求「美」為目的之審美知識來承擔。

　　講到底，中國的現代文明必應涵蓋真、善、美三個範疇，而大學知識殿堂中三種形態的知識正是以彰顯真、善、美的全幅人文價值為目的。

現代化與中國文明的
現代轉型 *

從傳統到現代的大轉型

從清中葉到今天（二〇一四年），時序上說，是自十九世紀，歷經二十世紀，而進入二十一世紀的跨三個世紀的歷史過程。這一百五十多年在中國的歷史長河中雖是短暫的片段，但卻是中國一場翻天覆地的歷史巨變。它是涉及政治、經濟、軍事、教育、思想、文化等各個層面的社會大轉型（societal transformations）。

中國這個歷史劇變，這個社會的大轉型是清中葉時，西方帝國主義以武力叩關，打破天朝中國的「光榮孤立」而掀起的。晚清大臣李鴻章目睹清王朝在西方列強堅船利炮的侵逼下有大廈傾圮之危，因而有「中國三千年未有之變局」之言。李鴻章這位屢簽喪權辱國之約的大臣，事實上可能是十九世紀中國最大的政治家。他是認識到清王朝所面對的西方列強之挑戰是中國歷史上前所未有的，他之「中國三千年未有之變局」的說法是有歷史識見的。當然，他未必能預見到中國將會有怎樣的一個變局。

自鴉片戰爭迄今一百七十多年，中國的歷史之路在前一百年可謂曲折崎嶇，風雨連天。改革與革命交相迭替，內憂外患如影隨

* 此文是由作者 2014 年 3 月 12 日在台灣高雄中山大學「余光中人文講座」演講稿整理而成。收入金耀基：《中國文明的現代轉型》，廣州：廣東人民出版社，2016 年，頁 1-19。

形。國族的命運時沉時升，時明時暗，其間有壯麗的艷陽天，也有烏雲蔽月的長夜，直到上世紀七十年代後，中國的大地上才出現由點到線、由線到面的向上的發展機遇。中國台灣、香港固已與韓國、新加坡躍居「亞洲四小龍」，成為稱譽一時的「新興工業化區域」；中國大陸於一九七八年標舉「改革開放」的大旗，在「文化大革命」造成的荒墟上，開啟了沒有硝煙的新長征，自此國運翻轉，換了新天。到了九十年代，香港回歸，中國大陸已是「世界工廠」；進入二十一世紀，加人 WTO，中國融入世界，世界亦進入中國，今日中國更成為世界第二大經濟體。誠然，今日中國雖問題重重，困難如山，但中國的歷史之路已走到了一個滿懷遠景的新境地。

在過去一百五十年中，中國的歷史之路充滿挫折與傷痛。一方面，外力之侵害不絕（如清末西方和由亞入歐的日本帝國主義之殖民瓜分及民國時期日本之侵華），大大扭曲了中國正常的發展；另一方面，國內自身的種種負能量（如軍閥之割據、內戰等）也使國族陷於長期的劫難。但是，自洋務自強運動以來，維新改革以及清末新政、辛亥共和革命、五四新文化運動、北伐、抗日、共產黨建國、一九四九年後國民黨在台灣推行經建與憲政民主、一九七八年大陸改革開放撥開「文革」的陰霾，推動「四個現代化」，中國始終有一股正能量，在種種逆境中，百折不迴、有方向性的往前發展，這一股歷史的正能量就是中國斷斷續續、綿延不絕的中國現代化運動。正是這個一百五十年的中國現代化運動，造成了中國的巨大的「社會轉型」，而這個社會轉型事實上是中國文明的轉型，由一個前現代的農業文明轉向一個現代的工業文明。這個中國現代的工業文明與三千年來傳統的農業文明，在經濟、政治、教育、學術文化等各個領域都出現了新的面貌。從長遠的歷史來看，這確是中國三千年未有之變局！

　　一九六六年，我在台灣出版《從傳統到現代》，此書主題意在詮釋中國現代化是一個從「傳統社會」走向「現代社會」的歷史運動，也即是從一個「前現代文明」走向「現代文明」的「文明轉型」。二〇〇四年，我在香港出版《中國的現代轉向》。兩書前後相隔三十八年，我已由三十一歲的壯年進入古稀之年，在這三十八年中，我對中國現代化的理解固有增長，而中國，特別是中國大陸，則更走在現代化的快速道上，但是我對中國現代化的基本看法是前後一貫的，並沒有像梁啟超「今日之我向昨日之我挑戰」。兩書最不同的是，前書著重「時間」（或歷史）視角來看中國從「傳統」到「現代」中展現的「現代性」，後書則著重「空間」視角來看中國現代化在全球化中展現的「中國性」。在這裏我想特別指出：

　　（一）《從傳統到現代》的現代化運動，講到深處，是中國的文明轉型，即由一傳統（農業）文明轉為現代（工業）文明。在這轉型中，「傳統」絕非與「現代」是二元對立的，現代化絕不是推倒一切傳統。事實上，傳統是一複雜體，在現代化過程中，有些傳統是會被淘汰的，但有些傳統則會轉化，並可轉化為現代化的正能量，即傳統非但無礙於現代化，反而可以促進、豐富現代化。故我在一九七九年寫過一篇〈沒有「沒有傳統的現代化」〉的文字（此原為何懷碩《藝術、文學、人生》一書之序）。誠然，只有有傳統的國家，現代化才能真正精彩。事實上，經驗證明，有些前現代文明的傳統，不但可以在「現代文明」中存活，而且可以強化、豐富「現代文明」的內容。在今日中國，國畫、書法、京戲、崑曲都是例子。余光中先生的新詩之所以有如許魅力，是因為它有漢魂唐魄，是因為他承繼了詩（經）、騷（離騷）開展的文學（特別是詩學）的傳統。在這裏，我想指出，新文化運動是一個有積極意識的批判傳統文化的運動，它批判的核心是傳統的經學，而不是傳統的文學。

（二）上世紀七十年代以來，新一波的全球化風起雲湧，在世界範圍內，有些弱文化傳統的國家真的被「平化」，失去了本身的文化性格。費孝通先生晚年關懷最切的問題是在全球化下，中國文化（或其他文化）如何自主存在，以及不同文化的人如何在「地球村」和平相處，他還提出「文化自覺」的觀念。費先生去世後，我於二〇〇七年在北京大學「費孝通紀念講座」發表了〈文化自覺、全球化與中國現代性之構建〉的講演。我認為全球化（globalization）真正展現的文化現象是「全球本地化」（glocalization），此一詞是英國社會學者羅伯遜（Roland Robertson）所創。新一波的全球化之所以是一個遍及全球的文化現象，根本的原因是二次世界大戰後，世界上已出現了一個「全球現代化」。中國的現代化（特別是經濟的現代化）使中國與世界先進社會有了更多交流與接軌。在全球化的文化領域，誠然有一「同質性」的趨勢，我們從各國大城市中衣、食、住、行的文化類同現象可以看得很清楚，但這裏，我們更看到「全球」與「地方」（local）的辯證關係。全球化的真實情形並不是「全球」淹沒了「地方」，反是激發了地方（民族）文化。事實上，在全球化大潮下，中國的民族文化反而更自覺地煥發生命力。所以，現代性問題涉及傳統與現代兩者之關係。在前者，我曾說「沒有『沒有傳統的現代化』」；在後者，我要說，「沒有『沒有地方的全球化』」。

中國現代化與文明轉型的三個主旋律

中國現代化促成了中國文明的轉型，這個轉型涉及中國文明的幾個方面與層次。我在《從傳統到現代》一書中指出的三個層次是：

器物技能層次的現代化

制度層次的現代化

思想行為層次的現代化

近年，我提出中國現代化的三個主旋律，也是中國文明轉型的三個主旋律；這是我從中國一百五十年現代化的歷史經驗中抽繹出來的理論性表述。當然，這也是循著我一九六六年發展的中國現代化的三個層次的進一步發展。

第一個主旋律是從農業社會到工業社會。這是中國工業化的故事，也是中國現代化和文明轉型的基礎，即中國由一農業文明轉向工業文明。（今天已有信息工業或所謂「第三波工業革命」，但仍屬於工業文明。）中國過去有工藝製作（陶藝足為傑出代表），但無工業生產。十八世紀的西歐（特別是英國）將科學知識應用於生產技術，因而有工業革命之發生。工業革命是歷史上改變人類文明性格最大的力量。中國的工業化不是內發的，而是外力逼出來的。中國之走上工業化的第一步是鴉片戰爭清廷失敗後，曾（國藩）、左（宗棠）、李（鴻章）發動的洋務自強運動。國人當時自覺到中國之所以敗，之所以不如西方實在科技，即是在槍炮船艦，自強之道必須學夷之技，故而以「開鐵礦、製船炮」為洋務之首要。這可以說是中國的國防和軍事工業化的開始。當然，洋務也不限於國防軍事。事實上，官方與民間在多方面都展開了基本的工業化，如電燈、電話、鐵路等都次第興建。

我們知道，洋務運動在甲午戰爭中是證明失敗了，那是說中國第一輪的軍事現代化是失敗了，但由洋務自強運動帶動的工業化卻在中國土地上漸次生根。應該指出的是，中國工業化的道路是艱苦崎嶇的，百年來國難頻頻，一九一二年共和建國後，即有軍閥之割據、日本之侵華，無不阻滯了本國工業化之步伐；抗日勝利後，又

起國共內戰；中共建國後，經過第一個五年計劃，工業雖取得可觀成績，但之後的「大躍進」和「文化大革命」，卻長期地扭曲了中國工業化之路，上世紀八十年代形勢丕變，香港、台灣躍升為「亞洲四小龍」之列，成為最成功的新興工業社會，而一九七八年中國大陸乾坤翻轉，在改革開放大纛下，全力推行以工業化為核心的經濟現代化，到了九十年代後期，中國工業化之快速發展，使中國成為全球經濟中的「世界工廠」，進入二十一世紀初葉，中國且成為世界第二大經濟體。中國也因此急速地處於一個從農業社會向工業社會大轉型的過程中。

在中國百年的現代化中，從農業社會轉向工業社會便是主旋律之一，這是中國由一農業型文明轉向工業型文明的基礎。此一轉型使中國文明出現了全新面目。中國三千年來，朝代更替，不知凡幾，但無論秦漢、隋唐以至宋元、明清，也不論是盛世或衰世，始始終終是一農業文明。而自十九世紀末，歷經二十世紀，再到今日的二十一世紀，中國已一步步轉型為一工業文明，這是中國三千年來前未曾有之大變局。

從農業文明向工業文明的轉型中，社會的物質世界發生了變化，傳統的價值世界也發生了變化。人的生、老、病、死，日常的衣、食、住、行，都有了變化。簡言之，今天中國人的生活方式與生存形態與百年前的中國人已有根本性的轉變。誠然，生於工業文明的人，對時間、空間都有了新的感受，甚至在人生觀、生死觀（今天人的預期壽命較農業社會時已不止多出一倍有餘）、宇宙觀都在不知不覺中改變了。

中國現代化的主旋律之一是從農業社會到工業社會。這裏我需要指出，我說的是「主旋律」，而從農業社會到工業社會的轉變還有它的「次旋律」。在世界範圍內，各國在工業化的過程中，有採資本主義市場經濟模式的，有奉社會主義計劃經濟模式的，也還有

其他二者結合的模式，這些都是「次旋律」。一九九一年，蘇聯崩解後，社會主義計劃經濟之路已遭頓挫，今日因中國大陸標舉的「中國特色的社會主義」，實際上已從計劃經濟向市場經濟轉變。毫無疑問，工業化的不同「次旋律」會影響工業文明的性格，中國正處在塑造的工業文明的過程中，其「次旋律」仍在不斷摸索與調整中，譬如如何從專注於 GDP 之增長轉向對生態環保之重視而求平衡與可持續的發展等等。打造一個良好的工業文明的秩序，可以說是中國三千年來第一樁新工程也。

第二個主旋律是從專制到共和，這是中國現代政治文明秩序之演變的主旋律、主方向。甲午戰敗後，中國有識之士知道中國欲求富強，不能僅靠軍工技器之現代化便可以奏功，還必須在政治與教育等制度上有所變革。此所以有康、梁之維新變法的現代化運動。維新變法之重點在建立英國式的君主立憲，這多少是仿日本明治維新之意，但可憾此一政制上的維新變法遭到以慈禧太后為中心的清廷舊勢力的鉗制與迫害，結果「六君子」遇難，而康、梁遠去日本。（「六君子」之一譚嗣同有「我自橫刀向天笑，去留肝膽兩崑崙」的絕命詩。「兩崑崙」即指康有為、梁啟超也）。維新變法失敗，即是清朝體制內的革新自救之路的斷裂，亦因此最後有體制外孫中山領導的一九一一年辛亥革命的發生。辛亥革命推翻清皇朝，也結束了數千年的一家一姓的「私天下」的局面，開啟了「天下為天下人之天下」的「公天下」的新局面，從此中國是「沒有皇帝的中國」。按孫中山的說法，億萬的中國人民老百姓都是皇帝了。其實，這就是「主權在民」的意思。在這個意義上，這也是中國數千年未有的變局。

一九一一年的辛亥起義，帝制是覆亡了，共和也誕生了，但共和民主的建國一開始就幾乎夭折了，前後有袁世凱的稱帝（棄民國的大總統而就洪憲帝位）、張勳的復辟，及軍閥的割據稱雄。共和

革命是成功了，但共和民主的權威（authority，指有治理正當性的權力）卻並不能樹立起來。長時間裏，中國始終不能擺脫「強人政治」的陰影〔強人政治所憑藉者是權力（power），而非權威〕。法治（rule of law）不彰，真正之民主亦因而無所依託。不過，百年來，由帝制到共和的政治現代化的主旋律是無可改變的。從世界範圍看，世界的潮流是「從帝國到民族國家」[01]，是「從國王到人民」[02]。孫中山的共和革命畢竟是合乎世界潮流的，中國的新知識階層亦已接受這個觀念，新文化運動標舉的兩個口號，即是「民主」與「科學」。這在中國也產生了啟蒙的作用。值得指出者，在中國現代百年的政治舞台上，主角是兩個革命政黨，即是中國國民黨和中國共產黨。極有意思的是，一九一二年中國同盟會（中國國民黨前身）創建的是「中華民國」（Republic of China），而一九四九年中國共產黨建立的是「中華人民共和國」（People's Republic of China），兩者皆是以「共和民主」為建國之精神與鵠的。但兩者又都是革命政黨，並且都有不同程度的列寧式政黨的性格，亦因此都是以黨建國、以黨治國，這就是「黨國體系」（party-state）。中國三千年來，「家國」是文學的最大想象，到了二十世紀，在許多中國政治人的字彙中，「家國」已為「黨國」所替換了。

「黨國體系」是中國二十世紀政治中的新生事物。中國國民黨，自中山先生去世後，其領導權就逐漸落在蔣介石身上，他是孫中山的忠實信徒，但是在政治建設上，終其一生還沒有完成共和民主之建國理念。事實上，蔣介石一直是穿著戎裝的軍人，也一直不脫軍事獨裁的風格。孫中山政治發展三階段的理論（即軍政、訓政、憲

01　Rupert Emerson, *From Empire to Nation,* Boston: Beacon Press, 1960.

02　Reinhard Bendix, *Kings or People Power and the Mandate to Rule,* Berkeley: University of California Press, 1978. 他指出國家統治權的合法之正當性從國王身上轉到了人民身上。

政），嚴格言之，蔣介石一生事業只停留在「軍政」與「訓政」的階段，而未真正走上「憲政」階段。抗日勝利後，未幾國共內戰爆發，蔣介石從來就認為清除中共是國家政治建設的前提。當然，他沒有成功。一九四九年，國民黨已全面潰敗，蔣介石倉皇離廟，退守孤島台灣。歷史的發展常出意表，蔣介石在台灣痛定思痛，改造國民黨；韓戰之爆發，更重得美國之協防，在台的「中華民國」在一安定的環境中，啟動了被譽為「最成功的土地改革」，並著力於以工業化為主調的經濟建設，七十年代後台灣已經為「亞洲四小龍」之一，成為輝煌的新興的工業經濟體。八十年代，在蔣經國主政時期，更以最大的勇氣與智慧走上民主之路，進入孫中山「革命建國」的「憲政」階段。自此，國民黨由革命政黨轉身為正常政黨，它曾失去執政地位，而又通過選舉贏回執政之權，台灣已在和平合法的過程中經歷了政黨輪替。在一定的意義上，台灣已將民主之理念變為民主的制度了，這是一件中國政治史上值得大書特書的事，這顯示中國百年來由帝制到共和之路是走得通的，這也顯示中國現代政治的文明的秩序已經在中國的大地出現。誠然，台灣的政治現代化遠遠不夠完善，它始終被「民粹」「族群」所折騰、扭曲，而與民主密不可分的法治，則顯然未臻成熟，這都是台灣在民主發展上所面對的問題。

中國大陸的民主之路，不會是台灣之路，更不會是循西方自由主義的民主之路。李光耀非常直率地說：「不，中國不會變成一個自由主義的民主，如果它變了，它會崩潰。」[03] 李光耀的說法未必是危言聳聽，以中國幅員之大，人員之眾，人民種族之複雜（有五十六個民族），社會經濟、教育條件之差異，實行西方（特別是

03　G. Allison, R. Blackwill & A. Wyne, *Lee Kuan Yew: The Grand Master's Insights on China, the United States, and the World,* Cambridge: MIT Press, 2012, p. 13.

美國）的自由主義的民主風險之高，是極難承受的。但是，為了有一個長治久安的政治文明，中國不能不思考尋求一條實踐共和民主之建國理念的道路。的確，民主理念的實踐，中國可以有，也必然是自己的道路。可是，不論是什麼樣的民主實踐之路，民主所涵有的內容元素，如人之主體性、人之尊嚴與價值、人之「天賦權利」（各種基本自由），必須是民主實踐的目標。因此，為了實現民主所涵的內容元素，在中國的現有體系格局下，民主的實踐可以「黨內的民主化」為第一步，也可以從強化完善現有的代表機制（特別是人民代表大會）著手，使其有真實的代表性、民主性。而在中國大陸，可能最有實際意義的改革是從法治（包括司法獨立）之獨立與完善上落力、落實。香港的經驗顯示，法治是通向自由最真實之路，也是實現民主所涵內容元素最必要之路。在此必須指出，「法治」（rule of law）不是「法制」。法律之前，人人平等；法律之內，人人自由。它獨立於黨之外，它不應只是黨國用來治理社會之良政，真正的法治應是體現憲政、民主必要的一環。總之，百年來從帝制走向共和是一條不歸之路，中國的現代化建構的現代文明秩序中，政治的文明是不能缺位的。

　　第三個主旋律是從經學到科學。中國自漢代漢武帝獨尊儒學後，儒學的「六經」（《詩》《書》《禮》《易》《樂》《春秋》）成為讀書人必讀之書，亦即是「五經」（《樂》經已遺失），到宋代朱熹又從《禮記》中選出《大學》與《中庸》，加上《論語》《孟子》，獨立為「四書」。自此之後「四書」與「五經」共為中國有神聖性的經典，亦即是中國學術思想核心；自漢代以來的高等教育機構（太學及其後的國子監）所研讀的，或自隋以來科舉所考試的，均以四書五經為主要內容。馮友蘭在其《中國哲學史》一書中，指出自漢至清末二千年是中國的「經學時代」，這個說法是很正確的。中國學術與教育的現代化，從經驗的發展情勢看，是經學轉變到科

學，這是中國現代化的第三個主旋律，也可說是最根本性的。

科學之進入中國的教育體系是以「西學」的身份過來的，更確切地說，中國的現代教育體系是「西化」的，即是仿西方而建立的。一八六二年，清廷開設京師同文館，同文館以培養西文人才為主，但亦要學生學習格致、製器之學，李鴻章還曾計劃在同文館內設「科學館」，但未成功。不過，自一八七〇年後中國開始有傳授西方學術的學校，[04] 最有代表性的是一八九八年成立的京師大學堂，就設立了格致（科學）之學、農學、商學學科。的確，最有劃時代意義的是一九〇五年清廷下詔「廢科舉，設學校」，可以說這是中國學術文化的巨變。自此以經學立身的傳統士大夫階層走下了歷史舞台，代而興起的則是以科學為主的逐步普及的知識階層。一九一一年辛亥革命後，中華民國臨時政府的教育總長蔡元培頒「大學令」，正式廢除經學。在這裏應該特別指出，經學被廢止，並不是經學在教育中消失了，因為經學中有些內容已歸入到現代學術體系中的文科中之個別學系，如《詩經》之入《文學》、《春秋》之入《歷史學》、《易經》之入《哲學》。所以，廢止經學並不是把經學完全清除，而是把經學作為一整體的學術體系廢止，把經學作為一神聖的經典地位顛覆。今日經學部分內容已併入現代學術體系（特別是文科），應指出者，經學不再是學子的「信仰」系統，而是作為學子研究的對象了。

中國的現代大學，不是經太學、國子監延續下來的，而是從歐洲（特別是德國）橫向地移植過來的。十九世紀的德國把歐洲中古以來以神學為核心的大學徹底地改變。它把科學研究與創新知識作為現代大學的首要任務，也因此把中古大學以神學（聖經）為

04　許倬雲：《萬古江河》，台北：漢聲出版公司，2006，頁 4-15。

核心的教育改變，它把神學邊緣化，大學的精神特質（ethos）不再是「信仰」，而是「理性」了。蔡元培說，中國的第一間國立大學北京大學之取消經學（首任北大校長嚴復把經學部分內容併入「文科」），正如德國大學之取消神學一樣。事實上，十九世紀末到二十世紀初，科學堂堂正正地成為德國現代大學與中國現代大學的核心。一九一九年五四新文化運動，揭櫫「科學」與「民主」兩大旗號，實是指為中國的政治現代化與學術教育現代化開拓的兩大新天地。這也是我四十多年來書寫中國現代化所用心措意之所在。

科學早在中西文明中存在，但現代的科學則是十七世紀歐洲的「科學革命」帶來的產物。傳統中國曾有了不得的工藝成就，也就是科學與技術的成就。明代永樂大帝時，中國的成就（單指鄭和下西洋之船隊規模與設施而言）可能居世界領先的地位，這方面英國的李約瑟（Joseph Needham）所編著的數十冊《中國科學技術史》已經絕對證明了。但無可懷疑地，中國沒有出現歐洲的「科學革命」（這也就是「李約瑟難題」），也因此現代科學的發生與中國是無緣的。無疑的，歐洲「科學革命」是以牛頓為最主要的創始者，英國大詩人蒲柏（Alexander Pope）在牛頓的墓誌銘中說：「大自然，暨其規律為夜幕所掩，上帝命牛頓出世，天地遂大放光明。」[05]

科學適用於生產時，變成了科技，促成了十八、十九世紀英國成為第一個工業化國家，自此，人類進入工業文明（今日的科技文明即為工業文明之延續）。二十世紀最偉大的哲學家之一的羅素（Bertrand Russell）有兩句話（我記得這是他在《科學對社會的影響》一書中所寫的）很能說明科學、技術的意義與能量，他說：「科學使我們能夠理解這個世界，科技（technology）使我們

05　陳方正：《繼承與叛逆：現代科學為何出現於西方》，北京：三聯書店，2009，扉頁。

能夠改變這個世界。」英國二十世紀初葉的哲學家懷海德（A. N. Whitehead）有一句話一樣令人深省難忘，他說：「有了科學，才有近代世界。」[06]

中國第一位接觸到西方現代科學的是晚明（十六、十七世紀）的徐光啟。徐光啟遇到耶穌會的傳教士利瑪竇（Matteo Ricci），一六〇七年他與利瑪竇合譯《幾何原本》。他說此書「舉世無人不當學」，但他的意見對當時中國經學的讀書人沒有絲毫影響，徒增譏嘲。

一七九三年，已開始工業化的英國尋求海外貿易，派了馬戛爾尼（George Macartney）伯爵見到了年老的乾隆皇帝，他發現乾隆對西方文明（已經是一工業文明）的新奇之物不感興趣，他寫道：「顯然，過去對科學的喜好，現今已不在⋯⋯無知的中國人已經失去與拋棄了科學。」弗格森（Niall Ferguson）說：「中國曾經是創新發明的故鄉，現在卻淪落為平庸的國度。」[07]

與尼克松（Richard Nixon）一起敲開中美建交大門的基辛格（Henry Kissinger）博士在他最近《論中國》（*On China*）一書中說：「馬戛爾尼帶去的禮物，包括望遠鏡、四輪馬車、鑲鑽的手錶，還有熱氣球，旨在顯示工業化的好處，但中國皇帝卻把他的禮物當做貢品。」[08]當馬戛爾尼離開中國時，對中國是一個「不祥之兆」，他說：「兩艘英國軍艦足以對付帝國全部的海軍力量⋯⋯無需個把月，即可摧毀沿海的所有航運。」[09]

06　陳樂民：《歐洲與中國》，北京：三聯書店，2004，頁 25。

07　弗格森著，黃煜文譯：《文明：決定人類走向的六大殺手級 Apps》，台北：聯經出版事業股份公司，2012，頁 78。

08　基辛格著，胡利平等譯：《論中國》，北京：中信出版社，2012。

09　基辛格：《論中國》，頁 37。

到了一八四〇年，英國對中國發動了可恥的鴉片戰爭，這是中國大變局之始，也使中國被迫進入到一個由英國為主導的國際秩序。

鴉片戰爭後，曾、李的洋務自強運動，是以軍事與國防現代化為核心的，但也開啟了教育現代化之門。英使馬戛尼爾一七九三年說中國已「拋棄了科學」，一八四〇年鴉片戰爭後，清廷在「師夷之長技以制夷」的策略下，展開了兵工武器之製造，同時，也在實用主義的驅動下，在教育上推動研習製器之學，亦即數學、天文、物理、化學、地質等學科，一九〇五年「廢科舉，設學校」之後，從小學、中學到大學的現代教育體制已蔚然成形，在高等教育中，傳統的經學位置也讓渡到科學。

一九〇九年，全國已有 123 所官辦的高等院校，學生總數達 22000 人。史學家許倬雲說，這個數字已超過全國舉人以上有功名的人數了[10]。民國成立到抗日戰爭，近半個世紀中，雖然內亂外患不止，但中國的現代教育在戰火中艱苦成長，大學的學脈始終不斷，而科學教育更有長足進步。國人中第一位獲諾貝爾物理學獎的楊振寧說，「在一九〇〇年，我想沒有一個中國人懂微積分……到了一九三八年，西南聯大的教學水準已經達到了世界級。」[11]上世紀八十年代，台灣列為亞洲四個新興的工業社會之一，反映了台灣的科技教育已達到一定的水平；一九七八年，中國大陸開始快速現代化，九十年代末，大陸已成為「世界工廠」。至於今日「兩彈一星」所顯示的科技成就較之洋務自強運動時的第一波軍事國防現代化，

10　許倬雲：《萬古江河》，頁 416。

11　楊振寧：〈中國文化與科學〉，收入陸挺、徐宏主編：《人文通識講演錄：人文教育卷》，北京：文化藝術出版社，2007，頁 217-218。

真是不可以道里計了。今天中國大陸的大學已有 1500 所，科研的從業人員已是以萬計的大隊伍了。弗格森指出，一九九五年以來，中國發明獲得新專利數量已成長為原來的二十九倍，他說：「這是東方崛起的一項表徵。」[12] 這至少部分地說明，百年來，中國的科學已大盛，中國的「科學文化」也已漸次成熟，而推其因，主要的動力是在教育，特別是大學（包括軍事學校）。

鮑丁（Kenneth Boulding）在其《二十世紀的意義》（*The Meaning of the 20th Century : The Great Transition*）一書中指出二十世紀是人類社會的大轉型，最突出的是科學（包括自然科學與社會科學）的大發展。他的觀點是：科學之所以取得人類社會有史以來的最大發展，是因為科學不像以前基本上是業餘愛好者的研究對象，而已成為社會重要的組織部分，科學已是由全職的專業者從事鑽研探索的工作。在這裏，我想指出，鮑丁的觀點之最合理的註解應該是：科學之在二十世紀取得史無前例的發展，是由於現代大學的制度設計。鮑丁之書出版於二十世紀六十年代，其實此後半個世紀，現代大學、特別是研究型大學，已成為社會的中心制度，更成為科技知識的發展中心。中國百年的大學基本上是與世界先進國家的大學接軌的，科學在中國也因現代大學之成長而成長，中國的經學時代也轉進到科學時代。無可置疑，這是中國學術與教育的現代化的最大表徵。事實上，科學也是中國新工業文明的基石，而科學文化也成為中國現代文明中新文化的核心組成。當然，它也豐富、擴大了中國的傳統文化。

12　見弗格森：《文明：決定人類走向的六大殺手級 Apps》，頁 395。

中國現代化的終極願景

上面我講解了中國現代化的三個主旋律。這三個主旋律已促動了中國的傳統文明在器物技能層次、制度層次及思想行為層次的變化。從十九世紀中葉到二十一世紀初葉的一百五十年中，中國現代化已在很大程度上完成了中國的「文明轉型」。根本性地說，中國已經由一個農業文明轉為工業文明。

在二〇一三年，上海人民出版社為我出版了名為《中國現代化的終極願景》的自選集，在這本書裏，我指出中國現代化的終極願景不止是中國的富強，而是要締建一個「中國的現代文明秩序」。中國的「現代文明秩序」，應該包括三方面的內涵，即：

一個有社會公義性的可持續發展的工業文明秩序

一個彰顯共和民主的政治秩序

一個具理性精神、兼有真善美三範疇的學術文化秩序

現代文明與古代文明或任何文明一樣，都應具有真、善、美的三大範疇，雖然有的文明突顯了「美」的範疇，如西方文藝復興時代（中國的唐代亦近似），而現代文明則無疑突顯了「真」的範疇，因現代的工業文明是以求「真」的科技為核心的，故可以是「科技文明」。科學是有普遍性的，故科技文明，不論東方西方，都有「共性」。今天現代化達到一定程度的國家，人們的日常生活方式，衣、食、住、行都有相當的近似性。但是，我們也不能不承認，在世界範圍內眾多的民族國家中，儘管都已是工業社會，但卻顯露具有「特性」的現代文明的，以亞洲而言，日本是一例，正在上升的中國亦是一例。各個現代文明之間之所以有「共性」之外的「特性」，講到底，是民族國家除了有「共性」的「科學文化」外，還有個別有「特性」的「民族文化」。在現代的工業文明中，人們

的生活方式雖趨同一，但透過生活的表層看，從人們的生活情調到生命的意義結構，皆有不同。這就涉及價值觀與審美觀的文化的深層領域了。

我在討論中國的現代化的三個主旋律中，指出第三個主旋律是從經學到科學，這個轉變可以從中國的高等教育機構來考察。傳統中國的高等教育機構是漢代的太學，現代中國的高等教育機構是大學，從太學到大學就是從經學到科學的轉變。太學（後稱國子監）以經學為核心，是過去教化的重鎮；大學則以科學為核心，更是中國社會中傳承舊文明與締建新文明的學術與教育的中心機構。現代大學無疑對中國的現代化發揮了巨大的動能，它是國家硬實力與軟實力的最重要的源泉。可是，無可諱言，今日大學的理念和鵠的與傳統的太學已大異，大家耳熟能詳且視為天經地義的「大學之道」也早已變了。「大學之道，在明明德，在新民，在止於至善。」求「至善」是最高理想，而今因科學為大學之核心內涵，大學之道已變為「在明明理（科學之原理），在新知（求創新知識），在止於至真」了。也即是以求「至真」為最高理想了。當然，求「真」是一偉大的文化理想，不但沒有錯，還應堅持發揚；我更要說，科學是中國進入現代文明的最根源力量，但是，求「真」不應取代求「善」，求真與求善是可以並行不悖的，有時更可相輔相成，更為完美。求「至善」事實上是西方《聖經》與中國「四書五經」的最高願想，百年來，《聖經》與經學在西方與中國的大學中退位了。因之，今日大學在知識教育上極有成就，但價值教育卻沒有位置。我個人認為大學作為一個締建新文明的重地，除了求真的科學知識與教育固然必須有，求善求美的知識與教育亦絕不可偏缺。在這個意義上，古希臘亞里士多德所講的倫理學和廣義的人文學（以求善求美為鵠的的學問）應該與科學在大學的知識譜系中佔同席的位置。

《中國現代化的終極願景》，上海：上海人民出版社，二〇一三年

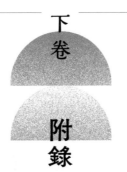

下卷

附錄

創造現代文明新秩序 *

　　許倬雲先生一生以學術為志業，名重當代。中國古代史是倬雲兄史學專業所在，但他的學術志趣與探究領域，遠遠超越專業範疇。二○○六年，倬雲兄七十七歲時，他所著的《萬古江河：中國歷史文化的轉折與開展》出版，識見高遠，視野闊大，是大歷史之書寫。書中論中國之發展分為「中國的中國」「東亞的中國」「亞洲多元體系的中國」，及「進入世界體系的中國」，這在中國通史的敘事中，匠心獨營、別開生面。倬雲兄八十之後，雖經受長期身體的苦痛，但他對國事、天下事的關懷絲毫不減，而筆耕也從未稍輟。最近又完成《現代文明的批判：剖析人類未來的困境》一書，並要我寫一序言。據告此書最後一章，是在他接受一次重大手術的前夜，由其公子錄音他的口述而成，聞之動容起敬。相識相交半世紀的學長倬雲兄之囑，自是欣然從命，亦因此對此書文稿得有先睹之快。

　　許倬雲先生此書之作，是為西方現代文明「把脈」，他認為現代西方文明今日面臨種種「困境」，已進入「秋季」，它已失去原有發展的動力，由興盛走向衰敗。西方現代文明是指近四五百年來，在歐美誕生、開展、構建的文明體。倬雲兄的批判固以現代文明為著眼點，更以近百年來作為西方現代文明代表的美國為觀察對

---

*　　本文係作者為許倬雲《現代文明的批判：剖析人類未來的困境》一書所作序。參見許倬雲：《現代文明的批判：剖析人類未來的困境》，台北：天下文化，2014，推薦序。

象。他在美國生活逾半世紀，對美國文明親眼目睹，所以他的剖析是清明的知性論述，還帶有一分真實感受的體驗。

文明史是範圍最廣的歷史，西方近五百年的現代文明史內容，尤其繁複紛雜。史家落筆最考本事處，就在寫什麼，不寫什麼，在這裏，許倬雲先生特別重視西方現代文明的制度特性，他以資本主義的經濟制度，大型共同體的主權國家體制，以及科技發展和其相關的工業生產方式作為論述的重點。相應於這三個基礎制度，他又指出西方現代文明的基本觀念，是建立在個人主義、主權國家、民主政治、資本主義經濟，及工業生產和科學發展等五個支柱之上。

在此書八萬字的篇幅中，作者用心最深、著墨最多的，便是西方現代文明核心的三個基礎制度和五個觀念支柱。在他條分縷析的論述中，更特別著力於制度與觀念之間的交光重疊，相互滲透與影響。更有進者，作者對西方文明的剖析，採取的是一個歷史動態的角度，他把西方現代文明分為四個階段，今日則處於第三階段的後期。倬雲兄認為在四五百年間，西方締造的現代文明，是人類歷史上輝煌的篇章，但到了今日，西方現代文明已病象叢生，日薄西山。有意思的是，倬雲兄的美國史學同道弗格森（Niall Ferguson），在二十一世紀第一個十年步入尾聲之際，腦子裏也閃過「我們已經歷西方五百年優越地位的終結」的念頭[01]。誠然，倬雲兄對西方現代文明的前途剖析，比弗格森要灰暗很多；他比百年前第一次世界大戰後梁啟超在《歐遊心影錄》中，對西方文化的批判，無疑更全面、更深入了。

許倬雲先生認為西方現代文明的基石，如資本主義的經濟制

01　參見弗格森著，黃煜文譯：《文明：決定人類走向的六大殺手級 Apps》，台北：聯經出版事業股份公司，2012 。

度，主權為本的國家體制，乃至於民主政治、個人主義，無不已經變質、異化、鬆弛、敗壞了。他指出，資本主義已墮化為無「誠信」原則，成為「以錢博錢」的金錢遊戲，造成結構性的貧富懸殊兩極化與世襲化；民主政治的理念，在實踐中已狹化為選舉，而選舉又為金權所腐蝕；民間社會搖搖欲墜，再難有制衡國家機器的社會力量；政客則假借公權力而成為取得支配地位的民選貴族，人權自由已無所保障，民主愈來愈空洞化與惡質化。至於對西方現代文明最有表徵性的個人主義，他的感喟更多。他指出，個人自覺帶來的個人主義，原賴基督教神恩之眷顧，神恩因科學之起而失，因而個人之自主性已無所著落，個人竟轉變為只顧到自己而自私；更有甚者，自私導致的自我封閉，遂使人際疏離，親情淡薄，家庭破碎，社會解體。許倬雲先生認為西方現代文明已出現人之失落，社會之失落，而呈顯生命意義與存在意義之危機。這不啻是說這個文明的整個精神世界正在崩塌之中。

百年來，書寫西方現代文明沒落、破產、沉淪者多矣，許倬雲先生不是第一位，也不會是最後一位，但欲知西方現代文明如何病了？病在何處？病得多重？《現代文明的批判：剖析人類未來的困境》一書，是十分值得認真閱讀的。

許倬雲先生對西方現代文明的批判，不論你同意或不同意，都不能不承認他剖析的銳利和博知多識，在我則更感佩他對人類前途的關心與襟懷。真正說，倬雲兄對人類的未來是仍抱有希望的。他不但承認西方現代文明「確實有其自我調整的機制」，更援引中國與印度的東方文化精神資源，以樹立「生命現象價值觀」，而為安身立命之資。而他真正希望之所寄，則是人類能創造「第二個現代文明」。他說：「我們不能認為西方現代文明的一些組織形態，就是人類最後的選擇。」又說：「我們已經到了窮途末路，找到新出路是必要的工作。……更當拋開模仿西方現代文明的舊習，重新思

考對未來人類的存在和發展，更為適合的創新途徑。」旨哉斯言！
這是我最認同的見解。二〇一三年，我出版一本《中國現代化的終
極願景》的自選論文集。我指出，中國百年的現代化工作的終極
願景，就是要建構一個「中國的現代文明秩序」。中國的現代文明
之構建，固然不能不以「西方現代文明」為參照體（應該指出，自
由、民主、人權等現代人的價值，雖然在西方歷史實踐中已變質異
化而空洞化，但這些價值的原始理念，仍具有普世意義），但絕不
能依樣畫葫蘆，盲目模仿。

　　在這裏值得一提，從世界範圍看，西方以五百年時間建立的
「現代文明」，是迄今世界上唯一完成式的現代型文明，但唯一卻
不等同於具有典範地位；倬雲兄此書更清楚闡明，「西方現代文明」
已不具「現代文明」典範的正當性。以此，中國要建立的「現代文
明」，應該正是許倬雲先生心目中的「第二個現代文明」。然耶非
耶，倬雲學長當有以教我。是為序。

二〇一四年八月

《二十一世紀》、楊振寧、
二十一世紀 *

楊振寧先生是當世科學偉人，今年（二〇二二年）是他一百正歲，《二十一世紀》的朋友有意撰文慶壽。很少人知道，楊先生是《二十一世紀》的「催生人」。

《二十一世紀》的「催生人」

上世紀一九八九年尾，「六四」引致的憂愴氣氛仍在，而中國正遭美國及西方多國的制裁；一時間，中國似又回到一九七八年之前的「孤立」狀態。香港中文大學同事陳方正、金觀濤、劉青峰和我都感到，「六四」悲劇已經發生了，但一九七八年中國的改革開放所開啟的歷史新運會不可、不應、也不會自此中斷，我們很想能做點事，並很自然地有辦一份思想性刊物的想法。方正兄立時想起請正在中大講學的楊先生參加討論，楊先生上世紀八十年代中正式獲聘為中大第一位「博文講座教授」，一年定期來中大講學三個月。楊先生參加我們的討論時是充滿熱情的。他認為辦一份有高格調的思想性刊物，對香港、對內地都是極有意義的，他也主張這份刊物應該有科技的欄目。我記憶中，當時已近古稀之年的科學家，是決

* 本文原載於《二十一世紀》，香港：香港中文大學中國文化研究所，193 期 ，2022 年 10 月，頁 5-10。

定這份刊物被命名為《二十一世紀》的「催生人」之一。當然，我們對中國的未來都有期待（我本人對中國的現代化在二十一世紀是有樂觀想像的）。

一九九〇年十月二十七日，《二十一世紀》創刊號正式問世，楊先生發表了〈二十世紀的物理學〉一文，他以實際行動支持並定性《二十一世紀》為一高格調的知識性（也偏向學術性）刊物。《二十一世紀》出版第三年，楊先生自願成為編輯委員。楊先生先後在《二十一世紀》發表十多篇文字，可見他對這份雙月刊的認同與重視。三十二年來，楊先生對《二十一世紀》的關注從未停止，他每年來中大，總不忘談到《二十一世紀》。記得有一次他對方正和我表示，《二十一世紀》能長期維持高水準，是很難得的，但有向純學術專刊傾斜的趨勢，這會減少讀者的興趣和它在思想上的影響力。誠然，作為一位編輯委員，楊先生對一些批判性的時論文章會表達強烈的意見，但他對責任編委審稿的獨立精神是一貫尊重的。經由《二十一世紀》的共事經驗，我對楊先生的處世為人，以及他對國家社會的情懷增多了不少認識。

從改革開放到中國崛起

《二十一世紀》於一九九〇年出版，意想不到這竟是世界風雲巨變的前夕。一九九一年，蘇聯的社會主義帝國轟然倒塌，冷戰因之落幕，兩極對壘的世界格局丕然一變，美國遂成為單極的全球霸權，社會主義中國因一九七八年鄧小平開啟的改革開放，未隨蘇聯一起陪葬，但因「六四」悲劇，國家發展的步伐徘徊不前。一九九二年，鄧小平南巡，發出深化改革開放的強音，繼續堅持十四年前推動的「有中國特色的社會主義現代化」（一九八七年，趙紫陽在第十三次全國代表大會發表〈沿著有中國特色的社會主

道路前進〉的報告），徹底把「文化大革命」時期以階級鬥爭為中心的國家政策轉為以經濟發展為中心；在「科教興國」的理念下，徹底糾正文革的反智主義，並以知識的基底開展「四個現代化」大業。值得注意的是，中國政府大量選派留學生、專業人員到美國及西方、日本等先進國度學習、考察，快速地彌補和消減了長期的知識、特別是科技知識的滯後。

歷史地看，中國改革開放以來的三十多年，是中國現代化最有成效的時期；應該指出，鄧小平倡導的「有中國特色的社會主義現代化」，是把「中國」與「民族」放到主體性的位置上。換言之，在中國的現代化目標下，不論是西方的社會主義，抑或西方的資本主義，只要對中國有益，都可成為中國現代化發展的資源。在這三十多年間，中美的交流、合作可說是全方位的、多面向的，這對兩國都產生極為有益的作用。一九八〇年楊先生在紐約州立大學石溪分校擔任「愛因斯坦講座教授」時，就曾創辦並主持了「中美教育交流會」，先後資助、安排六十三位中國學者（包括楊福家、陳佳洱等傑出學者）到美國進修深造，這對中國的科技教育與研究產生了很重大的影響。楊先生二〇〇三年歸根清華大學，擔任新創的高等研究中心名譽主任後，繼續不遺餘力地推動中美科技教研的合作與交流。毫無疑問，鄧小平的「有中國特色的社會主義現代化」的發展速度是驚人的，當一九九七年香港主權回歸中國之年，中國已隱然成為「世界工廠」，記得楊先生、方正兄和我，一起在香港會議展覽中心見證香港回歸大典，楊先生的心情是充滿喜悅的，他的喜悅毋寧是香港回歸到一個日益強盛的祖國。

《二十一世紀》成立第一個十年後，二〇〇一年，中國加入世界貿易組織（WTO），中國進入世界，世界也進入中國。中國在「生產革命」之後發生了「消費革命」。中國由「世界工廠」躍升成為「世界市場」，因此，中國在經濟全球化中扮演起日益重要的

「推動機」和「穩定器」的角色。《二十一世紀》成立第二個十年，二〇一〇年，中國躍升為世界第二大經濟體（但從人均 GDP 而言，則中國仍只是一中等國家的水平）。因觀濤與青峰已於二〇〇八年從《二十一世紀》退休赴台，故二〇一〇年後楊先生每次自北京來中大，就只有方正、我與楊先生見面時，常會談到《二十一世紀》這份刊物。我們對於為這份雙月刊取名《二十一世紀》，都有一絲得意之感。誠然，我們都不能預見在二十一世紀之初期，中國已有了這麼巨大的發展，楊先生顯然對中國在二十一世紀的未來是充滿希望與憧憬的。他在二〇〇七年與翁帆合著的《曙光集》的〈前言〉中說：「魯迅、王國維和陳寅恪的時代是中華民族史上一個長夜。我和聯大同學們就成長於此似無止盡的長夜中。」「幸運地，中華民族終於走完了這個長夜，看見了曙光。」[01]

二十一世紀的中國與世界

楊先生說「中華民族終於走完了這個長夜，看見了曙光」，反映了一個中國和平崛起的世界級故事。自發展「有中國特色的社會主義現代化」三十年以來，中國取得了震驚世界的成就。二〇〇五年，法國學者伊茲拉萊維奇（Erik Izraelewicz）出版了《當中國改變世界》（*Quand la Chine change le monde*）一書，他指出中國快速發展，乃是濃縮了西方資本主義工業革命兩百年歷程的新試驗，締造了一個超級生產規模、超級需求的新體制。二〇〇九年，雅克（Martin Jacques）在「中國威脅論」充斥世界輿論場之際，發

01　楊振寧：〈前言〉，收入楊振寧著，翁帆編譯：《曙光集》，北京：三聯書店，2008，頁 IV-V。

表了《當中國統治世界：中國的崛起和西方世界的衰落》（*When China Rules the World: The End of the Western World and the Birth of a New Global Order*）一書，著名的史學大家霍布斯鮑姆（Eric Hobsbawm）評論說：它不僅闡述了中國的崛起，還闡述了二十一世紀將不再是由西方發達國家主導。

到了二十一世紀的第一個十年，中國、印度、俄羅斯、巴西、南非、印尼等新興經濟體已快速成長，許多次級強權漸次出現，「後冷戰」時代美國主宰世界的獨霸局面已告過去。二〇〇八年，札卡瑞亞（Fareed Zakaria）敏銳地觀察到世界已從「單邊主義」進入到「單一多極主義」，他更以《後美國世界》（*The Post-American World*）作為他的書名。札卡瑞亞的世界新格局的看法很受他哈佛大學的老師亨廷頓（S. P. Huntington）「文明衝突」學說影響。中國四十年來「有中國特色的社會主義現代化」所取得的成就，不止結束了楊先生所說「中華民族史上一個長夜」，也實現了自一八四二年鴉片戰爭後無數代展開的「救亡圖存」的現代化運動的目標，並且中國在一定意義上已從傳統農業文明轉型為現代工業文明。誠然，中國今天是以一個新起的現代文明姿態展現在世界舞台的。二〇一一年，西方著名史學家弗格森（Niall Ferguson）在《文明：決定人類走向的六大殺手級 Apps》（*Civilization: The West and the Rest*）中說：「中國的工業革命是最大與最快速的工業革命」，「世界重心從西方轉移到東方」；他引用高盛（Goldman Sachs）的經濟學家的預估，「中國國內生產總額將在二〇二七年超越美國」；他更從中國發明家獲得的新專利數量及中國科學論文產出數量僅落居美國之後的事實中，認為是中國正在崛起。弗格森說，「我們現在經歷的其實是西方五百年來支配的末期」，又說，「我們很可能親眼目睹西方過去五百年的優勢遭到逆轉，一個文明逐漸衰弱，而另一個文明崛起強盛。」他把中美關係視為「『新興

的』強權對『沒落的』強權提出的挑戰」，並發出「美國應該圍堵中國，還是討好中國」之問。[02]

弗格森的《文明》出版第二年，中國進入國家主席習近平的主政時期，中國堅持走獨立自主、和平發展之路，一心以中華民族復興為念，要把中國從現代化大國打造為現代化強國，誠然，中國現代化之終極目標則是建立一個新的「現代文明」。今天，憑藉中國地位與國力，中國自自然然從「邊陲」走進世界多元的中心序位。中國與美國、歐盟、俄國或其他上升的國家，都是或將是世界文明多元中之一元。

世界已愈來愈成為一個多元文明並存的地球村。令人不安的是，近五年以來發生了多樁顛覆世界秩序的大事件：二〇二〇年爆發的新冠病毒（COVID-19）已變成世紀性的災難，並出現了「去全球化」的勢頭；二〇二二年初的俄烏戰爭迄今未止，促發了歐洲權力平衡結構的解組；最近的台海危機，影響到台灣乃至亞洲的安全環境。而二〇一七年以後中美關係的持續與系統性對抗則將決定性地影響世界在二十一世紀未來的發展。

在特朗普（Donald Trump）四年與拜登（Joe Biden）上任總統近三年中，美國與中國的關係從不太壞到壞再到很壞。二〇一〇年前，中美在經濟上曾有過合作雙贏的局面，美國的決策者表示，「他們〔中國〕需要我們，我們也需要他們」，但此後摩擦分歧漸成常態。二〇一七年特朗普出任總統，第一時間就發出「美國第一」（America First）的強音，接著就對中國開打貿易戰，並祭出「制裁」的大棒。國務卿蓬佩奧（Michael Pompeo）更公然提出推翻中

02　弗格森著，黃煜文譯：《文明：決定人類走向的六大殺手級 Apps》，台北：聯經出版公司，2012，頁 394-403。

國共產黨統治的政策宣言。想不到的是拜登入主白宮後，與中國關係進一步惡化，在貿易上完全繼承上屆共和黨政府的懲罰性策略，並且在經濟、科技、教育等領域實施制裁、脫鈎與對抗；尤有甚者，美國更以保衛「民主」之名聯合歐洲北約（NATO）與亞洲日、澳、印等國，對中國形成圍堵。顯然，美國民主、共和兩黨的領導層在內政上水火不容，但在仇中、抗中上卻有高度的共識。美國看來一隻腳已踏進「修昔底德陷阱」（Thucydides Trap），再容不得中國繼續崛起，並將中國的崛起視同對「美國第一」的挑戰。

那麼，中美之間是否必有一戰？如果指非核戰，今日的「超限戰」已經發生；如果指核武戰爭，我想人類還沒有愚蠢到尋求相互毀滅的結果。今天美國對中國實施的「圍堵」，是美國重施第二次世界大戰後對蘇聯的冷戰策略。美蘇始終未有一戰（核戰），蘇聯不是被美國打倒的，而是在美蘇半世紀長期「冷對峙」中自己崩潰的。很清楚地，美國為了對付中國，已掀起了一場「新冷戰」。

中美的文明競賽

中國面對美國掀起的「新冷戰」，這當然不是我們所願見到的，但今日的中國已非一九四九年的中國，更非一九〇〇年的中國；在「有中國特色的社會主義現代化」下，四十年來中國已成為一個現代化大國，並正處於一個中國「現代文明」的建構過程中。

中美兩國雖然在「戰術上」並非完全沒有減少對立、抗爭的可能，但在「戰略上」，中美的「新冷戰」將是中美兩國「鬥而不破」的「冷和平」中長期的競賽。講到底，這將是中美兩大「文明」間的競賽。中國與美國間的文明競賽，是總體性的競賽，包括經濟、金融、科技、教育、交通、軍事以及文化價值觀等各個領域。我們看到，拜登這次又以「民主」代表美國文明的價值，並以「民主」

與中國劃界，視中國為「反民主」（即專制極權）的國家。是的，
這是冷戰時期美國對抗蘇聯最有力的輿論武器。當然，今日的中國
不是當年的蘇聯，自鄧小平倡導改革開放後，中國就已經走自己的
道路，此所以中國在一九九一年沒有為蘇聯陪葬。無可疑義，民主
是一個普世價值，民主是任何一個現代文明都應該擁有的價值。不
過，在中美的文明競賽中，今天的美國是不是仍有資格以民主的化
身自居？

周前我與楊先生通話，他思維還是那麼敏銳，真不像百歲老
人。談起年來中美關係的惡化，他是有些無奈的。談到美國的情
況，楊先生對於美國「過度的個人主義」很不以為然，他說美國國
力已是螺旋式的下降，他認為今天的美國已出現嚴重問題，並特別
提到「軍工複合體」（我認為是「軍、工、國會、學界」的複合體）
對美國的影響太大了。對於美國在科技上與中國的脫鉤，他表示短
期中國應可應對，但長遠就會受到影響。在近二十分鐘的談話中，
我可以感受到楊先生對時代的憂思。

楊先生對美國的看法，與居住美國六十年的許倬雲大兄的觀點
是很接近的。倬雲大兄在《現代文明的批判》一書中指出，西方現
代文明（以美國為代表）正面臨種種「困境」，已進入「秋季」，
已由興盛走向衰敗，他特別認為民主政治、個人主義都已出了大
毛病。諾貝爾經濟學獎得主斯蒂格利茨（Joseph Stiglitz）在《美國
真相》（*People, Power, and Profits*）一書中更說，美國的民主已變
為 1% 的美國人的民主了。我必須說，上世紀六十年代我留學美國
時，確曾身感美國民主的豐美，但六十年後的今天，美國民主本有
的豐美內涵已經逐漸被稀釋、被掏空了；不誇大地說，美國已出現
了「民主危機」的徵兆，今天美國最需要做的就是盡力修復民主的
機制，重顯美國文明的活力；二十一世紀未來的十年到三十年，世
界最關注的，將是中國與美國的文明競賽，在無數的競賽項目中，

「民主競賽」必是重中之重。上面我們指出美國民主的危機，是不是就等於中國已不戰而勝？當然不是。中美文明的競賽現在才真正開始，美國絕非完全沒有自我修復、自我糾錯的機會。而文明競賽的真正意義，決不是哪一方倒下，就是另一方勝利，重要的是看中美哪一方的文明能在民主上發展得更豐美？

再一次指出，民主（其實應指民主與法治）是普世價值，也即它非哪一國的專利品，得者亦可再失。民主所彰顯的是個體之主體性、人之權利與尊嚴，它可能是一種可以長治久安的最有生命力的政治制度（無數有民主之名、無民主之實的國家朝立夕崩，當然不算）。中國共產黨一九四九年建立的中華人民共和國，顯然是以「共和民主」為建國的目標，當然是包含了「民主」的理想的。但人皆知，中國建國以來，自始即摒棄西方資產階級所主張的民主、自由（馬克思視西方的言論、結社等自由為「形式的自由」），實行的是列寧主義的「無產階級專政」「黨專政」，或毛澤東思想的「人民專政」「人民民主」。從中共認知的立場看，不論是「黨專政」或「人民民主」，都是比西方民主制度更能造福中國與中國人民的。在這裏我們必須從中共誕生的時代背景來解讀中共的認知底線。中共誕生於民族被壓迫、凌辱、國不成國的中國苦難時代；它所追求的目標是民族的自由解放、國家的獨立自主，這是百年來中國有識之士「救亡圖存」的共同意識。也因此，中共所重的是「集體的自由與自主」，換言之，是民族的自由（不是個體的自由），是國家的自主（不是個體的自主）。用一比喻來說，中國的「政治民主的 GDP」已超額完成，但「政治民主的人均 GDP」則仍然相對滯後。無疑地，中共在「救亡圖存」上已成功地完成了時代的使命。中國以百年來從未有過的輝煌走進二十一世紀。

今天中國遭遇到美國「新冷戰」的圍堵，但中國絲毫不會消滅建構現代文明的信念與決心。我希望並相信，中國在建構新文明的

過程中，將會把民主（重個體的自主性與人之自由與尊嚴）納入到新文明的價值體系中。在傳統中國，印度佛教傳入中土，發揚光大，終成中國佛教，且成為中國傳統文明精神的組成部分。「德先生」（民主）繼「賽先生」（科學）進入中土，中國將會以中國的方式（制度安排）實現民主理念的內涵。假以時日，也必將成為中國新文明的重要組成。

二十一世紀肯定會見證中國從古典農業文明轉型為現代工業文明的歷史大業。我藉《二十一世紀》祝世紀老人楊振寧先生百歲大壽，並向他請教我對二十一世紀的看法。

譯名索引

說明：本表按英文字母順序排列，包含本書正文中提及和引用的外國人名，中文譯名按照在港台地區通行的譯名為準，一般只譯其姓（若有通行譯名者、同姓者，則連譯其名；若有漢名者，則以漢名為準）。

外文名	中文譯名
A. N. Whitehead	懷海德
A. F. Wright	芮沃壽
Abraham Kaplan	卡普蘭
Abram Kardiner	卡丁納
Adam Ulam	烏拉姆
Alex Inkeles	英克爾斯
Alexis de Tocqueville	托克維爾
Alfred Stephen	史蒂芬
Alice Amsden	愛姆斯黛
Alvin Gouldner	古爾德納
Amitai Etzioni	埃茲奧尼
Anthony Giddens	吉登斯
Anthony Wallace	華萊士
Arnold Toynbee	湯因比
Arthur Smith	明恩溥
Barbara Ward	華德
Baruch Spinoza	斯賓諾莎
Benjamin Schwartz	史華慈

外文名	中文譯名
Bertrand Badie	巴迪
Bertrand Russell	羅素
Bhikhu Parekh	帕拉赫
Bryan Turner	特納
C. E. Black	布萊克
C. H. Page	培基
C. M. Foster	福斯特
C. P. Snow	斯諾
Chalmers Johnson	詹鶴
Charles Cooley	庫利
Charles Maier	邁爾
Chie Nakane	中根千枝
Clark Kerr	克爾
Clyde Kluckhohn	克萊德·克拉克洪
Cora Du Bois	杜波依斯
D. A. Rustow	羅斯托
D. C. McClelland	麥克蘭德
D. S. Nivision	尼維遜

外文名	中文譯名
Daniel Bell	貝爾
Daniel Lerner	冷納
David Beetham	比森
David Held	赫爾德
David Riesman	理斯曼
Derk Bodde	卜德
Donald Trump	特朗普
Dudley Herschbach	赫施巴赫
E. A. Tiryakian	蒂爾雅凱安
E. E. Hagen	哈根
Earnest Gellner	蓋爾納
Edward Ryan	瑞因
Edward Sapir	薩丕爾
Edward Shils	希爾斯
Émile Durkheim	涂爾幹
Eric Ashby	艾雪培
Eric Hobsbawm	霍布斯鮑姆
Erik Izraelewicz	伊茲拉萊維奇
Etienne Balazs	巴拉茲
Ezra Vogel	傅高義
F. H. C. Crick	克拉克
F. R. Leavis	利維斯
F. S. C. Northrop	諾斯洛普
F. W. Riggs	里格斯
Fareed Zakaria	札卡瑞亞
Ferdinand Tonnies	滕尼斯
Fernand Braudel	布羅代爾
Florence Kluckhohn	佛羅倫絲·克拉克洪
Francis Fukuyama	福山

外文名	中文譯名
Francois Quesnay	魁奈
Franz Boas	鮑亞士
Franz Schurmann	舒爾曼
G. W. F. Hegel	黑格爾
Gabriel Almond	阿爾蒙德
Galeote Pereira	伯來拉
George Macartney	馬戛爾尼
Gianni Vattimo	瓦蒂莫
Gilbert Rozman	羅茲曼
Göran Therborn	瑟伯恩
Gunnar Myrdal	默達爾
Gustave von Grunebaum	格魯內鮑姆
H. D. Lasswell	拉斯韋爾
H. G. Creel	顧立雅
H. Marine	梅因
Harry Lewis	魯易士
Henry Kissinger	基辛格
Herbert Fingarette	芬加內特
Herman Kahn	康恩
Howard Becker	貝克爾
Immanuel Wallerstein	沃勒斯坦
J. D. Watson	沃森
J. G. De Beus	德貝吾
J. K. Fairbank	費正清
J. R. Levenson	列文森
Jacque Gernet	謝和耐
James Hayes	許舒

外文名	中文譯名
James Legge	理雅各
James Watson	華琛
Jawaharlal Nehru	尼赫魯
Jean-Francois Lyotard	利奧塔
Joe Biden	拜登
John Dewey	杜威
John Dunn	鄧恩
John Espy	埃斯皮
John Gray	格雷
John Lee	李約翰
John Naisbitt	尼斯勃
Joseph LaPalombara	拉帕羅姆巴拉
Joseph Needham	李約瑟
Joseph Schumpeter	熊彼特
Joseph Stiglitz	斯蒂格利茨
Jurgen Habermas	哈貝馬斯
K. A. Wittfogel	魏特夫
Karl Burger	伯爾格
Karl Jaspers	耶斯培
Karl Marx	馬克思
Ken Jowitt	喬維特
Kenneth Boulding	鮑丁
Kent Calder	卡爾德
Larry Diamond	戴蒙
Léon Vandermeersch	汪德邁
Leszek Kolakowski	柯拉柯夫斯基
Lily Abegg	阿貝格
Lucian Pye	白魯恂
Marcel Granet	葛蘭言

外文名	中文譯名
Marco Polo	馬可·孛羅
Margaret Mead	米德
Mark Twain	馬克·吐溫
Marion Levy	李維
Marshall Berman	伯曼
Marshall Singer	辛格
Martin Jacques	雅克
Mary Wright	萊特
Matteo Ricci	利瑪竇
Maurice Freedman	弗里德曼
Max Weber	韋伯
Michael Loewe	洛威
Michael Pompeo	蓬佩奧
Mike Featherstone	費瑟斯通
Milovan Djilas	吉拉斯
Montesquieu	孟德斯鳩
Mohandas Gandhi	甘地
Nathan Glazer	格拉澤
Neil Jacob	雅各布
Niall Ferguson	弗格森
Octavio Paz	帕茲
Paul Hollander	洪倫德
P. F. Lazarsfeld	拉扎斯菲爾德
Peter Berger	伯格
Pierre Birnbaum	鮑姆
Pitirim Sorokin	索羅金
Prometheus	普羅米修
R. E. Ward	沃德
R. F. Johnston	莊士敦
R. M. Maclver	麥基佛

外文名	中文譯名
Ralph Linton	林頓
Ralph Milband	米爾班德
Ramon Myers	馬夢若
Raymond Aron	阿隆
Raymond Gastil	加斯蒂爾
Reinhard Bendix	班迪克斯
Richard Nixon	尼克松
Richard Soloman	索羅門
Robert Bellah	貝拉
Robert Heine-Geldern	海尼・格爾頓
Robert Mitchell	米切爾
Robert Park	帕克
Robert Redfield	雷德菲爾德
Roland Robertson	羅伯遜
Ronald Dore	多爾
Ronald Inglehart	因格萊哈特
Roy Hofheinz Jr.	霍夫海因茨
Ruth Benedict	潘乃德
S. M. Lipset	李普賽
S. N. Eisenstadt	艾森斯塔特
S. P. Huntington	亨廷頓
Samuel Williams	衛三畏
Stephen Boyden	博伊登
Stephen Fitzgerald	菲茨傑拉德

外文名	中文譯名
T. T. Meadows	密迪樂
Talcott Parsons	帕森斯
Thomas Friedman	弗理曼
Thomas Gold	高棣民
Thomas Kuhn	庫恩
Thomas Metzger	墨子刻
Thorstein Veblen	凡勃倫
Tommy Koh	許通美
Vaclav Havel	哈維爾
Vilfredo Pareto	帕雷托
Voltaire	伏爾泰
Von Laue	勞厄
W. F. Ogburn	烏格朋
W. G. Sumner	薩姆納
W. J. Mommsen	蒙森
W. S. A. Pott	薄德
W. T. de Bary	狄百瑞
W. W. Rostow	羅斯托
Walter Lippmann	李普曼
Wayne Baker	貝克
William Cobbett	科貝特
Wolfgang Schluchter	施魯赫特
Wolfram Eberhard	愛伯哈德

參考文獻

上卷

五來欣造著，李毓田譯：《政治哲學》，上海：商務印書館，1934。

全漢升：《漢冶萍公司史略》，香港：香港中文大學出版社，1972。

牟宗三、徐復觀、張君勱、唐君毅：〈為中國文化敬告世界人士宣言〉，收入唐君毅：《中華人文與當今世界》，台北：學生書局，1975。

牟宗三：〈中國文化特質〉，收入張其昀等著：《中國文化論集》（一），台北：中華文化出版事業委員會，1954。

李亦園：《文化與行為》，台北：商務印書館，1966。

周振甫編：《嚴復思想述評》，台北：中華書局，1964。

金耀基：《中國民本思想之史的發展》，台北：嘉新文化基金會，1964。

金耀基：《中國現代化與知識分子》，台北：言心出版社，1977。

金耀基：《現代人的夢魘》，台北：商務印書館，1966。

金耀基：《劍橋語絲》，台北：商務印書館，1978。

金耀基編：《行政生態學》，台北：商務印書館，1967。

胡適：《中國哲學史大綱》上卷，上海：商務印書館，1919。

胡適：《胡適文存》，台北：遠東圖書公司，1953。

唐元欣：〈落後國家的共同特徵〉，收入《出版月刊》，第 15 期。

唐慶增：《中國經濟思想史》上卷，上海：商務印書館，1936。

徐復觀：《中國思想史論集》，台中：東海大學出版社，1959。

徐復觀：《學術與政治之間》甲集，台北：中央書局，1956。

殷海光：《中國文化的展望》，台北：文星書店，1966。

梁啟超：《先秦政治思想史》，台北：中華書局，1956。

梁漱溟：《中國文化要義》，香港：集成圖書公司，1963。

章太炎：〈駁建立孔教議〉，收入《太炎文錄初編》（卷 2）。

許倬雲：《心路歷程》，台北：文星書店，1964。

郭廷以：〈中國近代化的延誤〉，收入《大陸雜誌》，第 1 卷，第 3 期。

陳啟天：《中國政治哲學概論》，台北：華國出版社，1951。

勞榦：《中國的社會與文學》，台北：文星書店，1964。

項退結：《中國民族性研究》，台北：商務印書館，1966。

德貝吾著，殷海光譯：《西方之未來》，台北：華國出版社，1955。

蔣廷黻：《中國近代史》，上海：商務印書館，1939。

蕭公權：《中國政治思想史》，台北：中華文化出版事業委員會，1954。

錢穆：《中國文化史導論》，台北：正中書局，1951。

錢穆：《政學私言》，上海：商務印書館，1946。

錢穆：《國史大綱》，上海：商務印書館，1940。

錢穆：《國史新論》，香港：自印本，1953。

羅斯托著，饒餘慶譯：《經濟發展史觀》，香港：今日世界出版社，1965。

Almond, Gabriel and James Coleman eds., *The Politics of The Developing Areas*, Princeton: Princeton University Press, 1960.

Almond, Gabriel and Sydney Verba, *The Civic Culture*, Boston: Little, Brown & Co., 1963.

Balazs, Etienne, *Chinese Civilization and Bureaucracy*, New Haven: Yale University Press, H. M. Wright trans., 1964, pp. 34-100.

Bellah, Robert, *Tokugawa Religion*, Glencoe: Free Press, 1957.

Bendix, Reinhard, *Max Weber: An Intellectual Portrait*, N. Y.: Anchor Books, 1962.

Berelson, Bernard and Gary Steiner, *Human Behavior*, N. Y.: Harcourt Brace & World, 1964.

Berger, P., B. Berger & H. Kellner, *The Homeless Mind,* London: Penguin Book, 1974.

Black, C. E., *The Dynamics of Modernization: A Study in Comparative History,* N. Y.: Harper & Row, 1966.

Bodde, Derk, "Authority and Law in Ancient China", in *Journal of the American Oriental Society,* supplement no. 17, 1954.

Bodde, Derk, *China's Cultural Tradition, What & Whither,* N. Y.: Holt, Rinehart and Winston, 1957.

Chang Chung-Li（張仲禮）, *The Chinese Gentry: Studies on Their Role in Nineteenth century Chinese Society,* Seattle: University of Washington Press, 1955.

Chie Nakane, *Japanese Society,* Harmondsworth: Penguin Book, 1973.

Commoner, Barry, *Science and Survival,* N. Y.: Viking Press, 1967.

Creel, H. G., *Confucius: The Man and the Myth,* N. Y.: John Day, 1949.

Crouzet, Francois, *The Victorian Economy,* London: Methuen, 1982.

Dahl, Robert, *A Preface to Democratic Theory,* Chicago: University of Chicago Press, 1956.

Dore, Ronald, *British Factory-Japanese Factory,* Berkeley: University of California Press, 1973.

Ehrlich, Paul and Anne Ehrlich, *Population, Resources, Environment,* San Francisco: W. H. Freeman, 1970.

Eisenstadt, S. N., *The Political Systems of Empires,* N. Y.: Free Press, 1959; 1963; paperback ed., 1969.

Finkle, Jason and Richard Gable eds., *Political Development and Social Change,* N. Y.: Wiley, 1966.

Foster, G. M., *Traditional Cultures and the Impact of Technological Change,* N. Y.: Harper & Row, 1962.

Frank, A. G., *Capitalism and Underdevelopment in Latin America,* Harmondsworth: Penguin Book, 1971.

Freedman, Ronald et al., *Principles of Sociology, A Text With Readings,* N. Y.: Holt, Rinehart and Winston, 1956.

Fung Yu-lan（馮友蘭）, "The Philosophy as the Basis of Traditional Chinese Society", in F. S. C. Northrop eds., *Ideological*

Differences and World Order, New Haven: Yale University Press, 1949.

Fung Yu-lan（馮友蘭）, *A Short History of Chinese Philosophy*, Derk Bodde ed., N. Y.: Macmillan, 1948.

Geertz, Clifford, *Peddlers and Princes*, Chicago: University of Chicago Press, 1963.

Gellner, Earnest, "Democracy and Industrialization", in *Readings in Social Evolution and Development*, S. N. Eisenstadt ed., N. Y.: Pergamon Press, 1970.

Gerschenkron, Alexander, *Economic Backwardness in Historical Perspective*, Cambridge: Harvard University Press, 1962.

Gerth, H. H. & C. W. Mills trans. & eds., *From Max Weber: Essays on Sociology*, N. Y.: Oxford University press, 1946; 1958.

Hagen, E. E., *On the Theory of Social Change,* Homewood: Dorsey Press, 1962.

Heine-Geldern, Robert, "Conceptions of State & Kinship in Southeast Asia", Ithaca: Cornell University, Southeast Asia Program Data Paper No. 18, 1956.

Hoselitz, Bert, *Sociological Aspects of Economic Growth*, Glencoe: Free Press, 1960.

Hsu, Francis L. K.（許烺光）ed., *Psychological Anthropology: Approaches to Chinese and Personality,* Homewood: Dorsey Press, 1961.

Hsu, Francis L. K.（許烺光）, *American and Chinese: Two Ways of Life*, N. Y.: Abelard-Schuman, 1953.

Hsu, Francis L. K.（許烺光）, *Clan, Caste and Club*, Princeton: Van Nostrand, 1963.

Hu Shih（胡適）, *The Chinese Renaissance,* Shanghai: The Commercial Press, 1923.

Johnston, R. F., *Lion and Dragon in Northern China*, N. Y.: Dutton, 1910.

Kautsky, John ed., *Political Change in Underdeveloped Countries*, N. Y.: Wiley, 1962.

Keesing, F. M., *Cultural Anthropolopy: The Science of Custom*, N. Y.: Holt, Rinehart and Winston, 1958.

Kennedy, Paul, *The Rise and Fall of the Great Powers,* N. Y.: Vintage Books, 1987.

King, Ambrose Y. C.（金耀基）and Davy Leung, "The Chinese Touch in Small Industrial Organization, Research Monography", Hong Kong: Social Research Centre, The Chinese University of Hong Kong, 1975.

Kluckhohn, Clyde, *Mirror For Man*, N. Y.: McGraw-Hill paperbacks, 1949.

Koenig, Samuel, *Sociology: An Introduction to the Science of Society*, N. Y.: Barnes & Noble, 1961.

Kracke, E. A., Jr., "Sung Society: Change within Tradition", in *Far Eastern Quarterly*, 14, 1955.

Kroeber, A. L. and Clyde Kluckhohn, *Culture: A Critical Review of Concepts and Definitions*, Cambridge: Peabody Museum Press, 1952.

Kuhn, Thomas, *The Scientific Revolution*, Chicago: University of Chicago Press, 1962.

LaPalombara, Joseph, "The Comparative Roles of Group in Political System", in *Social Science Research Council*, item 15, 1961.

Lasswell, H. D. and Abraham Kaplan, *Power and Society*, New Haven: Yale University Press, 1950.

Lee Shu-Ching, "Administration and Bureaucracy: The Power Structure in Chinese Society", in *Transaction of the Second World Congress of Sociology*, London: International Sociology Association, 1954.

Lerner, Daniel, *The Passing of Traditional Society*, N. Y.: Free Press, 1958.

Levy, Marion, *The Family Revolution in Modern China*, Cambridge: Harvard University Press, 1949.

Lin Yutang（林語堂）, *My Country and My People,* N. Y.: John Day Revised ed., 1939, 13th Printing.

Marx, F. M., *The Administrative State*, Chicago: University of Chicago Press, 1957.

McClelland, David, "National Character and Economic Growth in Turkey and Iran", in Lucian Pye ed., *Communications and Political Development,* Princeton: Princeton University Press, 1963.

McClelland, David, *The Achieving Society*, N. Y.: D. Van Nostrand, 1961.

Mead, Margaret, *New Lives for Old*, N. Y.: Morrow Co., 1956.

Meadows, D. H. et al., *The Limits to Growth*, Cambridge: MIT Press, 1972.

Meadows, T. T., *The Chinese and Their Rebellions*, London: Smith, Elder & Co., 1856.

Myrdal, Gunnar, "Human Values in the Economic Equation", in *Against the Stream*, Cambridge: Cambridge University Press, 1972.

Myrdal, Gunnar, *Asian Drama*, Vol. III , N. Y.: Pantheon, 1968.

Nivison, D. S. & A. F. Wright eds., *Confucianism in Action*, Stanford: Stanford University Press, 1959.

Northop, F. S. C., *The Meeting of East and West*, N. Y.: Macmillan, 1946.

Ogburn, W. F., *Social Change*, N. Y.: Viking Press, 1927.

Parsons, Talcott, *Structure and Process in Modem Societies*, N. Y.: Free Press, 1960.

Parsons, Talcott, *The Social System*, N. Y.: Free Press Paper back, 1964.

Pelzel, John, "Notes on the Chinese Bureaucracy", in *Proceedings of the 1958 Annual Spring Meeting of the American Ethnological*

Society.

Pennock, Roland, "Political Development, Political Systems and Political Goods", in *Word Politics*, 17, No. 1, April 1964.

Pott, W. S. A., *Chinese Political Philosophy*, N. Y.: Alfred A. Knopf, 1925.

Potter, J., M. Diaz & G. Foster eds., *Peasant Society: A Reader*, Boston: Little Brown & Co., 1967.

Pye, Lucian, *Politics, Personality and Nation Building*, New Haven: Yale University Press, 1962; 1968, paperback ed.

Rao, V. K. R. V., "Some Problems Confronting Traditional Societies in the Process of Development", in *Social Development*, Symposium conducted by Raymond Aron and Bert Hoselitz, Paris: UNESCO, 1965.

Redfield, Robert, *Peasant Society and Culture,* Chicago: University of Chicago Press, 1959; 1963.

Redford, Emmette, *Democracy in the Administrative State*, N. Y.: Oxford University Press, 1969.

Riesman, David, *The Lonely Crowd: A Study of the Changing American Character*, N. Y.: Doubleday, 1953.

Riggs, F. W., *"Agraria and Industria: Toward a Typology of Comparative Administration"*, in W. J. Siffin ed., *Toward a Comparative Study of Public Administration*, Bloomington: Indiana University press, 1957.

Riggs, F. W., *Administration in Developing Countries*, Boston: Houghton Mifflin Co., 1964.

Riggs, F. W., *Thailand: The Modernization of Bureaucratic Polity,* 1959.

Riggs, F. W., *The Ecology of Public Administration*, London: Asia Publishing House, 1961.

Rostow, W. W., *The Stages of Economic Growth*, Cambridge: MIT Press, 1960.

Russell, Bertrand, *The Impact of Sciences on Society,* N. Y.: Simon &

Schuster, 1953.

Russell, Bertrand, *The Problem of China*, London: George Allen & Unwin Ltd., 1922.

Schwartz, Benjamin, "The Limits of Tradition Versus Modernity as Categories of Explanation: The Case of the Chinese Intellectuals", in *Daedalus*, vol. 101, no. 2, 1972.

Shils, Edward, "The Intellectual Between Tradition and Modernity", in Vera Dean and H. D. Harootunian eds., *West and Non-West*, N. Y.: Holt, Rinehart and Winston, 1963.

Singer, Marshall, *The Emerging Elites*, Cambridge: MIT Press, 1964.

Toynbee, Arnold, *The World and the West*, N. Y.: The World Publishing Co., 1964.

Ward, Barbara, "A Small Factory in Hong Kong: Some Aspects of Its Internal Organization", in *Economic Organization in Chinese Society*, W. E. Willmott ed., Stanford: Stanford University Press, 1972.

Ward, Barbara, *The Interplay of East and West*, N. Y.: Norton & Co., 1957.

Ward, R. E. & D. A. Rustow eds., *Political Modernization in Japan and Turkey*, Princeton: Princeton University Press, 1964.

Weber, Max, *The Religion of China*, H. H. Gerth trans., N. Y.: Free Press, 1951; 1958; 1964.

Wittfogel, K. A., *Oriental Despotism: A Comparative Study of Total Power*, New Haven: Yale University Press, 1958.

Wolfe, Bertram, "The Convergence Theory in Historical Perspective", in *An Ideology in Power*, London: George Allen & Unwin, 1969.

Wright, A. F. ed., *Studies in Chinese Thought*, Chicago: University of Chicago Press, 1953.

Wright, A. F., "On the Uses of Generalization in the study of Chinese History", in *Generalization in the Writing of History*, Louis Gottschalk ed., Chicago: The University of Chicago Press, 1963.

Wright, A·F. and Denis Twitchett eds., *Confucian Personalities*, Stanford: Stanford University Press, 1962.

下卷

《中央日報》，1986 年 12 月 2 日。

《文化自覺與社會發展專輯（ 一 ）—費孝通教授論「文化自覺」選錄》，中華炎黃文化研究會，2001 年 12 月 5 日印，第 16 期。

王爾敏：《晚清政治思想史論》，台北：華世出版社，1969。

弗格森著，黃煜文譯：《文明：決定人類走向的六大殺手級 Apps 》，台北：聯經出版事業公司，2012。

朱雲漢：《高思在雲：一個知識分子對二十一世紀的思考》，台北：遠見天下文化出版股份有限公司，2015。

牟宗三、徐復觀、張君勱、唐君毅：〈為中國文化敬告世界人士宣言〉，收入唐君毅：《中華人文與當今世界》，台北：學生書局，1975。

牟宗三：《政道與治道》，台北：廣文書局，1974。

牟宗三：〈略論道統、學統、政統〉，《生命的學問》，台北，三民書局，1970。

艾森斯塔特：〈邁向二十一世紀的軸心〉，《二十一世紀》，第 57 期，2000 年 2 月。

余英時：《中國思想傳統的現代詮釋》，台北：聯經出版事業公司，1987。

余英時：《現代中國的歷程》，台北：華視文化公司，1992。

余英時：《歷史與思想》，台北：聯經出版事業公司，1976。

余英時：《錢穆與中國文化》，上海：遠東出版社，1994。

呂思勉：《中國制度史》，上海：上海教育出版社，1985。

李弘祺：《學以為己：傳統中國的教育》，香港：香港中文大學出版社，2012。

李國鼎等：《我國經濟發展策略總論》，台北：聯經出版公司，1987。

李澤厚：《中國古代思想史論》，北京：人民出版社，1985。

沃勒斯坦等著，劉鋒譯：《開放社會科學：重建社會科學報告書》，香港：牛津大學出版社，1996。

周策縱等：《五四與中國》，台北：時報出版社，1979。

邵耀成：《文心雕龍這本書》，北京：中國社會科學出版社，2014。

金耀基：《中國現代化與知識分子》，台北：時報出版社，1977。

金耀基：《從傳統到現代》增訂版，北京：法律出版社，2010。

金耀基：《中國人的三個政治》，台北：經濟生活出版事業股份有限公司，1988。

金耀基：《中國文明的現代轉型》，廣州：廣東人民出版社，2016。

金耀基：《中國民主的困境與發展》，台北：中國時報出版公司，1984。

金耀基：《中國民本思想史》，台北：商務印書館，1993。

金耀基：《中國社會與文化》，香港：牛津大学出版社，1992，2011，2013增訂版。

金耀基：《中國政治與文化》，香港：牛津大学出版社，2011，2013，2017。

金耀基：《中國的現代轉向》，香港：牛津大學出版社，2011。

金耀基：《社會學與中國研究》，香港：牛津大學出版社，2013。

金耀基：《中國現代化的終極願景》，上海：上海人民出版社，2013。

金耀基：《大學之理念》，香港：牛津大學出版社，2000，2017；北京：生活·讀書·新知三聯書店，2020。

金耀基：《再思大學之道》，香港：牛津大學出版社，2017；北京：生活·讀書·新知三聯書店，2020。

胡佛：〈台灣民眾對政治參與的態度：系統功能的權力價值取向〉，發表於中央研究院與台灣大學於 1987 年 8 月 28-30 日聯合舉辦的「台灣社會變遷基本調查研討會」。

胡佛、游盈龍：〈選民的投票動機〉，收入《社會科學論叢》，第 33 輯，台灣大學法學院，頁 34，1985 年 10 月。

唐君毅：《中國人文精神之發展》，香港：人生出版社，1957。

孫中山：《國父全集》六卷本，修訂版，卷一，台北：中國國民黨中央執行委員會，1981。

徐復觀：《西漢思想》，台北：學生書局，1978。

徐復觀：《兩漢思想史》，台北：學生書局，1978。

基辛格著，胡利平等譯：《論中國》，北京：中信出版社，2012。

張茂桂：《社會運動與政治轉化》，台北：國家政策研究資料中心，1989。

梁柱：《蔡元培與北京大學》修訂本，北京：北京大學出版社，1996。

許倬雲：《現代文明的批判》，台北：天下文化出版公司，2014。

許倬雲：《萬古江河》，台北：漢聲出版公司，2006。

陳方正：《繼承與叛逆：現代科學為何出現於西方》，北京：三聯書店，2009。

陳忠信，《國家政策與批判的公共論述》，台北：國家政策研究資料中心，1988。

陳樂民：《歐洲與中國》，北京：三聯書店，2004。

陳獨秀：〈一九一六年〉，收入《青年雜誌》，第 1 卷，第 5 號，1916 年正月號。

陳獨秀：〈東西民族根本思想之差異〉，收入《青年雜誌》，第 1 卷，第 4 號，1915 年 12 月 15 日。

傅斯年：〈萬惡之原〉，收入《新潮》創刊號，後收入傅孟真先生遺著編輯委員會編：《傅孟真先生集》，台北：台灣大學，1952。

費孝通：《鄉土中國》，台北：綠洲出版社，1967。

黃嫣梨：《妝台與妝台以外：中國婦女史研究論集》，香港：牛津大學出版社，1999。

楊振寧：〈前言〉，收入楊振寧著，翁帆編譯：《曙光集》，北京：三聯書店，2008。

楊振寧：〈中國文化與科學〉，收入陸挺、徐宏主編：《人文通識講演錄：人文教育卷》，北京：文化藝術出版社，2007。

葛兆光：〈七世紀前中國的知識、思想與信仰世界〉，《中國思想史》第一卷，上海：復旦大學出版社，1998。

蔡勇美、伊慶春：〈中國家庭價值觀的持續與改變：台灣的例子〉，收入張苙雲等：《九十年代的台灣社會》，台北：中央研究院社會學研究所籌備處，1997。

蔡源林等譯：《哈佛學者》，台北：立緒文化，1999。

蔣介石於 1949 年 12 月致全體國民黨員書，台北：中國文化社，1954。

鄭宗義編：《中國哲學研究之新方向》，「新亞學術集刊」第 20 期，香港：香

港中文大學新亞書院，2014。

魯凡之：《論四小龍》，香港：廣角鏡出版社，1988。

魯迅：《魯迅全集》卷一，北京：人民文學出版社，1981。

錢穆：《朱子新學案》第一冊，台北：三民書局，1971。

錢穆：《國史新論》，香港：自印本，1953。

鮑紹霖：《文明的憧憬：近代中國對民族與國家典範的追尋》，香港：香港中文
大學出版社，1999。

魏鏞：〈向穩定、和諧、革新的道路邁進：從六次民意調查結果看政治發展趨
勢〉，國民黨中央委員會中央聯合總理紀念週報告，1986 年 5 月 5 日。

"A Whole Greater Than Parts?", *Time*, Feb 25, 1991.

"Trading in Confusion", in *The Economist,* vol. 331, issue 7865, May
28, 1994.

Alatas, S. H., "Religion and Modernization in Southeast Asia",
in Hans-Dieter Evers ed., *Modernization in Southeast Asia*,
Singapore: Oxford University Press, 1973.

Allison, G., R. Blackwill and A. Wyne, *Lee Kuan Yew: The Grand
Master's Insights on China, the United States, and the World,*
Cambridge: MIT Press, 2012.

Badie, Bertrand and Pierre Birnbaum, *The Sociology of the State*,
Arthur Goldhammer trans., Chicago: The University of Chicago
Press, 1983.

Balazs, Etienne, *Chinese Civilization and Bureaucracy*, H. M. Wright
trans., New Haven: Yale University Press, 1964.

Barber, B. R., "Jihad vs. McWorld", in *The Atlantic*, vol. 269, no. 3,
March 1992.

Barnett, A. Doak, *Cadres, Bureaucracy and Political Power in
Communist China,* N. Y.: Columbia University Press, 1967.

Barraclough, Geoffrey, *Turning Points in World History*, London:
Thames & Hudson Ltd, 1977.

Beetham, David, *Max Weber and the Theory of Modern Politics,*

Cambridge: Polity Press, 1985.

Bell, Daniel, *The Cultural Contradictions of Capitalism*, N. Y.: Basic Books, 1976.

Bendix, Reinhard, *Kings or People*, Berkeley: University of California Press, 1978.

Bendix, Reinhard, *Max Weber: An Intellectual Portrait,* N. Y.: Anchor Books, 1962.

Berger, P., B. Berger & H. Kellner, *The Homeless Mind,* London: Penguin Book, 1974.

Berger, Peter, "An East Asian Development Model?", in Peter Berger and Hsin-Huang Michael Hsiao（蕭新煌）eds., *In Search of an East Asian Development Model,* New Brunswick: Transaction Books, 1988.

Berger, Peter, "Secularity-West and East", Kokugakuin University Centennial Symposium on "Cultural Identity and Modernization in Asian Countries", January 9-13, 1983.

Berman, Marshall, *All That is Solid Melts into Air,* N. Y.: Penguin Books, 1988.

Bernstein, Richard ed., *Habermas and Modernity,* Cambridge: Polity Press, 1985.

Bond, M. H. and Ambrose Y. C. King（金耀基）, "Coping with the Threat of Westernization in Hong Kong", in *International Journal of Intercultural Relations*, vol. 9, 1986.

Boyden, S., S. Millar, K. Newcombe & B. O'Neill, *The Ecology of a City and Its People: The Case of Hong Kong*, Canberra: Australian National University Press, 1981.

Braudel, Fernand, *On History*, Sarah Matthews trans., Chicago: University of Chicago Press, 1980.

Chang, Hao（張灝）, "Intellectual Crisis of Contemporary China in Historical Perspective", in Tu Wei-ming ed., *The Triadic Chord: Confucian Ethics, Industrial East Asia and Max Weber,* Singapore: The Institute of East Asian Philosophies, 1991.

Chang, Hao（張灝）, "Neo-Confucian Moral Thought and Its Modern Legacy", in *Journal of Asian Studies*, vol. 39, no. 2, Feb. 1980, p. 260.

Chau, W. L. & W. K. Chan, "A Study of Job Satisfaction of Workers in Local Factories of Chinese, Western and Japanese Ownership", in *The Hong Kong Manager*, vol. 20, 1984.

Cheng Chu-yuan ed., *Sun Yat-sen's Doctrine in the Modern World*, Boulder: Westview Press, 1989.

Chu, Godwin and Yanan Ju, *The Great Wall in Ruins*, N. Y.: State University of New York Press, 1993.

Chu, Tung-Tsu（瞿同祖）, *Law and Society in Traditional China*, The Hague, Netherlands: Mouton, 1961.

Chu, Tung-Tsu（瞿同祖）, *Law and Society in Traditional China*, Paris: Mouton, 1961.

Cooper, John, "Political Development in Taiwan", in Hungdah Chiu ed., *China and the Taiwan Issue*, N. Y.: Praeger, 1979.

Costa, Peter, *Q & A: Conversations with Harvard Scholars*, Cambridge: Harvard University Press, 1991.

Creel, H. G., *Confucius and the Chinese Way*, N. Y.: Harper Torchbooks, 1960.

De Bary, W. T., *The Liberal Tradition in China*, Hong Kong: The Chinese University of Hong Kong Press, 1983.

Dodd, Nigel, *Social Theory and Modernity*, Cambridge: Polity Press, 1999.

Dunn, John, *Western Political Theory in the Face of the Future*, Cambridge: Cambridge University Press, 1979.

Eberhard, Wolfram, *Conquerors and Rulers: Social Forces in Medieval China*, Leiden: Brill, 1952.

Eisenstadt, S. N., "Cultural Tradition, Historical Experience and Social Change: The Limits of Convergence", delivered at University of California, Berkeley, May 1-3, 1989, in G. B. Peterson ed., *The Tanner Lectures on Human Values*, Salt Lake City: University of Utah Press, 1990.

Eisenstadt, S. N., "This Worldly Transcendentalism and the Structuring of the World: Weber's 'Religion of China' and the Format of Chinese History and Civilization", in Andreas Buss ed., *Max Weber in Asian Studies*, Leiden: Brill, 1985.

Eisenstadt, S. N., *The Political System of Empires*, N. Y.: Free Press, paper ed., 1969.

Emerson, Rupert, *From Empire to Nation*, Boston: Beacon Press, 1960.

Espy, John, "The Strategies of Chinese Industrial Enterprises in Hong Kong", Unpublished doctoral thesis, Harvard University, 1970.

Evans, P. B., O. Rueschemeyer & T. Skocpol ed., *Bringing the State Back In*, Cambridge: Cambridge University Press, 1985.

Fairbank, J. K., *The United States and China*, Cambridge: Harvard University Press, 4th ed, 1976.

Featherstone, M., S. Lash & R. Robertson eds., *Global Modernities*, London: Sage Publications, 1995.

Featherstone, Mike, "In Pursuit of the Postmodern: An Introduction", in *Theory, Culture & Society*, vol. 5, 1988.

Featherstone, Mike, *Undoing Culture: Globalization, Post-Modernism and Identity*, London: Sage Publications, 1995.

Fei, John C. H., G. Renis & S. Kuo, *Growth With Equity: The Taiwan Case*, N. Y.: Oxford University Press, 1979.

Ferguson, Niall, *Civilization: The West and the Rest*, N. Y: The Penguin Press, 2011.

Fieldhouse, David, *Economics and Empire, 1830-1914*, London: Weidenfeld & Nicolson, 1973.

Fingarette, Herbert, *Confucius-The Secular As Sacred*, N. Y.: Harper Torchbooks, 1972.

Fornas, Johan, *Cultural Theory and Late Modernity*, London: Sage Publications, 1995.

Freedman, Maurice, "The Family in China, Past and Present",
reprinted in G. W. Skinner ed., *The Study of Chinese Society:
Essays by Maurice Freedman,* Stanford: Stanford University Press,
1979.

Freund, Julien, *The Sociology of Max Weber*, N. Y.: Vintage Books,
1968.

Friedman, Milton, *Capitalism and Democracy,* Chicago: University of
Chicago Press, 1962.

Friedman, Thomas, *The World is Flat,* N. Y.: Farrar, Straus and
Giroux, 2006.

Fukuyama, Francis, "Confucianism and Democracy", in *Journal of
Democracy*, vol. 6, no. 2, April 1995.

Fukuyama, Francis, "The End of History", in *The National Interest*,
no. 16, Summer 1989.

Fukuyama, Francis, "The Primacy of Culture", in *Journal of
Democracy*, vol. 6, no. 1, January 1995.

Fukuyama, Francis, *The End of History and The Last Man*, N. Y.: Free
Press, 1992.

Gastil, Raymond, "What Kind of Democracy", in *Dialogue*, Jan 1991.

Gellner, Earnest, "Democracy and Industrialization", in S. N.
Eisenstadt ed., *Readings in Social Evolution and Development*,
N. Y.: Pergamon Press, 1970; Cambridge: Cambridge University
Press, 1979.

Giddens, Anthony, *The Class Structure of the Advanced Societies,*
London: Hutchinson University Library, 1973.

Giddens, Anthony, *The Consequences of Modernity,* Stanford: Stanford
University Press, 1990.

Glazer, Nathan, *"Two Cheers for Asian Values"*, in *The National
Interest*, no. 57, Fall 1999.

Gold, Thomas, *State and Society in the Taiwan Miracle*, N. Y.: M. E.
Sharpe, 1986.

Gouldner, Alvin, *The Two Marxisms*, N. Y.: Oxford University Press, 1980.

Habermas, Jurgen, *The Theory of Communicative Action,* Thomas McCarthy trans., Boston: Beacon Press, 1981; 1987.

Hagen, E. E., *On the Theory of Social Change*, Homewood: Dorsey Press, 1962.

Haggard, Stephen, *Pathways from the Periphery: The Politics of Growth in the Newly Industrializing Countries,* Ithaca: Cornell University Press, 1990.

Hartz, Louis, "Democracy: Image and Reality", in W. N. Chambers & R. H. Salisbury eds., *Democracy Today*, N. Y.: Collin Books, 1962.

Havel, Vaclav, "Civilization's Thin Veneer", in *Harvard Magazine,* vol. 97, July-August 1995.

Hayes, James, "Hong Kong: Tale of Two Cities", in Marjorie Topley ed., *Hong Kong: The Interaction of Traditions and Life in the Towns,* Hong Kong: Hong Kong Branch of the Royal Asiatic Society, 1975.

Held, David ed., *Prospects for Democracy: North, South, East, West,* Cambridge: Polity Press, 1993.

Ho, Samuel P. S., *Economic Development of Taiwan,* New Haven: Yale University Press, 1978.

Hofheinz, Roy Jr. and Kent Calder, *The Eastasia Edge*, N. Y.: Basic Books, 1982.

Hollander, Paul, *Anti-Americanism, Critiques Home and Abroad 1965-1990*, N. Y.: Oxford University Press, 1992.

Hsiao, Hsin-Huang Michael（蕭新煌）, "Development, Class Transformation, Social Movements", 18th Sino-American Conference, June 8-11, 1989, Hoover Institution, Stanford University, Stanford.

Huntington, S. P., "What Price Freedom?", in *Harvard International Review*, Winter, 1992-1993.

Huntington, S. P., "Cultural Explanations", in *The Economist,* vol. 341, issue 7991, November 9, 1996.

Huntington, S. P., "Democracy' s Third Wave", in *Journal of Democracy*, Spring 1991.

Huntington, S. P., "The West: Unique, Not Universal", in *Foreign Affairs*, vol.75, issue 6, November-December 1996.

Huntington, S. P., *Political Order in Changing Societies*, New Haven: Yale University Press.

Huntington, S. P., *The Clash of Civilization and the Remaking of World Order,* N. Y.: Simon & Schuster, 1996.

Inglehart, Ronald and Wayne Baker, "Modernization, Cultural Change and the Persistence of Traditional Values", in *American Sociological Review,* vol. 65, no. 1, February 2000.

Inkeles, Alex and David Smith, *Becoming Modern,* Cambridge: Harvard University Press, 1974.

Inkeles, Alex, "Continuity and Change in Popular Values on the Pacific Rim," in J. D. Montgomery ed., *Values in Education: Social Capital Formation in Asia and the Pacific,* Hollis, N. H.: Hollis Publishing Company, 1997.

Jacob, Neil, *Aid to Taiwan: A Study of Foreign Aid, Self-Help and Development*, N. Y.: Frederick A. Praeger, 1966.

Johnson, Chalmers, "Japan' s Woes Are Political, and the U. S. Is Not Helping", in *The International Herald Tribune*, March 27, 2001.

Jowitt, Ken, "The New World Disorder", in *Journal of Democracy*, July 1992, pp. 16-17.

Kahn, Herman, *World Economic Development: 1979 and Beyond*, London: Croom Helm, 1979.

Kahn, Joel, *Culture, Multiculture, Postculture,* London: Sage Publications, 1995.

Kerr, Clark et al., *Industrialism and Industrial Man*, N. Y.: Oxford University Press, 1964.

King, Ambrose Y. C.（金耀基）, "A Nonparadigmatic Search for Democracy in a Post-Confucian Culture: The Case of Taiwan, R. O. C", in Larry Diamond ed., *Political Culture and Democracy in Developing Countries,* Boulder: Lynne Rienner, 1993.

King, Ambrose Y. C.（金耀基）, "Confucianism, Modernity, and Asian Democracy", in R. Bontekoe & M. Stepaniants eds., *Justice and Democracy,* Honolulu: University of Hawaii Press, 1997.

King, Ambrose Y. C.（金耀基）, "The Emergence of Alternative Modernity in East Asia", in D. Sachsenmaier & S. N. Eisenstadt eds., *Reflections on Multiple Modernities*, Leiden: Brill, 2002.

King, Ambrose Y. C.（金耀基）, "A Voluntarist Model of Organization", in *The British Journal of Sociology*, vol. xxviii, no. 3, September 1977.

King, Ambrose Y. C.（金耀基）, "In Defense of Bureaucracy: The Deradicalization of Maoism", in J. F. Jones eds., *Building China*, Hong Kong: The Chinese University Press, 1980.

King, Ambrose Y. C.（金耀基）, "Max Weber and the Question of Development of the Modern State in China", paper presented at the International Conference on the Max Weber and the Modernization of China, sponsored by the Institut für Soziologie, Der Universität Heidelberg, July 23-27, 1990, Bad Homburg, West Germany.

King, Ambrose Y. C.（金耀基）, "State Confucianism and Its Transformational: The Restructuring of the State-Society Relation in Taiwan", in Tu Wei-ming（杜維明）ed., *Confucian Traditions in East Asian Modernity,* Cambridge: Harvard University Press, 1996.

King, Ambrose Y. C.（金耀基）, "The Individual and Group in Confucianism: A Relational Perspective", in Donald Munro ed., *Individualism and Holism: Studies in Confucian and Taoist Values,* Ann Arbor: The University of Michigan, 1985.

King, Ambrose Y. C.（金耀基）, "The Role of Political Tradition in the Evolution of Democracy in China: Continuity and Change", presented at the International Conference on the Evolution of Democracy in China, jointly sponsored by the Pacific Cultural Foundation and Carnegie Council on Ethics and International Affairs, December 13-15, 1989, N. Y..

Koh, Tommy, "America's Role in Asia: Asian Views," in *CAPA Report,* Asia Foundation's Center for Asian Pacific Affairs, no. 13, 1993.

Kolakowski, Leszek, "Uncertainties of a Democratic Age", Larry Diamond & Marc Plattner eds., *The Global Resurgence of Democracy,* Baltimore: The Johns Hopkins University Press, 1993.

Kolakowski, Leszek, *Modernity on Endless Trial,* Chicago: University of Chicago Press, 1990.

Lau, S. K.（劉兆佳）, "Chinese Familism in an Urban-Industrial Setting: The Case of Hong Kong", in *Journal of Marriage and the Family,* vol. 43, no. 4, November 1981.

Lau, S. K.（劉兆佳）, "Utilitarianistic Familism: The Basis of Political Stability in Hong Kong", in Ambrose Y. C. King（金耀基）& R. Lee eds., *Social Life and Development in Hong Kong,* Hong Kong: The Chinese University of Hong Kong Press, 1981.

Lee, John Mingsien, *Political Change in Taiwan, 1949-1974: A Study of the Processes of Democratic and Integrative Change with Focus on the Role of Government,* Ph.D. thesis, University of Tennessee, 1975.

Lewis, Harry, *Excellence Without a Soul: How a Great University Forgot Education,* N. Y.: Public Affairs, 2006.

Lifton, R. J., "Cultural Perspectives: The Fate of Filial Piety", in Lifton, *Thought Reform and the Psychology of Totalism,* N. Y.: Norton, 1961.

Lin, T. B., R. P. L. Lee & Udo-Ernst Simonis eds., *Hong Kong: Economic, Social and Political Studies in Development,* N. Y.: M. E. Sharpe, 1979.

Lin, Y. S.（林毓生）, "Reluctance to Modernize: The Influence of Confucianism on China's Search for Political Modernity", in Joseph P. L. Jiang ed., *Confucianism and Modernization: A*

Symposium, Taipei: Freedom House, 1987.

Lin, Y. S.（林毓生）, *The Crisis of Chinese Consciousness: Radical Anti-Traditionalism in the May Fourth Era*, Madison: University of Wisconsin Press, 1979.

Lipset, S. M., "The Centrality of Political Culture", in Diamond & Plattner eds., *The Global Resurgence of Democracy.*

Lipset, Seymour , "Some Social Requisites of Democracy: Economic Development and Political Legitimacy", in *American Political Review,* 53, March 1959.

Lyotard, Jean-Francis, *The Postmodern Condition: A Report on Knowledge*, G. Bennington & B. Massumi trans., Manchester: Manchester University Press, 1979; 1986.

Ma, Herbert, "Republic of China", in L. W. Beer ed., *Constitutionalism in Asia,* Berkeley: University of California Press, 1979.

Macpherson, C. B., *The Life and Times of Liberal Democracy,* N. Y.: Oxford University Press, 1977.

Maier, Charles, "Democracy and Its Discontents", in *Foreign Affairs,* July/August 1989.

McCarthy, Thomas, "Introduction", in Jürgen Habermas, *The Philosophical Discourse of Modernity*, Frederick Lawrence trans., Cambridge: MIT Press, 1987.

McClelland, David, "Motivational Patterns in Southeast Asia with Special Reference to the Chinese Case", in *The Journal of Social Issues*, vol. 19, 1963.

Metzger, Thomas, "The Ideological Context of Modernization in the Republic of China", paper presented at the 18th Sino-American Conference, June 8-11, 1989, Hoover Institution, Stanford University.

Metzger, Thomas, *Escape from Predicament,* N. Y.: Columbia University Press, 1977.

Michael Bond ed., *The Psychology of the Chinese People*, Hong Kong:

Oxford University Press, 1986.

Mitchell, Robert, *Family Life in Urban Hong Kong*, Taipei: The Orient Cultural Service, 1972.

Mok, Victor, *The Organization and Management in Kwun Tong*, Hong Kong: Social Research Centre, The Chinese University of Hong Kong, 1978.

Mommsen, Wolfgang, *The Age of Bureaucracy*, Oxford: Basil Blackwell, 1974.

Myers, Ramon, "Political Theory and Recent Political Development in the Republic of China", in *Asian Survey*, vol. XXVII, no. 9.

Naisbitt, John, *Megatrends Asia,* London: Nicholas Brealey, 1995.

Nathan, Andrew , *Chinese Democracy,* N. Y.: Alfred & Knopf, 1985.

Parsons, Talcott, *Societies: Evolutionary and Comparative Perspectives*, Englewood Cliffs: Prentice Hall, 1966.

Parsons, Talcott, *Structure and Process in Modern Societies,* N. Y.: Free Press, 1960.

Parsons, Talcott, *The System of Modern Societies*, Englewood Cliff: Prentice Hall, 1971.

Paz, Octavio, "The Search for Values in Mexico's Modernization", in *Asian Wall Street Journal*, June 1, 1994.

Plattner, Marc , "The Democratic Moment", in *Journal of Democracy*, Fall 1991.

Pye, Lucian, "Political Science and the Crisis of Authoritarianism", in *American Political Science Review*, vol. 84, no. 1, March 1990.

Pye, Lucian, *Asian Power and Politics: The Cultural Dimension of Authority*, Cambridge: Harvard University Press, 1985.

Redding, Gordon & G. L. Hicks, "Culture, Causation and Chinese Management" (Working paper), Hong Kong: Department of Management Studies, University of Hong Kong, 1983.

Riesman, David, "Egocentrism: Is the American Character Changing?", in *Encounter*, Aug/Sept 1980, vol. 10, no. 2-3.

Robertson, Roland, *Globalization: Social Theory and Global Culture*, London: Sage Publications, 1992.

Rohwer, Jim, *Asia Rising: How History's Biggest Middle Class Will Change the World*, London: Nicholas Brealey Publishing, 1996.

Roth, Guenther and Wolfgang Schluchter eds., *Max Weber's Vision of History*, Berkeley: University of California Press, 1979.

Rozman, Gilbert, "The East Asian Region in Comparative Perspective", in Gilbert Rozman ed., *The East Asian Region: Confucian Heritage and Its Modern Adaptation*, Princeton: Princeton University Press, 1991.

S. N. Eisenstadt ed., *The Protestant Ethic and Modernization: A Comparative View*, N. Y.: Basic Books, 1968.

Schluchter, Wolfgang, *Rationalism, Religion and Domination: A Weberian Perspective*, Neil Solomon trans., Berkeley: University of California Press, 1989.

Schluchter, Wolfgang, *The Rise of Western Rationalism: Max Weber's Developmental History*, Guenther Roth trans., Berkeley: University of California Press, 1981.

Schram, S. R. ed., *Foundations and Limits of State Power in China*, Hong Kong: The Chinese University of Hong Kong Press, 1987.

Schram, S. R. ed., *The Scope of State Power in China*, Hong Kong: The Chinese University of Hong Kong, 1987.

Schurmann, Franz, "Chinese Society", in *International Encyclopedia of Social Sciences*, vol. 2, N. Y.: Macmillan, 1968.

Schurmann, Franz, *Ideology and Organization in Communist China*, Berkeley: University of California Press, 1970; enlarged ed., 1970.

Schwartz, Benjamin, "Culture, Modernity, and Nationalism-Further Reflections", in *Daedalus*, Summer, 1993.

Schwartz, Benjamin, *In Search of Wealth and Power: Yen Fu and the West*, N. Y.: Harper Torchbooks, 1964.

Schwartz, Benjamin, *The World of Thought in Ancient China*,

Cambridge: Harvard University Press, 1985.

Sit, V. F. S., S. L. Wong & T. S. Kiang, *Small Scale Industry in a Laissez-Faire Economy: A Hong Kong Case Study*, Hong Kong: Centre of Asian Studies, University of Hong Kong, 1979.

Smart, Barry, *Postmodernity*, London: Routledge, 1993.

Soloman, Richard, *Mao's Revolution and the Chinese Political Culture*, Berkeley: University of California Press, 1971.

Tai, Hung-Chao（戴鴻超）, "The Kuomingtang and Modernization in Taiwan", in S. P. Huntington and C. H. Moore eds., *Authoritarian Politics in Modern Society: The Dynamics of Established One-Party Systems*, N. Y.: Basic Books.

Taylor, Charles, "Inwardness and Culture for Modernity", in A. Honnath, T. McCarthy, C. Offe & A. Wellmer eds., *Philosophical Interventions in the Unfinished Project of Enlightenment*, William Rehg trans., Cambridge: MIT press, 1992.

Taylor, Charles, *Sources of the Self: The Making of the Modern Identity*, Cambridge: Harvard University Press, 1989.

The Economist, May 28-June 3, 1994.

Therborn, Goran, *European Modernity and Beyond*, London: Sage Publications, 1995.

Time, June 14, 1993.

Tiryakian, E. A. ed., *The Global Crisis: Sociological Analyses and Responses*, Leiden: Brill, 1984.

Topley, Marjorie, "Some Basic Conceptions and Their Traditional Relationship to Society", in Topley ed., *Some Traditional Chinese Ideas and Conceptions in Hong Kong Social Life Today*, Hong Kong: The Hong Kong Branch of the Royal Asiatic Society, 1966.

Tsou, Tang（鄒讜）, *The Cultural Revolution and Post-Mao Reforms*, Chicago: University of Chicago Press, 1986.

Tu Wei-ming（杜維明）, "A Confucian Perspective on the Rise of Industrial East China", in *Bulletin, The American Academy of*

Arts and Sciences, no. XLIII, no. 6, March 1990.

Tu Wei-ming（杜維明）, "Implications of the Rise of 'Confucian' East Asia", in *Daedalus*, vol. 129, no. 1, Winter 2000.

Tu Wei-ming（杜維明）, *Confucian Ethics Today: The Singapore Challenge,* Singapore: Curriculum Development, Institute of Singapore, 1984.

Turner, Bryan ed., *Theories of Modernity and Post-Modernity,* London: Sage Publications, 1990.

Turner, Bryan, *For Weber: Essays on the Sociology of Fate,* London: Routledge and Kegan Paul, 1978.

Turner, Bryan, *Max Weber: From History to Modernity,* London: Routledge, 1992.

U. S., The Controller-General, Report to the Congress of the United States: Examination of Economic and Technical Assistance Program for the Government of Republic of China (Taiwan), Fiscal Years 1955-1957, mimeographed, August 1958.

Vattimo, Gianni, "Hermeneutics as Koine", in *Theory, Culture & Society*, vol. 5, no. 2-3, June 1988.

Vittoz, Stanley, "The Unresolved Partnership of Liberalism and Democracy in the American Political Tradition", in *Iotopia*（史藪）, 10, Department of History ed., The Chinese University of Hong Kong, 1993.

Vogel, Ezra, *Canton Under Communism 1949-1968*, N. Y.: Harper Torchbooks, 1969.

Vogel, Ezra, *Japan as Number One*, Cambridge: Harvard University Press, 1979.

Von Laue, Theodore, *The World Revolution of Westernization,* N. Y.: Oxford University Press, 1987.

Wagner, Peter, *A Sociology of Modernity*: *Liberty and Discipline,* London: Routledge, 1994.

Wallerstein, Immanuel et al., *Open the Social Sciences: Report of the Gulbenkian Commission on the Restructuring of the Social Sciences,* Stanford: Stanford University Press, 1996.

Wallerstein, Immanuel, *The Capitalist World Economy,* Cambridge: Cambridge University Press, 1979.

Watson, James ed., *Golden Arches East: McDonald's in East Asia,* Stanford: Stanford University Press, 1997.

Wong, S. L., "Modernization and SINIC Cultural Tradition: Reflections on the Case of Hong Kong", paper presented at the "25th Annual Meeting of the American Association for Chinese Studies", November 4-6, 1983, Santa Barbara.

從傳統 到現代

中國現代化與中國現代文明的建構

金耀基──著

責任編輯 楊安琪　　**排　版** 陳美連

封面設計 陳曦成　　**印　務** 劉漢舉

出版

中華書局（香港）有限公司

香港北角英皇道 499 號北角工業大廈 1 樓 B

電話：（852）2137 2338

傳真：（852）2713 8202

電子郵件：info@chunghwabook.com.hk

網址：http://www.chunghwabook.com.hk

發行

香港聯合書刊物流有限公司

香港新界荃灣德士古道 220 - 248 號

荃灣工業中心 16 樓

電話：（852）2150 2100

傳真：（852）2407 3062

電子郵件：info@suplogistics.com.hk

印刷

美雅印刷製本有限公司

香港觀塘榮業街 6 號海濱工業大廈 4 樓 A 室

版次

2023 年 3 月初版

2023 年 6 月第二次印刷

©2023 中華書局（香港）有限公司

規格

16 開（228mm x 150mm）

ISBN

978-988-8809-49-3